Arthur P. Ciaramicoli
mit Katherine Ketcham

Der Empathie-Faktor

Mitgefühl, Toleranz, Verständnis

Aus dem Englischen von
Elfriede Peschel

Deutscher Taschenbuch Verlag

Deutsche Erstausgabe
April 2001
Deutscher Taschenbuch Verlag GmbH & Co. KG, München
www.dtv.de

Titel der amerikanischen Originalausgabe:
The Power of Empathy
Dutton, a division of Penguin Putnam Inc. 2000
ISBN 0-525-94511-3
Deutschsprachige Ausgabe:

Umschlagkonzept: Balk & Brumshagen
Gesetzt aus der Times New Roman 10/12' (QuarkXPress)
Gesamtherstellung: Kösel, Kempten
Gedruckt auf säurefreiem, chlorfrei gebleichtem Papier
Printed in Germany · ISBN 3-423-24245-0

Inhalt

Einführung

Weder möchte ich Trauer meines Herzens gegen die Freuden der Menschen eintauschen, noch wäre es mir lieb, dass sich die Tränen meines Kummers in Lachen verwandelten. Vielmehr wünsche ich mir, dass es in meinem Leben stets Tränen und Lächeln gibt: Tränen, die mein Herz läutern und mir helfen, die Geheimnisse und Ungereimtheiten des Lebens besser zu verstehen, und Lächeln, das mich mit anderen Menschen verbindet und Gott verherrlicht.

Khalil Gibran, ›Eine Träne und ein Lächeln‹

Das ist ein persönliches Buch. Auf diesen Seiten erzähle ich viele Geschichten aus meinem Leben, über die Menschen, die ich geliebt, und jene, die ich verloren habe. Ich schildere auch meine Beziehungen zu meinen Patienten, den Professoren, Studenten und Kollegen. In diesen Geschichten zeige ich Freud und Leid, Ängste, Hoffnungen, Träume und Augenblicke der Verzweiflung.

Erst nach wochenlangem Überlegen konnte ich mich durchringen, diese persönlichen Berichte mitzuteilen. Doch auch nachdem die Entscheidung gefallen war, wachte ich unzählige Male mitten in der Nacht von Fragen gequält auf. Wer würde sich für diese intimen Wahrheiten aus meinem Leben interessieren, Tatsachen, die ich nur ganz wenigen nahen Freunden anvertraut hatte? Warum, so fragte ich mich, verspürte ich das Bedürfnis, diese privaten Erfahrungen Fremden mitzuteilen? Welche Lektionen hoffte ich damit zu erteilen?

Diese Fragen legen Zeugnis ab vom Kampf zwischen meiner beruflichen und meiner privaten Identität. Ausbildung und Erfahrung als klinischer Psychologe haben mich gelehrt, meine Gefühle fest im Griff zu haben. Jahrelang habe ich mich darin geübt, meine Gefühle und mein persönliches Leben ganz für mich zu behalten und die Grenzen anzuerkennen, die notwendigerweise zwischen Patient und Therapeut existieren. Doch aus persönlicher Erfahrung weiß ich, dass Vertrauen in Beziehungen dann entsteht, wenn wir bereit sind, unsere innersten Gedanken und Gefühle auszudrücken. Nur wenn wir den Mut finden, uns selbst anderen gegenüber zu öffnen, unseren eigenen Standpunkt aufzugeben, um die Welt eines anderen Menschen zu betreten, können wir hoffen, enge, dauerhafte Beziehungen herzustellen. Halten wir uns zurück und gehen »auf Nummer Sicher«, schwächen wir die Kraft der Empathie, die uns enger zusammenzubringen vermag.

Während ich diesen Entscheidungskampf mit mir austrug, versuchte ich mich in den Leser hineinzuversetzen und herauszufinden, wie ich am besten vermitteln konnte, was ich durch Leben und Arbeit über die Einfühlung erfahren habe. Schließlich beschloss ich, den mutigen Sprung zu wagen und meine Geschichte zu erzählen. Durch Einfühlung bin ich ein anderer Mensch geworden; wenn ich also vermitteln wollte, welche Macht in ihr steckt, musste ich dazu bereit sein, die tief greifende Wirkung zu würdigen, die sie auf mein Leben gehabt hat.

Weil ich weiß, dass meine Erfahrungen dazu geführt haben, die Macht und das Versprechen der Einfühlung zu verstehen, entschied ich mich dafür, mein Leben für den Leser offen zu legen. Ich bin klinischer Psychologe und arbeite mit Männern und Frauen, Jung und Alt, die leiden und sich darum bemühen, einen Weg aus ihrer Verzweiflung zu finden. Um über Einfühlung zu schreiben, qualifiziert mich aber vor allem die Tatsache, dass ich selbst ein Mensch bin, der sucht, sich bemüht und leidet – genau wie jeder andere Mensch auch.

Das Erzählen meiner Geschichten ist die sinnvollste Art und Weise, eine Verbindung zu den anderen herzustellen. Denn genau das tun wir auch im Leben, wenn wir tief empfundene Beziehungen eingehen – wir erzählen Geschichten und wir hören uns Geschichten an und nehmen uns dann Zeit, in diesen Erzählungen nach einer Bedeutung zu suchen, hoffen einen gemeinsamen Faden zu finden, ein Thema, das uns in eine gewisse Richtung lenkt, ein Ziel, das wir ansteuern können, ein Licht, das uns in der Dunkelheit leuchtet und den Weg vor uns kenntlich macht.

In meiner Arbeit und in meinem Leben habe ich eine absolute Wahrheit entdeckt – Einfühlung ist das Licht, das die Dunkelheit unseres Schmerzes und unserer Angst durchdringt und enthüllt, was uns als menschliche Wesen verbindet.

Es ist ein Aufblitzen: ein Zusammenbrechen der Wirklichkeit dieses Lebens, das wir in uns tragen. In solchen Augenblicken wirst du gewahr, dass du mit den anderen tatsächlich eins bist.

Joseph Campbell

Teil I

Kapitel 1

Das Paradox der Empathie

Unter Empathie versteht man die Fähigkeit, die einzigartigen Erfahrungen des anderen zu verstehen und darauf zu reagieren. Das Paradox der Empathie besteht darin, dass diese angeborene Fähigkeit sowohl in hilfsbereiter als auch in verletzender Absicht eingesetzt werden kann.

Ich betrachte den Ozean und denke über die Einfühlung nach. Hier am Strand, wo ich sitze und den gegen die Felsenküste donnernden Brechern zusehe, weiß ich, dass diese immense Wassermasse sich vom einen zum nächsten Augenblick neu formt. Durch den Wechsel der Gezeiten und die sich verändernden Strömungen ist alles im Fluss, bewegt sich, mischt sich und bildet sich neu. Die Wellen brechen und ziehen sich zurück, erodieren die hohen Klippen, glätten die scharfen Kanten der 350 Millionen Jahre alten Felsen. Wolken werfen ihre Schatten auf die Wasseroberfläche, während die hellen Sonnenstrahlen türkisfarbene Flecken changierenden Lichts malen. Bei Nacht sieht das Wasser aus der Ferne wie Glas aus, auf das der Mond einen silbernen Pfad ätzt.

Betrachte ich den Ozean von meinem Platz am Strand aus, könnte ich mich in dem Gedanken wiegen, seine Tiefen zu kennen und zu verstehen. In Wahrheit jedoch harren für jedes bisschen Wissen, das ich mir angeeignet habe, mannigfaltige Geheimnisse ihrer Erforschung. Und genauso ist es mit den Menschen. Sehen wir uns nur das Äußere an, sind wir leicht davon überzeugt, die Tiefen zu erfassen. Wie oft beobachten wir die Menschen unserer Umgebung und bilden uns ein, sie durch und durch zu kennen? Wie oft werden wir von einer veränderten Meinungsströmung oder einer Flutwelle des Gefühls überrascht, die uns neue Einsicht und Verständnis bringt?

Wie die Gezeiten das Kommen und Gehen des Ozeans steuern, brandet in uns die Macht der Einfühlung. Die Einfühlung ist eine angeborene Kraft, ist Teil unseres biologischen Erbes, sie gibt uns Energie, Richtung und Zweck im Leben. Einfühlung ist kein Gefühl und keine Wahrnehmung, die uns plötzlich überspült und verschlingt, sondern eine intelligente, zutiefst respektvolle Erforschung dessen, was sich unter der Oberfläche unserer Welt befindet. Indem die Einfühlung uns dabei hilft, in einer sich ständig verändernden Landschaft weder das Gleichgewicht noch die Perspektive zu verlieren, lehrt sie uns, uns anzupassen und zu unterwerfen, unsere vorgefassten Meinungen aufzugeben und uns offenherzig und vorurteilsfrei auf unsere Beziehungen einzulassen.

Ich definiere Einfühlung als die Fähigkeit, die einzigartigen Erfahrungen der anderen zu verstehen und darauf zu reagieren. Das Paradox der Empathie besteht darin, dass diese angeborene Fähigkeit sowohl in hilfsbereiter als auch in verletzender Absicht eingesetzt werden kann. Wie die Meeresströmungen kann die Einfühlung im einen Moment beruhigend, im nächsten jedoch zutiefst zerstörend wirken. Wenn ich die heilende, nährende Kraft der Einfühlung zu vermitteln versuche, denke ich immer an Lisas Geschichte.

Als ich Lisa, eine große, attraktive Frau Mitte dreißig, zum ersten Mal traf, war sie zweifellos in Eile. Sie gab mir die Hand und stellte sich vor, setzte sich dann und stellte ihre große Lederaktenmappe neben dem Stuhl auf dem Boden ab. Ihre Bewegungen waren brüsk und gezielt. Alle paar Minuten schaute sie auf die Uhr.

»Bei einer ersten Sitzung mache ich mir für gewöhnlich ein paar Notizen«, sagte ich. »Sind Sie damit einverstanden?«

Sie runzelte leicht die Stirn. »Ich bin mir nicht sicher, ob das nötig ist«, meinte sie. »Ich weiß, dass Sie Psychologe sind, aber ich bin an keiner Langzeittherapie interessiert. Man hat mir gesagt, dass Sie sich in alternativer Medizin auskennen, und ich brauche so etwas wie Vitamine oder Kräuter, die mich beruhigen und mich wieder schlafen lassen. Wenn ich nicht mehr so beschäftigt bin, könnte ich mir auch einen Kurs zur Stressbewältigung vorstellen, aber jetzt brauche ich einfach etwas, das mir hilft, den Tag zu überstehen.«

Lisas Wunsch nach einer raschen Lösung und ihr offenkundiges Unbehagen angesichts der Vorstellung, etwas Tieferes zu erforschen als ihre oberflächlichen Symptome, brachten mich dazu, die Sache etwas langsamer in Angriff zu nehmen. Irgendetwas trieb sie und wenn ich ihr helfen sollte, musste ich verstehen, was es war. »Gerne würde ich Ihnen Ihre Fragen über Vitamine und Kräuter und deren heilende Wirkung bei Stress beantworten«, fing ich an, »aber erst muss ich mehr über Sie erfahren. Ich kann verstehen, dass Sie sofortige Hilfe haben möchten, aber ich fände es nicht sonderlich verantwortungsbewusst von mir, Ihnen zu etwas zu raten, ohne Ihre Situation besser zu kennen. Macht es Ihnen etwas aus, wenn ich Ihnen ein paar Fragen stelle?«

Lisas Stirnfalten vertieften sich und ihr Mund verhärtete sich zu einem »Damit habe ich nicht gerechnet«-Ausdruck. »Na gut, wenn Sie es für unbedingt nötig erachten«, erwiderte sie mit betont starrem Blick aus dem Fenster und rutschte unruhig auf dem Stuhl hin und her.

Ich dankte ihr für ihre Geduld und fing mit den Standardfragen an. War sie verheiratet? Ja. Kinder? Zwei kleine Töchter, sechs und acht Jahre alt. Beruf? Mittlere Angestellte einer Bostoner Technologiefirma. Sie war gerade befördert worden, reiste häufig und hatte einen Zehn-Stunden-Tag. Alter der Eltern?

»Meine Mutter ist 65«, antwortete sie, »ich habe zwei Schwestern und einen Bruder, alle älter als ich. Ich bin das Baby der Familie.«

»Sie haben Ihren Vater nicht erwähnt«, hakte ich nach.

»Mein Vater ist gestorben«, sagte sie. Mir fiel auf, dass die Haut um Lisas Augen plötzlich weich und feucht war.

»Das tut mir leid«, erwiderte ich. »Würden Sie mir bitte sagen, wann er gestorben ist?«

»Vor drei Jahren«, sagte sie und biss sich auf die Lippe. »Er starb im April.«

»Er ist also diesen Monat vor drei Jahren gestorben«, wiederholte ich.

Lisa nickte und bückte sich dann unvermittelt, um in ihrer Tasche zu kramen. Diese rasche, nicht beabsichtigte Handlung sagte mir, dass wir auf einen Punkt gestoßen waren, der gefühlsmäßig von größter Wichtigkeit war. Ich beobachtete sie, wie sie mit gesenktem Blick in ihrer Tasche herumwühlte – nur ihr Scheitel war zu sehen. Nach einer Weile richtete sie sich auf und zeigte mir ein schwaches Lächeln. »Entschuldigung«, sagte sie und hielt jetzt eine Packung Papiertaschentücher in der Hand.

»Ist schon gut«, sagte ich. »Ich denke, ich verstehe Sie.«

»Tatsächlich?«, fragte sie ungläubig und tupfte sich die Augenwinkel.

»Man hat nur einen«, sagte ich.

»Einen? Einen was?«

»Einen Vater«, erklärte ich.

Sie sah mich einen Augenblick lang an und es war, als gäbe in ihr plötzlich etwas nach. Sie seufzte tief und ihre Augen füllten sich mit Tränen. »Jedes Mal, wenn ich über ihn rede, fange ich zu weinen an«, entschuldigte sie sich. »Meine Schwestern reden mir ein, ich müsse darüber hinwegkommen. Sie behaupten, ich würde mich wie ein Baby aufführen.«

»Vielleicht schätze ich Ihre Situation nicht ganz richtig ein«, sagte ich, »aber ich kann mir nicht vorstellen, warum Sie ein Baby sein sollen, nur weil Sie um Ihren Vater weinen.«

Ihr liefen die Tränen über die Wangen und sie unternahm nur einen sehr halbherzigen Versuch sie aufzuhalten.

»Ihre Tränen sagen mir, dass Sie für Ihren Vater sehr tiefe, sehr starke Gefühle hegen«, fuhr ich fort.

»Ja«, bestätigte sie. »Ich habe ihn sehr geliebt. Ich vermisse ihn schrecklich.«

»Ich finde Ihre Reaktion auf seinen Tod sehr verständlich«, sagte ich.

»Auch noch nach drei Jahren?«

»Auf jeden Fall«, beruhigte ich sie.

»Dann verstehen Sie also, was ich durchmache?«, fragte sie und suchte Blickkontakt zu mir.

»Ich denke schon«, sagte ich, »aber ich bin mir sicher, dass da noch mehr dahinter steckt.«

Nachdem ein Augenblick verstrichen war, machte Lisa es sich auf ihrem Stuhl bequem und antwortete mit einem sehr traurigen, sehr müden Lächeln. Sie fing an von ihrem Ehemann zu erzählen, der vor einem Jahr seinen Job verloren hatte und jetzt an einer sehr schweren Depression litt. Sie sagte, sie wisse nicht, wie sie die Hypothekenzinsen für ihr teures Haus bezahlen solle, und drückte ihre Besorgnis darüber aus, wie ihre kleinen Kinder mit ihren langen Arbeitstagen und der Depression ihres Ehemanns zurechtkommen sollten.

»Es ist, als wäre etwas aufgeplatzt«, meinte sie am Ende der Sitzung. »Meine ganze Energie habe ich darauf verwandt, so zu tun, als sei alles in Ordnung. Zugeben zu können, dass ganz und gar nichts in Ordnung ist, ist eine große Erleichterung.«

Das war ein Augenblick einfühlenden Verstehens, in welchem Lisas Wahrnehmung sich plötzlich erweiterte und vertiefte. Indem Einfühlung unseren Austausch leitete, wurde ihre Welt zunehmend größer und sie konnte sehen, was sie zuvor nicht hatte sehen können. Mit neuer Einsicht in ihren Kummer und ihre Ängste bekam sie ein besseres Verständnis ihrer selbst und ihrer manchmal schwierigen Beziehungen zu ihren Schwestern, ihrem Ehemann und ihren Kindern. Dank dieser erweiterten Perspektive beschloss sie, sich Zeit zu nehmen, um ihre Gefühle zu erforschen und daran zu arbeiten, die Beziehungen zu den Familienmitgliedern zu verstärken. Einfühlung, die immer mit einer ehrlichen Selbsteinschätzung einhergeht, gab ihr eine neue Richtung und offenbarte ihr Möglichkeiten zur Selbstveränderung.

Es wäre ein Leichtes gewesen, Lisas Wünsche gleich zu Beginn der Sitzung zu erfüllen, mit ihr über den Stress in ihrem Leben zu reden und ihr eine paar hilfreiche Tipps für Kräuter und Vitamine zu geben. Sie hätte die Kräuter genommen und vielleicht hätten sie auch kurzfristig gewirkt. Ihr Schmerz wäre jedoch geblieben.

Da ich mich der Einfühlung anvertraute, erkannte ich, dass das, was Lisa wollte, nicht notwendigerweise das war, was sie brauchte. Ein Blick unter die Oberfläche erlaubte mir, auf ihre Kämpfe und ihren Schmerz einzugehen. Gemeinsam legten wir einen langsameren Gang ein, was uns beide zur Ruhe brachte, weil wir so eine bedeutungsvolle Beziehung eingehen und über Dinge sprechen konnten, die sie wirklich bewegten, und uns auf ein tieferes und breiteres Verständnis ihrer Erfahrung und der Tiefe der damit verbundenen Gefühle einließen.

Lisas Geschichte zeigt die konstruktiven Aspekte des Einfühlens, dieser treibenden Kraft in uns, die darum bemüht ist, die anderen mehr als nur oberflächlich zu verstehen. Aber das Einfühlen hat auch eine dunkle Seite, die für zerstörerische Zwecke verwendet werden kann. Die gutherzigen Menschen haben keinen Exklusivanspruch auf die Einfühlung. Nie werde ich den Augenblick vergessen, als ich vor zwanzig Jahren zum ersten Mal die dunkle Seite der Einfühlung zu begreifen begann. Ich saß zu Hause in meinem Büro und las eine Sammlung wissenschaftlicher Aufsätze mit dem Titel ›Advances in Self Psychology‹. Nachdem ich schon einige Artikel durchgeblättert hatte, ein wenig gelangweilt ob des theoretischen Jargons, blieb ich an einem Aufsatz des Psychoanalytikers Heinz Kohut hängen.

Einfühlung, so behauptete Kohut, könne nicht nur für gutartige, konstruktive Zwecke, sondern auch mit dem Ziel der Zerstörung eingesetzt werden. Als beispielsweise die Nazis an ihre Tiefflugbomber schrille Sirenen anbrachten, wussten sie, dass dieser seltsame, aus dem Himmel kommende Lärm Panik auslösen würde. Durch angewandte Empathie – der Fähigkeit, anderen Menschen ins Herz zu schauen, ihre Gedanken zu erkennen und ihre Emotionen zu fühlen – konnten die Nazis bei ihrem kalkulierten Versuch, ihre Opfer zu zerstören, mit deren Ängsten spielen.

Als ich Kohuts Analyse des sadistischen Einfühlens der Nazis las, war ich plötzlich ganz aufgeregt, denn in diesem Augenblick begriff ich, dass die Einfühlung noch weitaus mächtiger ist, als ich je geglaubt hatte. Kohuts Einsicht in die dunkle Seite des Einfühlens enthüllte sowohl das Paradox als auch das nicht wahrgenommene Potenzial dieser angeborenen menschlichen Fähigkeit. Eine Erfahrung, die ich jeden Tag im Austausch mit bekümmerten Männern und Frauen machte, offenbarte sich plötzlich als ein Rätsel, dessen ganzes Ausmaß ich nur ansatzweise begriff. Hier galt es einem Geheimnis auf die Spur zu kommen, vermochte die Einfühlung uns doch im einen Moment zu den edelsten und erhabensten Lebenserfahrungen zu führen – Altruismus, Mitleid, Selbstaufopferung, Liebe –, um uns im nächsten Augenblick zu offenbaren, dass in den dunkelsten Nischen der menschlichen Seele Täuschung und Betrug lauern.

Sadisten sind nicht die einzigen Menschen, die sich die Einfühlung zunutze machen, um andere zu manipulieren. Verkäufer machen sich die Einfühlung nutzbar, wie Kohut fortfährt, wenn sie zwischen einer strengen, autoritären Stimme und einer sanften, schmeichelnden hin und her wechseln, eine Strategie, die darauf angelegt ist, den Widerstand des Kunden zu brechen. Auf ähnliche Weise disziplinieren Eltern ihre Kinder, wenn sie abwechselnd im Kommandoton sprechen – »du tust das jetzt, sonst« – oder zärtlich und liebevoll an die Gefühle des Kindes appellieren. Der Verkäufer ist nach Kohut im einfühlenden Kontakt mit dem Kind im Kunden, dem man einst mit ähnlichen Mitteln Gehorsam beigebracht hat, beispielsweise durch Koppelung von Kommando und Verführung.

Ich hatte Verkäufer bei ihrer Arbeit beobachtet und wusste, wie die besonders hinterlistigen ihre Opfer in die Enge treiben, indem sie in aller Ruhe die schwächste Stelle orteten, um dann rasch und entschlossen »Beute zu machen«. »Passen Sie auf, gnädige Frau«, hörte ich einmal einen Autohändler zu einer älteren Dame sagen, »Sie brauchen einen Wagen, Sie können nicht länger mit der alten Kiste herumfahren, die ist nicht mehr verkehrssicher!«

Im nächsten Moment bekam sein strenger, väterlicher Ton eine warmherzige, schmeichlerische Modulation. »Ist das nicht das weichste Leder, das Sie je berührt haben, darin fahren Sie so sanft, dass Sie nicht einmal die Schlaglöcher spüren.« Doch kurz darauf: »Ich habe noch einen Termin in« – Blick auf die Uhr – »fünfzehn Minuten, aber ich könnte jetzt meinen Chef für Sie erreichen, damit er Ihnen das bestmögliche Angebot macht, einverstanden?«

Während meines Heranwachsens bekam ich von meinem Vater, der ein Einrichtungshaus besaß und selbst ein begnadeter Verkäufer war, immer wieder Ratschläge, wie ich mich anderen gegenüber verhalten sollte. Mein Vater verkaufte nur Qualitätsmöbel auf höchstem Niveau und wusste, wie man die Kunden davon überzeugte, seine hochwertigen, wenn auch ein wenig teureren Produkte anstatt der billigeren Imitationen zu kaufen. Er glaubte fest an seine Produkte und da er glaubwürdig war, vertrauten ihm seine Kunden. Aber mein Vater wusste besser als die meisten von uns, wie leicht es ist, die Gefühle und Gedanken der Menschen zu manipulieren. Im Lauf der Jahre lernte er zu unterscheiden, ob das Gegenüber tatsächlich daran interessiert war, einem Gutes zu tun, oder ob das vorrangige Motiv darin bestand, einen für die eigenen Zwecke zu vereinnahmen.

Von allen Fertigkeiten, die mein Vater mir beibrachte, legte er den größten Wert auf die Fähigkeit, die Charaktere und Motive anderer Menschen einzuschätzen. Wenn er nach einem zwölfstündigen Arbeitstag nach Hause kam, pflegte er sich mit einer Tasse Kaffee und einer Zigarette hinzusetzen und mich zu fragen, wie mein Tag verlaufen war. Ich erzählte ihm dann meine Geschichten und er bot mir seinen Rat an, lehrte mich auf seine unnachahmliche Weise in die Herzen und Seelen der Menschen zu blicken, um ihre Absichten aufzudecken. »Denk immer dran, Arthur«, pflegte er zu sagen und hielt zur Bekräftigung mein Handgelenk fest, »dass jemand, der ein Freund zu sein scheint, dich womöglich benutzt, und jemand, in dem du einen Feind siehst, vielleicht nur Angst vor dir hat. Schau dem anderen in die Augen. Sieht er dich direkt an oder vermeidet er es, dich anzusehen? Was macht er mit seinen Händen? Tritt er von einem Bein aufs andere? Legt er seinen Arm um deine Schulter, um dich davon zu überzeugen, dass du sein bester Freund bist? Frage dich immer: ›Was will dieser Kerl mir verkaufen?‹ Und denke immer, immer« – und hierbei drückte er mein Handgelenk fester – »daran, wer dahinter steckt.«

Von meinem Vater lernte ich, den Charakter anderer Menschen ruhig und besonnen einzuschätzen, damit ich mich jenen anschloss, denen wirklich an meinem Wohlergehen gelegen war, und mich vor denen schützte, die mich nur ausnutzen wollten. Nie werde ich vergessen, wie er mich einmal in der Arbeit besuchte und ich ihm einen von mir bewunderten Kollegen vorstellte. Später meinte mein Vater: »Nun Arthur, das ist also der Mann, auf den du so große Stücke hältst? Hast du deine Selbstachtung verloren? Ich habe diesen Mann beobachtet, während du sprachst, und er hat dir nicht in die Augen geschaut! Er hat dir gar nicht zugehört, er hat nur gewartet, bis du fertig warst, damit er seinen Standpunkt einbringen konnte. Dann redete er, als spräche er zu den Massen.« Mein Vater erhob seine Stimme, um seinen letzten Punkt hervorzuheben. »Und hast du dir seine Hose angesehen? Sie war sieben Zentimeter zu kurz, Arthur!«

Ich brach in Gelächter aus, aber mein Vater war todernst. »Seine Hose ist sieben Zentimeter zu kurz, Arthur«, erklärte er und betonte dabei jedes Wort, »weil er nie nach unten blickt. Er schwebt zu hoch da oben, er kümmert sich nicht um dich oder mich oder sonst jemanden, er interessiert sich nur für sich und behauptet seine erhabene Position.«

Für meinen Vater war die Empathie eine Art Röntgenblick zur Einschätzung von Leuten, und er gab dieses Wissen weiter, hoffte mir beizubringen, selbst auch in anderer Leute Gedanken und Herzen blicken zu können. Wie der Psychoanalytiker Heinz Kohut verstand mein Vater die Macht – sowohl die konstruktive als auch die destruktive – der Einfühlung. Nie habe ich die sorgfältigen Analysen meines Vaters von Gesichtsausdrücken und Körperhaltungen mit Einfühlung in Verbindung gebracht, aber nachdem ich Kohuts Untersuchung darüber gelesen hatte, wie Nazis und Verkäufer gleichermaßen die Einfühlung anwenden, um ihre Opfer zu manipulieren, schien mir die Verbindung plötzlich nahe liegend und gültig zu sein.

Ich hatte Blut geleckt. Ich wollte mehr über die Einfühlung erfahren, wissen, wie sie funktioniert, wie sie benutzt werden kann, um andere zu beeinflussen, und wie die Menschen sie zu ihrem eigenen Schutz anwenden können. Denn ich dachte mir, wenn die Einfühlung dazu benutzt werden kann, andere in zerstörerischer Absicht zu manipulieren – wie ein Vergewaltiger sich etwa eine schwache junge Frau auswählt, um sie dann schmeichlerisch in seinen Wagen zu locken –, kann sie auch vom potenziellen Opfer angewandt werden, um bösartige Absichten aufzudecken. Wenn man durch Einfühlung die Gefühle der Menschen missbrauchen und ihr Verhalten steuern kann, um daraus Nutzen zu ziehen, kann man sich damit auch schützen und verteidigen. Das Schwert der Einfühlung ist zugleich ein Schutzschild.

Im Lauf der Zeit entwickelte ich ein leidenschaftliches Interesse an der Empathie. Ich bin kein forschender Wissenschaftler, wenn Sie also eine gelehrte Abhandlung erwarten, ist dies für Sie nicht das richtige Buch. Ich bin Kliniker – ich arbeite mit Menschen, die verletzt sind und Hilfe brauchen – und mich interessiert vor allem die Verbindung zwischen Einfühlung und Intimität. Ich möchte erfahren, wie dank der Einfühlung die Bande zwischen uns gestärkt, wie dem Verzweifelten Hoffnung und Trost angeboten werden können. Mich interessiert, wie durch Missverständnisse auseinander gebrochene Beziehungen wieder geflickt, und bei all jenen, die ihr Gefühl für sich selbst verloren haben, Zuversicht, Vertrauen und Glaube aufgebaut werden können. Ich lehre Frauen und Männern aller Altersgruppen, wie sie die Einfühlung als ein Werkzeug zur Einschätzung anderer benutzen können, helfe ihnen zu erkennen, ob jemand gute Absichten hat und wohlwollend ist oder täuschen und verletzen will.

Obwohl ich selbst kein Forscher bin, werde ich doch auf die Arbeit verschiedener Wissenschaftler und ihre faszinierenden Analysen der Einfühlung eingehen. In den letzten zehn Jahren ist die Empathie zu einem anerkannten Forschungsgegenstand geworden. In der Forschung tätige Psychologen untersuchen die verschiedenen Möglichkeiten, wie Männer und Frauen in ihren Beziehungen Einfühlung zum Ausdruck bringen, die Unterschiede zwischen automatischer (spontaner) und kontrollierter (beabsichtigter) Einfühlung, wie unsere Gefühle unser Verhalten beeinflussen, und, was noch faszinierender ist, wie Gesichtsausdruck oder Gesten unbewusst Emotionen wie Wut, Angst oder Freude hervorrufen.

Wissenschaftler sind auf Objektivität bedacht, aber sie können sich dennoch begeistert der Einfühlung verschreiben. Der Psychologe William Ickes von der University of Texas, einer der produktivsten und sehr anerkannten Forscher auf dem Gebiet der Einfühlung, stellt in seinem Buch ›Empathic Accuracy‹ folgende erstaunliche Behauptung auf:

»Einfühlende Einmischung ist alltägliches Gedankenlesen... Es ist womöglich die zweitgrößte Leistung, derer unser Geist fähig ist, wenn wir dem Bewusstsein den ersten Platz einräumen.«

Zum einen haben wir Bewusstsein – sind als denkende, fühlende Wesen wach und unseres Selbst bewusst. Wir haben aber auch Einfühlungsvermögen, was bedeutet, dass wir fähig sind, einander auf sehr tiefgründige Weise zu verstehen, tatsächlich die Gefühle der anderen zu empfinden und die Gedanken, Ideen, Motive und Urteile der anderen zu verstehen. Einfühlung ist das Band, das uns verbindet, uns hilft zu denken, ehe wir handeln, uns zur Zuwendung motiviert, wenn jemand leidet, uns lehrt, unsere Vernunft einzusetzen, um unsere Gefühle im Gleichgewicht zu halten und uns zu den erhabensten Idealen inspiriert, nach denen der Mensch trachten kann. Ohne Einfühlung würden wir über diesen Planeten streifen wie so viele andere lose Protoplasmastückchen, die aufeinander treffen und voneinander abprallen, ohne auch nur Wie-geht-es-dir zu fragen, wach, aber ohne Gefühl, bewusst, aber teilnahmslos, voller Gefühle, aber ohne die Möglichkeit, sie zu verstehen oder zu beeinflussen.

Mit wachsender Wahrnehmung der Gedanken und Gefühle anderer zeigt uns die Einfühlung, wie wir aus ganzem Herzen ein erfülltes Leben führen können. Ihr vorrangiges Interesse gilt diesem Prozess des Werdens, Wachsens und Ausdehnens, denn in Wirklichkeit ist die Einfühlung genau dies – eine Ausweitung unseres Lebens in das der anderen, ein Lauschen mit gespitzten Ohren am drängenden Flüstern der Seele eines anderen Menschen. Wer bist du? Was empfindest du? Was denkst du? Was bedeutet dir am meisten? Dies sind die Fragen, welche die Einfühlung zu ergründen sucht. Spielerisch und neugierig, immer interessiert am Austausch, hat die Einfühlung die Seele eines Dichters, das Herz eines Kindes und die Weisheit eines Sehers.

Jedenfalls wenn sie konstruktiv und in freundlicher Absicht eingesetzt wird. Aber die dunkle Seite spielt eine gleichermaßen wichtige Rolle in der Geschichte, die ich erzählen will. Jeden Tag benutzen die Menschen die Einfühlung, um uns zu beeinflussen. Unser Chef überredet uns zu Überstunden, indem er an unser Arbeitsethos appelliert oder mit unseren Ängsten spielt, den Job zu verlieren. Unser Partner beschwatzt und schmeichelt uns in der Hoffnung, eine unbedachte Bemerkung vergessen zu machen. Die Augen eines Kindes füllen sich mit Tränen, wenn es seinen Willen nicht bekommt, teils aus Frust, doch auch in der ganz offenen Absicht, dass wir unsere Meinung ändern. »Du arbeitest so hart, Papa, dass ich das Gefühl habe, dich nie mehr allein für mich zu haben«, sagt meine sechzehnjährige Tochter Alaina mit einer Stimme voller Mitgefühl. Dann blitzt sie mich mit einem gewinnenden Lächeln an. »Meinst du, du könntest mich und Erica heute Nachmittag in die Fußgängerzone bringen?«

Ich finde es reizend, wie meine Tochter mich um den Finger zu wickeln versucht, obwohl ich weiß, dass sie mich manipuliert. Und genau das ist der Punkt – solange man weiß, was geschieht, hat man die Freiheit zu entscheiden, ob man willig daran teilnimmt. Die Einfühlung lehrt einen, wann es sicher ist, ja zu sagen, und wann es auf kurze oder lange Sicht besser ist, nein zu sagen. Die Einfühlung weiß, wie man Grenzen setzt und einschränkt. Sie schützt einen und zeigt einem gleichzeitig, wie man sich den Erfahrungen des Lebens öffnet.

Wird die Einfühlung auf konstruktive Weise angewandt, kann sie Beziehungen kitten und tiefe, langwierige Risse zwischen Menschen heilen. Im Austausch mit Hunderten von Patienten wurde ich Zeuge, wie die Kraft der Einfühlung Brücken des Verständnisses baut. Ich habe den Prozess der Einfühlung selbst verfolgt und mich gewundert, wie sie Spannungen abbaut und gleichzeitig zu einem tieferen Verständnis des Selbst führt. Ich bin zu der Überzeugung gelangt, dass die Einfühlung mehr als jede andere menschliche Fähigkeit der Schlüssel für liebevolle Beziehungen und das Gegenmittel zu Einsamkeit, Furcht, Angst und Verzweiflung ist, die das Leben so vieler von uns bestimmen.

Einfühlung ist die Brücke über den Abgrund, der uns voneinander trennt. Wenn wir uns der Einfühlung anvertrauen, können wir unsere

Grenzen ausweiten und unerforschtes Gebiet erreichen, um tiefe, herzliche Beziehungen zu knüpfen. Indem wir unser Selbst entgrenzen, geben wir unserem Seelenleben schwungvolle Kraft und Sinn. Wenn wir den anderen die Hände entgegenstrecken, nehmen wir teil an den bedeutendsten Erfahrungen des Lebens – Dankbarkeit, Demut, Toleranz, Vergebung, Gnade und Liebe.

Ich glaube daran, dass diese Welt dank der Einfühlung zu einem Ort werden kann, der freundlicher und sicherer ist. Wenn die Menschen den Kontakt zueinander verlieren, sich nur noch auf ihre Bedürfnisse konzentrieren, schnell im Urteilen und langsam im Verzeihen sind, wird das Leben für alle schwieriger. Werden Beziehungen zu den anderen und zu einem selbst durch Einfühlung gestärkt, sind Sorgen und Leid leichter zu ertragen. Einfühlung kostet nichts und ist nicht allein den Reichen, den Gebildeten oder Belesenen vorbehalten – sie ist für alle da. Und Einfühlung ist ansteckend – gibt man sie, bekommt man sie zehnfach zurück.

Meine Faszination daran hat ihre Wurzeln in meiner Kindheit. Ich wuchs auf in einer Welt, in der die Menschen aufeinander schauten. Der Nachbar kümmerte sich um den Nachbarn. Tanten, Onkel, Vettern und Kusinen kamen am Samstagnachmittag auf Besuch vorbei. Die Familien saßen nach dem Abendessen auf ihren Veranden oder Eingangsstufen und schwatzten mit den Vorübergehenden. Der Beerdigungsunternehmer kannte den Besitzer des Einrichtungsgeschäfts, der kannte den Bankangestellten und der kannte die Töchter und Söhne des Fußballtrainers der Highschool. Worte wie *Toleranz, Vergebung, Glaube* und *Hoffnung* waren nicht nur Ideale, sondern jeden Tag gelebte Erfahrungen.

In diesem Buch werde ich Ihnen viele Geschichten von Leuten erzählen, die ich gekannt, und von Erfahrungen, die ich gemacht habe. Ich werde Ihnen von der Unterredung berichten, die mein Vater mit meinem Vertrauenslehrer an der Highschool führte, der ihm vorschlug, ich solle zur Armee gehen, weil meine einzige Fähigkeit Fußballspielen sei. Sie werden von einem deutschen Spion lesen, der meinen Vater im Zweiten Weltkrieg verraten hat, und die Lektion, die mein Vater aus dieser Erfahrung über Freundschaft und Täuschung gezogen hat. Ich werde Sie teilhaben lassen an den letzten Gesprächen, die ich mit meiner Mutter im Krankenhaus führte, als sie an Brustkrebs starb. Und ich werde Ihnen viele Geschichten erzählen, die sich im Austausch mit Professoren, Kollegen und Patienten entwickelt haben. Ich glaube daran, dass diese persönlichen Geschichten zeigen, wie die Einfühlung im wirklichen Leben funktioniert.

Ehe wir jedoch beginnen, muss ich Ihnen noch schildern, wie es zu diesem Buch kam. Vor ein paar Jahren verfasste ich eine wissenschaftliche Abhandlung über den Therapieverlauf und meine Philosophie der menschlichen Beziehungen. Wie die meisten akademischen Werke sprach es kein großes Publikum an. »Ich fand es interessant«, meinte einer meiner Patienten, »aber ich bin mir nicht sicher, ob ich verstanden habe, worum es eigentlich ging.«

Ich wusste, dass ich ein Buch schreiben musste, das ein breiteres Publikum ansprach. Außerdem war mir klar, dass ich ein paar sehr persönliche Geschichten einfließen lassen musste, damit es ein aufrichtiges und wirksames Buch wurde. Aber ich war mir nicht sicher, ob ich das wollte. Ich fuhr zum Haus meines besten Freundes, zu Richard Tessissini. Richard war mit mir in Milford, Massachusetts, aufgewachsen und hatte im Lauf der Jahre an allen Freuden und Sorgen meines Lebens teilgenommen. Er liebte meine Eltern als wären es seine eigenen und betrauerte noch nach Jahren ihren Tod.

»Was meinst du, Richard?«, fragte ich ihn. »Soll ich über David schreiben?«

Richard schwieg einen Augenblick und sah mich an. Dann lächelte er und in diesem Lächeln spürte ich all die Sorgen und Freuden, die wir geteilt hatten. »Es fing alles mit David an«, sagte er. »Er ist das Herz von allem.«

Ich nickte, weil ich wusste, dass er Recht hatte. David, mein größter Lehrer, hat mir gezeigt, dass Einfühlung mehr ist als ein philosophisches Konstrukt oder eine psychologische Theorie. David hat mich gelehrt, dass wir dank der Macht der Einfühlung durchs Dunkel wieder zurück ans Licht finden.

Kapitel 2

David

Empathie begreift die Spannkraft des menschlichen Geistes.

David war ein gesunder, gut aussehender junger Mann, der in einer Beamtenstadt lebte, wo die Familien sich seit Generationen kannten und jeder sich um seinen Nachbarn kümmerte. David war ein begabter Sportler mit schneller Auffassungsgabe und einfühlsamem Wesen und dank seiner sanften, offenen Art fühlten die Menschen sich wohl in seiner Gegenwart. Von seinen Eltern vergöttert, von seinen Lehrern geachtet und von seinen Freunden bewundert, war David voll Vertrauen in seine Fähigkeiten und besaß ein gesundes Selbstbewusstsein.

Als David dann 1970 auf das College ging, träumte er davon, etwas Bedeutsames aus seinem Leben zu machen; er hoffte, der Welt, die so gut zu ihm gewesen war, etwas zurückgeben zu können. Die akademische Laufbahn hatte ihn jedoch nie interessiert und bald schon langweilten ihn seine Kurse. Nach nur wenigen Monaten brach er die Ausbildung ab. Er trieb sich auf den Straßen seiner Heimatstadt herum und suchte nach einer Lebensaufgabe, wurde darüber aber deprimiert und verlor seine Selbstsicherheit. Er hatte Angst davor, alles, was man ihm beigebracht hatte, ad absurdum zu führen. Als er die Besorgnis in den Gesichtern seiner Eltern sah, schämte er sich.

Was konnte er mit einem Collegeabschluss anfangen? Sein Vater hatte keinen Collegeabschluss und sich dennoch ein gutes Leben eingerichtet. Er war ein Held, während des Zweiten Weltkriegs hatte er zu einer Elitetruppe von Soldaten gehört, die mit ihren Fallschirmen hinter den feindlichen Linien abgesprungen waren, dort Partisanenverbände organisiert und schließlich zum Sturz des italienischen Faschistenführers Mussolini beigetragen hatten. In der Hoffnung, die Armee könnte sich auch für ihn als Heil erweisen, meldete David sich freiwillig zum Kriegsdienst in Vietnam. Da konnte er wenigstens etwas tun, stellte er sich vor, es war ein Weg, seiner Familie – und, vielleicht noch wichtiger, ihm selbst – zu beweisen, dass es ihm nicht an Mut und Motivation fehlte.

David bekam nie die Gelegenheit, nach Vietnam zu gehen. Als Collegestudenten gegen den Krieg protestierten und die Kongressabgeordneten anfingen, die Truppen zurückzurufen, verbrachte David zwei Jahre in Fort Dix, New Jersey, und ein weiteres Jahr in einem Militärlabor in Massachusetts, wo er freiwillig an pharmazeutischen Experimenten teilnahm. Nach seiner Entlassung kehrte David in seine Heimatstadt zurück und schloss sich wieder einer Gruppe von Schul- und Studienabbrechern an, die heftig dem Alkohol zusprachen und Drogen nahmen. Er fing an, sich zu betrinken. Er rauchte Marihuana und experimentierte mit LSD. Schließlich wurde er heroinabhängig.

Seine Eltern setzten alle Hebel in Bewegung, ihm zu helfen. Sein Vater bot ihm einen Job an und übte im selbst eingerichteten Sportstudio im Keller mit ihm stundenlang Gewichtheben. Seine Mutter führte lange Gespräche mit ihm, hielt seine Hand, versprach, alles in ihrer Macht Stehende zu tun, sein Leid zu lindern. Als David seine Drogenprobleme zugab, war er damit einverstanden, einen Arzt aufzusuchen, der bei ihm eine chronische Depression diagnostizierte und sowohl Beruhigungsmittel als auch Antidepressiva verschrieb. David suchte seinen Gemeindepriester auf, der ihm riet, die Kirche zu besuchen und jeden Tag zu beten. Er nahm Unmengen Vitamine und Mineralstoffe zu sich und las stundenlang Ratgeber. Dann war er wieder high und schlug die einfachsten Ratschläge in den Wind.

Seine Familie beschwor ihn, sich einer Drogentherapie zu unterziehen, aber David beharrte darauf, sich selbst aus der Abhängigkeit befreien zu können. Während eines Versuchs clean zu werden, versorgte seine Mutter ihn drei Tage lang zu Hause, als er unter dem Heroinentzug zitterte und Schweißausbrüche hatte. Dieses Mal blieb er zwei Monate lang clean, ehe er wieder rückfällig wurde.

Im Oktober 1974 trank David am frühen Nachmittag Bier in einer Kneipe seines Wohnviertels; außerdem war er auf Heroin. Ein paar Bekannte nahmen neben ihm Platz und überredeten ihn dazu, den Fluchtwagen für einen Einbruch zu fahren, der am Abend stattfinden sollte. »Es ist leicht verdientes Geld«, lockten sie ihn, »keine Waffen, keiner wird verletzt werden, und du brauchst nur dieses Auto zu fahren.« Es schien alles so einfach zu sein, also willigte David ein. Alles verlief nach Plan, bis auf einen verhängnisvollen Zwischenfall – nach dem Raubüberfall erlitt der Geschäftsinhaber einen tödlichen Herzanfall.

Einer der in den Raubüberfall verwickelten Männer wurde noch in derselben Nacht von der Polizei geschnappt und ins Gefängnis gesteckt. Es hieß, er bekäme lebenslänglich. Aus Angst, auch im Gefängnis zu landen, floh David außer Landes und endete mit anderen amerikanischen Aussteigern in einem schäbigen Hotel in Amsterdam.

Eines Tages erhielt David einen Telefonanruf von seinem älteren Bruder, der ihn anflehte, nach Hause zu kommen. Sein Bruder erzählte ihm, dass seine Eltern einen Verteidiger verpflichtet hätten, der ihnen versichert habe, David werde höchstens eine Gefängnisstrafe von fünf bis sieben Jahren bekommen, da er weder an der Planung noch an der Durchführung des Raubüberfalls beteiligt gewesen sei.

»Ich werde dir noch heute telegrafisch das Geld für das Flugticket anweisen«, sagte sein Bruder.

»Wenn ich ins Gefängnis muss, bringe ich mich um«, erwiderte David.

»Bitte, David, denk doch mal nach«, flehte sein Bruder ihn an. »Du kannst nicht für den Rest deines Lebens in Europa untertauchen. Du musst nach Hause kommen. Mama und Papa vermissen dich, David, sie können ohne dich nicht leben. Sie haben mich gebeten, dir zu sagen, dass sie, egal, was auch nach deiner Rückkehr passieren mag, zu dir stehen. Wir stehen alle zu dir.«

»Lass mich nachdenken«, sagte David und weinte still. Ein langes Schweigen folgte, dann sagte er: »Ich liebe dich. Sag Mama und Papa, dass ich sie auch liebe.«

»Wir stehen das durch«, versprach ihm sein Bruder. »Ich rufe dich morgen wieder an, damit wir alles festmachen.«

Nach dem Anruf ging David ins Chinesenviertel von Amsterdam und kaufte dort ein Tütchen reines Heroin. Zurück im Hotel, unterhielt er sich eine Weile mit seinen Freunden, verabschiedete sich und kehrte auf sein Zimmer zurück, wo er die Tür verschloss und sich eine tödliche Dosis injizierte. Als man Stunden später seine Leiche fand, stak die Nadel noch in seinem Arm.

David war mein Bruder; mein einziges Geschwister. Als er vor fünfundzwanzig Jahren starb, war ich siebenundzwanzig Jahre alt. Ich hatte meinen Diplomabschluss als psychologischer Berater gemacht und beendete gerade meine Arbeit, mit der ich mich um den Doktortitel an der University of Massachusetts bewarb.

Wenn ich auf jenen Tag und die Tage, die darauf folgten, zurückblicke, spüre ich den Schmerz noch immer. Die Erinnerungen sind in mein Gedächtnis gebrannt. Ich erinnere mich an den Tag, nachdem ich mit David gesprochen und ihn angefleht hatte, nach Hause zu kommen. Mein Vater und ich gingen auswärts essen, machten aber am Haus meiner Großmutter Halt, um David in Amsterdam anzurufen und seinen Rückflug aus Amsterdam zu planen. Als ich mich nach ihm erkundigte, bat mich die Frau an der Rezeption am Apparat zu bleiben, dann hatte ich die Hoteldirektorin in der Leitung. Sie teilte mir mit, dass David tot war; er sei, so sagte sie, an einer Überdosis Heroin gestorben. Ich sah zu meinem Vater hinüber, der auf dem Sofa saß und einen Blick gemischt aus Hoffnung und Angst auf mich richtete. Unsere Blicke trafen sich und in dem Moment wusste er auch schon Bescheid. Er weinte nicht an diesem Tag; er wirkte resigniert, besiegt. Wir fuhren nach Hause und trafen meine Mutter im Dunkeln im Wohnzimmer sitzend an. »Ma«, war alles, was ich sagte. Sie stand auf, nahm Davids Highschool-Bild von seinem Platz auf dem Kaminsims, drückte es an die Brust und schrie: »Er ist tot, nicht wahr?«

Ich erinnere mich, den Bestattungsunternehmer gebeten zu haben, mich anzurufen, sobald das Flugzeug mit Davids Leichnam gelandet war. Ich wollte nicht, dass meine Eltern ihn sahen – ich wollte nicht, dass sie von seinem Selbstmord erfuhren, weil ich glaubte, sie ertrügen es nicht. Eines späten Abends rief mich der Bestattungsunternehmer an und teilte mir mit, er werde den Leichnam um zwei Uhr morgens am Logan Airport abholen. Um halb fünf schlich ich mich aus dem Haus meiner Eltern, lief die acht Häuserblocks bis zum Beerdigungsinstitut und klopfte an die Eingangstür, bis der arme Mann und seine Frau wach waren. Schlaftrunken öffnete er mir und führte mich an den Särgen vorbei hoch in den oberen Raum, dann über eine Treppe hinunter in ein kleines fensterloses Eckzimmer. Der Geruch von Balsamierlösungen bereitete mir Übelkeit.

Ich sah mir den nur mit der Unterwäsche bekleideten Leichnam an. Das Gesicht war stark geschwollen und ich erkannte meinen Bruder nicht. »Das ist nicht David«, sagte ich.

Der Bestattungsunternehmer, der meine Familie kannte und mochte, berührte mich sanft am Arm. »Sie müssen ganz sicher sein, Arthur«, sagte er. »Sie dürfen keinen Fehler machen. Wenn Sie dazu bereit sind, schauen Sie sich ihn noch einmal an.« Da entdeckte ich das Tattoo auf Davids Arm. Dann fiel mein Blick auf seine Haare, die direkt über den Ohren abgeschnitten waren. *»Papa meint, du solltest dir die Haare schneiden lassen, ehe du nach Hause kommst; er meint, das mache einen besseren Eindruck vor Gericht.«* Das waren einige der letzten Worte, die ich David am Telefon gesagt hatte, nur Stunden, ehe er sich umbrachte.

Nie habe ich meinen Eltern erzählt, dass Davids Tod ein Selbstmord war. Sie erfuhren nie, dass ich das Protokoll der Amsterdamer Polizei gelesen hatte, das mit gründlicher Genauigkeit darauf einging, sowie den Bericht des Pathologen, aus dem zweifelsfrei hervorging, dass David sich selbst getötet hatte. Ich konnte den Bestattungsunternehmer dazu überreden, die Todesursache von einer Überdosis Heroin in Herzversagen umzuformulieren. Der Herausgeber der Lokalzeitung war argwöhnisch, willigte dann jedoch ein, die Fakten so zu drucken, wie ich sie ihm vorlegte.

Bei Davids Beerdigung beobachtete ich meinen Vater, der benommen umherlief, die Trauergäste mit einem abwesenden Lächeln grüßte und lange Zeit vor den Blumenarrangements stehen blieb und diese anstarrte. Ich weiß noch, dass ich überlegt habe, wonach er wohl suche. Während der Trauerfeier hielt ich die Hand meiner Mutter, doch plötzlich riss sie sich los und warf sich hemmungslos schluchzend über den Sargdeckel. Ich versuchte sie zu trösten, aber sie ließ keinen an sich heran. Ich musste ihre Finger gewaltsam vom Sarg lösen und sie fast zu dem Platz zurücktragen, wo mein Vater mit schmerzverzerrtem Gesicht und hilflos baumelnden Armen stand.

Während der Beerdigung weinte ich keine einzige Träne. Ich wunderte mich, was das wohl bedeuten mochte. Warum konnte ich nicht weinen? Ich hörte auf zu essen, weil ich dachte, ich könnte etwas fühlen, wenn ich Hunger verspürte, aber noch immer konnte ich nicht weinen. Ich überlegte, ob meine Empfindung vielleicht Erleichterung war, fragte mich aber zugleich, welcher Mensch wohl Erleichterung verspürte, wenn sein Bruder tot war. Oder war ich wütend auf David, weil mir klar war, dass er das Leben meiner Eltern zerstört hatte, begriff, dass sie um ihn trauern würden, solange sie lebten, und keiner von uns das Verlorene jemals wiederbekommen würde?

Ich weiß bis heute nicht, warum ich nicht weinte. Oft habe ich mir die Frage gestellt, ob ich nicht einfach zu verstört war, um zu weinen – zu verstört, dem Tod ins Gesicht zu schauen, zu verstört, meinen starken Vater zusammenbrechen zu sehen, zu verstört ob des Wissens, dass meine Mutter mit David sterben wollte.

Ich kehrte zurück auf die Hochschule, um die Feldforschung für meine Dissertation zu beenden, aber ich konnte mich auf nichts konzentrieren. Ich konnte nicht denken, nicht reagieren, konnte nichts empfinden. Ich erinnere mich, dass meine Freunde mich einluden, mit ihnen auf ein Bier zu gehen. Verwundert sah ich sie an. Ausgehen? Ein Bier trinken? Warum sollte ich dazu Lust haben? Es ergab keinen Sinn für mich.

Ich verlor meinen Glauben. Meine Tage und meine Nächte waren von einer einzigen Frage beherrscht: Was hätte ich tun können, um ihn zu retten? Immer wieder ließ ich mir mein letztes Gespräch mit David durch den Kopf gehen. Weil ich noch jedes Wort wusste, konnte ich seine Stimme hören, als würde in meinem Kopf ein Band abgespielt. »Ich liebe dich«, hatte David mir gesagt. David hatte mir nur selten seine Zuneigung bekundet – war das ein Stichwort, das ich hätte aufgreifen sollen? Doch als mein Bruder mich am dringendsten brauchte, die Worte »Ich liebe dich auch« zu hören verlangte, war ich erstarrt. David bat mich um eine Rettungsleine, aber ich ließ ihn allein, ohne die Worte, die ihn vielleicht hätten retten können. Er wollte wissen, dass er geliebt wurde, doch weil ich seine falschen Versprechungen schon so oft gehört hatte, enttäuscht davon war, dass Davids Abhängigkeit sein Leben auf den Kopf gestellt hatte, konnte ich ihm in meiner Wut und meinem Misstrauen nicht die Worte geben, die er brauchte. Ich konnte mich nicht dazu überwinden zu sagen: »Ich liebe dich auch.«

Mir fiel wieder ein, dass ich David, als er sagte: »Wenn ich ins Gefängnis muss, bringe ich mich um«, selbstsüchtig und unreif fand. Ich war ungeduldig mit ihm und erwartete, dass er für seine Taten die Verantwortung übernahm. Hatte er die Verunsicherung in meiner Stimme vernommen? Hatte er gespürt, dass auch ich, sein einziger Bruder und bester Freund, sich von ihm abgewandt hatte? Er sagte, er werde sich umbringen, und ich ging darüber hinweg, erklärte ihm, er müsse an Mama und Papa denken, ließ ihn wissen, dass die Familie hinter ihm stehe, versicherte ihm, dass alles gut werden würde. Als er am Verbluten war, bot ich ihm ein Pflaster an. Ich negierte seine Gefühle und ließ ihn mit seinem Schmerz allein, weil ich unfähig war, mit meinen eigenen verworrenen Gefühlen zurechtzukommen. Weshalb bin ich nicht auf die Selbstmorddrohung eingegangen, wie das jeder gute Arzt getan hätte? Ich war wütend auf ihn. Ich wollte von ihm nicht mehr länger manipuliert werden und habe aus dieser Befürchtung heraus falsche Schlüsse gezogen, als er von Selbstmord sprach. Was wäre gewesen, wenn ich zugehört hätte, wirklich genau hingehört und mehr als die eigentlichen Worte gehört hätte, meine Wut und Angst hintangestellt und die Tiefen seiner Verzweiflung ergründet hätte? Was wäre dann geschehen? Hätte ich ihn retten können?

In jedem Buch, das ich las, jeder Arbeit, die ich schrieb, und jedem Gespräch, das ich führte, suchte ich nach Wegen zu begreifen, was meinem Bruder widerfahren war. Ich lechzte danach zu erfahren, was seinen Geist und seinen Lebenswillen zerstört hatte. Ich zog mich in eine Welt der Bücher und Arbeit zurück, häufte in meiner winzigen Wohnung Texte und Notizen. Ich redete mit meinen Büchern, stellte ihnen die Fragen, die ich keinem Menschen stellen konnte. Warum hatte David sich den Drogen verschrieben und warum war er nicht in der Lage gewesen, damit aufzuhören? Warum brach er jede bedeutsame Beziehung in seinem Leben ab? Welche Worte hätten ihn getröstet, welcher Rat wäre zu ihm durchgedrungen, was hätte ich sagen oder tun können, das ihm vielleicht das Gefühl gegeben hätte, verstanden, akzeptiert und geliebt zu werden?

All die psychologischen Theorien über Verlust und große Trauer, all die Hilfsmittel und Techniken, die ich mir an der Hochschule angeeignet hatte, schafften es nicht, meinen Schmerz zu beseitigen. Enttäuscht von oberflächlichen Erklärungen zwang ich mich, die wirklich schwierigen

Fragen zu stellen: Warum zerstören die Menschen sich? Wie kam es, dass David, der so viel hatte, alles verlor? Wer war ich, dass ich ihm so begegnen konnte? Warum wollte ich überhaupt Psychologe sein? Ist es wirklich möglich, anderen Menschen dabei zu helfen, einen Richtungswechsel in ihrem Leben vorzunehmen? Wie reißt man die Barrieren zwischen den Menschen ein und spricht mit ihnen von Herz zu Herz?

Auf meine Fragen kam eine Antwort sofort – ich wusste, dass ich weder mit traditioneller Psychoanalyse, noch mit Transaktionsanalyse oder Gestalttherapie oder sonst einer der anderen üblichen psychotherapeutischen Methoden arbeiten wollte. Ich wollte keinem starren Handlungsschema folgen, mein Verständnis von der Natur des Menschen nicht auf ein theoretisches Modell reduzieren. Denn in den Monaten nach Davids Tod wurde mir klar, dass ich nichts wusste. Gar nichts. In meinen Seminaren und den Auseinandersetzungen mit Professoren und Studenten erstaunte es mich immer wieder, wie selten über Mitmenschlichkeit, Verständnis, die Kunst des Zuhörens oder selbst einfache Freundlichkeit gesprochen wurde. Die meisten meiner Professoren oder Kommilitonen diskutierten endlos Konzepte, wie etwa Psychostrukturen, kognitive Stile und Gegenabwehr. Die Betonung lag damals – und heute noch viel mehr – auf einer Katalogisierung der Symptome des Patienten und der Diagnosestellung, mit der man ihn abstempelte. Die Etikettierungen (»paranoid«, »Persönlichkeitsstörung«, »manisch-depressiv«, »zwangsneurotisch«) führten automatisch zu den Therapieansätzen oder Medikamenten, die man verordnete, um die Symptome zu eliminieren und wann immer möglich die Normalität wiederherzustellen.

Normalität. Dieses Wort verfolgte mich. Was ist normal, fragte ich mich. In seiner Jugend war David nach allgemeinem Dafürhalten »normal« gewesen. Gut aussehend, gewinnend, mit guten Manieren, als begabter Sportler, liebender Sohn, zuverlässiger Bruder, einfühlsamer Freund war David das Paradebeispiel eines durch und durch gesunden jungen Mannes. Als er von der Schule abging und anfing zu viel zu trinken, wurde er zunehmend mutlos. Als er heroinabhängig war, wurde er niedergeschlagen, ängstlich und verzagt. Als er mit anderen jungen Leuten in Kontakt kam, die ebenfalls drogenabhängig waren, traf er falsche Entscheidungen. Als er das Gesetz brach und sich in ein anderes Land absetzte, verlor er die Hoffnung. Welches Etikett, welche Diagnose könnte das ganze Wesen meines Bruders erfassen?

Ich kenne sie alle. Gemäß der populärsten psychologischen Theorien dieser Zeit litt David an »Depression«, »Persönlichkeitsstörung«, war eine »Suchtpersönlichkeit«, befand sich in einer »narzisstischen Krise« oder hatte einen »nicht aufgearbeiteten Ödipuskomplex«. Er war »eine verlorene Seele«, wie eine ältere Verwandte meinte. »Ein Produkt der siebziger Jahre«, schlug eine andere vor. »Ein Opfer des Drogenmissbrauchs«, entschied ein Freund. »Ein Studienabbrecher ohne Sinn und Ziel im Leben«, schlug ein Nachbar vor. »Einer, der die Gefahr und das Vergnügen sucht«, betonte ein Studienkollege. »Ich glaube, die Armee hat ihn fertig gemacht«, meinte einer von Davids Freunden.

Jede dieser Theorien mag einen Funken Wahrheit enthalten haben, doch selbst wenn ich sie alle zusammenwarf, vermochten sie nicht zu erklären, was passiert war, um Davids Geist zu zerstören und seinen Lebenswillen auszulöschen. Alle Versuche, ihn zu erklären, ihn einzufangen wie ein Entomologe einen toten Schmetterling auf eine Tafel spießt, schmälerten die Wahrheit, wer er tatsächlich war. Die Theorien rissen ihn Stück für Stück auseinander, bis er nur noch eine Sammlung loser Teile war, die darauf warteten, analysiert und untersucht, in Kästen gepackt, katalogisiert und dann verwahrt zu werden.

Da gelobte ich, nie mehr Individuen auf Abstraktionen zu reduzieren, indem man ihrem Verhalten ein Etikett aufklebte. Theorien und Bezeichnungen mögen es den Psychologen und Philosophen erleichtern, das menschliche Verhalten zu homogenisieren, die Wahrheit aber, was den einen Menschen dazu bewegt, eine bestimmte Richtung einzuschlagen, während ein anderer Mensch einen anderen Weg bevorzugt, finden sie auf diesem Weg nicht. Keine Theorie vermag die Oberfläche zu durchdringen, um Herz und Seele der einzigartigen Individuen zu enthüllen, die leiden und nach einem Weg suchen, ihre Qual zu beenden. Sie sprechen nicht an auf die Verzweiflung, die Menschen fühlen, wenn sie von den Menschen abgeschnitten sind, die sie auf der Welt am meisten lieben.

Was geschah mit David, das ihn die Hoffnung aufgeben ließ? Was hätte getan werden können, um ihn zu retten? So lauteten die Fragen, die mich im Leben und meiner Arbeit leiteten. Ich wollte das Leiden verstehen und ich hoffte zu erfahren, wie es zu lindern war. Ich suchte Trost und Weisheit in der Bibel. Ich las Bücher über Hinduismus, Buddhismus, Sufismus und Taoismus. Ich studierte Abhandlungen berühmter Gelehrter, schwer verständliche Aufsätze von Klinikern und Ratgeberliteratur. Ich dachte über meine Mutter und meinen Vater und die Lektionen nach, die sie mir über die Einfühlung als den Pfad zu Liebe und Vergebung erteilt hatten. »Gib nie auf«, pflegte mein Vater zu sagen. »Gib nie die Hoffnung auf«, ergänzte meine Mutter dann.

Warum hat David aufgegeben? Meiner Überzeugung nach hat David die Hoffnung verloren, weil er sich von den Menschen getrennt fühlte, die er liebte. Durch Drogen isoliert, von seiner Familie abgeschnitten und im Glauben, seine Beziehungen seien unwiderruflich abgebrochen, war er wie ein Mensch, der unter Sauerstoffentzug leidet und nach Luft schnappt. David starb bereits lange bevor er Hand an sich legte. Wohin er sich auch wandte, jeder Weg stellte sich als Sackgasse heraus; alle seine Hilfeschreie verhallten ungehört und unbeantwortet. In die Ecke seiner Abhängigkeit gedrängt, von Scham, Furcht, Schuld und Gram überwältigt, gelangte er zu der Überzeugung, dass es keinen Ausweg mehr gab.

Ironischerweise vertiefte Davids Tod meinen Glauben an menschliche Beziehungen. Im Rückblick auf sein Leben kann ich all die verpassten Gelegenheiten erkennen, die kritischen Berührungspunkte, wo ein sanftes Wort oder eine hilfreiche Hand eine andere Wendung mit sich gebracht hätte. Alle die falschen Schritte, welche die letzten Jahre meines Bruders markierten, haben in mir ein Verständnis dafür geweckt, wie Menschen geholfen werden kann, die richtigen Schritte zu tun, wie man voller Anteilnahme zuhört und reagiert, wie man Herz und Seele eines anderen Menschen erreicht und Worte der Hilfe und des Trostes anbietet und niemals, niemals die Hoffnung aufgibt. Ich lernte, mich stärker auf die Fragen als auf die Antworten zu konzentrieren und ich gelangte aus ganzem Herzen und tiefster Seele dazu, an die unendlichen Möglichkeiten des Wachsens, der Veränderung und der Selbstverwandlung zu glauben.

Dies ist der Weg der Einfühlung. Die Einfühlung gibt nie auf. Die Einfühlung begreift die Spannkraft des menschlichen Geistes. Die auf wohlwollende, konstruktive Weise angewandte Einfühlung weigert sich, die Worte »aussichtsloser Fall« oder »hoffnungslos« zu benutzen.

Mich treibt die Einfühlung, weil ich meinen Bruder retten möchte. Ich möchte daran glauben, dass ich, könnte ich heute mit David sprechen, in der Lage wäre, ihn ins Leben zurückzuführen. Und weiß: Während jener langen Monate, als uns alle nur die eine Frage quälte, was wir tun sollten, während sich Davids Verzweiflung immer tiefer eingrub und seine Drogenabhängigkeit ihn von allen wichtigen Bindungen in seinem Leben trennte, hätte ich gehandelt. Ich hätte ihn jeden Tag angerufen und hätte viele tausend Kilometer zurückgelegt, um ihm immer und immer wieder zu versichern, dass ich an ihn glaubte, dass ich ihn liebte und dass nichts mich je davon abhalten könne, alles in meiner Macht Stehende zu tun, um ihm zu helfen.

Außerdem treibt mich die Einfühlung, weil ich andere anleiten möchte, die Fehler zu vermeiden, die ich gemacht habe, und andere Familien vor der Qual bewahren möchte, die meine Familie ertragen musste.

Und schließlich treibt die Einfühlung mich, mich selbst zu retten. Die Einfühlung hat mich geheilt, hat mich Vergebung gelehrt und mir geholfen, die Beziehungen aufzubauen und zu pflegen, die wieder Hoffnung in mein Leben gebracht haben. Jeden Tag erinnert die Empathie mich daran, dass das Leben einen Sinn, einen Zweck und eine Richtung hat.

Manchmal fragen mich Patienten: »Glauben Sie wirklich, dass ich mich verändern kann? Gibt es wirklich Hoffnung für mich?« In jenen Momenten bekräftige ich, was ich von ihnen erfahren habe. Ich weise sie auf die Möglichkeiten hin, wie sie wachsen können, und auf die einzigartigen Aspekte ihrer Geschichte, so dass sie diese verstehen und überwinden können. Ich erkläre ihnen, dass ich für sie da sein werde, um ihnen zuzuhören und auf ihre einzigartigen Gedanken und Gefühle einzugehen. Ich werde nie die Hoffnung aufgeben, lasse ich sie wissen, und in Zeiten, wenn sie glauben, keinen Schritt mehr tun zu können, werde ich ihnen meine Hoffnung und meinen Glauben leihen, bis ihre Kraft zurückkehrt.

Bei diesen Worten sehe ich eine Verwandlung in ihren Augen, den Funken der Hoffnung, den wieder erweckten Geist. Ich blicke in ihre Augen und sehe, wie mein Bruder mich daraus anstarrt.

Kapitel 3

Antennen für die Empathie

Die Empathie ist Teil unseres genetischen Erbes, ein naturgegebenes Geschenk, um das Überleben aller Lebewesen zu gewährleisten.

Weil ich den Tod meines Bruders durchlebt und überlebt habe, erfuhr ich von der Macht der Einfühlung, die selbst die tiefsten Wunden heilt. Die Einfühlung führte mich zu Einsichten, die mir schließlich erlaubten, einen Prozess in Gang zu setzen, an dessen Ende ich mir selbst verzeihen konnte. Auch im Miteinander mit meinen Eltern, als diese mit ihrem unendlichen Kummer kämpften, leitete mich die Einfühlung. Und sie führte mich auch zu einem tiefer greifenden Verständnis der kreativen Möglichkeiten von Wachstum und Veränderung, die in allen Menschen angelegt sind, egal, wie bekümmert oder verzweifelt sie auch sein mögen.

Ich glaube, dass David heute noch leben würde, hätte die Einfühlung die Handlungen all jener bestimmt, die ihm zu helfen versuchten. Oft denke ich über meine eigenen Reaktionen auf die Verzweiflung meines Bruders nach, und selbst jetzt, nach fünfundzwanzig Jahren, wünsche ich mir, das Rad zurückdrehen und ändern zu können, was ich gesagt und getan habe. Hätte ich damals nur gewusst, was ich heute weiß. Aus ganzem Herzen und ganzer Seele wünsche ich mir, eine zweite Chance zu haben, um ihn zu retten.

Häufig fragen mich die Patienten: »Wie lerne ich, mir die Handlungen zu verzeihen, die ich zutiefst bedauere?« Meine Antwort darauf variiert nur in der Wortwahl. »Sie verzeihen sich, indem Sie diese Handlung in Zukunft nicht mehr wiederholen«, erkläre ich ihnen. »Sie beweisen sich durch Ihre Beziehungen, dass Sie mehr Toleranz für andere aufbringen können. Mit jedem Austausch unterwerfen Sie sich dem Prozess, als Mensch toleranter zu werden, öfter zu verzeihen und tiefer zu lieben.«

Das ist der Weg der Einfühlung und es ist der einzig mir bekannte Weg, der uns von der Verzweiflung zur Hoffnung, vom Groll zur Vergebung, von der Angst vor unseren Schwächen zum Vertrauen auf unsere Möglichkeiten führt. Menschen entwickeln sich und die Einfühlung ist die innere Kraft, die es uns erlaubt, uns gemäß unseren Erfahrungen anzupassen und zu verändern. Ich stelle mir die Einfühlung als einen Fluss vor, der uns mit seiner Strömung davonträgt, uns sanft auf neues Terrain führt und uns die Welt selbst als ein sich enthüllendes Geheimnis offenbart. Ohne die kräftige Strömung der Einfühlung würden wir in den Strudeln unserer starren Wahrnehmungen herumwirbeln, in unseren Ängsten und unserer Vergangenheit gefangen bleiben, nicht willens oder unfähig uns loszureißen. Leben ohne Einfühlung würde stagnieren und sich im Kreise drehen, sich in endlosen vorhersehbaren Mustern wiederholen, deren Monotonie nur durch wenige Überraschungen oder Geheimnisse aufgebrochen würde.

Ohne Einfühlung wären wir nicht in der Lage, auf sinnvolle Weise miteinander in Verbindung zu treten, auch fehlte uns das Verlangen oder die Neigung einander zu helfen. Wir würden ein Leben als Einzelgänger führen, die Gedanken getrennt von den Gefühlen, jeder von uns eine Insel, ohne Brücken des verbindenden Verständnisses.

Die Einfühlung ist Teil unseres genetischen Erbes, ein naturgegebenes Geschenk, um das Überleben aller Lebewesen zu gewährleisten. Wenn wir keine Beziehung zueinander eingehen können, werden wir nicht überleben – das ist die der Einfühlung zugrunde liegende biologische Gesetzmäßigkeit und erklärt, weshalb die Einfühlung nicht nur in die Stränge und Windungen unserer DNA gewickelt ist, sondern auch mit dem Erbmaterial von Elefanten, Schimpansen, Raupen, Ameisen und sogar, was noch unglaublicher ist, von einzelligen Organismen fest verwoben ist. Wenn Wissenschaftler die Evolution der Einfühlung abhandeln, führen sie diese nicht nur bis zu den Affen, Vögeln oder sogar so winzigen Insekten wie Flöhen oder Eintagsfliegen zurück. Ihr Anfang ist der erstaunliche Lebenskreislauf der Schleimpilze.

Als ich zum ersten Mal von den Schleimpilzen hörte (in einem Teelöffel Gartenerde leben Millionen davon), war ich nicht sonderlich beeindruckt. Ich hätte lieber über menschliche Beziehungen und die Verbindung von Einfühlung, Intimität und Selbstwahrnehmung gesprochen. Bald jedoch schon war ich fasziniert, denn trotz seiner niederen Abstammung offenbart uns der Schleimpilz viele überraschende Wahrheiten über die Leben spendenden Kräfte der Einfühlung und so hochtrabende »menschliche« Ideale wie Nächstenliebe und Selbstaufopferung.

Der Schleimpilz beginnt sein Leben als ein einzelliger Organismus, der sich damit zufrieden gibt, sich nicht von der Stelle zu bewegen und Bakterien als Nahrung in sich hineinzuschlingen. Ist die Nahrungsversorgung schlecht, befinden sich die Schleimpilzzellen in einer prekären Lage, denn sie sind unfähig, sich aus eigener Kraft auf Nahrungssuche zu begeben. Und hier kommt eine primitive Form der Einfühlung ins Spiel. In Reaktion auf ein chemisches Signal namens Pheromone – die Menschen verfügen über die gleichen chemischen Botenstoffe (Adenosin) – schließen sich die einzelnen Zellen zusammen, geben sich metaphorisch gesprochen die Hand, um loszumarschieren und Nahrung zu suchen. Die Schleimpilzzellen sind in der Lage, sich en masse wie ein winziger, aus lebenden, sich bewegenden Teilen zusammengesetzter Panzer durch den Boden zu bewegen. Wenn der Zellenhaufen dann einen sicheren Ruheplatz und genügend Nahrung findet, sterben die Einzelzellen in der vordersten Front der Kolonie ab und geben ihre Fortpflanzungsfähigkeit an die hinteren Reihen ab, damit diese sich gütlich tun und gedeihen können.

Forscher, die sich mit Schleimpilzen beschäftigen – und das sind viele, denn die Fähigkeit der einzelnen Zelle zu kommunizieren und sich mit anderen zusammenzutun ist ein Modell für die Art und Weise, wie der menschliche Fötus sich im Mutterleib entwickelt –, gehen davon aus, dass das Verschmelzen der Zellen von »kommunikativen« oder »sozialen« Genen gesteuert wird. Diese Gene ermuntern die Zellen dazu, Beziehungen zueinander herzustellen und Gemeinschaften zu bilden, welche die Überlebenschancen der Spezies erhöhen. Jede Zelle ist in der Lage, die Bedürfnisse der anderen Zellen zu verstehen und auf eine Weise darauf zu reagieren, die nicht nur den auf sich selbst konzentrierten Bedürfnissen des Individuums dient, sondern der Gemeinschaft als Ganzes.

Wenn ein einzelliger Organismus mit anderen seiner Art auf so verblüffend wirksame Weise kommunizieren kann, welche Leistungen des Verständnisses und der Einsicht stehen dann höheren Lebensformen zur Verfügung? Gehen wir auf der Evolutionsleiter ein paar Stufen höher, entdecken wir eine ungewöhnliche, aber ganz entschieden von Einfühlung getragene Beziehung zwischen Ameisen und myrmecophilen (Ameisen liebenden) Raupen. Diese Raupen verfügen über »Ameisenorgane«, speziell dazu entwickelt, Ameisen anzuziehen und mit ihnen zu kommunizieren. Eins dieser Organe sitzt am hinteren Ende der Raupe; wird es von einer Ameise berührt, sondert diese Drüse eine klare Flüssigkeit ab, die reich an Aminosäuren ist. Die Ameise nimmt diese auf, bekommt für eine geringe Anstrengung einen gesunden, nahrhaften Imbiss.

Natürlich bleibt die Ameise da, wo ihr, wann immer ihr danach ist, freie Verköstigung angeboten wird. Und genau das möchte die Raupe, denn wenn Ärger droht, lässt sich kein treuerer oder beharrlicherer Freund finden als eine Ameise. Wird die Raupe etwa von einem Raubinsekt wie einer Wespe bedroht, erschleicht sie sich die Hilfe der Ameise, indem sie ein zweites »Ameisenorgan« zum Einsatz bringt. Ein Paar Tentakel hinter dem Kopf der Raupe verströmen ein chemisches Signal, das die Ameise eine wachsame Verteidigungshaltung einnehmen lässt, bereit, jeden Angreifer zu attackieren. Wenn die Wespe versucht, die Raupe zu stechen, ist die Ameise darauf vorbereitet, den Feind zu bekämpfen, bis er tot ist.

Die Ameisen liebenden Raupen erlauben uns einen faszinierenden Einblick in eine Vorform der »negativen« Einfühlung. Die Raupe überlistet die Ameisen zu glauben, ihr Überleben sei an das Schicksal der Raupe geknüpft, obwohl in Wahrheit die Raupe die Ameise weitaus nötiger hat als die Ameise die Raupe. Der Wespe hingegen sind die winzigen Ameisen völlig egal – sie möchte sich nur an der plumpen, fleischigen Raupe gütlich tun. Aber diese hat durch ihre Fähigkeit, mit den Ameisen in einer ihnen verständlichen Sprache zu kommunizieren, und das von ihr bereitgestellte, Tag und Nacht frei zugängliche Büfett die Ameisen für sich gewinnen können. Dank dieser Verlockungen verbünden sich die Ameisen mit der Raupe und sind bereit, bis zum Tod zu kämpfen, um sie zu beschützen.

So wie im Lauf der Evolution die Lebewesen Denkfähigkeit und Vernunft weiterentwickeln, schreitet auch ihre Fähigkeit zur Einfühlung (sowohl in wohlwollender als auch in zerstörerischer Absicht) sprunghaft voran. Die Gabe, miteinander zu kommunizieren, verbessert sich durch die Fähigkeit, die Gefühle und Gedanken des anderen zu »lesen«. Wenn auch die meisten Menschen die Begabung zum Gedankenlesen für einen durch und durch menschlichen Wesenszug halten, scheinen doch auch primitivere (oder, um genauer zu sein, anders adaptierte) Spezies in der Lage zu sein, die Gefühle und Motivation anderer zu verstehen.

In seinem Buch ›Der Schnabel des Finken oder Der kurze Atem der Evolution‹ befragte der Wissenschaftsautor Jonathan Weiner eine Frau, die eine überraschende Begegnung mit einem der Vögel beschrieb, die sie jeden Tag fütterte.

»Eines Tages war ich im Haus, saß auf dem Bett und las ... als plötzlich ein Fink auf einem Kissen unmittelbar neben meinem Kopf landete. Ich konnte beobachten, dass etwas mit seinem Schnabel nicht in Ordnung war. Es waren die Blattern. Sie treten normalerweise an den Füßen auf, aber manchmal kommen auch Wucherungen an der Innenseite des Schnabels vor. Es gelang mir, sie abzukratzen. Dann pinselte ich die Stelle mit Jod ein. Ich versuchte ihm zu helfen.

Nie zuvor hatte ein Fink so etwas getan: Er flog direkt zu mir hin und sah mich an. Wenn man sie füttert, legen sie ihren Kopf auf die Seite und schauen einen an, doch das hier war etwas ganz Anderes. Ich hatte das Gefühl – um in einen Anthropomorphismus zu verfallen –, dass es ein kleiner Hilfeschrei war. Natürlich weiß man das nicht. Es könnte auch so gewesen sein, dass er nicht fressen konnte, ja eigentlich schon am Verhungern war. Und ich war eben die Nahrungsquelle, diejenige, die den Reis herausstellte. Wer weiß? Ich fasste es als ein ›Hilf mir‹ auf.«

Obwohl wir nie erfahren werden, was dieser besondere Vogel dachte, scheint die Vorstellung nicht zu weit hergeholt zu sein, dass der Fink wusste, er würde verhungern, und sich als letzte Zuflucht an einen freundlichen Menschen wandte, damit ihm geholfen wurde. War es nun ein kalkulierter Schritt oder eine vom Spürsinn bestimmte Begegnung, das ungewöhnliche Verhalten des Finken dürfte ihm jedenfalls das Leben gerettet haben.

Man hält es gemeinhin nicht für große Wissenschaft, den Tieren menschliche Gefühle zuzuschreiben, sondern eher für den so genannten Irrtum des Anthropomorphismus. Wissenschaftler brauchen Beweise und es gibt keine Möglichkeit, genau zu bestimmen, was Tiere fühlen oder denken, da ihnen die sprachlichen Ausdrucksmöglichkeiten fehlen. Doch sehr viele kluge und intelligente Menschen sind der Meinung, dass außer dem Menschen auch andere Lebewesen die Erfahrung von Freude, Traurigkeit und sogar so »großer« Gefühle wie Schuld, Scham, Trauer und Neid erleben. Darüber hinaus nehmen die Tiere in einem nicht zu bestreitenden Akt von Einfühlung die Gefühle anderer Lebewesen (auch Menschen) auf und reagieren darauf.

In seinem Buch ›Wie Tiere fühlen‹ erzählt Jeffrey Masson, der eigentlich ausgebildeter Psychoanalytiker ist, die Geschichte einer einfühlenden Begegnung von zwei natürlichen Feinden – dem Elefanten und dem Rhinozeros.

Eine Flusspferdmutter und ihr Kalb kamen zu einer Stelle mit Lecksalz, und das Rhinozeroskalb blieb im Schlamm stecken. Die Mutter schnüffelte am Kalb, um sich zu versichern, dass es unverletzt war und ließ es dann allein, um auf Futtersuche in den Wald zu gehen. Als eine Gruppe Elefanten zur Leckstelle kam, kehrte die Rhinozerosmutter zurück, um den Leitelefanten anzugreifen. Die Elefanten zogen sich zurück und das Flusspferd lief wieder in den Wald zur Futtersuche. Masson beschreibt, was dann passierte:

»Ein ausgewachsener Elefant mit langen Stoßzähnen näherte sich dem Kalb, betastete es mit seinem Rüssel. Dann kniete der Elefant nieder und versuchte seine Stoßzähne unter das Kälbchen zu schieben und es herauszuziehen. Als er das tat, kam die Mutter aus dem Wald angeschossen, sodass der Elefant zurückwich und zu der anderen Salzlecke zurückging. Über mehrere Stunden versuchte der Elefant immer dann, wenn die Rhinozerosmutter in den Wald zurückgekehrt war, das Kalb aus dem Schlamm zu ziehen, aber jedesmal eilte die Mutter herbei, um ihr Kind zu beschützen, und der Elefant gab auf. Schließlich zogen die Elefanten weiter und ließen das Rhinozerosbaby im Morast stecken. Am nächsten Morgen, als Menschen sich daranmachten, es herauszuholen, gelang es dem Kalb, sich mit eigener Kraft aus dem angetrockneten Lehm zu befreien und zu seiner wartenden Mutter zu fliehen.«

Warum riskierte der Elefant die Wut der Rhinozerosmutter? Während die meisten Wissenschaftler Bedenken haben, tierischem Verhalten menschliche Gefühle zuzuschreiben, fällt es mir schwer, eine andere logische Erklärung dafür zu finden. Offensichtlich hatte der Elefant die Not des kleinen Flusspferdes erkannt und wiederholt zu helfen versucht – ein Akt wohlwollender Selbstlosigkeit, wie wohl jeder zugeben wird. Versteht man unter Einfühlung die Fähigkeit, die Erfahrung eines anderen Lebewesens genau zu verstehen und vernünftig darauf zu reagieren, kann es dann noch einen Zweifel geben, dass der Elefant Einfühlung empfunden und ausgedrückt hat?

Vor nicht allzu langer Zeit beobachtete ein Tierpfleger eines Tages, wie ein verletzter Sperlingsjungvogel im Schimpansenkäfig eine Bruchlandung machte. Einer der Schimpansen nahm den winzigen Vogel sofort in die Hand. Aber nicht, um ihn zu zerlegen oder ihn als kleinen Nachmittagsimbiss hinunterzuschlucken, wie es der Tierpfleger befürchtete, sondern um ihn sanft in der gewölbten Hand zu halten und ihn mit offenkundiger Faszination zu betrachten. Die anderen Schimpansen versammelten sich um ihn, und das Vogelküken wurde mit großer Vorsicht vom einen zum nächsten weitergereicht. Nachdem auch der letzte Schimpanse dran gewesen war, ging er zum Käfiggitter und überreichte den Vogel dem erstaunten Tierpfleger.

Hatten die Schimpansen erkannt, dass der kleine Vogel in Schwierigkeiten war, und hatte dieses Verständnis zu einer einfühlenden Reaktion geführt, die im Gegenzug den Wunsch wachrief, ihm zu helfen? Nichts schlägt die menschlichen Herzsaiten wirksamer an als mitzuerleben, dass andere in Not sind. Jeden Tag laufen wir an Hunderten von Menschen vorbei, ohne auch nur über ihre Seelenverfassung nachzudenken, aber sobald wir bemerken, dass jemand – Freund oder Fremder – sichtbar leidet, spüren wir das starke Bedürfnis, darauf zu reagieren.

Derselbe grundlegende einfühlende Instinkt könnte auch in anderen Spezies zum Tragen kommen. Wäre der Sperling lebhaft und gesund gewesen, hätte der Schimpanse ihn vielleicht ohne zu zögern verspeist und sich womöglich darüber gefreut, dass es ihm gelungen war, den Vogel aus der Luft zu fangen, und diese unerwartete Geschicklichkeit mit einem Maul voller Federn und Fleisch gefeiert. Ein verletzter Vogel bewirkte jedoch einen Moment der Verwirrung. Automatische Reaktionen wurden zugunsten nachdenklicher Erwägung zurückgestellt und währenddessen machte die Einfühlung ihren Einfluss geltend. Was stimmt hier nicht? mag der Schimpanse vielleicht gedacht haben. Warum sitzt dieser Vogel auf dem Boden des Käfigs, anstatt umherzufliegen wie die anderen Vögel? Wie soll ich auf dieses seltsame Wesen reagieren?

In dieser Phase des Abwägens hatte der Schimpanse Muße, den kleinen Vogel einen Moment lang zu beobachten. Womöglich hat der Schimpanse dem Vogel in die Augen gesehen und seine Angst darin erkannt. Vielleicht hat er auch den schnellen Herzschlag des Vögelchens gespürt oder seine verzweifelten Fluchtversuche bemerkt. Obwohl wir nie mit Gewissheit erfahren werden, was der Schimpanse dachte und fühlte, wissen wir doch so viel – in jenem durch Schmerz, Angst und ungewöhnliche Umstände aus dem normalen Leben herausgelösten Raum fand eine einfühlende Begegnung statt.

Hier ist noch eine Geschichte über eine »gattungsüberschreitende« Einfühlung, diesmal zwischen Schimpansen und Menschen. Vor fünfundsiebzig Jahren erkrankte ein junger Mann, der in Afrika arbeitete, an Malaria. Er hieß Cherry Kearton und hatte einen Schimpansen namens Toto zum Mitbewohner. Tagein, tagaus saß Toto neben seinem kranken Freund. Bat Kearton um Medizin, brachte Toto ihm die Flasche mit Chinin. Wollte er ein Buch lesen, deutete Toto auf verschiedene Bände, bis Kearton mit dem Kopf nickte. Dann zog Toto das gewünschte Buch heraus und brachte es seinem ans Bett gefesselten Freund. Während seiner langen Genesungszeit sank Kearton manchmal komplett angezogen auf dem Bett in den Schlaf. Beim Aufwachen stellte er fest, dass Toto ihm seine Stiefel ausgezogen hatte.

Kearton war davon überzeugt, dass das Motiv für Totos Handlungen in der Zuneigung zu ihm und der außergewöhnlichen Gabe des Schimpansen zu suchen ist, Keartons Gedanken und Gefühle zu verstehen. In seinem 1925 niedergeschriebenen Bericht über diese Ereignisse ging Kearton auch auf die Vorbehalte ein, die sich einstellen können, wenn man diese Geschichte hört: »Mag sein, dass jemand, der dieses Buch liest, sagen wird, eine Freundschaft zwischen Affe und Mensch sei absurd, und dass Toto, der ja ›nur ein Tier‹ war, nicht tatsächlich die Gefühle gehabt haben kann, die ich ihm zuspreche«, schrieb Kearton. »Doch das kann nur sagen, wer nicht wie ich damals seine Zärtlichkeit gespürt und seine Sorge gesehen hat.«

Weil Affen und andere Tiere sich nicht durch Worte ausdrücken können, bleibt ungewiss, was sie denken und fühlen. Anhand ihres Verhaltens, ihres Ausdrucks und ihrer Gesten können wir jedoch Vermutungen über ihre Gefühle und Gedanken anstellen. Natürlich machen wir genau das auch bei anderen Menschen, denn wir lesen, wenn auch unbewusst, ständig deren Gefühle und Gedanken, indem wir ihren Gesichtsausdruck auf zarte Veränderungen hin beobachten, feststellen, wann sie die Lippen schürzen, die Brauen hochziehen oder die Zähne zusammenbeißen; bemerken, wie sich ihre Muskeln verändern, um Anspannung, Angst oder Ablehnung zu signalisieren; registrieren, ob sie entspannt, die Hände in den Taschen, dastehen oder unruhig das Gewicht von einem Bein auf das andere verlagern. Durch die sorgfältige Beobachtung des nonverbalen Verhaltens der anderen können wir oftmals mit überraschender Genauigkeit feststellen, was sie denken und fühlen.

Diese Fähigkeit, die unausgesprochenen Gedanken und Gefühle anderer zu entziffern, gehört zum genetischen Erbe der Einfühlung, ist etwas, das sich vom sich aufopfernden Schleimpilz, der Ameisen liebenden Raupe, dem das Rhinozeroskalb rettenden Elefanten bis zum Menschen liebenden Schimpansen fortsetzt. Alle Lebewesen brauchen Einfühlung: Ohne sie hätten wir keine Möglichkeiten, uns zu verstehen oder uns dem anderen zuzuwenden, um ihn zu unterstützen, zu ermutigen, unsere Zärtlichkeit oder Zuneigung zu zeigen. Ohne die Fähigkeit, die Gedanken und Gefühle der anderen zu verstehen, könnten wir ihre Absichten nicht erkennen. Wir würden alle Fremden als Feinde auffassen oder ihnen gegenüber bestenfalls gleichgültig bleiben; selbst Freunde und die Familie würden wir mit Desinteresse behandeln. Wir würden uns abwenden und die anderen in ihrem Schmerz oder ihrer Verzweiflung allein lassen, unfähig zu verstehen, dass ihre Gefühle sich auf unsere Emotionen und Gedanken auswirken, wären nicht willens, Hilfe anzubieten, weil uns die Erfahrung versagt bliebe, dass ihr Schicksal aufs engste mit unserem eigenen verknüpft ist.

Empathie im Gehirn

Die Einfühlung hat einen so großen Stellenwert in unserer Entwicklung und letztlich auch für unser Überleben, dass sie direkt mit dem Gehirn verbunden ist, genauer gesagt mit zwei verschiedenen, aber zusammenhängenden Regionen unseres Gehirns – dem Mandelkern oder Amygdala und dem Neokortex. Der paarig angelegte Mandelkern ist Teil der als limbisches System bekannten primitiven Teile des Gehirns. Es ist das für Gefühle zuständige Gehirn – der unmittelbare Generator von Lust, Wut, Raserei und Freude, der Ort, wo die Tränen ihren Ursprung haben und unsere bedeutendsten individuellen Erinnerungen gespeichert sind.

Bei jeder Person, der wir begegnen, und jeder neuen Situation, mit der wir konfrontiert werden, ist die vordringlichste Frage des Mandelkerns: Bin ich in Gefahr, mir weh zu tun oder verletzt zu werden? Lautet die Antwort ja, schlägt der Mandelkern sofort Alarm, Hormone werden freigesetzt, die Muskeltätigkeit angeregt, Blut ins Herz gepumpt und alles in Abwehrbereitschaft gebracht, um entweder der Gefahr zu entfliehen oder zu bleiben und zu kämpfen. Diese automatische Reaktion auf echte oder vermeintliche Gefahr wird das Kampf- oder Fluchtphänomen genannt und jeder, der je eine Angst- oder Panikattacke erlebt hat, kann bestätigen, welch intensive Gefühlsreaktionen die Kraft des Mandelkerns in Gang setzt.

In einer weit zurückliegenden Vergangenheit regierte der Mandelkern sämtliche Gehirnschaltungen, hatte die Funktion einer Hauptschalttafel, die auf die unterschiedlichen physischen Bedrohungen automatische Reaktionen auslöste. Vor etwa hundert Millionen Jahren entwickelten die Säugetiere eine neue Schicht an Gehirnzellen, die sich den eher »zerebralen« Beschäftigungen widmeten. Der Neokortex, das für das Denken zuständige Gehirn, das sich wie ein dünnes Laken über das primitive limbische System legt, erlaubte unseren Säugetiervorfahren ihre Gefühle zu reflektieren und ihr Verhalten entsprechend anzupassen. Während beispielsweise nur vom Mandelkern gesteuerte Schlangen oder Frösche ihre Neugeborenen auffressen werden, wenn sie hungrig sind (und, was noch bedeutsamer ist, darüber keinen Augenblick Schuld oder Trauer empfinden), opfern die vom Neokortex kontrollierten Säugetiere bereitwillig das eigene Leben, um ihre Nachkommen zu schützen.

Über Jahrmillionen hat das denkende Gehirn eine interaktive Beziehung mit dem fühlenden Gehirn entwickelt und antwortet mit kühler Vernunft auf erhitzte Gefühle, ermöglicht Augenblicke nachdenklicher Überlegung, um automatische Reaktionen zu verlangsamen. Die Grundgefühle Furcht, Wut, Traurigkeit und Freude entwickelten sich nach und nach zu feineren, komplizierten Ausdrucksformen. Wut verzweigte sich zu so komplexen Gefühlen wie Verdruss, Groll und Entrüstung. Empfindungen wie Zufriedenheit und Befriedigung entwickelten sich zu Gefühlen wie Entzücken, Belustigung, Ekstase und Begeisterung. Hingabe reifte zur Zuneigung. Gefühle wie Selbstmitleid, Verzweiflung, Verlegenheit oder Demütigung wurden Teil des menschlichen Repertoires. Und als wir die Fähigkeit entwickelten, die Bedürfnisse eines anderen Menschen über unsere eigenen zu stellen, wurden Altruismus und Selbstaufopferung Teil unseres Wortschatzes.

In einem faszinierenden, wenn auch grausamen Experiment mit in Freiheit lebenden Affen trennten die Forscher die Verbindung zwischen Mandelkern und Neokortex und brachten die Tiere dann in ihre natürliche Umgebung zurück. Ohne die für die Einfühlung zuständige Nervenverbindung war es den Affen nicht mehr möglich, aus den freundlichen oder feindlichen Absichten anderer Tiere angemessene Schlüsse zu ziehen. Mochten die Gedanken eines normalen Affen etwa in die Richtung gehen: *Dieser große Affe sieht ziemlich brutal aus, aber ich habe keine Angst, denn er hat sanfte Augen und er fletscht seine Zähne nicht* oder: *Dieses Weibchen will mir nichts tun, sie folgt mir auf Schritt und Tritt, weil sie mich anziehend findet,* zogen sich die chirurgisch veränderten Affen von allen früheren Freunden und Familienmitgliedern zurück. Sie lebten praktisch als Einsiedler, regiert von den Mandelkern-bestimmten Gefühlen Wut und Angst und unbeeinflusst von den durch den Neokortex gesteuerten Gefühlen Freundlichkeit, Treue, Hingabe und Liebe. Der Einfühlung beraubt, wurde diesen Tieren jede Hoffnung auf Nähe verweigert.

Könnten wir in unsere ersten Lebensmonate zurückkehren, würden wir die Gedanken und Gefühle jener Affen mit beeinträchtigter Empathie besser verstehen. Denn bei Menschenkindern regiert vorrangig der Mandelkern, der bei der Geburt fast vollständig ausgereift ist, während der sich nur langsam entwickelnde Neokortex seine Dominanz erst über einen Zeitraum von Jahren, selbst Jahrzehnten aufbaut. Unsere Gehirnentwicklung spiegelt tatsächlich die zeitliche Evolution des Gehirns wider: Wie unsere alten Säugetiervorfahren beginnen wir unser Leben als vom Mandelkern gesteuerte Organismen.

Vom ersten Atemzug an sind wir in der Lage, unsere Gefühle auszudrücken – vor Schmerz zu schreien, aus Angst zurückzuschrecken, vor Überraschung die Augen weit aufzureißen. Neugeborene Babys fangen oft zu weinen oder zu wimmern an, wenn sie andere Babys jammern hören, und teilen somit die Gefühle der anderen, obwohl sie keine Möglichkeit haben, mit dem Verstand zu erfassen, was diese Gefühle bedeuten. Entwicklungspsychologen nennen dies emotionales Ansteckungsmitleid. Im Alter von zwei Monaten weinen Kinder, wenn sie die Tränen eines anderen Menschen sehen. Dies ist wieder eine automatische, vom Mandelkern gesteuerte Reaktion, bei der das Leid des anderen als das eigene wahrgenommen wird. Zehn Wochen alte Säuglinge verändern ihren Gesichtsausdruck, um auf die glücklichen, traurigen oder wütenden Gesichter ihrer Mütter zu reagieren. Vier Monate alte Kinder lächeln, wenn sie ein lächelndes Gesicht sehen.

Wenn Kinder etwa acht bis zwölf Monate alt sind, beginnen sie zu begreifen, dass sie anders und von den anderen getrennt sind. Doch da das vom Gefühl gesteuerte Gehirn noch die Kontrolle über sie hat, wissen sie noch nicht recht, wie sie mit dem Leid eines anderen umgehen sollen. Bei ihren ersten Versuchen, jemanden zu beruhigen und zu trösten, »spiegeln« Kinder das Verhalten der anderen Person. Wenn also ein Kind ein anderes Kind weinen sieht, reibt es sich womöglich die Augen, obwohl es keine Tränen wegwischen muss.

Während sich in den nächsten paar Jahren der Neokortex entwickelt und ein zunehmend komplizierter Austausch mit dem Mandelkern stattfindet, erkennen sich die Kinder als eigenständige Wesen und machen die Erfahrung, dass sie eigene Gedanken und Gefühle haben. Nach und nach erweitern sie ihr Repertoire an tröstenden Verhaltensweisen. Mit einem Jahr können Kinder ihr Verhalten auf der Grundlage der Informationen, die sie aus den Gesichtsausdrücken der Erwachsenen ziehen, anpassen. Die Wahrscheinlichkeit, dass ein einjähriges Kind ein unbekanntes Spielzeug nimmt oder fröhlich mit einem Fremden spielt, wächst, wenn ein Lächeln oder ein Kopfnicken es dazu auffordern, wohingegen ein Stirnrunzeln oder ein besorgter Gesichtsausdruck von einem Elternteil das Kind zu größerer Vorsicht auffordert.

Fröhlichkeit wird von kleinen Kindern am leichtesten erkannt, darauf folgen Traurigkeit, Wut und Angst. Ein vier bis fünf Jahre altes Kind kann diese Grundemotionen genau benennen, doch viele Forscher gehen davon aus, dass dieses Verständnis des Kindes schon lange vorhanden ist, wenn sich auch die Sprachfähigkeit erst entwickeln muss, damit es zum Ausdruck gebracht werden kann. Komplexere Gefühle wie Scham, Verachtung und Abscheu sind schwieriger zu entschlüsseln, wie die Forscher feststellen, und erfordern ein paar weitere Jahre Gehirnentwicklung und Beziehungserfahrungen.

Mit sechs Jahren begreifen Kinder, dass es einen Unterschied zwischen den Gefühlen geben kann, die Menschen empfinden, und denen, die sie ausdrücken. Mit etwa sieben Jahren können Kinder Situationen erfassen, bei denen Gefühle wie Eifersucht, Sorge, Stolz, Demütigung und Schuld eine Rolle spielen. Indem Kinder und junge Erwachsene sowohl die nonverbalen Anhaltspunkte wie Gesichtsausdruck und Körperhaltung sowie verbale Anhaltspunkte wie Tonlage mit in Betracht zu ziehen lernen, wächst ihre Fähigkeit, Motivation und Absicht zu erkennen. Im Alter von etwa neun bis elf Jahren sind die Kinder dann in der Lage, durch nonverbale Kommunikation zu erkennen, wann Menschen sie zu täuschen oder zu manipulieren versuchen.

Unabhängig vom Alter machen Kinder, die weinen und getröstet werden oder kichern und darauf Lachen hören, die Erfahrung, dass die Welt tröstend und aufmunternd auf ihre Gefühlsausdrücke reagiert. Wird über ihre Tränen aber oftmals mit Nichtbeachtung hinweggegangen oder werden ihre Ängste ignoriert, erfahren sie, dass die Welt oft gleichgültig und lieblos ist. Setzt sich diese Vernachlässigung fort, nehmen ihre Gefühlsreaktionen ab und die Angst dominiert zunehmend alle anderen Gefühle.

Die der Einfühlung zugrunde liegende Nervenverbindung kann durch unsere frühen Erfahrungen mit liebenden, aufmerksamen Menschen sanft umhüllt und verstärkt werden und uns somit vor emotionalen Schlägen schützen. Wiederholter Austausch mit wütenden, gewalttätigen oder nachlässigen Bezugspersonen hingegen kann zu einem emotionalen Kurzschluss führen. Wenn wir uns auf einem Gefühlspfad bewegen, der uns immer wieder entdecken lässt, dass die Welt uns schlecht behandelt oder unseren Gefühlen keine Aufmerksamkeit schenkt, lernen wir letztendlich, dass es sich nicht lohnt und machen emotional dicht.

Spiegeln

Was wir im Leben sehen, spiegeln wir wider, und unsere Empathie wächst oder schrumpft in Reaktion auf unsere frühen Begegnungen. Wenn wir von anderen keine Einfühlung erfahren – wenn wir als Kinder reden und nicht gehört werden, lachen, ohne dass jemand einstimmt, vor Schmerz oder aus Angst weinen und gesagt bekommen, unsere Tränen seien ein unangemessenes Zeichen der Schwäche –, hören wir langsam auf, solche Gefühle auszudrücken. Wenn unsere Bezugspersonen unaufmerksam, niedergeschlagen oder voller Wut und Groll sind, gibt der Spiegel, den sie uns hinhalten, ein verzerrtes Bild der Wirklichkeit wider. Wenn wir in den Spiegel ihrer wirren Gedanken und Gefühle blicken, sehen wir auch ein verzerrtes und unrealistisches Bild unseres Selbst. Als Kinder können wir nicht erkennen, ob das Bild, das wir sehen, schief ist, und glauben deshalb, dass die Spiegelung echt ist, sodass sich unser Selbstbild den Sprüngen anpasst, die wir im Spiegel sehen.

Sind hingegen unsere Eltern oder Bezugspersonen wirklich besorgt, wenn wir uns verletzt haben, und betrachten aufmerksam unsere Wunden, reden mit liebevoller Stimme auf uns ein und teilen uns durch ihre Worte und Taten mit, dass sie verstehen, was wir durchmachen (wodurch sie uns einen genauen Spiegel vorhalten), fühlen wir uns akzeptiert und verstanden und bekommen nach und nach Vertrauen in unser ständig wachsendes Gefühlsrepertoire. Ist der Spiegel, in den wir schauen, klar und unverzerrt, sehen wir uns, wie wir wirklich sind.

Beim Blick in einen gesprungenen Spiegel verwirrt uns das Bild und es fällt uns schwer, unsere Gefühle zu begreifen. Ist das gespiegelte Bild jedoch klar und echt, werden wir uns selbst auch so sehen, wie wir wirklich sind, und unsere Gefühle als sinnvoll und gültig annehmen. Spiegeln ist als Konzept schwer zu erklären, aber meiner Erfahrung nach hilft dieses Beispiel aus dem wirklichen Leben meist, den Prozess zu verstehen. Meine Tochter Erica war als kleines Kind sehr krank und musste mehrere Operationen und mehr als ein Dutzend Krankenhausaufenthalte durchstehen, weil die Ärzte von einem Darmproblem ausgingen. Zerbrechlich, körperlich geschwächt und oftmals von heftigen Schmerzen geplagt, konnte Erica nicht mit Freunden herumrennen und war häufig von den Spielen der anderen ausgeschlossen. Als sie fünf Jahre alt war, entdeckte ein Spezialistenteam, dass Erica eine dritte Niere besaß, die sie dann in einer achtstündigen Operation entfernten.

Ein paar Wochen nachdem Erica aus dem Krankenhaus nach Hause zurückgekehrt war, blieb ich vor ihrem Zimmer stehen, weil ich nach ihr sehen wollte. Als ich durch den Türspalt guckte, sah ich sie auf dem Bett sitzen und sich auf den Rücken klopfen. »Schsch, ist schon gut, meine Süße«, sagte sie mit besänftigender und aufmunternder Stimme zu sich. »Es wird alles wieder gut werden, Mama kümmert sich um dich.«

Zuzuhören, wie meine Fünfjährige sich selbst beruhigte und dabei den sanften Ton und die liebevolle Aufmunterung ihrer Mutter nachahmte, lehrte mich mehr über die Macht des Spiegelns als jedes Buch, das ich zu diesem Thema gelesen habe. Weil Erica wusste, dass sie geliebt wurde und sich dieser Liebe auch wert erachtete, konnte sie sich um sich selbst kümmern, indem sie die Worte sprach, die ihre Mutter bei so vielen Gelegenheiten gesagt hatte. Die liebende Stimme ihrer Mutter war zu ihrer eigenen inneren Stimme geworden.

Behandelt man uns mit Einfühlung – wenn Menschen unsere Gedanken und Gefühle genau verstehen und einfühlsam darauf reagieren –, lernen wir, dass wir solch zärtliche Fürsorge verdienen. Unsere Einfühlung in uns selbst wächst sprunghaft an, indem wir innen spiegeln, was die Außenwelt uns über unseren Selbstwert offenbart hat. Während wir heranreifen und das für das Denken zuständige Gehirn die Kontrolle über das Gefühlshirn übernimmt, beschleunigt sich unsere Entwicklung und Selbstentdeckung. Wir spüren die Notwendigkeit, das zurückzugeben, was wir bekommen haben, indem wir der Welt das Vertrauen, den Glauben und die Liebe gespiegelt zurückwerfen, die wir selbst in uns aufgenommen haben.

Fühlen wir uns ungeliebt oder werden unsere Gefühle ständig ignoriert, wissen wir nicht, wie wir uns selbst Linderung verschaffen können. Weil wir nicht gelernt haben, uns um uns selbst zu kümmern, fällt es uns schwer, uns anderer anzunehmen, wenn diese verletzt sind oder leiden. Wir spiegeln die Vernachlässigung und die Unaufmerksamkeit wider, die man uns entgegengebracht hat, und unser Blickwinkel reicht nicht über unsere eigenen nicht erfüllten Bedürfnisse und Wünsche hinaus.

Wir Menschen sind jedoch unglaublich zäh und hören vom Tag unserer Geburt an bis zur Stunde unseres Todes nie zu lernen auf. Mit

Einfühlung und entsprechender Anleitung können Menschen mit gefühlsarmer Kindheit lernen, ihre Gefühle auszudrücken und ihr Einfühlungsvermögen auszuweiten. Und dies ist natürlich der Punkt, an dem wir uns von den Schleimpilzen, Raupen, Vögeln, Elefanten und Affen unterscheiden. Alle Lebewesen sind empfänglich für Einfühlung, aber nur wir Menschen haben die Fähigkeit, unsere Gefühle durch das gesprochene Wort auszudrücken, den Mitmenschen zu sagen, was wir denken, und Hilfe anzunehmen, wenn wir uns traurig oder verloren fühlen.

Mit Hilfe der Einfühlung können wir unsere Ängste überwinden und lernen, mit den anderen in Kontakt zu treten. Genau das passiert in einer Therapie. Die Menschen kommen in mein Sprechzimmer, überzeugt, dass alles hoffnungslos und jeder Versuch sinnlos ist. Sie erklären mir, nicht zu wissen, wie sie ihre Gedanken und Gefühle ausdrücken sollen; manchmal sagen sie mir auch, sie hätten ihre Fähigkeit zu fühlen verloren. Sie sprechen von der Welt als einem kalten und lieblosen Ort. Wider alle Hoffnung hoffen sie, öffnen ihre Herzen und ihre Seelen, um ihre Verzweiflung zu offenbaren.

Ich lasse mich von ihren einzigartigen Erfahrungen leiten und von der Überzeugung tragen, dass eine einfühlende Beziehung selbst die wirklich hoffnungslos scheinenden Seelenwunden zu heilen vermag, und arbeite daran, die Verbindung zwischen dem denkenden und dem fühlenden Gehirn zu stärken. Sanft und überaus vorsichtig suche ich im Labyrinth der Drähte nach den gebrochenen und durchtrennten Stellen. Gemeinsam umwickeln und verbinden wir die ausgefransten Drähte, damit die Einfühlung wieder frei fließen kann, häufig zum ersten Mal.

Vor vielen Jahren arbeitete ich mit einem 16-jährigen Jungen, der richtungslos geworden war und sich darum bemühte, wieder Fuß zu fassen. Tommy war der Sohn der Reinigungsfrau des Krankenhauses, in dem ich arbeitete. Obwohl ich sie nicht persönlich kannte, grüßten wir uns jedesmal, wenn wir uns auf dem Flur trafen, und wechselten ein paar nette Worte. Als ihr Ehemann überraschend nach einem Herzanfall verstarb, war sie auf sich allein gestellt mit der Sorge um fünf Kinder. Tommy, ihr Ältester, fing an zu trinken, fiel in mehreren Kursen an der Highschool durch und schien tief deprimiert zu sein. Mehrmals schon hatte er mit Selbstmord gedroht. Eines Tages, als wir uns auf dem Flur begegneten, fragte Tommys Mutter mich, ob ich nicht einmal mit ihrem Sohn reden könnte.

Bei unserem ersten Treffen war Tommy in sich gekehrt und nicht sehr gesprächig, doch über einen Zeitraum von mehreren Wochen öffnete er sich langsam und erzählte von seinem Vater. Ich hörte ihm zu und überließ mich seiner Führung. »Ich möchte nicht mehr so weiterleben«, erklärte er mir eines Tages. Nach einer Pause fügte er hinzu: »Ich möchte, dass mein Vater auf mich stolz sein kann.«

Dieser Tag war der Wendepunkt in Tommys Leben. Er hörte zu trinken auf und schloss sich dem Baseballteam an, mit Herz und Seele widmete er sich dem Lieblingssport seines Vaters. Als geborener Sportler wurde Tommy schnell zu einem unschätzbaren Mitglied des Teams, aber jedes Spiel wurde für ihn zur Qual, weil sein Vater, der immer sein größter Fan gewesen war, nicht auf der Tribüne stand, um ihn anzufeuern. Tommy trat zu jedem Spiel an, als ginge es um die Weltmeisterschaft, und weil er immer die Perfektion vor Augen hatte, war er am Ende unweigerlich von seiner Darbietung enttäuscht.

Tommy hatte in seinem Kopf einen Mythos aufgebaut und glaubte, seinem Vater zu gefallen, indem er ein großer Baseballspieler wurde, und so seine Schuld abzutragen, nicht der Sohn zu sein, der sein zu sollen er glaubte. »Ich war so egozentrisch«, erzählte er mir einmal. »Nie habe ich mich bei meinem Vater dafür bedankt, dass er zu meinen Spielen kam, mir bei meinen Hausaufgaben half oder sich die Zeit nahm, sich mit mir zu unterhalten, wenn mir was unter den Nägeln brannte.«

»Jeder Heranwachsende durchlebt eine Periode, in der er ganz mit sich selbst beschäftigt ist«, erwiderte ich, um ihm zu erklären, dass die Konzentration auf die eigenen Gedanken und Gefühle ein natürliches Entwicklungsstadium während der Pubertät darstellt. »In der Pubertät entwickelst du das Gefühl für dich selbst und das wird dich beschäftigen, bis du dir klarer über dich selbst bist.«

»Aber ich habe trotzdem nicht das Gefühl, ein guter Sohn gewesen zu sein«, meinte Tommy.

»Du warst ein liebevoller Sohn, Tommy, so zärtlich und respektvoll, wie man in diesem Alter nur sein kann.«

»Woher wissen Sie das?«, fragte er mich, eher hoffnungsvoll als argwöhnisch.

»Das sagt mir die Art, wie du über deinen Vater sprichst«, sagte ich. »Du beschreibst ihn mir so leidenschaftlich, erzählst mir, was für ein großartiger Mann er war. Ich merke das an deiner Trauer und daran, dass du dich nach seiner Gesellschaft sehnst.«

Im Lauf der Zeit gelangte Tommy durch unseren von Einfühlung getragenen Dialog zu der Einsicht, dass ganz unabhängig davon, was er erreichte oder nicht erreichte, ihn sein Vater geliebt hätte. Als er sich selbst und andere besser verstehen lernte, konnte Tommy auch seine Stärken und Schwächen realistisch einschätzen, akzeptieren, was er vermochte oder nicht vermochte. Durch aufrichtiges Miteinander und indem er sich auf den Prozess der Veränderung und des Wachstums einließ, entdeckte Tommy, dass er, wenn er sich so annahm, wie er war (ungeachtet all seiner Fehler und Makel), die Freiheit erlangte, er selbst zu sein und die Person zu werden, die er sein sollte. Die Einfühlung rettete ihm das Leben, indem sie ihn begreifen lehrte, dass sein Leben es wert war, gerettet zu werden.

Aus meiner Erfahrung mit Hunderten von Patienten weiß ich, dass Einfühlung eine Fertigkeit ist, die erlernt und entwickelt und in unseren Beziehungen zueinander gefördert werden kann. In der Therapie, in starken Ehen und liebevollen Freundschaften verarbeiten wir nach und nach frühe Enttäuschungen, entdecken die Macht der Einfühlung, um unser Selbstgefühl und unsere Verbindungen zueinander zu stärken. Entscheidend ist zu lernen, wie wir Empathie zeigen können – wie wir ehrlich und offen sein und versöhnlich mit uns selbst und anderen umgehen können. Denn Einfühlung nur zu empfinden reicht nicht. Wenn wir uns verändern, wachsen und der Mensch werden wollen, der wir sein sollen, müssen wir lernen, Einfühlung in unseren Beziehungen zum Ausdruck zu bringen. Empathie zu zeigen, ist in Wahrheit der Schlüssel, sie zu erfahren, denn Einfühlung gehört zur gleichen Wirklichkeit wie Liebe, Vergebung oder Wahrheit, die wir nur »bekommen«, wenn wir zuerst bereit sind, sie zu geben.

Kapitel 4

Empathie zum Ausdruck bringen

Einfühlend zu sein ist weitaus wichtiger als Einfühlung zu haben.

Als am 20. April 1999 weinende Eltern entsetzte Schüler nach der Schießerei an der Highschool von Littleton, Colorado, trösteten, berichteten die Nachrichtenreporter von den erstaunlichen Empathiebekundungen, deren Zeugen sie wurden. Ein Reporter musste gegen die Tränen ankämpfen, als er sich die Menge ansah und mit gedämpfter und ehrfürchtiger Stimme sagte: »Wo man hier in Littleton auch hinsieht, die Einfühlung ist allgegenwärtig.«

Er hat sich getäuscht. Sympathie und Mitgefühl waren an jenem Tag in der Tat ausgesprochen lebendig, aber die Einfühlung hatte es schwerer, sich Ausdruck zu verschaffen. Während das Mitgefühl zu trösten versucht, geht es der Einfühlung um das Verstehen. Einfühlung erfordert eine gewisse emotionale Distanz – man muss von dem Leid, der Angst und der Wut Abstand gewinnen, einen Raum schaffen, in welchem die Gedanken einen beruhigenden Einfluss auf unsere Gefühle auszuüben vermögen. Die Voreingenommenheit hat hier keinen Platz. Man muss dem automatischen Impuls zu urteilen und zu zensieren entgegensteuern. Der Wunsch nach Rache wird beschwichtigt und durch die weitaus zwingendere Notwendigkeit zu verstehen und in letzter Konsequenz vielleicht auch zu verzeihen zum Schweigen gebracht.

Letztendlich kam die Einfühlung dann nach der Tragödie von Littleton aber doch noch zu Wort. Die Menschen fingen an über das Wie und Warum der Morde nachzudenken und komplizierte, vielleicht gar nicht zu beantwortende Fragen zu stellen. Warum haben wir uns nicht der Schüler angenommen, ehe sie gewalttätig wurden? Wie hätten wir ihr Empfinden, isoliert und entfremdet zu sein, erkennen können? Was hätten wir tun können, um ihnen zu helfen, und dabei das Leben von dreizehn unschuldigen Menschen zu retten?

In jenen Fragen – und der Weigerung, vorgefasste Antworten zu präsentieren – verschafft die Einfühlung sich Gehör. Einige Tage nach den Schüssen verfolgte ich eine Gesprächsrunde im Fernsehen, die sich auf die Frage konzentrierte, wer die Verantwortung für diese Tragödie übernehmen sollte. Jeder schien einen Schuldigen zu suchen und nach einiger Zeit war das Spektrum so weit reduziert, dass nur noch die Eltern der Mörder übrig blieben. Jemand erwähnte ein Gerücht, das über die Mutter eines der Mörder in Umlauf war: Offenbar hatte sie zwei Tage nach der Schießerei einen örtlichen Schönheitssalon aufgesucht. Die Leute fragten sich, was das für eine Mutter war, die sich nur wenige Tage, nachdem ihr Sohn gemordet und sich anschließend selbst gerichtet hatte, frisieren ließ?

Als die Urteile an Schärfe zunahmen, befragte ein Lokalreporter Reverend Joel Miller von der Unitarierkirche von Littleton. Ob er sich zu den Gerüchten äußern wolle, dass die Eltern der Mörder kalt und fühllos seien? Die Antwort des Geistlichen war knapp, aber präzise: »Unser Wissen darüber, was in diesen beiden Familien passiert ist, reicht nicht aus, um urteilen zu dürfen.«

Unser Wissen reicht nicht aus, um urteilen zu dürfen. Diese Feststellung verkörpert Herz und Seele der Einfühlung. Im Mittelpunkt der Einfühlung steht das Verstehen, und Verstehen geht stets dem Erklären voraus. Im Bemühen um Verständnis stellt die Einfühlung immer Fragen und vermeidet rasche Antworten. »Ich weiß nicht«, lautet eine der wichtigsten Feststellungen der Einfühlung. Denn von diesem Eingeständnis aus, nicht alle Antworten zu kennen, beginnt die Einfühlung ihre Suche nach Möglichkeiten, zu einem umfassenderen Verständnis zu gelangen.

Einfühlung beginnt mit dem Verstehen, endet aber nicht hier, im Gegensatz zur landläufigen Meinung. Die Einfühlung sagt nicht einfach: »Ich verstehe, was du fühlst oder denkst.« Das ist nur der erste Schritt eines langen und mühsamen Prozesses. Denn verfügt man erst einmal über genügend Wissen und Verständnis, fordert die Einfühlung, dass man seine Ideen in die Tat umsetzt. Einfühlend zu sein ist weitaus wichtiger als Einfühlung zu haben, weil es darauf ankommt, was wir mit der Einfühlung machen. Indem wir unser Verständnis von innen nach außen kehren, können wir lernen, Einfühlung konstruktiv auszudrücken, immer in der Absicht zu helfen, nicht zu verletzen.

Einfühlung auszudrücken ist kein einfacher schrittweiser Prozess von »sag das« und »tue jenes«. Psychologen, die sich mit der Einfühlung beschäftigen, sagen sogar, dass harte Arbeit vonnöten ist, um die Gefühle der anderen Menschen genau zu verstehen und dann so darauf zu reagieren, dass die Einzigartigkeit des Individuums und seiner Situation respektiert werden. In einem kürzlich erschienenen Fachartikel beschreiben die Psychologen Sara Hodges und Daniel Wegner die Einfühlung als einen Prozess, der dem Besteigen eines Berges gleichkommt:

»Bergsteigen und sich um Einfühlung bemühen sind gleichermaßen beschwerliche und mühsame Aufgaben ... Unser Erfolg hängt davon ab, ob wir genügend Halt sowie Wegweiser finden, die uns erlauben, in unserem Bemühen fortzufahren.«

»Halt sowie Wegweiser«, die uns erlauben, auf dem Pfad der Einfühlung voranzukommen, gibt es viele und viele verschiedene, aber es ist jeweils entscheidend, wie wir unsere Gedanken und Gefühle einander mitteilen. Jeder von uns verfügt über die angeborene Fähigkeit zur Einfühlung – wie ich in Kapitel 3 herausgestellt habe, ist die Fähigkeit, die Gedanken und Gefühle anderer Menschen zu verstehen, mit speziellen Bereichen unseres Gehirns verbunden. Der schwierige Teil ist die Umgestaltung unseres Verstehens in überlegte Handlungen.

Die meisten Menschen stellen sich unter Einfühlung eine automatische Gefühlsreaktion auf die Gefühle und Gedanken eines anderen Menschen vor. Das Wort *automatisch* ist wichtig, denn wir stellen uns die Einfühlung als eine sofortige, spontane Reaktion auf Schmerz, Freude, Kummer oder Angst eines anderen vor. Eine so verstandene Einfühlung wäre eine unterwürfige Emotion, ein Nachgeben und Laufenlassen, eine

Art virtuelle Realität – wir ziehen des anderen Schuhe an und nehmen passiv seine Erfahrung auf, beobachten die Welt indirekt durch seine Augen, empfinden seine Gefühle und denken sogar seine Gedanken.

Die Fähigkeit, eines anderen Menschen Gedanken zu lesen, ist zweifellos beeindruckend, aber wenn die Einfühlung hier endet, bringt das nicht sonderlich viel, oder? Wir können die Einfühlung zwar dafür nutzen, einander besser zu verstehen, aber diese erhöhte Sensibilität lässt uns nicht notwendigerweise zur Tat schreiten. Darüber hat sich auch Hillary Rodham beklagt, als sie 1969, vierundzwanzig Jahre, ehe sie die First Lady des Landes wurde, bei der Abschlussfeier vor den Studenten des Wellesley College eine Rede hielt. »Zum Problem der Einfühlung gehört ... dass die Einfühlung uns nichts tut. Einfühlung ist ausreichend vorhanden«, sagte sie und ging dann dazu über, die schwerwiegenden Probleme anzusprechen, vor denen unsere Nation stand, die aber durch Einfühlung nicht gelöst werden konnten.

Letztendlich werden die meisten von uns Hillary Rodham Clinton zustimmen, dass Einfühlung merkwürdigerweise bar jeder Handlung oder Bewegung ist – sie scheint nirgendwo hinzuführen, nichts zu bewirken, niemanden zu verändern. Einfühlung scheint zu jenen Gefühlserfahrungen zu gehören, die mehr aus uns herausholen als sie uns zurückgeben. Wir fühlen es, das steht außer Zweifel, aber was können wir damit tun?

Doch es gibt eine grundlegende, unwiderrufliche Wahrheit über die Einfühlung: Wenn wir aus der Einsicht in die Gedanken und Gefühle der anderen nichts machen, dann sind wir auch nicht einfühlend. Wenn wir uns mit den geteilten Empfindungen zufrieden geben, aber nicht bereit oder fähig sind, den Schritt von der Empfindung zum Handeln zu vollziehen, leugnen wir die der Einfühlung immanente natürliche Progression. Denn die Einfühlung ist ohne Ausnahme immer handlungsorientiert. Sie fragt mit dem wirklichen Wunsch zu verstehen: Was kann ich lernen? Sie sagt aus tiefem Gefühl und offenem Geist: Bring es mir bei. Und sie will bei jeder Wendung oder Veränderung der Beziehung wissen: Wie kann ich helfen, was kann ich tun, welches ist der nächste Schritt?

Zu wissen, wie man Einfühlung handelnd umsetzt, ist eine Kunst, die einiger Übung bedarf, und wie alle Künste erfordert auch die einfühlende Reaktion Geduld, Entschlossenheit und Flexibilität. Kürzlich hatte ich eine sehr intensive Begegnung mit einem Patienten – ich werde ihn

Gordon nennen –, dessen Wut und Frustration mich dazu herausforderten, das ganze Register meiner empathischen Ausdrucksmöglichkeiten zu ziehen. Der 33-jährige Gordon ist Yale-Absolvent, arbeitet als Investmentberater bei einer großen Bostoner Bank, ist verheiratet und hat zwei Kinder im Pubertätsalter. Er ist intelligent, wortgewandt und extrem ernsthaft. Sein Chef, dem Gordons rechthaberisches (und häufig einschüchterndes) Verhalten gegenüber seinen Mitarbeitern Sorge bereitete, legte ihm dringend nahe, eine Therapie anzufangen.

Es war Mittwoch, 19 Uhr, Gordons reguläre Wochensitzung. Er kam schick gekleidet im klassischen blauen Anzug, mit weißem Hemd und frisch polierten Schuhen in meine Praxis, setzte sich auf den Stuhl und starrte mich an. »Sagen Sie, Dr. C.«, sagte er und legte eine sarkastische Betonung auf das Wort Doktor, »glauben Sie im Ernst, dass das funktionieren kann?«

»Ich weiß nicht recht, was Sie meinen«, erwiderte ich mit ruhiger Stimme.

»Sie wissen nicht, was ich meine?« Er beugte sich vor, beide Hände umfassten die Seiten seines Stuhls. »Ich komme jetzt seit fast einem Jahr hierher, und Sie wissen nicht, was ich meine?«

»Genau, ich verstehe nicht, was Sie jetzt in diesem Moment meinen«, sagte ich. »Würden Sie es mir bitte erklären?«

»Sie sind der Crack, Doc, Sie finden das jetzt heraus.« Und mit dieser Feststellung lehnte sich Gordon zurück, verschränkte die Arme über der Brust und starrte aus dem Fenster, wobei er jeglichen Blickkontakt zu mir vermied.

»Wie ich sehe, sind Sie aufgebracht«, sagte ich. »Außerdem sehe ich, dass Sie mir nicht sagen wollen, was Sie beschäftigt.«

Der Blick in Gordons Gesicht sagte alles: »Sie halten sich wohl für sehr klug, nicht wahr?«

»Wenn Sie in der Vergangenheit verletzt waren oder sich angegriffen fühlten«, fuhr ich fort, »sind Sie auch immer auf diese indirekte Weise auf mich zugekommen. Ich denke, wir könnten viel Zeit sparen, wenn Sie mir direkt sagen würden, was Sie quält.«

»Ich wüsste nicht, was mich quälen sollte«, sagte er und rückte ein wenig ab. »Sie sind der Arzt, Sie müssen das herausfinden.«

»Anscheinend reize ich Sie«, sagte ich.

»Ja? So? Wie das?«

»Wollen Sie mir nicht lieber sagen, weshalb Sie sich von mir gereizt fühlen, anstatt mir immer auszuweichen?«, schlug ich vor.

»Das funktioniert nicht«, meinte er.

»Was funktioniert nicht, Gordon?«

»Wir. Sie und ich. Diese Beziehung klappt nicht. Wenn wir uns treffen, erzähle ich Ihnen all diese intimen Wahrheiten über mich, aber von Ihnen erfahre ich nichts Bedeutsames über Sie. Sie agieren immer so perfekt« – hier lächelte er beinahe höhnisch –, »als wüssten Sie alles. Mein Gefühl sagt mir, dass ich niemandem vertrauen kann, der so perfekt ist.«

»Ich möchte Sie da ganz richtig verstehen, Gordon«, sagte ich. Durch meinen Ton hoffte ich ihn zu überzeugen, dass ich wirklich an seiner Antwort auf meine Fragen interessiert war. »Woher kommt denn diese Wahrnehmung der Perfektion?«

»Ich weiß nicht, woher sie kommt«, erwiderte Gordon, »vielleicht kommt sie von Ihnen. Ich weiß nur, dass ich Sie besiegen möchte, weil Sie immer so kontrolliert wirken, als hätten Sie alles im Griff.«

»Ich glaube, Ihre Gefühle gehen sogar noch tiefer.«

»Sie haben Recht«, pflichtete Gordon mir bei und beugte sich nach vorne, die Gesichtsmuskeln angespannt, die Augen schmal. »Ich möchte Sie kleinkriegen. Ich möchte über Ihrem kaputten Körper stehen. Ich möchte ein Ende machen.«

An diesem Punkt hatte ich viele Möglichkeiten. Ich hätte Gordon sagen können, dass seine Wut unangemessen oder fehlgeleitet war. Ich hätte, in der Hoffnung, seine Wut zu mildern, seine Aufmerksamkeit auf andere Themen lenken oder ihn einschüchtern können, indem ich seiner Wut meine Verärgerung entgegenstellte. Aber die Einfühlung führte mich auf einen anderen Weg. Ich wollte verstehen, was Gordon fühlte, und dachte, und ich wollte ihn wissen lassen, dass ich mich mit ihm sogar an den Ort seines Zorns und seiner Wut begeben würde, selbst wenn er unsere Beziehung und deren Wert infrage stellte, selbst wenn er versuchte, mich physisch zu bedrohen. Ich musste ihn wissen lassen, dass ich mich seiner Führung anvertraute und mich von seiner Heftigkeit nicht würde einschüchtern lassen.

Aufgrund seiner Wortwahl und der Gefühle, die Gordon zum Ausdruck brachte, wusste ich, dass wir uns einem Punkt höchster Wichtigkeit näherten. Ich spürte die Bedeutung dieses Augenblicks, da Gordon mir Aspekte seines Selbst offenbarte, die er bisher noch nie enthüllt hatte. Seine Wut bedeckte tiefe Verletzungen, die wir würden erforschen müssen. Darauf bauend, dass ich ihm mein tiefes Interesse vermitteln und ihm gleichzeitig klarmachen konnte, dass mich die Heftigkeit seiner Gefühle nicht erschreckte, beschloss ich, ihn bei den Hörnern zu packen.

»Ich höre bei Ihnen heraus, dass Sie wütend auf mich sind«, sagte ich.

»Ich *bin* wütend auf Sie – ich bin wütend, weil Sie mir nicht helfen.« Gordon schwieg einen Augenblick und überlegte angestrengt. Er holte tief Luft. »Ich war auf Geschäftsreise, wie Sie wissen. Ich habe zwei Sitzungen bei Ihnen versäumt.«

»Ich weiß«, sagte ich.

»Auf diesen Reisen passiert alles Mögliche. Ich mache Fehler, ich verliere die Geduld, ich ärgere mich über mich. Und da frage ich mich dann, ob das hier etwas bringt.«

»Und da werden Sie dann wütend auf mich«, sagte ich.

»Da möchte ich Sie dann fertig machen, beweisen, dass ich so gut bin wie Sie, sogar noch besser«, bestätigte er.

»Und was hat dieses ›mich fertig machen wollen‹ mit der Enttäuschung zu tun, die Sie verspüren?«, hakte ich nach.

»Ich möchte es Ihnen heimzahlen, dass Sie mir nicht helfen. Ich bin es leid, nicht das zu bekommen, was ich mir vom Leben erwarte.« Der Ärger in Gordon schien nachzulassen, denn er seufzte tief und sackte auf seinem Stuhl in sich zusammen. »Ich bin es leid, so hart zu kämpfen. Ich habe mein ganzes Leben lang hart gearbeitet und doch nie das erreicht, was ich glaubte tun zu müssen oder was andere glaubten, dass ich tun sollte.«

»Wer hat Ihnen denn gesagt, dass Sie den Erwartungen nicht entsprechen?«, fragte ich.

»Ach wissen Sie, mein Vater, all seine großen Erfolge, zu glauben, ich könnte sein wie er. Ich gehe zur selben Ivy-League-Schule, arbeite bei derselben Firma, jeder denkt, ich bin wie er. Doch ich bin nicht wie er. Sicher versuche ich ihm nachzueifern, ich bin genauso ehrgeizig wie er, aber ich kann nicht so leben wie er, immer dieses Bemühen, besser zu sein als alle anderen, ich möchte nicht mit allen so konkurrieren, aber in gewisser Weise kann ich auch nicht damit aufhören…« Gordons Stimme verlor sich.

»Ich weiß, wie sehr Ihnen diese Lebensweise zugesetzt hat und wie sehr Sie sich um eine Veränderung bemühen«, versicherte ich ihm.

»Sie behaupten, dass Sie es verstehen, aber es scheint Ihnen nichts auszumachen, Sie denken nicht einmal mehr an mich, wenn ich weg bin«, entgegnete Gordon und kehrte dabei seine Verletzbarkeit heraus, die unter seiner Wut verborgen lag. »Ich komme mir vor, als versuchte ich den Berg ganz allein zu erklimmen.«

»Ich habe aber wirklich an Sie gedacht«, sagte ich und hoffte, ihm durch meinen Tonfall und meinen Gesichtsausdruck zu vermitteln, wie gut ich sein Leid verstand. »Ich habe oft darüber nachgedacht, wie verzweifelt Sie bei unserem letzten Treffen waren, und es hat mich beschäftigt, dass Sie sich so quälen. Ich glaube, Sie haben die Fähigkeit, sich mit ein wenig Beistand selbst aus diesem Zustand zu befreien, aber ich will ganz ehrlich sein – es ist nicht immer leicht, Ihnen zu helfen.«

Gordon schien aufmerksam zuzuhören, also beschloss ich, die Gelegenheit zu nutzen und damit fortzufahren, was ich über ihn herausgefunden hatte und was meiner Ansicht nach dem Fortschritt im Wege stand. »Manchmal glaube ich, Sie sind so sehr damit beschäftigt, mir eine Niederlage zu bereiten, dass Sie aus unseren Interaktionen gar nichts lernen können«, fuhr ich fort. »Sie scheinen das Gefühl zu haben, irgendwo unter mir zu stehen oder dass ich mich Ihnen überlegen fühle, und dagegen kämpfen Sie. Wir haben doch gemeinsam herausgefunden, woher ein Teil Ihrer Probleme kommt, aber ich denke, es fällt Ihnen schwer, vor allem wenn Sie unter großer Anspannung stehen, daran zu glauben, dass wir demselben Team angehören und gegenseitige Hilfe benötigen, um diesen Berg zu bezwingen.«

»Ich könnte Sie schlagen«, meinte er schwach.

»Das glaube ich Ihnen gerne«, sagte ich eingedenk der Wahrheit, dass die Menschen einander Schaden zufügen können, wenn es ihnen darauf ankommt. Gordon sollte auch wissen, dass mich seine Wut nicht kalt ließ. »Aber sagen Sie – wenn Sie mich dann geschlagen haben und über meinem besiegten Körper stehen, worin liegt da der Sieg? Können Sie mir sagen, wie Sie sich fühlen würden, nachdem Sie mich unterworfen haben?«

Gordon sah mich einen Augenblick lang an und suchte nach Worten, um seine Gefühle zu beschreiben, dann sah ich die Tränen in seinen Augen. Es dauerte ein wenig, bis er sich wieder gefasst hatte. »Ich möchte, dass Sie mir helfen, über diesen Berg zu kommen«, sagte er schließlich.

»Das würde mir sehr viel bedeuten«, sagte ich.

Dieses Gespräch enthüllt die verschlungenen Pfade, welche die Einfühlung im wirklichen Leben einschlagen muss, und einige der überraschenden Biegungen und Wendepunkte, die man mit großer Vorsicht nehmen muss. In diesem sehr heftigen Austausch war ich in Hinblick auf meine Gefühle für Gordon weitaus mitteilsamer, als ich das in der Vergangenheit gewesen war. In den vorangegangenen Sitzungen hatte die Einfühlung mich dazu bewogen, mich ein wenig zurückzuhalten, um Gordon Gelegenheit zu geben, seine Wut in seiner Tiefe auszuloten und zu sehen, wohin uns das führen würde. Bei dieser Gelegenheit jedoch hatte ich das Gefühl, einschreiten und ihm helfen zu müssen, zwischen Vergangenheit und Gegenwart zu unterscheiden. Er schien im Schlamm der Vergangenheit festzusitzen und sogar noch tiefer einzusinken; als ich die Ernsthaftigkeit seines Ringens verstand, brachte die Einfühlung mich dazu, ihm eine Rettungsleine hinzuwerfen, ehe ich ihn nicht mehr erreichen konnte.

Wenn die Einfühlung eine Beziehung leitet und uns »Halt sowie Wegweiser« bietet, können wir sehr viel deutlicher erkennen, wohin wir gehen müssen, und es fällt uns leichter, auf unsere Fähigkeit zu vertrauen, nicht danebenzutreten, selbst wenn der Pfad steil und schmal ist. Die Einfühlung verhilft uns zu einer erhöhten Bewusstheit und geduldigen Aufmerksamkeit – eine Haltung, die der Psychologe William James die »hartnäckige Stimmung« nannte.

James glaubte, indem wir im Leben allgemein, aber auch bei unseren tagtäglichen Erfahrungen eine einfühlsame Haltung einnehmen, könnten wir lernen, unseren Weg zu gehen und dabei auch die gefährlichsten Situationen zu meistern. Er bezog sich auf seine eigenen Erfahrungen als Bergsteiger, um zu betonen, wie wichtig es ist, an sich selbst und an die anderen zu glauben. James schrieb:

»Nehmen wir zum Beispiel an, ich bin beim Bergsteigen in den Alpen und habe das Pech, mich in eine Situation gebracht zu haben, in der ein fürchterlicher Sprung der einzige Ausweg ist. Weil ich über keine vergleichbaren Erfahrungen verfüge, kann ich nicht wissen, ob ich ihn erfolgreich ausführen kann; aber Hoffnung und Selbstvertrauen geben mir die Gewissheit, dass ich mein Ziel nicht verfehlen werde, und bereiten meine Füße darauf vor, etwas auszuführen, was ohne diese subjektiven Gefühle vielleicht unmöglich gewesen wäre.

Aber gehen wir einmal vom Gegenteil aus ... ich empfände es vielleicht als falsch, auf die bloße, durch keine vorangegangene Erfahrung bestätigte Vermutung hin zu handeln – nun, dann werde ich so lange zögern, bis ich zuletzt erschöpft zitternd in einem Moment der Verzweiflung abspringe, meinen Halt verliere und in den Abgrund stürze.

In diesem Fall (und das ist von enormer Tragweite) ist es klug, einfach an das zu glauben, was man sich wünscht; denn der Glaube ist eine der unverzichtbaren Bedingungen, das Ziel zu verwirklichen. Es gibt Fälle, in denen der Glaube sich selbst erfüllt. Glaube, und du wirst Recht haben, denn du wirst dich selbst retten; zweifle, und du wirst Recht bekommen, denn du wirst sterben. Der einzige Unterschied liegt darin, dass es einem zum Vorteil gereicht, wenn man glaubt.«

Einfühlung ist ein Synonym für James' »Glauben«, jenem inneren Gefühl ruhiger Gewissheit, das den Glauben an uns selbst und andere hervorbringt. Ohne Einfühlung stehen wir alleine da und zittern vor dem Abgrund. Mit der Einfühlung können wir zu uns selbst und anderen sagen: Du schaffst es. Ich werde bei dir sein, ich werde dich nicht fallen lassen. Wenn du stolperst, werde ich dir helfen, dein Gleichgewicht wiederzufinden und gemeinsam werden wir den Berg erklimmen.

Wenngleich die Bergsteiger-Metapher in diesen Kontext passt, muss ich doch auf etwas sehr Wichtiges verweisen: Die Einfühlung ist weder ein Werkzeug noch eine Technik, die leicht zu handhaben ist, sondern eine angeborene Fähigkeit, die sorgfältiger Pflege und ständiger Aufmerksamkeit bedarf. Sie bietet uns »Halt« und zeigt uns »Wegweiser«, aber diese sind bloß Anhaltspunkte auf dem Weg nach oben und über den Berg. Sie gewährleisten nicht, dass wir im Gleichgewicht bleiben, und sie bieten auch keine Erfolgsgarantie.

Weil jedes Individuum und jede Situation einzigartig ist, muss die Einfühlung immer auf der Hut sein, aufmerksam, bewusst, neugierig, wachsam. Wird die Einfühlung nachlässig, hört sie auf, Einfühlung zu sein, denn deren beständigster Wesenszug liegt genau in jener Qualität konzentrierter Aufmerksamkeit. Verlagere deine Konzentration, wende deinen Blick ab, nimm eine »Ist-mir-egal«-Haltung ein, und die Einfühlung verliert ganz schnell den Boden unter den Füßen. Die Einfühlung muss immer bereit zur Bewegung sein, selbst wenn das bedeutet, einen Schritt zurück oder zur Seite zu machen.

Um zu lernen, wie man Einfühlung ausdrückt – Gedanken und Gefühle in Worte fasst, die ihren Weg zu Herz und Seele eines anderen Menschen finden –, sind Selbstwahrnehmung, sorgfältiges Nachdenken und jede Menge Praxis vonnöten. Um Menschen dabei zu helfen, ihre Einsichten so auszudrücken, dass sie helfen und nicht verletzen, habe ich die folgenden Richtlinien erarbeitet.

Sieben grundlegende Schritte, Einfühlung zum Ausdruck zu bringen

1. Stelle offene Fragen
2. Werde langsamer
3. Vermeide spontane Urteile
4. Achte auf deinen Körper
5. Lerne aus der Vergangenheit
6. Gib der Geschichte Entfaltungsmöglichkeiten
7. Setze Grenzen

Erster Schritt: Stelle offene Fragen

Als Gordon zu mir sagte: »Sie agieren immer so perfekt«, hätte ich abwehrend reagieren und ihm den Ball wieder zurückwerfen können (»Hier geht es nicht um mich, Gordon«) oder ich hätte seine Feststellung als geschlossene (bereits beantwortete) Frage wiederholen können. »Sie glauben also, Gordon, ich handle, als sei ich perfekt?« Mit dieser abwehrenden Frage hätte ich gesagt: »Glauben Sie wirklich, dass das mein Problem ist?«, wodurch ich natürlich ausgedrückt hätte, dass dies ganz und gar nicht mein, sondern Gordons Problem sei. Die Frage hätte unterschwellig ihm den schwarzen Peter zugeschoben (»Das ist eigentlich Ihr Problem«) und darüber hinaus darauf abgezielt, dass Gordon meine Interpretation seiner Gedanken und Gefühle akzeptiert.

Geschlossene Fragen leiten automatisch ein Machtspiel ein, das dem Antwortenden eigentlich nur noch erlaubt, die in der Frage enthaltene Antwort abzulehnen. Er hat die Wahl zwischen einer unterwürfigen Antwort wie: »Also gut, Sie haben Recht, ich sehe, was ich falsch gemacht habe«, einer streitsüchtigen Reaktion wie: »Sie sind im Unrecht und mich widert Ihr Überlegenheitsgehabe an« oder einer beleidigten Weigerung, das Gespräch fortzusetzen. Welche Wahl auch immer getroffen wird: Einer gewinnt und der andere verliert. Was die Einfühlung anbelangt, verlieren so natürlich alle, weil die Kommunikation eingestellt wird, sich kein Verständnis entwickeln kann und es für alle am Gespräch Beteiligten schwierig wird, sensibel zu reagieren.

Nehmen wir an, Joel kommt zu spät zu einer Sitzung. »Wir hatten letzte Woche eine kleine Unstimmigkeit«, sage ich. »Kann es sein, dass Sie wütend auf mich sind und zu unserer Sitzung zu spät kommen, um mich so spüren zu lassen, was Sie empfinden?« Das ist eine geschlossene Frage, denn ich habe bereits meine Schlüsse gezogen (Joel ist wütend auf mich). Ich benutze die Frage, damit der Patient meiner Interpretation zustimmt.

Hier nun ein Beispiel einer offenen Frage, die ich stattdessen hätte stellen können. »Mir ist aufgefallen, dass Sie die letzten beiden Sitzungen zu spät gekommen sind, Joel – könnte das etwas zu bedeuten haben, worüber wir noch nicht gesprochen haben?« Diese Frage lässt die Antwort offen im Raum stehen. Ich bin wirklich um Information bemüht und bitte den Patienten mir mehr zu erzählen.

»Wissen Sie«, könnte Joel erwidern, »das ist mir in letzter Zeit öfter passiert, ich plane immer zu wenig Zeit ein, komme zu spät zu Verabredungen, enttäusche meine Frau und meine Kinder, verärgere meinen Chef.« Oder Joel könnte sagen: »Als ich das Haus verließ, hatte ich einen fürchterlichen Streit mit meiner Frau, sie behauptete, ich würde zu viel Geld in die Therapie tragen, und sie ist wütend auf mich, weil ich Ihnen all die Einzelheiten über unsere Beziehung erzähle.« Diese Antworten vermitteln wichtige Informationen über Joels Gemütsverfassung und zeigen den Weg zu einem potenziell fruchtbaren Gespräch. Oder die Antwort könnte auch ganz einfach lauten: »Ich kann mein Pech nicht fassen, zwei Wochen hintereinander gab es jetzt auf der Mass Pike einen größeren Verkehrsunfall«, worauf wir die Angelegenheit auf sich beruhen lassen können, um uns den Fragen zuzuwenden, die den Patienten wirklich beschäftigen.

Hier noch ein weiteres Beispiel für eine geschlossene Frage. Eine Mutter und ihre Tochter im Teenageralter unterhalten sich, nachdem die

Tochter von einer Verabredung heimkommt. »Also, meine Liebe, du findest ihn tatsächlich Klasse?«, fragt die Mutter. Mit ihrer Frage möchte die Mutter ihre Tochter dazu bringen, ihrer Interpretation zuzustimmen (z. B. so Klasse ist er gar nicht). Die Frage stellt die Tochter vor ein Dilemma. Sie kann sich der Meinung ihrer Mutter unterwerfen und damit ihrer Mutter erlauben, ihre Gedanken und Gefühle zu dirigieren, oder sie kann widersprechen und einen Augenblick Verwirrung stiften oder vielleicht sogar einen Streit vom Zaun brechen.

Oder nehmen wir an, Sie haben sich gerade die Haare schneiden lassen. Der Friseur gibt Ihnen einen Spiegel, doch bevor Sie Zeit haben hinzuschauen, sagt er: »Also dieser Schnitt steht Ihnen doch wirklich gut? Finden Sie nicht auch, dass er ganz ausgezeichnet zu Ihrem Gesicht passt?« Solche Fragen machen Antworten überflüssig. Die automatische Reaktion ist Übereinstimmung. »Gewiss, ja, sieht gut aus«, könnten Sie sagen, selbst wenn Sie denken, jetzt habe ich hundert Mark bezahlt und sehe aus, als sei mir ein Rasenmäher über den Kopf gefahren.

Offene Fragen drücken Einfühlung aus, denn sie zollen den einzigartigen Reaktionen und Antworten des Individuums Respekt. Wenn Sie eine offene Frage stellen, bringen Sie damit zum Ausdruck, dass Sie von der anderen Person etwas erfahren wollen und wirklich an ihrer Sicht der Dinge interessiert sind. Sie geben die Kontrolle ab und erlauben dem anderen, Sie dahin zu führen, wo er Sie haben möchte oder braucht, anstatt das Gespräch in eine bestimmte Richtung lenken zu wollen. Geschlossene Fragen werfen den Leuten die Tür vor der Nase zu, wohingegen offene Fragen die unbegrenzten Möglichkeiten offenbaren, die vorhanden sind, wenn wir unsere Vorurteile und vorgefassten Meinungen beiseite schieben und die Türen zu neuen Erfahrungen weit aufstoßen.

Zweiter Schritt: Werde langsamer

Die Einfühlung ist immer darum bemüht, Dinge zu verlangsamen, damit die Gefühle durch wohl überlegtes Nachdenken gemäßigt werden. Hitzige Gefühle sind dem Ausdruck von Empathie nicht förderlich. In einer heftigen Auseinandersetzung wie der mit Gordon ist es außerordentlich wichtig, langsamer zu werden, damit einen die Gefühle nicht überrollen. In diesem Sinne ist die Einfühlung wie die Trense im Pferdemaul, die einem erlaubt, die Zügel anzuziehen. Laufen einem die Gefühle davon, schreitet die Einfühlung ein, um den wilden Galopp zu einem leicht zu handhabenden Trab zu verlangsamen.

Um die Dinge zu verlangsamen, muss man manchmal einen Schritt zurückgehen, wie etwa in dem Gespräch, das ich mit Mike, einem 36-jährigen ehemaligen Alkoholiker führte, der mir erzählte, er habe »aus heiterem Himmel« zu heiraten beschlossen.

»Als ich zu Dunkin' Donuts reinging, habe ich da Nancy stehen sehen und peng – das war's«, sagte Mike mit breitem Grinsen. Er wirkte ungewöhnlich aufgekratzt, obwohl er sonst so ruhig und ausgeglichen war. »Und da wusste ich gleich, dass ich sie heiraten wollte, da gab's gar keine Zweifel.«

Mike war seit sechs Monaten mein Patient und er hatte Nancy bisher noch nie erwähnt. »Das ist eine weit reichende Entscheidung«, meinte ich. »Wie kam es denn dazu?«

»Naja, ich war bei einem Treffen der Anonymen Alkoholiker, ging dann zu Dunkin' Donuts, sah sie, sie lächelte mich an und ich beschloss, sie zu heiraten. Genau so ist es passiert.«

Als ich Mike bat, einen Schritt zurückzugehen und mir von dem AA-Treffen zu erzählen, runzelte er die Stirn. »Ich dachte, Sie wollten was über die Frau erfahren, die ich heiraten möchte.«

»Es ist nicht so, dass ich nichts über Nancy erfahren möchte, aber ich glaube nicht, dass ich Ihre Situation ganz verstehen kann, wenn ich die näheren Umstände nicht kenne. Lassen Sie uns einfach zurückgehen und jeden Schritt nachvollziehen, ehe Sie auf einen Kaffee zu Dunkin' Donuts gingen. Wie war das Treffen?«

»Es war ein ganz normales Treffen.« Mike rutschte auf seinem Stuhl herum, seine Energie war plötzlich versiegt und seine Stirn legte sich in Falten. »Sie wissen schon, all die üblichen Geschichten, viele Tränen, sehr gefühlsbetont.«

»Also ein ganz normales Treffen«, wiederholte ich.

»Ja. Na ja, vielleicht nicht ganz«, sagte Mike und seine Stirnfalten gruben sich tiefer ein. »Nach dem Treffen bekam ich Streit mit einem der Veteranen und dann wurde mein Bürge sauer auf mich.«

»Wissen Sie denn, warum er sauer auf Sie wurde?«

»Weil er ein Trottel ist«, sagte Mike und winkte ab. »Also bin ich durchgedreht. Ich bin so ausgerastet, ich schwör's, dass ich ihn hätte umbringen können.«

»Den zweiten Teil verstehe ich, ehrlich gesagt, nicht ganz, Mike.«

»Welchen zweiten Teil?«

»Was hat Sie so verrückt gemacht?«

»Ich bin es einfach leid, wie alle mich bei diesen blöden Treffen behandeln. Ich habe nicht das Gefühl dazuzugehören.«

»Sie kamen sich also überflüssig vor und das Treffen gestaltete sich sehr schwierig für Sie.«

»Ja, ich konnte einfach nicht länger bleiben.«

»Und wie fühlten Sie sich, als Sie gingen?«

»Ich war wütend. Ich hatte das Gefühl, da nicht hinzupassen.«

»Und gleich nach dem Treffen sind Sie dann ins Dunkin' Donuts gegangen und Nancy begegnet?«

»Ja, ziemlich genau so ist es gewesen.«

Wir unterhielten uns darüber noch eine Weile und Mike wurde immer nachdenklicher. »Ich denke, das war ein ziemlich gefühlsbetonter Tag«, sagte er. »Sie meinen also, ich versuchte meinem Ärger davonzulaufen?«

»Auf mich macht es den Eindruck – aber helfen Sie mir, wenn ich da was falsch interpretiere –, als seien Sie so aufgewühlt gewesen, dass Sie vielleicht nach jemandem gesucht haben, der Sie beruhigt oder Sie aus dem Konflikt befreit.«

Mike beugte sich nach vorne, drückte die Hände gegeneinander und seufzte. »Ich weiß nicht, ich bin jetzt ziemlich durcheinander, nachdem Sie das alles zurückgespult haben.«

»Vielleicht ist das aber auch der Weg, der weiterführt«, schlug ich vor. »Einfach zu akzeptieren, dass Sie durcheinander und verunsichert sind, wie Sie diese spezielle Situation in den Griff bekommen sollen, und dass Sie jetzt einen Lernprozess durchmachen und auch weiterhin lernen und sich entwickeln werden, wenn Sie hierüber und über andere wichtige Entscheidungen Ihres Lebens nachdenken.«

Am Ende der Sitzung meinte Mike: »Ich glaube, es war ziemlich dumm von mir, jemanden heiraten zu wollen, den ich kaum kenne. Ich kann so verdammt impulsiv sein. Manchmal weiß ich nicht, was mit mir nicht stimmt.«

»Ich glaube, wenn Sie verletzt sind oder sich angegriffen fühlen, neigen Sie zu raschem Handeln«, erklärte ich ihm. »Wenn Sie lernen, Ihre Gefühle anzunehmen, werden Sie auch weniger impulsiv reagieren.

Diese Fähigkeit haben Sie schon in der kurzen Zeit, die Sie heute hier gewesen sind, unter Beweis gestellt.«

»Habe ich das?«, wunderte er sich.

»Ja, das haben Sie«, erwiderte ich.

Wenn unsere Gefühle überschäumen, hilft es, sich einen Moment Zeit zum Nachdenken und Überlegen zu nehmen. Indem wir langsamer werden, erlauben wir unseren Gedanken, mit unseren Gefühlen gleichzuziehen, und bringen etwas Ruhe und Vernunft in unsere Emotionen. Wenn wir bewusst versuchen, die Sache zu verlangsamen, verleihen wir der Einfühlung Ausdruck, denn die Einfühlung kann, wie Psychologen entdeckt haben, nicht in einer überhitzten (oder unterkühlten) Umgebung überleben. Wie eine Pflanze, die ein Gleichgewicht von Schatten und Sonne benötigt, welkt die Einfühlung, wenn sie Extremen ausgesetzt wird.

Negative Gefühle wie Angst oder Wut stellen große Anforderungen an unseren Stoffwechsel und schaffen einen Zustand heftiger körperlicher Erregung. »Man geht im Allgemeinen davon aus, dass in Situationen, in denen das Erregungsniveau des Körpers hoch ist, als Begleiterscheinung eine Einengung des Wahrnehmungsspektrums auftritt«, schreiben die Psychologen Robert W. Levenson und Anna M. Ruef. Wenn Hormone ausgeschüttet werden und die Muskeln sich verspannen, verengt sich unser Wahrnehmungsfeld. In einem sehr wörtlichen Sinn sehen wir nur noch unsere Wut oder unsere Angst; andere Gefühlswahrnehmungen verblassen. Wir sind im wahrsten Sinne des Wortes »blind« vor Gefühl und konzentrieren uns nur noch darauf, die Situation zu überstehen, indem wir kämpfen oder fliehen.

Werden diese überkochenden Gefühle auf ein sanftes Simmern reduziert, weitet die Empathie sich aus. Wir sehen wieder das ganze Bild, nicht nur den schmalen Ausschnitt. Anderen dabei zu helfen, sich zu beruhigen und zu sammeln, ist eine sehr wirksame Methode, unsere Einfühlung für sie auszudrücken. Denn da die Einfühlung darauf hinarbeitet, abzukühlen und zu lindern, können wir auch unser Gleichgewicht wiederfinden und zu einem besseren Verständnis unserer Gedanken und Gefühle gelangen. Meine Einfühlung für Mike erlaubte diesem, langsamer zu werden und ein klareres Verständnis seiner Handlungen zu erreichen. Im Verlauf unserer Beziehung wuchs seine Einfühlung in sich selbst und er lernte, die Dinge auch ohne fremde Hilfe zu verlangsamen.

Dritter Schritt: Vermeide spontane Urteile

Rasche Entscheidungen und spontane Urteile gehören nicht zum Repertoire der Ausdrucksweisen der Einfühlung. Bei Gordon beispielsweise verfügte ich über genügend Wissen um seine Gedanken, Gefühle und die Geschichte seiner Vergangenheit, dass ich ihm in zwei, drei Sätzen eine Zusammenfassung seines Gefühlszustands hätte geben können, um ihm dann den Rest der Sitzung meine Theorien über seine Gedanken und Gefühle zu unterbreiten.

Aus früheren Erfahrungen mit Gordon wusste ich, dass er rasch aufbraust und oftmals seinen Ärger benutzt, um einen sicheren Abstand zu seinem Gegenüber zu wahren. Dies ist eine sehr allgemeine Theorie seines Verhaltens, die sich auf die vielen Erfahrungen stützt, die ich in diesem Jahr gemeinsamer Arbeit gemacht habe. Also hätte ich sagen können: »Ich glaube, Sie sind wütend auf mich, Gordon, weil Sie sich von mir eingeschüchtert fühlen.« Oder: »Sie wollen mich unterwerfen, weil ich Sie an Ihren Vater erinnere, der Sie immer schlecht gemacht und unterdrückt hat.«

Dies sind im Wesentlichen »werde erwachsen und bring's hinter dich«-Feststellungen, kaum anspruchsvollere Versionen so negativer Kommentare wie »Du bist unsicher«, »Du fühlst dich bedroht« oder »Du bist neidisch«. Solche Kommentare etikettieren das Verhalten nur, während einfühlende Äußerungen sich um ein tieferes Verständnis bemühen.

»Werde erwachsen und bring's hinter dich«-Feststellungen haben die Tendenz, Verhalten als starr und unveränderlich zu charakterisieren, während die Einfühlung immer darum bemüht ist, Gedanken und Gefühle mit bestimmten Ereignissen in Verbindung zu bringen. »Mir fiel auf, dass Sie ziemlich betroffen wirkten, als Sie von Ihren Geschäftstreffen sprachen – was haben Sie in diesem Moment empfunden?«, fragte ich Gordon einmal. Die Frage half, seine Aufmerksamkeit auf die speziellen Ereignisse zu lenken, die der Auslöser seiner Gefühle waren, und gab ihm Gelegenheit, seine Selbstwahrnehmung zu erweitern, indem er der Ursache seiner Reaktionen nachging, anstatt selbstquälerische Bemerkungen (»Ich bin dumm«, »Ich bin inkompetent«, »Ich werde nie so erfolgreich sein wie mein Vater«) zu machen. Wenn Menschen frustriert sind, verlieren sie oft den Blick für das Wesentliche und stützen sich auf Allgemeinplätze, die unweigerlich zu intoleranten oder rigorosen Urteilen führen.

Die Macht der Einfühlung liegt in ihrer Konzentration auf die Augenblickserfahrung. Die Einfühlung vermeidet die natürliche menschliche Neigung, Verhalten gemäß den Erfahrungen der Vergangenheit zusammenzufassen und einzuordnen. Unabhängig davon, was ich über Gordons Vergangenheit weiß, was er *in diesem Moment* fühlt oder denkt, kann ich nicht mit Sicherheit wissen. Er ist eine Persönlichkeit, die sich verändert, sich entwickelt wie wir alle, und die Einfühlung ist immer darum bemüht, der sich wandelnden Natur des Menschen gerecht zu werden.

Als der griechische Philosoph Heraklit sagte: »Man kann nie zwei Mal in denselben Fluss steigen«, war das ein Ausdruck von Empathie, weil er die Tatsache anerkannte, dass der Mensch, der man heute ist, sich von der Person unterscheidet, die man gestern war. Den denkbar schlechtesten Dienst erweist man anderen, wenn man davon ausgeht, dass ihre Persönlichkeit starr oder genau festgelegt ist. Auf diese Weise stellen wir uns den Strom des Lebens als einen flachen Tümpel vor, der, von allen Wasserquellen abgeschnitten, langsam umkippt. Wenn wir zu einem anderen sagen: »So reagierst du immer«, »So bin ich eben, ich werde mich nie verändern« oder »Du bist ein offenes Buch für mich«, werfen wir Hindernisse in den Strom und stauen den freien Fluss der Einfühlung. Auf diese Weise leugnen wir nicht nur häufig die Möglichkeit der Veränderung, sondern lassen eine Wandlung der Persönlichkeit gar nicht zu.

Mich schaudert innerlich, wenn ich eine Person zu einer anderen sagen höre: »Ich weiß, was du sagen wirst, es wäre nicht das erste Mal« oder »Ich brauche gar nicht zu fragen, was du denkst, ich kenne dich besser als du selbst dich kennst«. Bei solchen Feststellungen sehe ich geradezu die Bäume in den Strom der Einfühlung stürzen und die Zirkulation behindern. Die Vergangenheit kann zwar aufschlussreich für die Zukunft sein, doch die Einfühlung erinnert uns daran, dass das wirkliche Leben im Fluss ist und die Menschen immerzu anpassungsfähig sind, fähig, den sich verändernden Umständen nachzugeben und sich zu beugen.

Wenn wir aber davon ausgehen, in unseren Verhaltensweisen für immer festgelegt zu sein, versteinerte Persönlichkeiten zu sein, dann wird unser Austausch untereinander vorhersehbar, eine endlose Wiederholung alter Muster und mechanischer Reaktionen, mit nur geringer Möglichkeit, unsere Perspektiven zu vergrößern oder unseren Blick zu weiten. Eine derart eingeengte Welt – von Theorien regiert, in Schubladen eingeordnet, von vorgefassten Meinungen beherrscht – ist wie ein ausgetrocknetes Flussbett, hart, ausgedörrt, abgeschnitten von anderen Wasserläufen und Zuflüssen und mit nur geringer Ähnlichkeit zu seinem einst mächtigen Selbst.

Vierter Schritt: Achte auf deinen Körper

Als Gordon seine Stimme erhob und mir erklärte, er wolle mich unterwerfen, wurden seine Augen schmal, sein Gesicht lief rot an vor Wut und er sah aus, als wolle er gleich zuschlagen. Ich spürte, wie mein Herzschlag sich beschleunigte und konnte Gordons Wut regelrecht in meinem Körper spüren, da mein vegetatives Nervensystem seines zu spiegeln begann.

Forscher nennen dieses Phänomen *physiologischer Synchronismus,* und es erinnert uns sehr intensiv daran, dass unsere Seele (Gefühle) und unser Körper (physiologische Reaktionen) aufs Engste miteinander verbunden und voneinander abhängig sind. Die Einfühlung hat ganz entschieden eine körperliche Komponente; tatsächlich definiert einer der psychologischen Forscher Einfühlung sogar als »einen Zustand des vegetativen Nervensystems mit der Neigung, das einer anderen Person zu stimulieren«. Anders ausgedrückt: Unsere Nervensysteme »reden« miteinander. Wenn eine Mutter mit ihrem Kind spielt, fangen ihre Herzen an, im gleichen Takt zu schlagen. Wenn Sie Ihren Hund streicheln, verlangsamt sich Ihr Herzschlag – und der Ihres Hundes ebenso. Im Austausch mit Menschen, die wütend und feindselig sind, passen sich Ihre körperlichen Reaktionen den ihrigen an – der Blutandrang auf die Muskeln wächst, der Blutdruck steigt, Stresshormone (Adrenalin, Noradrenalin und Cortisol) werden durch den Kreislauf gepumpt und Sie fangen an, die Auswirkungen von Wut und Stress am eigenen Leib zu spüren.

Das vegetative Nervensystem zweigt vom Zentralnervensystem ab (dem Gehirn und dem Rückenmark), um Signale in die Drüsen und Muskeln der Eingeweide (Blutgefäße, Herz, Darm) zu senden. Zwei separate, aber miteinander in Beziehung stehende Systeme kontrollieren die Körperreaktionen: Das *sympathische Nervensystem* steigert in

Stresssituationen die Energie und mobilisiert den Körper, lässt den Blutzuckerspiegel sowie Herzschlag und Blutdruck ansteigen, während im Entspannungszustand das *parasympathische Nervensystem* vorherrscht und dafür sorgt, dass wir mit den Körperenergien haushalten. Weil diese Systeme mehr oder weniger automatisch, ohne unser bewusstes Denken funktionieren, hält man sie für unwillkürlich. Die meisten Menschen können beispielsweise ihren Herzschlag oder die Ausdehnung und das Zusammenziehen ihrer Darmmuskeln nicht kontrollieren.

Ich finde es faszinierend, dass das Wort *sympathisch* benutzt wird, um die Funktionen des vegetativen Nervensystems zu beschreiben. Denn in Wirklichkeit ist die Sympathie eine automatische, unwillkürliche Reaktion auf den Gefühlszustand eines anderen Menschen, wohingegen die Einfühlung eine weitaus kompliziertere Integration von Gedanken und Gefühlen erfordert. In diesem Sinne könnten die Interaktionen zwischen dem Zentralnervensystem und dem vegetativen Nervensystem das empathische Nervensystem genannt werden, denn die hier stattfindende Kommunikation der Systeme ist verantwortlich für alle Formen der Empathie, womit wir unsere Gedanken und Gefühle einander mitteilen.

Ich wusste, dass meine körperliche Reaktion auf Gordon – der unmittelbare, automatische Anstieg meines Herzschlags und die plötzliche Konzentration, sämtliche Sinne in Alarmbereitschaft – körperliche Einfühlung signalisierte. Mein Körper spiegelte die Veränderungen, die in Gordon stattfanden. Weil ich das Wesen des physiologischen Synchronismus verstand, konnte ich meine Empfindungen dazu nutzen, wichtige Informationen über Gordons Gefühle zu erhalten. Meine körperlichen Reaktionen boten mir Einblick in seinen Gefühlszustand; sie lösten Erinnerungen an meine eigenen Erfahrungen mit Wut aus und an mein in vielen Jahren erworbenes Verständnis, dass Gefühle wie Groll oder Feindseligkeit oftmals mit innerem Stress gekoppelt sind, der aus Müdigkeit, emotionaler Beanspruchung oder einem allgemeinen Gefühl der Unsicherheit herrührt.

Unsere Körper empfangen die Botschaften der Körper anderer Menschen. Wir verfügen über ein automatisches Einbausystem, um deren körperliche Reaktionen aufzunehmen und so wichtige Hinweise auf ihre Gedanken und Gefühle zu erhalten. Die Mimikry des Mienenspiels ist das klassische Beispiel für physiologischen Synchronismus. Angenommen, Sie unterhalten sich mit einem Freund, der traurig ist und zu weinen anfängt. Ohne dass es Ihnen bewusst ist, beginnen Ihre Gesichtsmuskeln automatisch den Gesichtsausdruck Ihres Freundes zu spiegeln oder zu imitieren. Aber dann passiert etwas noch viel Erstaunlicheres – Sie empfinden genauso wie Ihr Freund empfindet. Allein schon indem Sie die Gesichtsmuskeln in eine bestimmte Position bringen, können Sie erfahren, was ein Mensch fühlt, sowohl körperlich als auch emotional.

Schauspieler und Schriftsteller wissen um die Macht der Gesichtsmimikry und nutzen diese Technik, um spezielle Gefühlszustände zu erzeugen. Aus der folgenden Passage erfahren wir, dass Edgar Allan Poe, der klassische Horrorschriftsteller, Gesichtsmimikry benutzte, um anderer Leute Gedanken lesen zu können:

»Wenn ich herauszufinden versuche, wie klug oder wie dumm, wie gut oder verschlagen jemand ist, oder was er in diesem Augenblick denkt, passe ich meinen Gesichtsausdruck so genau wie möglich dem seinen an und warte dann ab, welche Gedanken oder Empfindungen in meinem Geist oder meinem Herzen aufsteigen, als wollten sie sich dem Ausdruck anpassen oder ihm entsprechen.«

Stimmungen werden durch die physiologischen Reaktionen des Körpers verändert. Deshalb kann man schon allein durch ein Lächeln das Nervensystem beruhigen und sich selbst in bessere Laune versetzen, während ein Stirnrunzeln einen negativer oder kritischer empfinden lässt. In einer psychologischen Studie haben Forscher zwei Golftees auf den Stirnen der Probanden angebracht und diese dann gebeten, die beiden Tees näher zusammenzubringen, was automatisch zu einem Stirnrunzeln führte. Als den stirnrunzelnden Probanden unangenehme Fotos vorgelegt wurden, waren sie sehr viel eher geneigt, negativ darauf zu reagieren. In einer anderen Studie war die Bereitschaft, über komische Cartoons zu lachen, bei den Probanden, die einen Stift zwischen ihren Zähnen halten mussten – was die Gesichtsmuskeln in eine Lächelposition bringt –, weitaus größer.

Physiologischer Synchronismus ist das Schlüsselelement jeder Beziehung, einschließlich therapeutischer Interaktionen. Ich weiß, dass ich in der Therapie die Gefühlszustände meiner Patienten mit meinem Mienenspiel und meiner Körperhaltung beeinflussen kann. Wenn ich beispielsweise wütend werde oder enttäuscht bin, werden die Patienten sich meiner Heftigkeit anpassen und meine negativen Gefühle übernehmen. Bin ich gelassen, werden ihre Körper auf meine Beherrschung reagieren. Wenn ich lächle, werden sie sich im Allgemeinen glücklicher fühlen, lege ich die Stirn in Falten, werden sie hingegen von meiner negativen Stimmung beeinflusst.

In diesem Wissen steckt Macht, und ich wende es nur mit äußerster Sorgfalt und Vorsicht an, weil ich weiß, dass ein strenger Blick oder eine ungeduldige Geste verheerende Folgen auf jemanden haben kann, der sich unsicher fühlt oder leicht verletzbar ist. Ich achte sehr genau auf meine Mimik, meinen Tonfall, meine Gesten und selbst meine Haltung, da mir bewusst ist, dass ich durch meine physiologischen Reaktionen bei den anderen Gefühlsreaktionen auslösen kann. Gleichzeitig beobachte ich sehr genau, wie mein Körper reagiert und benutze diese Information dann als Hinweis auf die Gefühlslage der anderen Menschen.

In der Therapie wie im Leben kommt es gleichermaßen darauf an, dass wir wissen, wie sehr unsere Gefühle sich auf unseren Körper auswirken und wie im Gegenzug physiologische Reaktionen unsere Gefühle zu verändern vermögen. So ist beispielsweise ein Lächeln eines unserer machtvollsten Mittel, Einfühlung auszudrücken, denn wenn wir lächeln, führt das bei anderen Menschen automatisch zu dem fast unwiderstehlichen Wunsch, ebenfalls zu lächeln; und wenn sich unsere Gesichtsmuskeln in eine lächelnde Position bewegen, kommt es zu körperlichen Veränderungen, die unsere Stimmung verbessern. Es ist eine durch zahlreiche Studien gestützte Binsenweisheit, dass es einem, wenn man traurig ist oder sich ärgert, gleich besser geht, wenn man ein Lächeln aufsetzt.

Die Veränderung der Gesichtsmuskeln signalisiert dem vegetativen Nervensystem Veränderungen, das dann wiederum emotionale Umwandlungen in Gang setzt. Beobachtet man Mutter und Kind, die sich zulächeln, wirkt die fröhliche Stimmung zwischen ihnen fast ansteckend, und man wird begreifen, über welche Macht der Körper verfügt, den Geist zu beeinflussen, und die gleichzeitige Macht des Geistes verstehen, die körperliche Erfahrung zu verändern.

Fünfter Schritt: Lerne aus der Vergangenheit

Die Einfühlung tut ihre Wunder, zu verbinden und Nähe herzustellen, im jeweiligen Augenblick, aber sie hat auch immer die Vergangenheit im Blick. Wir müssen wissen und verstehen, was in der Vergangenheit passiert ist, und zwar nicht, um unser alltägliches Miteinander davon leiten zu lassen oder die Zukunft vorherzusagen, sondern um zu begreifen, wie alte Muster, Urteile, Theorien und Idealisierungen sich auf das Augenblicksgeschehen auswirken.

Gordons Vergangenheit zu verstehen, war überaus wichtig, damit ich ihm helfen konnte, seine momentanen Gefühle der Wut und der Demütigung zu ordnen. Gordon war mit einem Vater aufgewachsen, der nach Gordons Worten der »perfekte Mensch in fast jeder Hinsicht« war. Gordons Beschreibung nach sah sein Vater wie ein ergrauender Mel Gibson aus, hatte seinen Abschluss in Yale mit den höchsten Auszeichnungen gemacht, verdiente als Vizepräsident einer großen Kosmetikfirma »Megakohle« und wurde von allen, die ihn kannten, respektiert (und oft gefürchtet). Obwohl Gordon gut aussah, sportlich, klug, glücklich verheiratet und finanziell abgesichert war, lebte er in dem Glauben, er könne, egal wie sehr er sich auch anstrengen mochte, niemals den Leistungen seines Vaters entsprechen.

Als Gordon sich klarzumachen begann, wie sehr seine Vergangenheit das Verhalten der Gegenwart bestimmte, war er in der Lage, seine Gefühle besser in den Griff zu bekommen. Nie werde ich vergessen, was sich – wie Gordon mir schilderte – ereignete, als er eine Rede vor den Aktionären seiner Firma hielt. Er war unheimlich nervös und räusperte sich ständig. Mitten in seiner Rede stand der Firmendirektor auf und verließ den Raum. Gordon war am Boden zerstört, weil er automatisch davon ausging, dass sein Chef mit seiner Darbietung unzufrieden war. Verärgerung baute sich auf, sein Herz raste und bald schon schwitzte er stark. Kurz darauf kam sein Chef aufs Podium zugeschritten und reichte Gordon ein Glas Wasser. »Es ist so schrecklich heiß hier«, meinte er und klopfte Gordon freundlich auf die Schulter. »Vielleicht hilft das.«

Wenn wir lernen, die Vergangenheit von der Gegenwart zu trennen, erlangen wir Objektivität. Wir erkennen dann, dass die starken Gefühle eines Menschen nicht notwendigerweise mit dem zu tun haben, was im Augenblick passiert, sondern oftmals von vergangenen ungelösten Konflikten oder schwierigen Lebensumständen herrühren. Nehmen wir beispielsweise an, dass die Sprechstundenhelferin in der Zahnarztpraxis kurz angebunden und unfreundlich ist. Ihre daraufhin feindseligen Gefühle erfahren eine komplette Umwandlung, wenn Sie Ihre Gefühlsreaktion einen Moment überprüfen und bemerken, dass Sie sich an Ihre kalte, kritische Mutter erinnert fühlen. Nicht nur sieht die Sprechstundenhilfe aus wie Ihre Mutter, sie klingt auch wie diese, hat einen ähnlichen Gesichtsausdruck und vollführt ähnliche Gesten. Die Einfühlung erlaubt Ihnen, diese Fakten zusammenzutragen, zu einem tieferen Verständnis zu gelangen, dann einen Schritt zurückzutreten und die Objektivität zu erreichen, die Sie brauchen, um ausgeglichen und überlegt reagieren zu können. Dank der durch Einfühlung erweiterten Perspektive wird Ihnen klar, dass das Verhalten der Sprechstundenhilfe nichts mit Ihnen persönlich zu tun hat, und es ist Ihnen möglich, sich nicht über sie zu ärgern.

Einmal hatte ich eine Patientin namens Kelly, sie war die schlimmste Nörglerin, die die Welt je gesehen hat; nichts schien sie zufrieden stellen oder in Einklang mit sich selbst bringen zu können. Eines Tages fand Edie, eine Sozialarbeiterin, sich mit Kelly allein im Aufzug. Edie lächelte, sagte fröhlich hallo und machte, weil sie freundlich sein wollte, eine Bemerkung über das schöne Kostüm, das Kelly anhatte. Kelly wirbelte auf ihren hochhackigen Schuhen herum, bis sie Edie ins Gesicht sah, und ging auf sie los.

»Ich kann nicht glauben, dass Sie so seicht sind«, sagte sie und deutete auf Edies Namensschild. »Sie sind Sozialarbeiterin, Sie sind bestens ausgebildet und doch stehen Sie da und beleidigen mich, indem Sie sich über mein äußeres Erscheinungsbild auslassen? Mein ganzes Leben hat man mir beigebracht, dass eine Frau nach ihrem Aussehen beurteilt wird, und hier in diesem Krankenhaus, das ich aufsuche, damit man mir hilft, haben Sie den Nerv, mir die Oberflächlichkeit unserer Kultur zu bestätigen.« Bei diesen Worten ging die Aufzugtür auf und Kelly stürmte davon.

Edie fuhr mit dem Aufzug sofort wieder hoch zu meinem Büro. Sie erzählte mir, was passiert war, und fragte mich dann unter Tränen, ob sie gefühllos reagiert oder womöglich sogar Kellys Therapie ruiniert hatte. Ich wiederholte vor ihr die Worte, die mein Vater immer gesagt hatte, wenn ich mit ähnlichen Anliegen zu ihm gekommen war: Überlege, wo es herkommt. »Wenn jemand, der so voller Selbsthass ist, auf dich losgeht«, hätte mein Vater gesagt, »dann überlege, woher das kommt. Wut baut sich für gewöhnlich auf einer langen Geschichte der Demütigung oder Angst auf, und diese Geschichte hat nichts mit dir zu tun. Du warst nur einfach zur falschen Zeit am falschen Ort. Kauf den anderen Leuten ihre Unsicherheit nicht ab, egal, als was sie dir diese zu verkaufen versuchen.«

Ich erklärte Edie, dass sie hätte lächeln, die Stirn in Falten legen, husten oder eine Braue hochziehen und damit eine ähnlich wütende Reaktion hätte auslösen können. In Wirklichkeit kam es gar nicht darauf an, was sie sagte oder tat, weil an diesem Tag irgendwer irgendwo als Blitzableiter für Kellys aufgestaute Emotionen herhalten musste. Überlege, woher es kommt. Wir alle haben eine Menge an verwickelten Geschichten, die wir in unsere gegenwärtigen Begegnungen einbringen. Wenn wir nicht berücksichtigen, woher sie kommen, mögen wir verwirrt zu der Schlussfolgerung kommen, dass wir für die Gefühlsreaktion des anderen verantwortlich sind.

Die Ursache berücksichtigen heißt nicht nur, die Geschichte des anderen zu respektieren, sondern wir müssen auch unserer eigenen Geschichte Aufmerksamkeit schenken. Wenn wir zurückliegende Konflikte gleich welcher Natur nicht gelöst haben, werden sie auf unser Miteinander in der Gegenwart übertragen werden. Um Einfühlung für andere aufbauen zu können, ist es notwendig, unser Selbst zu verstehen und ein Bewusstsein für vergangene Konflikte zu entwickeln.

Sechster Schritt: Gib der Geschichte Entfaltungsmöglichkeiten

Jeder hat eine einzigartige Geschichte zu erzählen und jede Geschichte hat ihr eigenes Tempo. Wird ein Austausch von Einfühlung getragen, können wir mit überraschender Genauigkeit einschätzen, wie schnell oder langsam der andere fortschreiten kann. Zeitliche Abstimmung ist alles. Die Einfühlung nimmt uns mit auf eine Reise, und manchmal ist der Weg schwierig und erschöpft uns. An manchen Stellen des Wegs müssen wir stehen bleiben, benötigen eine Pause, müssen unsere Kräfte sammeln und die Wegweiser eingehend studieren.

Gordons heftige Feindseligkeit lehrte mich, dass er am Rande eines emotionalen Abgrunds entlangstolperte. Ich wusste, dass es auf mein Timing ankam. Hätte ich aggressiv reagiert, einen Streit vom Zaun gebrochen, der ihn zum Kampf angestachelt hätte, hätte ihn das vielleicht über den Rand gestoßen. »Wollen Sie etwa eine Sonderbehandlung, Gordon, warum hören Sie nicht mit Ihren Beschuldigungen auf und fangen zu arbeiten an?« oder »Sie reagieren über, Gordon, und Ihre Wut ist nur Zeichen Ihrer Unsicherheit.« Eine andere Möglichkeit wäre gewesen, die Diskussion sofort mit den Worten zu beenden: »Sie haben sich offensichtlich nicht unter Kontrolle, Gordon. Wir wenden uns jetzt besser anderen Problemen zu und wenn Sie sich wieder beruhigt haben, können wir auf dieses Thema zurückkommen.« Mit jeder dieser Äußerungen hätte ich jedoch eine wertvolle Gelegenheit verspielt, Gordon anschaulich zu machen, wie zwei Menschen miteinander umgehen können, ohne einander zu zerstören oder den einen in die Rolle des »Siegers« und den anderen in die des »Verlierers« zu drängen.

Wie Gordon bin auch ich von Natur aus sehr heftig. Während der Sitzungen mit Gordon habe ich in der Tat gelernt, in ihm eine jüngere Version von mir zu sehen. Im Gegensatz zu Gordon jedoch, dessen Vater ihn dazu ermutigt hat, seine Wut einzusetzen, um andere an die Wand zu drängen, hat man mir beigebracht, dass sich hinter der Wut meist andere Gefühle verbergen – Enttäuschung, Verletzungen, Frustration, Vorbehalte, das Gefühl, nicht genügen zu können oder hilflos zu sein –, die auf die Menschen so bedrohlich wirken, dass sie vor ihrer Enthüllung zurückschrecken.

Wut ist ein Ausdruck *wahrgenommener* Verletzbarkeit oder Machtlosigkeit. »Du magst dich in einer bestimmten Situation vielleicht machtlos fühlen«, pflegte mein Vater mir klarzumachen, »aber ich versichere dir, dass du immer auf etwas zurückgreifen kannst. Nur ganz selten sind wir in dieser Welt wirklich wehrlos.« Wenn wir das Gefühl bekommen machtlos zu sein, oder wenn wir uns unterschätzt oder nicht richtig anerkannt fühlen, reagieren wir darauf mit Frustration oder fühlen uns gedemütigt, was noch schlimmer ist. Solche Emotionen führen dann zu Wut, Aggression und häufig auch zu Gewalt. Meiner Erfahrung nach wird wütendes oder feindliches Verhalten fast immer von der Wahrnehmung genährt, dass man nicht verstanden wird.

Für viele Männer ist Wut die einzige Emotion, die sie zu beherrschen gelernt haben. Psychologen, die sich mit den Ursachen männlicher Wut beschäftigen, haben festgestellt, dass Eltern das Wort »Wut« häufig bei ihren Söhnen, aber selten bei ihren Töchtern verwenden. Und während Eltern ihre Töchter ermutigen Diplomatie und Takt einzusetzen, um ihre Beziehungen zu kitten, akzeptieren, ja befürworten sie bei ihren Söhnen bei Auseinandersetzungen häufig Vergeltungsmaßnahmen. »Angesichts der Tatsache, dass Männer im Jungenalter ermuntert wurden, Wut als Ausdrucksmittel für all ihre emotionalen Zustände einzusetzen«, schreibt der Psychologe William Pollack in ›Richtige Jungen‹, »ist es nur allzu verständlich, dass es für die meisten als Erwachsene eine Herausforderung bedeutet, ihre Gefühle auf andere Weise kundzutun.«

Begegnet man Jungs mit Einfühlung und bringt ihnen bei, auf andere einfühlsam zu reagieren, verschwindet oftmals die heftige Wut. William Pollack erklärt, wie man mit Einfühlung der Wut die Schärfe nimmt:

»Ein Junge, der selbst Zuneigung erhält, ist eher in der Lage, auch für andere Zuneigung zu empfinden. Eine gute Beziehung zu seinen Eltern und zu seiner Familie stärkt auch das Verhältnis zu seiner Umgebung. Wenn ihm seine Eltern Verständnis und Mitgefühl entgegenbringen, wird er sich vermutlich auch anderen gegenüber einfühlsam und verständnisvoll verhalten.

... Wenn Jungen in ihrem Umfeld tagtäglich erleben, dass die Gefühle anderer respektiert werden und dass man Rücksicht auf sie nimmt, können sie sich selbst auch eher erlauben, andere Gefühle als nur Ärger auszudrücken.«

Als ich heranwuchs, hatte ich wie viele andere junge Männer Probleme damit, mein leidenschaftliches Naturell zu verstehen und zu kontrollieren. Meine Eltern brachten mir bei, wie man die Dinge langsamer angeht und wie ich mit meinen Gedanken meine Gefühle beeinflussen konnte; im Lauf der letzten drei Jahrzehnte haben meine Übung und meine Erfahrung als Psychologe mich gelehrt, wie ich mit Hilfe der Einfühlung die mir angeborene Heftigkeit ausbalancieren kann. Wenn ich wütend oder frustriert bin oder Menschen in meinem Umfeld mit Wut oder Aggression reagieren, verstehe ich, dass diese Emotionen von tieferen Gefühlen angetrieben werden, man sich unverstanden, angezweifelt oder zurückgewiesen fühlt. Dieses Verständnis funktioniert als eine Art »Dimmer«, der die Heftigkeit der emotionalen Interaktion abschwächt. Von Einfühlung geleitet, bin ich in der Lage, hinter dem oberflächlichen Verhalten die Frustration oder Angst zu erkennen und darauf so zu reagieren, dass der andere weiß, ich bin bereit zuzuhören und auf seine Verzweiflung einzugehen.

In der therapeutischen Praxis und auch sonst im Leben werden Wut und Aggression häufig als Ausdruck eines vor allem unter Männern weit verbreiteten, angeborenen Aggressionstriebs missverstanden. Dieser Theorie nach sind Männer von Natur aus gewalttätig und sadistisch und müssen lernen, diese spontanen Impulse zu kontrollieren. Aufgrund dieser Einstellung verschreiben viele Therapeuten wütenden, feindseligen oder potenziell gewalttätigen Patienten einfach Medikamente. Geht ein Patient vor Wut auf den Therapeuten los oder droht er mit Gewalt und der Therapeut fühlt sich gefährdet (oftmals aufgrund seiner eigenen Schwierigkeiten, mit Aggression umzugehen), mag der Therapeut Beruhigungsmittel oder Antidepressiva als brauchbare Lösungen ansehen. Während einige Patienten zweifellos von einer solchen Medikation profitieren, sagt dieses Lösungsangebot aber auch viel zu oft: »Du bist so krank, dass ich gar nicht mit dir umgehen kann, lass uns weitermachen, wenn du deine Medikamente genommen hast.«

Und dann gibt es natürlich noch eine andere Möglichkeit – den Weg der Einfühlung. Diese erlaubt es uns, am Rande des Abgrunds – dem Ort, wo die tiefen Emotionen lagern – nebeneinander stehen zu bleiben, weil wir darauf bauen, dass die Beziehung uns in Sicherheit führt. Die Einfühlung lehrt uns, der Geschichte Raum zur Entfaltung zu lassen, sie sagt uns, wann es Zeit ist, voranzuschreiten oder besser abzuwarten, wann wir losrennen sollen, um in Deckung zu gehen, und wann wir darauf vertrauen können, stark genug zu sein, um es mit den Elementen aufzunehmen. Wenn wir neben diesem Menschen am Abgrund stehen, erinnert uns die Einfühlung daran, dass dies die Reise des anderen ist; wir sind nur Begleiter, Helfer, Berater. Unsere Aufgabe ist es, nicht zu leiten, sondern zu folgen, nicht zu dominieren, sondern zu partizipieren, nicht das letzte Wort zu haben, sondern den Ideenaustausch in Gang zu halten. Wir drücken Einfühlung aus, indem wir selbst in die Geschichte eintauchen, alles in unserer Möglichkeit Stehende tun, um zu helfen, und dankbar Teil dieser Erfahrung zu sein.

Als Gordon sagte: »Ich erzähle Ihnen all diese intimen Wahrheiten über mich, während Sie von sich gar nichts Bedeutsames preisgeben«, hat er mich aufgefordert, mich zu öffnen. Er hat damit angedeutet, ich würde ihm deshalb nichts über mich erzählen, weil ich die Kontrolle über mich nicht aufgeben wollte. Leicht hätte ich seine Analyse akzeptieren und ihm geben können, was er forderte. Ich hätte sagen können: »Was wollen Sie denn über mich wissen?«

Dies ist eine Falle, in der Therapie wie im Leben. Es funktioniert selten, wenn man persönliche Enthüllungen macht, um dem anderen die Unsicherheit zu nehmen, denn dadurch lenkt man nur die Aufmerksamkeit von demjenigen ab, der Hilfe benötigt. Therapeuten machen manchmal den Fehler, ihre Patienten in ihren Kummer einzuweihen, weil sie davon ausgehen, dass persönliche Enthüllungen Vertrauen und eine persönliche Bindung herstellen. Doch selbst wenn derartige Interaktionen für unmittelbare Erleichterung sorgen mögen (»Ich fühle mich besser, seitdem ich weiß, dass Sie ähnliche Erfahrungen durchgemacht haben«, könnte ein Patient sagen), ziehen sie doch häufig langfristig Groll nach sich. Hier ein Beispiel:

Eine 39-jährige Frau, die an chronischer Depression leidet, kommt zur Therapie und erzählt ihrem Therapeuten, dass sie Selbstmordgedanken hat. »Ich leide so sehr«, sagt sie. »Ich verspüre diesen überwältigenden Drang, mir etwas anzutun.«

Der Therapeut reagiert darauf, indem er seinen Stuhl näher rückt, einen Ausdruck tiefer Betroffenheit im Gesicht. »Ich muss Ihnen sagen, dass ich Selbstmord sehr ernst nehme«, sagt er. »Vor drei Jahren hat meine Nichte Selbstmord begangen.«

Dieser Enthüllung mag die Absicht zugrunde gelegen haben, eine Bindung zwischen Patientin und Therapeut aufzubauen, vielleicht hoffte der Therapeut auch, dadurch seine Besorgnis vermitteln zu können. Doch egal, welche Absicht auch dahinterstecken mochte, das Endergebnis ist für die Patientin verwirrend. *Warum erzählt er mir das?* fragt sie sich. *Soll ich mich jetzt nach seiner Nichte erkundigen? Ist das die Richtung, in die er das Gespräch lenken möchte?* Wut könnte aufblitzen. *Ich möchte über mich reden, mich nicht mit dem Privatleben des Therapeuten auseinander setzen.* Dann kommen vielleicht Schuldgefühle. *Ich bin so selbstsüchtig, das war schon immer mein Problem, ich kann immer nur an meine eigenen Bedürfnisse denken.*

Selten lassen Menschen sich anhaltend trösten, wenn wir auf ihre Probleme mit der Erwähnung unserer eigenen Widrigkeiten und Kümmernisse reagieren. Die tiefen Unsicherheiten eines Menschen werden nicht behoben, wenn er weiß, dass auch andere Menschen schwerwiegende Probleme haben. Die Einfühlung erlaubt uns, vorurteilsfrei auf die Bedeutung unterhalb der Oberfläche zu hören; unvoreingenommen zuhören, bedeutet Grenzen zu setzen. Grenzen setzen heißt nicht, dass wir uns nicht kümmern oder dass die Ängste eines anderen Menschen uns nicht zutiefst betroffen machen, sondern es zeichnet die Bereitschaft aus, die Trennung aufrechtzuerhalten, um eine objektive Reaktion anbieten zu können.

Grenzen zu setzen ist ein Weg, die Einfühlung ihre Arbeit tun zu lassen und die Aufmerksamkeit auf die nahe liegenden Probleme zu konzentrieren. Ein Patient mittleren Alters mit Eheproblemen erzählte mir, er glaube, dass alle Männer sich mit dem Gedanken an eine Affäre trügen. »Haben Sie jemals daran gedacht, eine Affäre anzufangen?«, fragte er mich. Aus Sympathie hätte ich mich vielleicht dazu hinreißen lassen können, in seine Klage einzustimmen und mich mit ihm über dieses Thema auszutauschen, aber die Einfühlung wies mich an, Grenzen zu setzen, indem ich meine Aufmerksamkeit auf die Bedürfnisse und Belange meines Patienten richtete. »Ich denke nicht, dass es uns in Hinblick auf die Unzufriedenheit mit Ihrer Ehe weiterbringt, wenn wir darüber spekulieren, was andere Männer von Affären halten«, bemerkte ich und er stimmte mir sofort zu.

In der Therapie – wie auch im Alltagsleben – ist es ganz wichtig, Grenzen zu setzen. Wirkliches Vertrauen entwickelt sich durch einfühlenden Austausch und nicht dadurch, dass man auf Anforderung die eigenen Gedanken und Gefühle zu einem speziellen Thema offenbart. Wir können das Unbehagen der anderen Menschen nicht lindern, indem wir genauso verkrampft werden wie sie; in den meisten Fällen würde das ihre Angst nur noch verstärken.

In Gordons Fall versuchte ich mein echtes Interesse an seiner gegen mich gerichteten Wut zu zeigen, ohne zuzulassen, dass sich das Gespräch auf mich konzentrierte. Hätte ich nicht genaue Grenzen gezogen, wären wir bestimmt abgeschweift, was am Ende Gordons Frustration und Zorn nur noch verstärkt hätte. Meine Rolle bestand darin, die Schläge einzustecken, ohne mich davon verletzen oder mich durch ihre Heftigkeit vom Kurs abbringen zu lassen. Von Empathie geleitet, konnte mir Gordons Wut nichts anhaben, denn ich wusste, dass diese nur eine dünne Schutzschicht über lang gehegtem Groll und tief empfundener Demütigung war. Indem ich Grenzen setzte, konnte ich seine Gefühle bündeln, anstatt zuzulassen, dass sie sich zerstreuten, was vergleichbar ist dem Unterschied zwischen einem Gewitter von einer Stunde und tagelangem Nieselregen.

Die gleiche Einsicht hat auch im Leben jenseits der Therapie Bestand. Während es manchmal durchaus wichtig sein mag, uns zusammenzutun, ist es auch sehr wichtig zu wissen, dass wir eigenständige Wesen und verschieden sind. Die Einfühlung kalkuliert die Unterschiede mit ein und, was noch wichtiger ist, hilft uns unsere Unterschiede zu tolerieren. Wir sind abhängig und unabhängig und die Stärksten unter uns sind wechselseitig voneinander abhängig. Wir kommen zusammen und gehen auseinander, wobei wir immer das Gleichgewicht zwischen Nähe und Distanz aufrechterhalten. Dank der Einfühlung wissen wir, wann es auf Nähe ankommt und wann Distanz für die Beziehung das Beste ist.

Zu wissen, wo man selbst endet und das Du beginnt, ist eine der größten Herausforderungen, der wir uns in unseren persönlichen Beziehungen stellen müssen. Vermengen sich meine Grenzen mit denen des anderen, komme ich durcheinander und weiß nicht mehr, was mir gehört und was dem anderen zusteht. Bei einer derartigen Verstrickung leidet die Einfühlung zwangsläufig, denn Einfühlung erfordert Objektivität, um die Balance zu halten. In intimen Beziehungen können wir das durch Einfühlung entstandene Gleichgewicht bewahren, wenn wir begreifen, wo in der Beziehung zu der geliebten Person unser Anfang und unser Ende ist. Dieser Balancezustand verleiht uns die Einsichten und das nötige Verständnis, uns klar und ehrlich auszudrücken und dabei immer die einzigartigen Bedürfnisse, Wünsche, Hoffnungen und Träume des anderen zu respektieren.

Wenn wir der Einfühlung Ausdruck verleihen, ist das wichtigste Element nicht das Wort, das wir sagen, sondern die Botschaft, die wir übermitteln. Mit der Einfühlung hoffen wir die Botschaft zu vermitteln, dass wir an der Geschichte des anderen interessiert sind, und zwar nicht unbedingt, weil wir ein wichtiger Teil dieser Geschichte sind – denn auch Fremde können sich gegenseitig Einfühlung bezeugen –, sondern vor allem deshalb, weil wir durch Eintauchen in die Erfahrung eines anderen die Gelegenheit bekommen, die Hände auszustrecken und dadurch unseren Blickwinkel zu erweitern und unsere Verbindung zum Leben selbst auszudehnen.

Eine Geschichte über Mahatma Gandhi illustriert diese wechselseitige Abhängigkeit, die im Herzen der Einfühlung lebt. Gandhi wurde einmal in einem kleinen indischen Dorf, wo er den Armen half, von einem westlichen Journalisten interviewt. »Was für wunderbare Dinge Sie für diese armen Menschen tun!«, sagte der Journalist. Gandhi erwiderte: »Ich tue das nicht für diese Leute, ich tue es für mich.« Der Journalist fragte: »Wie meinen Sie das?« Worauf Gandhi erwiderte: »Wie kann ich für andere Einfühlung empfinden, wenn ich sie nicht auch für mich empfinde?«

Kapitel 5

Empathisches Zuhören

Empathisches Zuhören konzentriert sich immer auf den anderen, mit dem Ziel, diesem das Gefühl zu geben, umfassend verstanden zu werden.

Vor einigen Monaten strahlte der Bostoner Radiosender, bei dem ich als Gastmoderator arbeite, eine Sendung zum Thema »Die verlorene Kunst des Zuhörens« aus. Nach dem Programm fragte mich eine Freundin, ob sie mir eine Geschichte erzählen dürfe.

»Aber ja, ich liebe Geschichten«, sagte ich.

»Es ist eine wahre Geschichte«, sagte sie.

»Umso besser«, freute ich mich.

Ihre Geschichte drehte sich um ein Versagen beim Prozess des Zuhörens. »Ich habe darüber nachgedacht, mich wieder auf eine Beziehung mit einem verheirateten Mann einzulassen«, fing sie an. »Vor über einem Jahr habe ich mit ihm Schluss gemacht, aber er hat mich unentwegt bedrängt und umworben. Egal, was ich ihm auch sagte – ich fühle mich niedergeschlagen, mir fehlt es an Energie und Begeisterung, ich kann mich im Moment selbst nicht recht ausstehen –, er reagierte immer mit demselben Kommentar, wie wunderbar ich sei, dass ich nur an mich glauben müsse, dass keiner meine Fähigkeiten so zu schätzen wisse wie er. Doch obwohl ich den Verdacht hatte, dass er mir diese Komplimente machte, um seinen Willen durchzusetzen, ließ ich mich von seinen

Schmeicheleien verführen und überlegte ernsthaft, die Beziehung wieder aufzunehmen.

Als ich dich im Radio über Einfühlung und die Kunst des Zuhörens erzählen hörte, dämmerte mir plötzlich, dass er gar nicht auf das hörte, was ich ihm sagte. Er erzählte mir nur unentwegt etwas, wovon er glaubte, dass ich es hören wollte. Und dann wurde mir etwas noch viel Bedeutsameres klar: Ich hatte ihm auch nicht zugehört. Ich hatte einfach nur alle die Schmeicheleien und das Lob aufgesogen und mich von ihm manipulieren lassen.«

Im Sprichwort heißt es, uns sind zwei Ohren, aber nur ein Mund gegeben, damit wir wenigstens doppelt so viel Zeit mit Zuhören als mit Reden verbringen. Aber wer unter uns hört mehr zu als dass er redet? Und wenn wir zuhören, hören wir dann wirklich zu oder studieren wir nur ein, was wir sagen werden, wenn wir mit Reden an die Reihe kommen? Picken wir uns einzelne Sätze heraus und ignorieren den Rest, ein ununterbrochener Prozess von Schneiden und Zusammenkleben, wobei unser Augenmerk nur dem gilt, was wir hören wollen? Wie oft »hören« wir die Gefühle, welche die Worte begleiten, und bemühen uns bewusst darum, auf das Unausgesprochene zu reagieren? Wie sollten wir zuhören und, noch wichtiger, wie sollten wir einfühlend zuhören?

Zuhören scheint so einfach zu sein – man hört einfach zu reden auf und konzentriert sich auf das, was die andere Person sagt. Doch von allen an der Einfühlung beteiligten Fertigkeiten erfordert das Zuhören die größte Konzentration und Aufmerksamkeit, denn es gibt so viele Möglichkeiten, uns ablenken zu lassen. Viele Menschen hören nur mit »halbem Ohr« hin, warten darauf, bis sie an die Reihe kommen, und überlegen noch während der andere spricht, was sie sagen werden. Wir neigen dazu, voreingenommen zuzuhören, uns Gedanken zu machen, ehe wir die ganze Geschichte kennen. Wir hören mit Sympathie zu, verbinden alles, was die andere Person sagt, mit unseren eigenen Erfahrungen, und machen dann Bemerkungen, die der Einzigartigkeit der Gedanken und Gefühle des anderen nicht gerecht werden, wie etwa »Ich verstehe genau, was du fühlst« oder »Ich weiß, was du durchmachst«. Und schließlich lassen wir uns vom Lärm unserer eigenen inneren Stimmen ablenken, die Urteile fällen oder unsere Gedanken vorformulieren.

Wenn wir einfühlend zuhören, müssen wir die auf uns bezogene Sicht der Welt aufgeben, um voll und ganz an der Erfahrung des anderen teilhaben zu können. Einfühlendes Zuhören erfordert Konzentration und Aufmerksamkeit, nicht nur auf die Worte, sondern auch auf Gesten, Körperhaltung und Mienenspiel. Wenn man einfühlend zuhört, strengt man sich bewusst an, die Vorurteile beiseite zu lassen. Man lernt, wie man sich zu den Gefühlen des anderen in Verbindung setzt, ohne sich von ihnen mitreißen zu lassen, lernt darauf einzugehen und dann wieder einen Schritt zurückzutreten. Und man entdeckt, wie man mit der Mehrdeutigkeit leben kann und mit der Unfähigkeit, auf alle Probleme eine Antwort oder Lösungen zu finden.

Mit solcher Klarheit und Tiefe des Gefühls zuzuhören, dass sich die andere Person wirklich »gehört« fühlt, ist eine Art heiliges Zuhören, wie der Quäkerautor Douglas Steere erklärt:

»Heiliges Zuhören – eine andere Seele durch Zuhören zu beleben, einen Zustand der Enthüllung und Entdeckung herzustellen, ist der vielleicht größte Dienst, den ein Mensch je für einen anderen leisten kann.«

Einfühlendes (heiliges) Zuhören reicht tief in des anderen Herz und Seele hinein und enthüllt, was dort aus Furcht, Wut, Kummer oder Verzweiflung verborgen ist. Diese Art des Zuhörens kann gelehrt werden, es kann von einer Person an die andere weitergegeben werden. Wir lernen einfühlend zuzuhören, indem wir uns mit einfühlenden Menschen umgeben, die es verstehen, unsere Seelen durch Zuhören zum Leben zu erwecken. Wenn wir selbst die Macht dieser Art des Zuhörens erleben, beginnen wir zu begreifen, wie uns die Fähigkeit zuzuhören einander näher bringt, unsere Beziehungen zu anderen und zu uns selbst festigt.

Einschätzung

Die Kunst des Zuhörens habe ich von meinem Vater gelernt, der die Macht des gesprochenen Wortes ebenso verstand wie die noch größere Autorität, die in den Pausen enthalten ist, wenn wir von ganzem Herzen aufmerksam zuhören. Ich beobachtete meinen Vater, wenn er anderen zuhörte, achtete auf seine bewusst konzentrierte Aufmerksamkeit. Dabei fiel mir auf, dass er viel Mühe auf die Formulierung seiner Fragen verwandte, durch Pausen gab er sein Zögern zu erkennen, eine rasche oder leichtfertige Antwort zu geben, und kleine Gesten signalisierten seinen Zuhörern, dass er mit ganzem Herzen bei der Sache war.

Mein Vater nahm dabei eine *Zuhörposition* (wie ich es nenne) ein, die sein vollständiges Eintauchen in das Gespräch kundtat. Als sei er in ein Gebet versunken, nahm er bewusst eine ruhige Haltung an, konzentrierte seine Gedanken und sorgte dafür, dass nichts ihn von seiner momentanen Aufgabe ablenkte. Wenn er sich mit durchdringenden Augen und gefalteten Händen vorbeugte, pflegte er eine Frage zu stellen und hörte dann zu, ohne den anderen zu unterbrechen.

Wenn der Sprecher fertig war, schwieg mein Vater. Vielleicht zündete er sich eine Zigarette an oder er trank einen Schluck Kaffee, jedenfalls dachte er eine Weile über das Gesagte nach. Dann stellte er eine Frage. Und noch eine und noch eine. Danach sorgte er dafür, dass der andere seine Chance bekam, alles zu sagen, was ihm oder ihr im Kopf umging. Erst dann, und wirklich erst dann, bot er seine sorgfältig erwogenen Gedanken dazu an.

Gern sah ich meinem Vater beim Gespräch zu, denn an der Art und Weise, wie die Leute auf ihn reagierten, erkannte ich, dass er eine wirkliche Gabe besaß. Nach einem Gespräch mit meinem Vater waren die Leute verändert: Er hatte das Geschick, Möglichkeiten zu orten und dann zu betonen, dass die Leute sich anstrengen müssten, um diesen Möglichkeiten gerecht zu werden. Am Ende all dieser Herz-zu-Herz-Gespräche sagte er dann etwa: »Natürlich kann das alles wahr werden, Arthur, wenn du an dich glaubst und hart arbeitest, damit es eintreten kann.« Mein Vater hielt mit seiner Kritik nie hinterm Berg, aber er vermittelte sie so, dass der Respekt für den anderen mitschwang. Seine Ehrlichkeit war aufrecht, direkt, wahrhaftig und immer zutiefst respektvoll.

An ein Gespräch erinnere ich mich besonders gut. Es fand 1965 statt, ich war in der Oberstufe der Highschool und Football war mein Leben. Nichts kam der Freude gleich, die ich empfand, wenn ich mit dem Ball unterm Arm übers Feld lief. Ich erinnere mich an ein Spiel gegen unsere Erzrivalen, als ich den entscheidenden Ball hinter die Grundlinie brachte und dann zu den Rängen hochblickte, wo mein Vater seinen Hut in die Luft warf. Nach dem Spiel, in der Umkleide, lud mich ein Freund zu einer Party ein und erzählte dann von den tollen Mädchen, die auch da wären. Ich weiß noch, dass ich dachte: Ist dieser Kerl verrückt? Wer denkt denn jetzt an Mädchen, ein paar Minuten nach dem aufregendsten Footballspiel meiner Laufbahn? Wie konnte es etwas Aufregenderes, Spannenderes geben als die Ereignisse der letzten beiden Stunden? Welche Erfahrung konnte sich je mit dem Stolz und dem Staunen dieser Momente messen?

Waren schon die Mädchen vom Football weit abgeschlagen, so kam eine höhere Schullaufbahn gar nicht erst infrage. Ich war ein Durchschnittsschüler mit einer Notenmischung aus »Gut« und »Befriedigend«. Noch nie hatte ich ein Buch von vorne bis hinten gelesen, wenn ich auch viele überflogen hatte, aber ich wusste, wie man eine anständige Arbeit schreibt und ohne großen Einsatz versetzt wird. Doch trotz meiner glanzlosen schulischen Darbietungen waren mir von ziemlich guten Schulen Football-Stipendien angeboten worden. Ich war noch am Überlegen, ob ich am College Football spielen oder mich einem semiprofessionellen Team anschließen sollte, als mein Vertrauenslehrer mich anrief und mich zu einem Treffen in sein Büro bestellte.

Mr. Martin war freundlich, aber förmlich. »Ich habe dein Bild in der Zeitung gesehen und gelesen, dass man dir ein Football-Stipendium angeboten hat«, sagte er. »Möchtest du denn aufs College, Arthur?«

»Ich bin mir noch nicht sicher«, erwiderte ich.

Er fixierte mich mit ernstem Blick. »Ich werde ganz offen zu dir sein«, fing er an. »Ich bin nicht davon überzeugt, dass du fürs College taugst.« Mr. Martin ließ sich dann darüber aus, dass ich ohne mein Footballspiel wahrscheinlich gar nicht die Chance hätte, aufs College zu gehen. Meine Noten, so erinnerte er mich, seien durchschnittlich. Er hielt es für durchaus möglich, dass ich das College nicht schaffen würde – und das würfe dann doch kein gutes Bild auf meine Highschool, oder? Er beendete das Gespräch mit dem Vorschlag, andere Möglichkeiten in Erwägung zu ziehen, darunter auch das Militär. »In der Armee«, so sagte er, »hättest du Gelegenheit, erwachsen zu werden, dich selbst kennen zu lernen und dahinter zu kommen, was du mit deinem Leben anfangen möchtest.«

Als mein Vater an diesem Abend von der Arbeit nach Hause kam, berichtete ich ihm von meiner Unterredung mit dem Vertrauenslehrer. »Also, Arthur«, sagte mein Vater und nahm sich Zeit, eine Zigarette anzuzünden, »nun erzähl mir mal genau, was er gesagt hat.«

»Er findet, ich solle lieber nicht aufs College gehen. Er glaubt nicht, dass ich es schaffe.«

»Hat er nicht mehr dazu gesagt?«

»Er meinte, meine Noten seien durchschnittlich. Ich sei zwar gut im Football, aber dies sei wahrscheinlich auch der einzige Grund, weshalb man mich im College nähme. Er meint, ich solle mir überlegen zur Armee zu gehen.«

Mein Vater blickte mich einen Moment an und schätzte in aller Ruhe meine Stimmung ein. Nachdem er einen Zug aus seiner Zigarette genommen und den Rauch sachte ausgeatmet hatte, fragte er mich: »Warum erzählst du mir nicht, was du dazu meinst?«

»Vielleicht tauge ich wirklich nicht fürs College, wie Mr. Martin sagte.« Ich erzählte es meinem Vater nicht, aber die Einschätzung meiner Fähigkeiten durch Mr. Martin hatte mich ziemlich verwirrt und entmutigt.

Mein Vater wartete ab und beobachtete mich.

»Ich weiß es einfach nicht«, wiederholte ich. »Er ist schließlich Vertrauenslehrer – er sollte es wissen, denke ich.«

Mein Vater drückte die Zigarette aus und lächelte mich an. In diesem Lächeln erkannte ich alle Liebe dieser Welt. »Ich weiß, dass du kein großer Gelehrter bist, Arthur«, meinte er, »aber ich wundere mich, wie dieser Mann, der dich nicht vom Metzger unten auf der Straße unterscheiden kann, dir sagen kann, du sollst nicht aufs College gehen. Ich würde mir gerne seine Begründung dafür anhören. Lass uns hingehen und hören, was er zu sagen hat.«

Am nächsten Tag nahmen mein Vater und ich im Büro von Mr. Martin Platz. Mein Vater besah sich die Urkunden der akademischen Abschlüsse, die hinter dem Schreibtisch gerahmt an der Wand hingen, und bat Mr. Martin dann sehr höflich, das zu wiederholen, was er tags zuvor mir geraten hatte. Mr. Martin erzählte eine Weile, sprach von meinen durchschnittlichen Leistungen, meinem Mangel an Motivation, dem Umstand, dass es sein Job war zu entscheiden, welche Schüler zu einem Collegeabschluss befähigt seien und welche Schüler lieber über andere Möglichkeiten nachdenken sollten. Er bemerkte wohl die gespannte Aufmerksamkeit meines Vaters und sein Kopfnicken, das er sicherlich als Zustimmung auffasste, und dies schien ihm Mut zu machen fortzufahren. Er ließ ein paar negative Bemerkungen über Sport fallen und über Aktivitäten, die außerhalb des Lehrplans waren, wiederholte, was er mir über den schlechten Ruf gesagt hatte, in den so viele Sportler, besonders die Footballspieler, unsere Highschool brachten.

»Sagen Sie, mein Herr«, meinte mein Vater dann und beugte sich mit wie zum Gebet gefalteten Händen vor, »haben Sie auf der Highschool Sport getrieben? Haben Sie jemals irgendeine Sportdisziplin betreut?«

Mr. Martins Antwort war ein Schnauben, das amüsierte Überraschung bekundete. »Ich interessiere mich nicht für Sport«, antwortete er. »Mir geht es um die Wissenschaft.« Und die nächsten zehn Minuten breitete er vor uns seine Ansichten über Leben und Erziehung aus.

Als er fertig war, stellte ihm mein Vater ein paar Fragen, die er in wichtigen Unterhaltungen immer stellte. »Haben Sie alles gesagt, was Sie sagen wollten?«

Mr. Martin beantwortete dies mit ja und dachte, seine Sache gut gemacht zu haben.

»Nun«, begann mein Vater mit sehr ruhiger Stimme, »wie ich sehe, sind Sie ein sehr gebildeter Mann. Den Diplomen an Ihrer Wand entnehme ich, dass Sie einen Collegeabschluss haben. Sie haben sogar einen Doktortitel.«

Mr. Martin lächelte voller Stolz auf seine Leistungen.

»Und jetzt werde ich Ihnen sagen, wie ich es sehe«, fuhr mein Vater fort. »Wenn jemand wie Sie, der ganz eindeutig Schwierigkeiten hat, das Potenzial eines talentierten Jugendlichen wie Arthur zu erkennen, aufs College gehen und dort sogar promovieren kann, dann bin ich davon überzeugt, dass meinen Sohn nichts aufhalten kann. Danke für die Zeit, die Sie sich genommen haben.« Er stand auf, streckte Mr. Martin die Hand hin und schüttelte ihm die seine fest, dann ging er.

Diese Begegnung vor fünfunddreißig Jahren brachte mir die wichtigste Lektion bei, die es in der Kunst des einfühlenden Zuhörens zu beherzigen gilt – gib den anderen Menschen eine Chance, sich über alles auszusprechen und ihre Gedanken und Gefühle zu offenbaren. Wenn du dann alles, was möglich ist, über die Ziele, Motive, Absichten, Ängste, Träume und Wünsche erfahren hast, nutze diese Informationen, um eine Einschätzung vorzunehmen. Nur durch diesen Prozess des Zuhörens und der Einschätzung erkennt man, wessen Rat man annehmen und wessen man ausschlagen sollte. Nur durch sorgfältiges Einschätzen des Charakters eines anderen Menschen lässt sich entscheiden, ob dessen Rat fundiert ist und die Bedürfnisse und Wünsche des anderen respektiert, oder ob die Person voreingenommen argumentiert und hofft, die Gedanken und Gefühle des anderen in seinem Sinne zu beeinflussen.

Als ich meinen Vater beobachtete, wie er Mr. Martin zuhörte und seine sorgfältig abgewogenen Fragen stellte, wurde mir klar, dass er den Mann auf Herz und Nieren prüfte. Wer ist dieser Kerl und woher kommt er? wollte mein Vater wissen. Hat er eine vorgefasste Meinung? Interessiert er sich für Arthur als Individuum oder denkt er, dass alle Footballspieler – oder alle Bandmitglieder, Schachspieler, Cheerleader, reiche Kinder, arme Kinder, schwarze Kinder, weiße Kinder – gleich sind? Diese Fragen gingen meinem Vater durch den Kopf, als er in Mr. Martins Büro saß und herauszufinden versuchte, ob der Vertrauenslehrer ihm etwas zu sagen hatte oder so von sich überzeugt war, dass kein Raum mehr für die Gedanken und Meinungen anderer blieb.

»Ich habe mir seine Erklärungen angehört, um zu erfahren, ob sie Sinn machen, und versuchte herauszufinden, wie er zu diesen Schlussfolgerungen über dich kam«, erzählte mein Vater mir nach diesem Gespräch. Heute, da ich das College abgeschlossen habe und Akademiker bin, habe ich eine Bezeichnung für diesen Prozess, die Breite und Tiefe eines anderen Menschen auszuloten. Ich nenne es *Einschätzung*. Wenn es darum geht, Einfühlung zu entwickeln und auszudrücken, ist die Einschätzung die wichtigste Fertigkeit, die wir kultivieren können. Einschätzung ist der Herzpunkt des einfühlenden Zuhörens.

Was ist Einschätzung? Einfach ausgedrückt ist Einschätzung die Fähigkeit, die Wahrheit über eine spezielle Person oder Situation aufzudecken, indem man sich der Einfühlung als Führerin anvertraut. Vor allem in den frühen Stadien einer Beziehung, wenn man einen Menschen noch nicht sehr gut kennt und sehr schnell entscheiden muss, wer er ist und welche Absichten er verfolgt, ist die Einschätzung sehr wichtig. Man könnte beispielsweise die Lehrer seiner Kinder einschätzen, indem man ein paar Stunden am Unterricht teilnimmt und verfolgt, wie sie reden, wie sie auf die Belange der Schüler eingehen, Fragen beantworten, mit Disziplinproblemen umgehen und so weiter. Wenn man einen Angestellten sucht, wird man verschiedene Kandidaten einladen und ihnen Fragen zu ihrer Herkunft, ihrer Ausbildung, ihren Vorlieben und Abneigungen, ihrer Arbeitsmoral, ihren Werten und so weiter stellen. Man wird dann genau hinhören, was gesagt und was nicht gesagt, was herausgestellt und was heruntergespielt wird.

Auch in unseren persönlichen Beziehungen ist die Einschätzung von großer Wichtigkeit, wenngleich wir meist ihre Bedeutung verkennen. Leigh, eine 38-jährige Hausfrau, die in einen hässlichen Scheidungsprozess verwickelt ist, erzählte mir von einem Gespräch, das sie nach der ersten Anhörung vor Gericht mit ihrem Anwalt führte. »Nachdem mein Anwalt meinem Ehemann fünfzehn Minuten zugehört hatte, ließ er mich wissen, dass ihm in seiner 25-jährigen Praxis als Scheidungsanwalt nie ein derart von sich eingenommener Mensch mit so wenig Mitgefühl untergekommen sei. Was ist mir entgangen? Warum ist mir verborgen geblieben, was meinem Anwalt schon nach fünfzehn Minuten auffiel? Warum habe ich fünf Jahre meines Lebens vergeudet und diesen Mann abgöttisch geliebt?«

Hätte man Leigh beigebracht, wie man einfühlend zuhört und mit konzentrierter Aufmerksamkeit den Charakter eines anderen einschätzt, so hätte sie sich viel Elend ersparen können. Einfühlendes Zuhören hilft uns, triviale Gespräche zu vermeiden und zu Leuten auf Distanz zu gehen, denen nur ihre eigenen Bedürfnisse und Wünsche am Herzen liegen. Wenn wir andere Leute nicht einschätzen können, endet das in falschen Entscheidungen. Wir suchen uns die falschen Leute aus, denen wir vertrauen, Liebe schenken, die für uns arbeiten und sich um unsere Kinder kümmern. Aus unserer Verwundbarkeit und Unsicherheit heraus treffen wir solche Entscheidungen. Wir lassen zu, dass andere Kontrolle über uns haben oder für uns Entscheidungen treffen, statt die Empathie zu nutzen, um unseren eigenen Weg im Leben zu finden.

Der Einschätzungsprozess beim einfühlenden Zuhören besteht aus zwei verschiedenen, aber miteinander verbundenen Phasen. Erstens gehört zum Zuhören das Einschätzen der Person, die spricht, damit wir so viel wie möglich über ihre Perspektive, Geschichte, den Charakter und die Motivation erfahren. Zweitens lernen wir durch genaues und aufmerksames Zuhören uns selbst einzuschätzen, weil wir uns unseres Gefühlszustands – wozu auch unsere Bedürfnisse, unsere wunden Punkte, Vorurteile und Eigeninteressen gehören – in jedem Augenblick bewusst sind.

Einschätzung anderer

Um den Charakter und die Motivation eines anderen Menschen exakt zu beurteilen, müssen wir in der Lage sein, ihren oder seinen Standpunkt zu erfassen. Dank dieser Fähigkeit, im Austausch mit anderen zu wachsen, lernen und entwickeln wir uns. Einfühlung bedeutet, über uns selbst hinaus- und in die Erfahrungswelt des anderen hineinzuwachsen, die Welt gemeinsam mit dieser Person so zu sehen, als *wären wir diese Person.* Die Einfühlung verlangt, dass wir unsere eigenen Theorien und Urteile ablegen und neu anfangen. Indem wir mit ganzem Herzen zuhören, treten wir ein in die Gedanken und Gefühle des anderen und kehren dann mit einer durch diese Erfahrungen veränderten Perspektive zu uns selbst zurück. Zur Einfühlung in ihrer umfassenden Bedeutung gehört auch ein laufender Prozess der Selbstverwandlung.

Wenn ich manchmal einem Patienten oder Kollegen zu erklären versuche, wie die Einfühlung funktioniert, lasse ich zwischen meinen Handflächen einen kleinen Abstand. »Das ist ein schmaler Einfühlungsradius«, sage ich, »etwa wie bei einem Pferd mit Scheuklappen. Mit begrenzter Einfühlung gehen wir so durchs Leben, sehen nur das, was direkt vor uns liegt. Die Einfühlung entfernt die Scheuklappen sanft und weitet den Aktionsradius« – ich ziehe meine Hände langsam auseinander –, »was uns einen Blick in die Welt des anderen erlaubt. Mit dieser erweiterten Sicht nehmen wir besser wahr, wie wir uns ins große Ganze einfügen.«

Offenen Geistes zuzuhören kann demütigend sein, denn man kann nicht auf erprobte und für gut befundene (aber auch ermüdende und schale) Formen des Miteinanders ausweichen. Es erfordert die Bereitschaft, nicht nur zuzugeben, dass wir nicht alle Antworten kennen, sondern dass es zu einem speziellen Problem vielleicht auch gar keine befriedigenden Antworten gibt. Kürzlich unterhielt ich mich mit Deborah, einer 41-jährigen Hausfrau, über ihren Kinderwunsch. Sechs Jahre lang hatte sie versucht, schwanger zu werden, nach ihrer zweiten Fehlgeburt kam sie zu mir in Behandlung.

An jenem Tag flehte Deborah mich um eine Antwort auf ihren Schmerz und ihre Verwirrung an. Ihre Freunde rieten ihr, neue Tabletten zur Steigerung der Fruchtbarkeit auszuprobieren, und ihr Arzt hatte vor kurzem eine Operation vorgeschlagen. Als ich ihr zuhörte, wurde mir klar, dass sie gar nicht hören wollte, was sie tun sollte – sie wollte, dass ich ihr half, sich mit der Wahrscheinlichkeit abzufinden, dass sie nie in der Lage sein würde, ein Kind zu bekommen. Sie wollte wissen, ob ich ihre Verzweiflung verstand. Sie wollte mich an ihrer Seite haben, meinen Beistand im Kampf, eine schmerzliche Wahrheit zu verarbeiten.

»Sagen Sie mir doch bitte, was ich tun soll«, sagte sie und dabei liefen ihr die Tränen über die Wangen. »Es ist zu schmerzhaft, ich weiß nicht, wie ich mit diesem Kummer leben soll. Ich weiß nicht, ob ich jemals ein Baby haben werde – wie kann ich mit diesem Loch in meinem Leben weitermachen?« Jetzt schluchzte sie, konnte kaum weitersprechen. »Bitte, Dr. C., helfen Sie mir, geben Sie mir etwas, woran ich mich festhalten kann, sagen Sie mir etwas, wodurch es mir besser geht.«

Ich wusste, dass alle Plattitüden, die uns Menschen in solchen Situationen zur Verfügung stehen – ich weiß, wie viel dir das bedeutet und wie schmerzhaft es für dich ist; es wird schon wieder; mach dir nur keine Sorgen; alles wird sich zum Guten wenden; du kannst immer noch schwanger werden; gib die Hoffnung nicht auf; man weiß nie, auf diesem Gebiet werden ständig Fortschritte gemacht –, ihr eher weh tun als helfen würden. Mitleid würde ihre Erfahrung nur herabwürdigen. Denn natürlich konnte ich nicht wissen, was sie durchmachte, weil ich nicht weiß, wie es ist kinderlos zu sein, und auch keine Erfahrung als Frau habe, die sich verzweifelt wünscht, schwanger zu werden, es aber nicht werden kann. Ich kann mir zwar vorstellen, was das für Deborah bedeuten mag, aber sicher weiß ich es nicht.

Ich wusste, dass sie litt – ich spürte ihre Pein in meiner Seele –, aber ich hatte keine Worte, die ihr Problem hätten lösen oder ihre Qual hätten lindern können. Als sie mich um Hilfe anflehte, ging mir durch den Kopf, ich weiß nicht, was ich tun soll. Ich weiß nicht, was ich sagen soll, ich weiß nicht, wie ich helfen kann. Ich sah sie an und spürte Tränen in mir aufsteigen. Ein Augenblick ging vorüber. Deborah holte tief Luft.

»Danke«, sagte sie.

»Wofür, Deborah?«

»Fürs Zuhören. Ich denke, dass ich genau das gebraucht habe, jemanden, der mir zuhört, mit mir fühlt und mir erlaubt, meinen Schmerz in Worte zu fassen.«

Als ich später an dieses Gespräch zurückdachte, wurde mir klar, wie schwierig und fordernd Einfühlung sein kann. Ursprünglich wollte Deborah Antworten, aber als die Einfühlung für stille Resonanz sorgte, merkte sie, dass gefühlsmäßiges Verständnis unendlich beruhigender wirkt als jedes Wort. Und doch war ich mir während dieses Austauschs nicht sicher, dass ich ihr gab, was sie tatsächlich brauchte; ich wusste nur, dass ich ihren Schmerz nicht durch irgendwelche Plattitüden oder Mitgefühl lindern konnte. Die Einfühlung zeigte mir den Weg, auf ihren Schmerz mit stillem Respekt zu reagieren, und da Deborah verstand, dass meine Gefühle echt waren, reagierte sie auf die Einfühlung mit Dankbarkeit.

Der Einfühlungsprozess erinnert mich manchmal an die kritischen Augenblicke in meiner Football-Karriere, wenn etwas gänzlich Unerwartetes eintraf – ein Pass-Spiel aufgerufen wurde, alle, die den Ball hätten übernehmen können, gedeckt waren und ich mich plötzlich mit Ziel auf die Touchdownlinie an den Seitenlinien entlangrennen sah.

Das ist der Punkt, wo man alle Theorien und Standardreaktionen über Bord werfen und seinen Instinkten vertrauen muss. Footballstrategen nennen das »broken field running«, was auch eine großartige Metapher für die Einfühlung ist. Denn bei der Einfühlung kann man sich nicht einfach auf ein Lehrbuch verlassen, weil Menschen aus Fleisch und Blut immer die Regeln brechen. Das wirkliche Leben folgt nicht unseren schönen Plänen; wir müssen immer damit rechnen, in eine unerwartete Richtung ausweichen zu müssen.

In einer wunderbaren Szene am Ende des ersten ›Star-Wars‹-Film fliegt Luke Skywalker in einem verzweifelten letzten Versuch, den Todesstern zu zerstören, durch einen schmalen Tunnel. Während er die letzten Einstellungen am Bordcomputer des Flugzeugs vornimmt, hört er Obi-Wans Stimme, die ihm gelassen rät: »Nutze die Kraft, Luke. Lass sie zu. Vertrau mir. Die Kraft wird immer bei dir sein.«

»Die Kraft« ist nichts anderes als die Einfühlung, die angeborene Fähigkeit zu »sehen«, was hinter dem Blickfeld liegt, und zu »fühlen«, was außerhalb der Reichweite ist. Um die Kraft der Einfühlung in die Praxis umzusetzen, müssen wir auf unsere natürlichen Instinkte, die Weisheit unserer Erfahrung und die Fähigkeit vertrauen, unsere Gefühle durch sorgfältige Überlegung zu besänftigen. Wenn wir auf die Stimme der Einfühlung hören, lernen wir unseren inneren Kräften zu vertrauen und stellen uns gleichzeitig der harten Arbeit, diese Kräfte in uns auszuweiten. Dieser Prozess der Selbstumwandlung führt uns direkt zum zweiten Teil des Einschätzungsprozesses: der Einschätzung unseres Selbst.

Selbsteinschätzung und voreingenommenes Zuhören

Genauso wichtig wie das Erlernen der Fähigkeit anderen zuzuhören, ist auch das Erlernen der Kunst sich selbst zuzuhören. Eigeninteressen oder Vorurteile kommen der Fähigkeit, genau und aufgeschlossen zuzuhören, ins Gehege und mindern die Einfühlungsgabe. Als mein Vater sich mit meinem Vertrauenslehrer an der Highschool unterhielt, war er sich seiner Vorurteile und der Gefahr, dass diese seine Entscheidungen beeinflussen könnten, bewusst. Er wusste, dass er erst mit sich selbst ins Reine kommen musste, wenn er Mr. Martins Gedanken und Gefühle genau einschätzen wollte, dass er seine Vorbehalte offen anerkennen und dann daran arbeiten musste, sie hintanzustellen.

Was meine Zukunft anging, hatte mein Vater genaue Vorstellungen. Er wollte, dass ich aufs College ging, das war tatsächlich einer seiner größten Träume. Als der Erste seiner großen, weit verzweigten Familie, der einen Highschoolabschluss gemacht hatte, glaubte er an den Wert der Ausbildung, und er wollte, dass ich die Gelegenheit bekam, die ihm verwehrt geblieben war – einen Collegeabschluss zu erwerben.

Doch mein Vater wusste auch, dass es nicht klug wäre, mich zu überfordern, mich zu drängen oder meine eigenen Träume zu umgehen. Er kannte mich gut. Ich hatte ihn mehrmals wissen lassen, dass Football meine Leidenschaft war und ich hoffte, eines Tages halbprofessioneller Spieler zu werden. Er wusste auch, dass ich kein besonderes Interesse am Studium zeigte. Vielleicht, so dachte er, hat dieser Vertrauenslehrer gar nicht so unrecht. Vielleicht kann er mir ja etwas beibringen, womöglich eine Hilfestellung geben, wie ich meinem Sohn einen besseren Rat geben kann.

Nur durch einfühlendes Zuhören – das ein Zuhören ohne Vorurteile ist und das Gespräch weder zu kontrollieren noch zu dirigieren versucht – konnte mein Vater die für seine Entscheidung nötige Information bekommen. Er musste sich rückhaltlos auf Mr. Martins Standpunkt einlassen; erst dann konnte er wissen, ob seine Meinungen auf vollem Verständnis, Wissen und Einsicht beruhten.

Da mein Vater sich weigerte, Mr. Martin im Voraus zu verurteilen, entging er der Falle des voreingenommenen Zuhörens. *Voreingenommenes Zuhören* ist ein Zuhören mit vorgefasster Meinung. Schon nach den ersten Worten fängt man an, auf der Grundlage der eigenen Erfahrung die Lücken zu füllen, und hört nicht mehr auf die sich ausbreitende Geschichte. »Er erzählt wieder von seinem ewig-kritischen Vater und ich weiß genau, wohin dieses Gespräch führt«, könnte man sich einreden, oder: »Sie will mir erzählen, wie wunderbar ihre Kinder sind, das habe ich doch alles schon gehört.« Unser Zuhören ist dann halbherzig – man lässt den anderen reden, reagiert, als würde man zuhören, nickt mit dem Kopf und sagt an den richtigen Stellen ja und nein, aber in Wahrheit ist man davon überzeugt, alles bereits zu wissen, was es über dieses spezielle Thema zu wissen gibt.

Voreingenommenes Zuhören kann uns zu falschen Schlussfolgerungen führen, wie die folgende Geschichte zeigt. Vor einigen Jahren kam mein Vetter Pasquale (wir nennen ihn Pat) nach einem schweren Autounfall, bei dem zwei seiner Rückenwirbel verletzt worden waren, ins Krankenhaus. Das große Fenster in Pats Krankenzimmer war gesprungen und es kam kalte Luft herein, weshalb er die Schwester bat, das Springrollo herunterzuziehen.

Am Abend betrat ein Psychiater mit sehr ernster Miene das Zimmer. Er fragte Pat, ob er sich unterhalten wolle.

»Aber ja, gerne«, erklärte der immer freundliche und gesellige Pat. »Über was wollen wir denn reden?«

Der Arzt sah ihn besorgt an. »Ich mache mir Sorgen über Ihre Gemütsverfassung«, sagte er.

»Tatsächlich?«, antwortete Pat.

»Ich denke, Sie sind vielleicht deprimiert.«

»Sie denken, ich sei vielleicht deprimiert«, wiederholte Pat. »Na gut, wenn Sie meinen. Aber neugierig bin ich doch – wie kommen Sie denn darauf?«

»Draußen ist schönes Wetter, aber in Ihrem Zimmer bleiben den ganzen Tag die Rollos unten«, erklärte der Arzt.

Pat brach in Gelächter aus und klärte den Arzt dann darüber auf, weshalb er an einem schönen Tag im Dunkeln saß. Als ich ihn später an diesem Abend besuchte, neckte er mich. »Was ist nur los mit euch Jungs, Arthur, ihr mit euren tollen Abschlüssen? Ihr glaubt wohl alles zu wissen, was in den Köpfen anderer Leute vor sich geht?«

Da er sich bereits ein Urteil gebildet hatte, war dieser Arzt gar nicht ernsthaft an dem interessiert, was Pat zu sagen hatte. Wenn jemand annimmt, alle Antworten zu kennen, kann man ziemlich sicher sein, dass seine Einfühlungskraft eine entschiedene Minderung erfahren hat. Voreingenommenes Zuhören ist nicht einfühlend – es ist Zuhören mit verschlossener Seele. Psychologen nennen das manchmal distanziertes Zuhören, was mich an Leute denken lässt, die auf der anderen Seite einer viel befahrenen Straße stehen und höflich mit den Köpfen nicken, während ich rede, aber natürlich kein Wort von dem verstehen, was ich sage.

Hier ist noch ein weiteres Beispiel für voreingenommenes Zuhören. In einer Gruppensitzung erzählte Elizabeth kürzlich von ihrer Trennung von ihrem Ehemann und den Problemen, die sie hatten, ihr Eigentum aufzuteilen. Zwei andere Gruppenteilnehmer, Tom und Teresa, hatten sehr unangenehme Scheidungen hinter sich und verfielen sofort auf die Idee, dass Elizabeths Ehemann versuchen würde, sie wegen ihres Sanftmuts und ihrer Großzügigkeit über den Tisch zu ziehen. Als Elizabeth darauf beharrte, dass ihr Ehemann ein anständiger, gutherziger Mensch sei, der sie keinesfalls übervorteilen wolle, fielen Tom und Teresa über sie her.

»Du bist so naiv, Elizabeth«, sagte Teresa und verdrehte die Augen. »Ich kann dir aus eigener Erfahrung sagen, dass man keinem trauen darf, am wenigsten dem ehemaligen Mann.«

»Teresa hat Recht«, stimmte Tom ein, »ich war genauso vertrauensselig wie du, und meine Frau hat sich alles unter den Nagel gerissen – das Haus, das Auto, die Kinder. Sie hat mir mein ganzes Leben genommen.«

Später besprachen wir in der Gruppe, wie Toms und Teresas Erfahrungen sie voreingenommen gemacht hatten, sodass sie Elizabeths Situation nicht verstehen und vernünftig darauf reagieren konnten. Ihre Vorurteile hinderten sie daran, Einfühlung für Elizabeth zu empfinden und zu begreifen, dass ihre Situation einzigartig war. Es mag eine allgemeine und weit verbreitete Wahrheit sein, dass Scheidungen hässlich sind und beide Partner nur an sich denken, aber es ist gewiss keine universelle Wahrheit und es gibt immer Variationen zu einem Thema.

Im Gegensatz zum einfühlenden Zuhören neigt das voreingenommene Zuhören dazu, auf der Basis früherer Erfahrungen Schlüsse zu ziehen. Beispielsweise könnte man einen Anwalt für Zivilrecht schon mit der Vorstellung aufsuchen, dass alle diese Anwälte schmeichlerische Beutelschneider sind, deren Interesse einzig und allein darin besteht, den Leuten, die Unannehmlichkeiten und Sorgen haben, das Geld aus der Tasche zu ziehen. Aus einer einfühlenden Perspektive heraus würde man alles daransetzen, die vorgefasste Meinung solange für sich zu behalten, bis sie sich im Gespräch bewahrheitet. Dies ist ein bewusster Prozess, getragen von dem einfühlenden Wunsch, fair und offen für neue Erfahrungen zu sein. »Ich weiß, dass ich Vorurteile habe, aber vielleicht liegt diesem speziellen Individuum ja wirklich am Wohlergehen seiner Klienten und er bemüht sich um Wahrheitsfindung und Gerechtigkeit«, könnte man sich sagen. (Dabei würde man auch die eigenen Motive einer Einschätzung unterziehen – geht es einem um »Wahrheitsfindung und Gerechtigkeit« oder in erster Linie um das Geld, das man durch eine Klage eintreibt?)

Vorurteil

Wir alle haben allgemeine Theorien entwickelt, die sich auf unsere Lebenserfahrung gründen, aber die Einfühlung drängt uns, uns unserer Vorurteile bewusst zu werden, damit sie sich nicht verfestigen können. Flow (etwas fließen lassen) ist ein ganz zentrales Merkmal der Einfühlung, während Starrheit und Mangel an Flexibilität die Gaben der Einfühlung immer vermindern. Vorurteile, die sich an Titeln, ethnischer Herkunft, Rasse oder Religion orientieren, führen unweigerlich zu Verwirrung und Feindseligkeit, erschweren es, Beziehungen untereinander aufzubauen.

An meinem ersten Arbeitstag vor fünfundzwanzig Jahren im Leonard Morse Hospital in Natick, Massachusetts, hatte ich ein Orientierungsgespräch mit der Belegschaft. Ich hielt eine kurze Rede, stellte mich vor und beschrieb meine übliche Vorgehensweise bei der Arbeit, und nach ein paar Gesprächen machten wir eine Mittagspause. Während der Pause kam eine junge Frau auf mich zu, die sich als Sozialarbeiterin vorstellte, und sagte: »Wissen Sie, ich kann einfach nicht glauben, dass Sie Dr. Ciaramicoli sind.«

»Woher kommt das?«, fragte ich.

»Nun, um ehrlich zu sein, habe ich jemand völlig anderen erwartet«, meinte sie. »Ich war immer der Meinung gewesen, Italiener trügen weiße T-Shirts mit Zigaretten in den aufgerollten Ärmeln. Ich habe noch nie einen Italiener im Dreiteiler gesehen!«

Diese Bemerkung überraschte mich und verletzte mich auch für einen Moment, aber ihr warmes Lächeln hatte etwas an sich, das mit der Absicht, verletzen zu wollen, nicht zusammenging. Mir war klar, dass sie mich nicht beleidigen wollte, und so beschloss ich, dass es meine Aufgabe war, ihr zu einem besseren Verständnis der Italiener zu verhelfen. »Ich bin Italiener«, sagte ich, »aber ich rauche nicht, trage T-Shirts nur beim Sport, und dann sind sie auch nicht alle weiß, und an meinem ersten Arbeitstag komme ich immer – und da habe ich noch nie eine Ausnahme gemacht – im dreiteiligen Anzug.« Wir mussten beide lachen, und dieser einfühlende Moment war der Anfang einer guten und dauernden Freundschaft. Ich lernte ihren Hang, immer genau zu sagen, was sie dachte, zu schätzen und merkte bald, dass sie ihre Vorurteile abzulegen versuchte, sobald ich sie darauf aufmerksam gemacht hatte. Was sie an jenem besagten Tag wirklich meinte, war: »Also, das habe ich so über Italiener sagen hören, aber jetzt bin ich mir nicht mehr sicher – was ist eigentlich wahr?«

Unverhohlene Vorurteile sind nicht die einzigen Hindernisse beim einfühlenden Zuhören. Wir alle haben Mittel gefunden, unsere Welt zu organisieren, indem wir Leute in Kategorien zwängen und bestimmten Verhaltensweisen ein Etikett aufkleben. Eigentlich leben wir unser Leben, indem wir bestimmten Verhaltenstheorien folgen, die auf Verallgemeinerungen oder Abstraktionen beruhen. So hält sich beispielsweise hartnäckig das bekannte Stereotyp, dass Frauen intuitiver und einfühlsamer seien als Männer. Nach psychologischen Untersuchungen jedoch ist die Wahrheit wesentlich komplexer: Während Frauen im Allgemeinen sehr viel genauer anhand des Gesichtsausdrucks Gefühle interpretieren können, haben mindestens zehn Studien gezeigt, dass Männer über das gleiche Geschick verfügen, die Gedanken und Gefühle anderer Menschen zu lesen bzw. zu erspüren.

Die angeborene Gabe der Einfühlung ist bei Männern und Frauen praktisch gleichermaßen vorhanden – unterschiedlich ist nur die Motivation, was die Psychologen Tiffany Graham und William Ickes folgendermaßen erklären:

»Indem Männer lernen, die Gefühle und Bedürfnisse anderer Menschen ›auszublenden‹ oder zu ignorieren, verbergen bzw. unterdrücken sie sehr wirksam eine soziale Empfindsamkeit, die – würde sie gezeigt – dazu führen könnte, dass man sie als nicht stark und nicht männlich genug wahrnimmt.« Das bedeutet, wie Hancock und Ickes festgestellt haben: »Wenn Männer manchmal sozial unempfänglich wirken, mag das mehr mit dem Bild zu tun haben, das sie vermitteln möchten, als mit ihrer tatsächlichen Fähigkeit.«

Unsere Theorien über das Leben im Allgemeinen und Beziehungen im Besonderen werden also sehr stark von gewissen standardisierten Modellen oder Vorstellungen beeinflusst – dem Glauben etwa, dass dauerhafte Ehen und Freundschaften auf bedingungsloser Liebe beruhen oder eine starke körperliche Anziehung wesentliches Element einer sexuellen Beziehung ist. Diese Theorien werden dann mit den eigenen, häufig schmerzhaften Lebenserfahrungen vermischt und sorgen so für ein komplexes Bündel an stereotypen Überzeugungen und Vorurteilen, die unsere Fähigkeit, die einzigartigen Erfahrungen der anderen zu verstehen, beeinträchtigen können.

Einfühlung ist nicht gleich Mitgefühl

In einer Gruppensitzung beschrieb Roberta, eine 55-jährige Witwe, ihren Freund Joe. Sie erwähnte, dass er manchmal sehr von oben herab und beherrschend sei und ihr Verhalten steuern wolle, anstatt ihr eigene Entscheidungen zuzubilligen.

»Manchmal«, gestand sie, »behandelt er mich wie ein Kind. Ich weiß, dass er es gut meint, aber ich bin es nicht gewohnt, so behandelt zu werden. Fred [Robertas verstorbener Ehemann] war immer so sanft und entgegenkommend, er hat sich nie eingemischt und immer mir die Entscheidung überlassen.«

Während Roberta erzählte, merkte ich, wie Marilyn, zweiundvierzig und zweimal geschieden, aufgeregt wurde, seufzte, auf dem Stuhl hin und her rutschte, an einer Stelle sogar ihren Kopf in die Hände legte. Nachdem Roberta zu Ende gesprochen hatte, fragte ich Marilyn, ob sie ein Problem habe.

»Ich finde, dass Robertas Freund sie missbraucht«, meinte Marilyn eindringlich. »Es gibt so viele Frauen, die jahrelang in Beziehungen leben, in denen sie missbraucht werden, bis ihr Selbstwertgefühl völlig zerstört ist. Ich kann es nicht ausstehen, mit anzusehen, wie Roberta von diesem Mann missbraucht wird.«

Zwischen Marilyn und einer Frau in der Gruppe kam es zu einer Diskussion über die ungleiche Machtaufteilung zwischen Männern und Frauen. Nach einiger Zeit mischte ich mich ein und lenkte die Aufmerksamkeit wieder auf Roberta. Ich bat sie, der Gruppe mitzuteilen, was ihr durch den Kopf gegangen sei und was sie empfunden habe, als Marilyn behauptete, sie werde in ihrer Beziehung missbraucht.

Roberta sah Marilyn an, lächelte sanft und sagte dann: »Dieses Wort trifft auf meine Beziehung nicht zu. Joe missbraucht mich nicht. Er kann zwar beherrschend sein, aber er ist auch freundlich und gibt viel.«

»Du willst einfach nicht das ganze Bild sehen«, erwiderte Marilyn abwehrend und mit zitternder Stimme. »Du hast Angst, dir die Wahrheit einzugestehen.«

Ich wandte mich an Marilyn. »Ich frage mich, ob Robertas Situation nicht für Sie eine besondere Bedeutung hat«, sagte ich.

»Ich weiß nicht«, meinte sie.

»Können Sie uns erzählen, was in Ihnen vorging, als Sie Roberta zugehört haben?«, fragte ich.

»Ich habe an meinen Vater gedacht.« Auf einmal liefen Marilyn Tränen über die Wangen und es dauerte ein paar Minuten, ehe sie weitersprechen konnte. »Wie Robertas Mann war auch er manchmal freundlich, dann wieder beherrschend. Als ich ein Teenager war, hat er immer auf mich gewartet, wenn ich nachts nach Hause kam. Alle anderen schliefen schon und er hat immer die Tür abgeschlossen, damit ich mich nicht ins Haus schleichen konnte. Er wartete auf mich und dann ließ er mich auf seinem Schoß Platz nehmen und fasste mich an.«

Zum ersten Mal erzählte Marilyn der Gruppe und auch mir, dass sie sexuell missbraucht worden war.

Anhand dieser Geschichte wird der Unterschied zwischen einfühlendem und mitfühlendem Zuhören deutlich. Wie wir gelernt haben, ist Einfühlung eine angeborene Fähigkeit, die uns motiviert, aus Mitleid und Altruismus zu handeln. Mitgefühl ist eine Emotion, ist die passive Erfahrung, Angst, Kummer, Wut oder Freude eines anderen Menschen zu teilen. Mitgefühl bedeutet, dass wir »mit-leiden oder mit-empfinden«.

Einfühlung bedeutet, dass wir uns »hinein-versetzen«. Diese Unterscheidung mag zwar nicht bedeutend aussehen, entspricht aber dem Unterschied, ob wir Öl und Wasser oder ob wir Wasser und Milch miteinander mischen. Beim Mitgefühl sind Öl und Wasser sich ganz nahe, berühren sich und wirken wechselseitig aufeinander ein, behalten aber immer ihre jeweilige Identität – zwei Menschen begegnen sich mit ihren getrennten Erfahrungen. Bei der Einfühlung vermischen sich Wasser und Milch derart, dass jedes zum anderen wird und sie gemeinsam ein Ganzes bilden – zwei Menschen machen beide eine gemeinsame Erfahrung.

Einfühlendes Zuhören konzentriert sich immer auf den anderen und will ihm das Gefühl vermitteln, vollkommen verstanden zu werden. Das bedeutet, dass man sich vom Allgemeinen weg und zum Besonderen hin bewegt, vom Stumpfen zum Scharfen, vom Häufigen zum Seltenen, vom Alten zum Neuen, vom Gewöhnlichen zum Ungewöhnlichen, vom Vertrauten zum Fremden. Mitgefühl geht zurück auf die Vergangenheit und drückt auf der Basis geläufiger Erfahrungen ein allgemeines Gefühl des Verstehens aus. Einfühlung konzentriert sich immer auf die Gegenwart bzw. das, was gerade jetzt in diesem Moment passiert.

Mitfühlendes Zuhören kann sich auf Beziehungen destruktiv auswirken, weil es verallgemeinert. Menschen, die leiden oder in Schwierigkeiten sind, sehnen sich zutiefst danach, als Ausnahmen und nicht als die Regel wahrgenommen zu werden. Eine Verallgemeinerung ihrer Erfahrungen kann mehr Schaden als Nutzen anrichten. Wenn ein Elternteil seinem heranwachsenden Kind sagt: »Ich war doch auch mal ein Teenager, mein Schatz, ich weiß genau, was du durchmachst«, bringt das dem leidenden Teenager nicht viel, der als einzigartiges Individuum angesehen und verstanden werden will und nicht mit allen Teenagern, die es je gab, auf einen Haufen geworfen werden möchte.

Mitgefühl erlaubt uns, mit den Menschen mitzuleiden, ohne ihnen zu nahe zu kommen. »Mir tun die Menschen im Kosovo so leid«, ist eine mitfühlende Äußerung, die sich auf ein allgemeines Verständnis des Geschehens in der Welt stützt. »Ich verstehe, was du durchmachst« oder »Ich weiß genau, was du empfindest«, sagen wir zu unseren Freunden, wenn sie uns von ihren Enttäuschungen mit dem anderen Geschlecht erzählen, von ihrer Angst, fünfzig zu werden, oder von der Achterbahn ihrer Gefühle, wenn sie sich mit ihren alternden Eltern auseinander setzen. Die Einfühlung jedoch weiß, dass man nicht sofort wissen kann, was der andere fühlt, weil man nicht der andere ist. Die Einfühlung versucht also tiefer zu gehen, mit gespannter Aufmerksamkeit zuzuhören, zu verstehen, sich einzumischen und, wenn auch nur für einen kurzen Augenblick, Herz und Seele des anderen zu teilen.

Ruth, sechsundvierzig, hat Brustkrebs. Der Krebs hat bereits auf ihre Knochen übergegriffen und auch, wie die Ärzte befürchten, auf ihr Rückenmark. Sie braucht einen Stock, ihr Bein steckt in einer Schiene und wahrscheinlich wird sie bald im Rollstuhl sitzen.

An einem Frühlingstag wurde Ruth von einem Spezialbus zu Hause abgeholt und in ein Freizeitzentrum gebracht, damit sie dort im Therapieschwimmbecken schwimmen konnte. Die Busfahrerin war fröhlich und neugierig. »He, was ist los mit Ihrem Bein?«, fragte sie. Als sie hörte, dass Ruth Brustkrebs hatte, verschlug es der Busfahrerin die Sprache. »Ach du meine Güte. Ich will Ihnen sagen, wie dankbar ich für mein Leben und meine kleinen Probleme bin. Es gibt doch immer jemanden, dem es schlechter geht als einem selbst.« Ruths sanftes Lächeln verbarg ihren Schmerz.

Im Freizeitzentrum kam eine Frau mittleren Alters aus der Umkleide und hielt Ruth ihre Hand hin, die einen freundlichen Händedruck erwartete. Doch stattdessen nahm die Frau Ruths Hand in beide Hände, schloss die Augen, neigte den Kopf und bat Gott, diesen Fluch von seiner Dienerin zu nehmen. Dann ging die Frau, einen frommen Ausdruck im Gesicht.

Ruth war sprachlos. Sie wusste nicht, was sie sagen sollte, aber sie wusste, was sie empfand. Sie wünschte, ihre Schiene abschütteln und hinter dieser Frau herrennen, sich auf sie stürzen und zu Boden werfen zu können. »Ich brauche Ihre Gebetsaufführung und Ihr ›Sie armes Ding‹-Getue nicht«, hätte Ruth gern geschrien. »Für Sie bin ich nicht einmal ein Mensch. Ich bin eine Attraktion, eine Geschichte, die Sie Ihren Freundinnen beim nächsten Kirchenkaffeeklatsch erzählen können, wie Sie für diese arme, Mitleid erregende, behinderte Frau im Schwimmbad gebetet haben.«

Aber Ruth rannte nicht hinter dieser Frau her. Sie nahm stattdessen den Bus zurück nach Hause und schrieb einen Brief an ihre Freunde und Verwandten. Indem sie sich ihre Gefühle bewusst machte und ins Lot brachte, kam sie zu Vorschlägen, wie man mit jemandem, der schwer krank ist, sprechen und ihm zuhören kann. Ihre Worte sind voller Einfühlung und sie bat ihre Lieben ihr den Gefallen zu tun, mit ebensolcher Einfühlung zuzuhören.

»Zündet eine Kerze für mich an; wenn es euch tröstet, sprecht ein Gebet, denkt an was Schönes, auch ein paar Novenen oder Rosenkränze sind in Ordnung – aber packt nicht meine Hand und betet vor mir. Fragt mich erst, ob es mir Trost gibt. Vielleicht tut es das, wenn ihr mich besucht, wer weiß? Doch wenn ich nein sage, dann lasst uns einfach beisammen sein, ihr könnt das immer noch in meiner Einfahrt oder auf dem Nachhauseweg tun.

Seid bereit, mit mir zu lachen und zu weinen. Rechnet damit, dass unsere Begegnung intensiv ist – selbst wenn ich keinen Krebs hätte, wäre unsere Begegnung wahrscheinlich intensiv. Ich bin schließlich nicht nur Krebspatient, wie ihr wisst. Sagt mir nicht, dass ich ein armes Ding bin. Ihr mögt zwar die Absicht haben, euch in meine Situation hineinzuversetzen und mich zu trösten, aber ein »Ach, du Arme« kommt bei mir so an, dass ich schlechter dran bin als ihr und ihr froh seid, euch nicht damit auseinander setzen zu müssen. Wollt ihr eure Gesundheit und euer Glück preisen, dann tut dies bitte vor meiner Tür oder auf dem Nachhauseweg.

Seid bereit, ein Risiko einzugehen: Ruft mich an, schickt mir eine E-Mail, besucht mich. Kommt selbst damit klar, euch aufdringlich oder unwohl zu fühlen, wenn ich euch sage, dass es kein guter Zeitpunkt ist. Könnt ihr das nicht, dann lasst euch helfen. Macht euch klar, was es bedeutet, eine Freundin zu haben, die so krank ist, und kommt dann zu mir. Ich bin wirklich nicht in der Lage, mich um anderer Leute Angelegenheiten zu kümmern. Das soll aber nicht heißen, dass ich nicht daran interessiert bin, was in eurem Leben passiert. Wenn ich frage »Wie geht's?«, dann meine ich das auch.

Wenn ihr glaubt, mit mir Horrorgeschichten über Krebs austauschen zu müssen, dann tut das nur, wenn euch wirklich etwas an dem Menschen liegt, den ihr durch Krebs verloren habt oder der an dieser entsetzlichen Krankheit leidet. Und erzählt auch keine Krebsgeschichten über mich, ohne zu berücksichtigen, wer ich bin. Ich möchte nicht die Freundin von euch sein, die euch so viel übers Sterben beigebracht hat, ich hoffe eigentlich diejenige eurer Freundinnen zu sein, die euch was übers Leben beigebracht hat.«

Perfektion

Zuhören ist eine Kunst, und einfühlendes Zuhören ist höchster Ausdruck dieser Kunst. Wenn wir Zeit und eine große Portion Geduld, Disziplin und Anstrengung aufbringen, werden wir immer besser darin, aber es gibt immer Rückfälle, immer wieder werden wir daran erinnert, dass wir Menschen und deshalb unvollkommen sind, und das bedeutet, dass wir Fehler machen. Neulich habe ich mit Andrea zusammengearbeitet, einer Freundin und Kollegin, bei der ich Supervision mache. (In der klinischen Psychologie bitten zugelassene Klinikärzte manchmal ältere Kollegen um Supervision, um zum einen ihr Wissen zu erweitern, aber auch um sich vor allem in schwierigen Fällen zu vergewissern, dass sie objektiv bleiben.)

In diesem Fall war ich mit meinen eigenen Gedanken beschäftigt und trommelte offenbar mit den Fingern auf meine Knie. Wie Andrea mir später erzählte, blickte ich sie an, zwinkerte, reagierte aber nicht. Ich war mit Geist und Seele eindeutig anderswo. Andrea hörte zu reden auf und wartete ab.

»Stimmt was nicht?«, fragte ich.

»Du bist heute nicht hier bei mir«, antwortete sie. Der Ton, in dem sie das sagte, und ihr Gesichtsausdruck sagten mir, dass sie verletzt war und sich allein gelassen fühlte. In diesem Moment, als ich meine Freundin im Stich ließ, wurde ich wieder daran erinnert, wie schwierig und fordernd die Kunst des einfühlenden Zuhörens sein kann. Nie können wir sagen, dass wir sie »haben«, denn wir müssen sie immer wieder aufs Neue herausfinden. Jeder Austausch ist verschieden; jede Beziehung ist einzigartig.

Doch jene Momente, wenn wir stocken oder stolpern, können auch höchst lehrreich sein, denn dann wird unsere Einfühlung füreinander und in uns selbst tiefer und breiter. Wir alle machen Fehler. Ich mache täglich welche. Wenn wir uns vorstellen, wie Empathie in ihren besten Momenten sein kann – wenn sie gegenseitig ist und von zwei oder mehr Menschen geteilt wird –, können wir erst einschätzen, wie schwierig sie aufrechtzuerhalten ist, und werden auch nicht beleidigt sein, wenn eine Freundin zu uns sagt: »He, du bist heute wohl ganz woanders?« Es mag uns zwar ein wenig peinlich sein, aber wir erholen uns auch schnell wieder, weil wir wissen, dass bei der Einfühlung wie bei allem im Leben

Perfektion unmöglich ist. Keiner kann perfekt einfühlend sein. Wir alle machen Fehler.

Aber wenn wir in solchen Momenten dann mit Einfühlung antworten, können sie auch höchst lehrreich sein. »Tut mir leid«, sagte ich zu Andrea, »ich habe mir Sorgen um meine Tochter gemacht. Sie hat Bronchitis und ihr rechtes Knie bereitet ihr Probleme.« Dank dieser Erklärung wusste Andrea, wo ich in Gedanken gewesen war, und wir zogen einander wieder auf den richtigen Weg. Alle sozialen Interaktionen sind ein Geben und Nehmen. An gewissen Tagen mag der eine überwiegend zuhören, während er an anderen Tagen derjenige ist, der hauptsächlich redet. Wir geben, wir nehmen, wir hören zu, wir reden, wir machen Fehler und wir entschuldigen uns – aber wir bemühen uns immer darum zu verstehen und einfühlsam zu reagieren. So kommen wir zusammen, und zwar nicht in unserem Verlangen, die Kunst der Konversation zu vervollkommnen, sondern in unserer Bereitschaft anzuerkennen, dass wir es allein nicht schaffen, da wir einander brauchen. Einfühlung ist ein wechselseitiger Prozess, eine Seelenvermischung. Einzelne Strömungen verbinden sich mit anderen und zusammen bringen sie einen mächtigen Fluss hervor, der stark und zielstrebig aus sich heraus weiterfließt.

Zu einem Vortrag für die Belegschaft des Krankenhauses, an dem ich arbeite, lud ich vor einigen Jahren Dr. Paul Ornstein, einen Holocaust-Überlebenden und berühmten Psychologen ein, dessen Interesse in erster Linie dem Selbst gilt. Die Psychologie des Selbst konzentriert sich darauf, wie unser Gefühl des Selbst sich durch unsere Interaktionen mit anderen entwickelt. Unter dem Aspekt der Einfühlung gilt das Interesse der Selbstpsychologie den Fragen, wie die Einfühlung das Selbst belebt, und wie ein Mangel an Einfühlung uns mit einem geschwächten Selbstgefühl und einer tiefen Sehnsucht nach Bindung und Intimität zurücklässt.

Nach einer kurzen Ansprache fragte Dr. Ornstein, ob jemand bereit sei, einen neueren Fall zur Diskussion zu stellen, damit die Gruppe ihn unter dem Gesichtspunkt der Selbstpsychologie diskutieren könne. Ein paar Minuten rührte sich keiner, wahrscheinlich eingeschüchtert von der Vorstellung, mit einem berühmten Psychologen über die eigene Arbeit zu sprechen. Endlich ging eine Hand nach oben. Ilaria, die leitende Sozialarbeiterin des Krankenhauses, sagte, sie sei bereit, einen »schwierigen Fall« vorzustellen. Ilaria, die Tochter eines russisch-orthodoxen

Priesters, war im Zweiten Weltkrieg mit ihrem Vater aus Russland geflohen und hatte Mutter, Schwester und Bruder zurücklassen müssen. Nach dem Krieg wurde die Familie wieder vereint, aber die Angst jener Jahre verfolgt Ilaria noch immer. Sie ist eine der liebenswertesten, mitfühlendsten Menschen, die kennen zu lernen ich je das Privileg hatte.

Ilaria stellte ihren Fall vor, wie gute Kliniker das immer tun, sie beschrieb ihren Patienten und sein gegenwärtiges Problem, bot Einblicke in seine familiäre Herkunft und ging auf die Einzelheiten verschiedener Interaktionen in der Therapie ein. Dann wandte sie sich an Dr. Ornstein und bat ihn direkt um seine Hilfe. »Ich wollte diesen speziellen Fall mit Ihnen besprechen, weil ich weiß, dass ich nicht mein Bestes gegeben habe«, sagte sie. »Ich habe meinem Patienten nicht zugehört. Ich weiß nicht weshalb, aber ich konnte mich nicht auf ihn konzentrieren.«

»Und wie sind Sie mit Ihrer Konfusion umgegangen?«, wollte Dr. Ornstein wissen.

»Ich habe sie zugegeben«, sagte sie. »Ich habe mich an meinen Patienten gewandt und gesagt: ›Haben Sie das Gefühl, dass ich Sie nicht verstehe?‹ Und er hat darauf geantwortet: ›Ja, Sie missverstehen mich völlig.‹ Dann hat er mir sehr deutlich erklärt, wo ich ihn falsch verstanden hatte.« Ilaria lachte nervös. »Ich muss zugeben, dass es mir peinlich ist, diesen Fall vorzustellen, denn ich weiß, dass ich mich einfach nur blind vortastete. Aber ich wusste wirklich nicht, was ich sonst hätte tun sollen.«

»Ich denke, das war ein wunderbarer Einfall«, sagte Ornstein mit einem breiten Lächeln. »Sie haben den Patienten gefragt, ob er das Gefühl hatte, dass ihm zugehört wurde, ob er das Gefühl hatte, dass Sie verstanden haben, was er sagte. Sie gaben ihm Gelegenheit zu sagen, was er dachte, und anhand der Art und Weise, wie Sie ihn um Hilfe baten, wusste er, dass Ihnen ernsthaft daran gelegen war, die Wahrheit zu erfahren. So fühlte er sich frei, Ihnen zu sagen, dass Sie etwas falsch verstanden hatten, und zog Sie dann zurück auf die richtige Spur.«

Diese Interaktion offenbart eine effektive Zuhörstrategie, die sowohl in der Therapie als auch im Alltag angewandt werden kann. Fragen Sie Ihre Freundin, Ihren Partner, Ihr Kind oder den Patienten immer wieder: »Hast du das Gefühl, dass ich dir zuhöre, dass ich aufnehme, was du sagst?« In meinen Sitzungen mit Patienten stelle ich meist noch Worte voran wie etwa: »Korrigieren Sie mich, falls ich Sie missverstehe, aber ich denke, Sie wollen sagen...« oder »Meinem Eindruck nach, und ich möchte betonen, dass es sich nur um einen Eindruck handelt...« oder »Helfen Sie mir, die Lücken zu füllen, bis jetzt kommt es mir so vor, als wollten Sie sagen...« Mit diesen Worten spreche ich eine Einladung aus, bitte den anderen um Hilfe im unweigerlich komplizierten Prozess des einfühlenden Zuhörens. Beim Versuch, die Gefühle und Gedanken meiner Patienten genau zu verstehen, bitte ich sie, mich wissen zu lassen, ob ich etwas verpasst habe, um mich zu vergewissern, dass ich auf der richtigen Fährte bin, bzw. um mich zurückzuführen, falls ich meinen Weg verloren habe.

In seinem klassischen Buch ›Entwicklung der Persönlichkeit‹ schlägt der Psychologe Carl Rogers eine ähnliche Strategie als Mittel vor, die eigenen Zuhörfähigkeiten zu testen.

»Wenn Sie das nächste Mal ein Streitgespräch mit Ihrer Frau oder einem Freund oder einer kleinen Gruppe von Freunden haben, unterbrechen Sie einen Augenblick die Diskussion und führen Sie als Experiment die Regel ein: ›Jeder kann erst dann für sich sprechen, *nachdem* er die Ideen und Gefühle des Vorredners richtig und zur Zufriedenheit jenes Sprechers wiederholt hat.‹ Verstehen Sie, was das bedeuten würde? Es hieße: Ehe Sie Ihren eigenen Standpunkt darlegen könnten, müssten Sie sich in den Bezugsrahmen des Sprechers wirklich hineinversetzen, um seine Gedanken und Gefühle so zu verstehen, dass Sie sie für ihn zusammenfassen können. Das hört sich einfach an, nicht wahr? Wenn Sie es aber einmal probieren, werden Sie feststellen, dass es eine der schwierigsten Sachen ist, die Sie je unternommen haben. Wenn es Ihnen jedoch gelungen ist, den Standpunkt des anderen zu erkennen, dann werden Sie Ihre eigenen Bemerkungen gründlich revidieren müssen. Sie werden außerdem merken, wie das Emotionsgeladene aus der Diskussion verschwindet, wie die Differenzen sich reduzieren, wobei jene Verschiedenheiten, die bestehen bleiben, rationale und verstehbare Differenzen sind.«

Einfühlendes Zuhören führt uns zu einem Ort intimen Verständnisses, wo die Gedanken und Gefühle auf vernünftige, rationale Weise miteinander ausgetauscht werden. In diesem Raum der Einfühlung gelangen wir zu einem tieferen Verständnis von uns selbst und unseren Beziehungen zu anderen. Die Einfühlung enthüllt die intimen Feinheiten unserer gespiegelten Welten, sie reflektiert sowohl die Einzigartigkeit als auch die Gemeinsamkeiten unserer geteilten Erfahrungen.

Im Bemühen, andere zu verstehen und ihre Welt wertzuschätzen, sind wir verpflichtet, unseren auf uns selbst bezogenen Standpunkt aufzugeben. Mit einem dank der Einfühlung auf den anderen konzentrierten Blickwinkel türmen sich unsere Probleme nicht mehr so gewaltig auf oder scheinen so unüberwindbar. Unsere Welt weitet sich, wird ein Ort, der zwar komplizierter, aber auch sehr viel interessanter zum Leben ist. Frei, diese Welt zu erforschen, verändern wir uns, indem wir in das Leben der anderen eintauchen.

Das ist die Macht der Einfühlung.

Kapitel 6

Sex, Intimität und Empathie

Wenn wir Sex haben, berühren wir die Körper, aber die Herzen und Seelen können wir nur berühren, wenn wir uns von der Einfühlung leiten lassen.

In seinem Klassiker ›Liebe und Wille‹ beschreibt Rollo May den Geschlechtsverkehr als »den stärksten vorstellbaren Ausdruck wechselseitiger Bezogenheit«. Obwohl ich der Überzeugung bin, dass dies wahr sein kann, habe ich mit Hunderten von Männern und Frauen gesprochen, die mir sagten, dass Sex – selbst großartiger Sex – die leeren Räume zwischen ihnen nicht zu füllen vermochte. Die Technik mag gut sein, wenn die einfühlende Verbindung fehlt, ist das Endresultat unbefriedigend. May erkennt dieses Problem in seinem Buch auch an, wenn er auf die Klagen seiner Patienten eingeht, die den Mangel an Gefühl und Leidenschaft in ihrem Leben mit dem Kommentar umreißen: »So viel Sex und so wenig Sinn oder auch nur Spaß dabei.«

Wie bringen wir wieder Bedeutung – Gefühle, Leidenschaft, Herz und Seele – in den Sex? Die einzige Antwort ist Einfühlung, denn nur mit Einfühlung erreichen wir wahre Intimität, jenen Zustand, in dem wir die Gefühle und Gedanken des anderen verstehen, während wir zugleich wissen, dass der andere unsere innere Erfahrung teilt. In allen intimen Beziehungen, sexuellen und anderen, geht es uns darum, die Seelen zu berühren, aber nur wenn wir uns von der Einfühlung leiten lassen, kommen wir der Seele eines anderen Menschen nahe.

Sex ist nicht nur ein Hunger, ein Durst, ein Juckreiz, der Kratzen erfordert. Wäre er das, würde die Masturbation unsere sexuellen Bedürfnisse voll und ganz befriedigen. Doch wir suchen in der sexuellen Erfahrung nicht nur einen Abbau von Spannung, sondern das momentane Verschmelzen zweier Seelen, wodurch die Beziehung zwischen uns gleichermaßen bestätigt und erweitert wird. Somit ist die ultimative Intimität der Augenblick, da zwei Herzen und zwei Seelen sich vereinigen.

Wie schafft die Empathie Nähe, die über die körperliche Anziehung hinausreicht, Herz und Seele umfasst? Anstatt zu versuchen, die perfekte zwischenmenschliche Beziehung zu beschreiben, bringt es uns, wie ich glaube, mehr, wenn wir an einem Beispiel lernen, wie die Macht der Einfühlung uns von einer oberflächlichen Verbindung zu einer tief gehenden, von Herzen empfundenen Beziehung führt, in der die ganze Person mit all ihren Unzulänglichkeiten akzeptiert ist. Diese Akzeptanz geht nach innen und außen, denn in dem Moment, da die Einfühlung sich anderer annimmt, bringt sie uns auch dazu, uns selbst mit all unseren Beschränkungen und Mängeln zu akzeptieren. Durch die Einfühlung lernen wir, einander tief und wahrhaftig zu lieben, und wir entdecken, warum es bei unserer Suche nach dem Glück viel mehr darauf ankommt, den echten als den richtigen Menschen zu finden.

Carolyns Geschichte

Meine Patienten sind meine wichtigsten Lehrer und durch jede Sitzung vertieft sich mein Verständnis von der Macht der Einfühlung, Intimität zu schaffen. Carolyn ist hierfür ein ergreifendes Beispiel. Die allein erziehende Mutter zweier Teenager hat selbst eine chronisch depressive Mutter und einen Alkoholiker als Vater. Ihre lebhaftesten Kindheitserinnerungen drehen sich um das Bemühen, ihrem Vater zu gefallen. In den Therapiesitzungen erinnert sie sich oft an die Stunden, die sie in einem kalten, nur schwach beleuchteten Souterrain verbracht hat, um die Hemden ihres Vaters zu bügeln, immer in der Hoffnung, seine Anerkennung zu gewinnen. Wenn sie ihm die frisch gebügelten Hemden gab, freute er sich wenigstens für einen kurzen Augenblick. Darauf aber fing er unweigerlich an, sie zu kritisieren oder mit einer spöttischen Bemerkung und einer ungeduldigen Handbewegung wegzuschicken.

Und wie das bei Kindern so häufig vorkommt, führte auch bei Carolyn der Mangel an Einfühlung in der Beziehung zu ihren Eltern zu einer leicht gestörten Wahrnehmung von sich und anderen. Anstatt ihren alkoholabhängigen Vater realistisch als den selbstsüchtigen, unsicheren Mann zu sehen, der er war, idealisierte Carolyn ihn, verwechselte seine Wut mit Stärke und bestrafte sich dafür, nicht gut genug, klug genug oder geschickt genug zu sein, seinen im Suff losgelassenen Schimpfkanonaden Einhalt zu gebieten. Wie die wirkliche Stimme ihres Vaters schlug ihre innere Stimme einen strafenden Ton an, wenn sie sich für ihre Unfähigkeit schalt, ein perfektes Kind zu sein (und später dann eine perfekte Erwachsene), das eine ideale Beziehung aufbaut und unterhält.

Heute ist Carolyn Ende dreißig, von ihrem alkoholabhängigen Ehemann geschieden, sie lebt als ordentliche Professorin an einem kleinen College für Geisteswissenschaften. Sex spielt in ihrem Leben inzwischen eine zentrale Rolle. Nach stets dem gleichen Muster wechselt eine Affäre die vorangegangene ab. Sie trifft einen Mann, oft in einer Bar, sie himmelt ihn an, sie landen im Bett und dann wiederholt sie ihr Kindheitsmuster und tut alles in ihrer Macht Stehende, um ihm zu gefallen. Am Ende ist sie überwältigt von der Angst, er könne sie durchschauen und wäre dann unweigerlich von der Seichtheit ihrer Gefühlsverbindung enttäuscht. Nach ein paar Wochen oder Monaten endet die Geschichte und eine neue beginnt.

»Ich kann Monica (Lewinsky) verstehen«, erzählte Carolyn mir eines Tages während des Impeachment-Prozesses gegen Präsident Clinton. »Sie hat kein Interesse an dem ganzen Mann – sie will nur dreißig Prozent von ihm. Und genau das will er auch.« Dabei setzte sie sich auf dem Stuhl zurecht – eine schöne Frau mit langen, dunklen Haaren und dunklen Augen, verführerisch gekleidet im Designerkostüm mit kurzem Rock, das Make-up perfekt aufgetragen, die Nägel hellrot lackiert. Sie zupfte ihren Rock in Form und strahlte mich mit einem gewinnenden Lächeln an. »Und genau dem gilt auch mein Interesse – der Richtige ist mir egal. Ich brauche einen für sofort.«

Carolyn hatte die Suche nach dem Richtigen vor fünf Jahren aufgegeben, nachdem sie ans Sterbebett ihrer Mutter nach Iowa gefahren war. In den Wochen, in denen er sich allein überlassen war, hatte ihr Ehemann eine Affäre mit seiner Sekretärin angefangen. Als Carolyn dahinterkam, stellte sie ihren Mann zur Rede. Ihre Wut konnte er nicht verstehen: »Du hast mich fast einen Monat lang allein gelassen!«, protestierte er. »Was hätte ich denn mit mir anfangen sollen?«

Als Carolyn mir diese Geschichte erzählte, verdrehte sie die Augen. »Ist das zu fassen? Dieser Mann ist Ingenieur, er ist nicht doof, er weiß, wie die Dinge funktionieren – warum hätte er sich nicht seiner zwei Hände bedienen können, um dem ›immer größer werdenden Druck‹, wie er es nannte, Erleichterung zu verschaffen, anstatt sich jemanden zu suchen, der ihm das abnahm?«

Mit dem für sie charakteristischen Humor versuchte Carolyn ihren Zorn über den Betrug ihres Mannes zu verbergen. Einmal erzählte sie mir, sie habe nach einer Paartherapie bei ihrem früheren Therapeuten beschlossen, ihren Ehemann zu verlassen. Sie habe in der Sitzung zu schluchzen angefangen und ihr Ehemann habe nicht aufgehört, davon zu reden, wie selbstsüchtig sie sei und dass sie ihm nie genug Aufmerksamkeit zuteil werden lasse. »Ich liege hier blutend am Boden«, habe sie einmal geschrien, »und du trampelst einfach weiter auf mir herum!« Der Therapeut habe versucht, sie zu beruhigen, aber ihr Ehemann habe sich eingemischt: »Das brauchen Sie gar nicht erst zu versuchen«, habe er gemeint. »Wenn sie erst mal so weit ist, gibt es kein Zurück.«

Nachdem die Scheidung in Gang gekommen war, fing Carolyn ihre lange Reihe von Affären an. Ihre sexuellen Liaisons begannen immer mit großer Begeisterung. »Er sieht aus wie Tom Selleck«, erzählte sie von einer Eroberung. Als sie einen Monat später einen anderen Mann beschrieb, schwärmte sie: »Dieser Typ ist so voller Energie, so charmant und er sieht sogar noch besser aus als der letzte!« Ein paar Monate später erzählte sie mir dann von einem Dritten, der »so süß und unkompliziert ist und nie irgendwelche Forderungen an mich stellt«.

Und so setzte sich das Muster fort: Anfangs wurde der neue Mann in Carolyns Leben idealisiert, dann entdeckte sie nach einigen Wochen oder Monaten, dass er, wie sie es ausdrückte, selbstsüchtig, rücksichtslos, ein Lügner, ein Schurke, ein Trunkenbold oder ein Betrüger war. Nachdem sie dann selbst mit sich ins Gericht gegangen war und sich dafür kritisiert hatte, »dumm« oder »naiv« gewesen zu sein, fing sie wieder von Neuem an. Immer suchte sie sich Männer aus, die gut aussahen, gern flirteten und über eine charismatische Ausstrahlung verfügten (»die Sorte, die wirklich die Massen beherrscht«), die aber auch distanziert waren, keine Forderungen an sie stellten und unweigerlich eine Abneigung dagegen hatten, sich gefühlsmäßig zu binden.

»Ich habe gerne Affären«, erzählte sie mir einmal, »weil man sich nie abschminken muss.« Diese Feststellung schien es für Carolyn auf den Punkt zu bringen. Wenn man sich nicht abschminken muss, überlegte sie, dann hat man immer noch einen Schild, hinter dem man sich verstecken kann; man kann zwar splitternackt sein, Gefühle werden aber dennoch nicht gezeigt. Sie lebte in großer Angst, jemand könnte hinter ihre Maske schauen und entdecken, dass die perfekte Außenfassade nicht mit der schadhaften Innenseite übereinstimmte.

Eines Tages plauderte Carolyn ein Geheimnis aus. »Ich habe eine Affäre mit einem jüngeren Mann«, sagte sie und senkte den Blick auf ihre ordentlich im Schoß gefalteten Hände. »Er ist halb so alt wie ich. Er ist verheiratet.« Eine Pause. »Und seine Frau erwartet ihr erstes Kind.«

Ich wartete ab, weil ich wusste, dass sie mir noch mehr zu sagen hatte. »Ich wollte es Ihnen nicht sagen«, fuhr sie fort, »weil ich dachte, Sie würden mich dafür verurteilen.« Wieder verging einige Zeit. »Nein, nein, das stimmt nicht, ich verurteile mich selbst. Vermutlich habe ich Angst, Sie könnten mich dazu bringen, der Wahrheit ins Gesicht zu schauen.«

»Der Wahrheit?«, wunderte ich mich.

»Sie wissen schon, dem ganzen Bild.« Sie verzog ihren Mund. »Ich habe Angst, wenn ich zuviel darüber nachdenke, verdirbt mir das den Spaß.«

»Wie kommen Sie darauf, dass die Wahrheit Ihnen den Spaß verderben könnte?«, fragte ich.

»Ich will nicht über diese Affäre nachdenken«, sagte sie. »Denn dann müsste ich mich dem stellen, was ich da tue, nämlich mit einem Mann zu schlafen, der eine schwangere Frau hat. Es kommt mir alles so traurig, so verzweifelt und hoffnungslos vor.«

»Das hört sich aber gar nicht nach viel Spaß an«, sagte ich.

»Ist es auch nicht«, gab sie zu. »Selbst der Sex macht keinen Spaß mehr.«

In Gesprächen wie diesem begann Carolyn aus ihrer Deckung herauszukommen und Züge an sich zu enthüllen, die sie anderen nicht zu zeigen wagte. Meine Empathie für sie – mein Elan, ihre Gedanken und Gefühle zu verstehen, und mein nicht nachlassendes Bemühen, einfühlend, aber ehrlich auf ihre jeweiligen Erfahrungen zu reagieren – gab ihr die Freiheit, sich offen und ohne Angst zu äußern. Sie wusste, dass ich ehrlich zu ihr sein wollte, und sie wünschte sich ganz verzweifelt, auch zu mir ehrlich zu sein. Sie wollte »sich abschminken« und mir das ganze Bild zeigen, nicht nur die 30 Prozent, die sie dem Rest der Welt enthüllte.

Als Carolyn akzeptieren konnte, dass ich nicht vor ihr weglaufen würde, indem ich sie verurteilte oder ihr Verhalten zu kontrollieren versuchte, gewann sie größere Sicherheit, ihre Ängste und Unsicherheiten mit mir zu besprechen. Sie war in der Lage, sich meine Einfühlung »zu leihen«, sie als Spiegel zu benutzen, um in sich selbst hineinzuschauen. Meine verständnisvolle, einfühlende Stimme – nicht verurteilend, aber immer auf der Wahrheit beharrend – ersetzte nach und nach die strafende Stimme, die sie ihr ganzes Leben gehört hatte. Das ist es, was die Psychologen unter *Internalisierung* verstehen, die Stimme eines anderen in sich aufnehmen und letztlich zur eigenen machen. Bei Kindern können wir diesen Prozess immer wieder beobachten, wenn sie den Tenor der Stimmen ihrer Eltern übernehmen; ist es eine vorwurfsvolle Stimme wie die von Carolyns Vater, richtet das Kind seine eigene Stimme ebenfalls strafend gegen sich selbst. Indem Carolyn meine einfühlende Stimme übernahm, konnte sie auch verständnisvoller und beruhigender mit sich selbst reden.

Eines Tages erschien Carolyn sehr nachdenklich zu unserer wöchentlichen Sitzung. Ihr rascher, bissiger Humor war einer sichtbaren Sanftheit gewichen, einer Verletzlichkeit, die ich noch nie zuvor an ihr bemerkt hatte. »Ich habe heute meinen Vater gesehen«, sagte sie. »Er lief vor mir die Straße entlang, und obwohl ich ihn jahrelang nicht gesehen hatte, wusste ich, dass er es war. Er wirkte so verängstigt und einsam, war nur noch ein kleiner alter Mann. Und während ich ihn beobachtete, wurde mir klar, dass er keine Macht mehr über mich hatte – er konnte mir einfach nicht mehr wehtun.«

Erregt von einer plötzlichen Erkenntnis, beugte sie sich vor. »Es war ein erstaunlicher Moment, Dr. C., es war so wie in jener Szene im ›Zauberer von Oz‹, wenn der kleine runde Mann hinter dem Vorhang auftaucht. Den ganzen Film über zittert man vor Erwartung, diesen Kerl zu sehen, man hält ihn für allmächtig und entdeckt plötzlich, dass er einfach ein kleiner alter Mann ist, der jeden Morgen nach dem Aufwachen in den Spiegel schauen muss, um dann zuzugeben, dass er nicht allmächtig ist. Als ich da auf der Straße stand, traf es mich wie ein Blitz aus heiterem Himmel, dass ich keine Angst mehr vor meinem Vater hatte, nicht mehr wütend auf ihn war und ihn nicht mehr hasste.« Sie seufzte tief und fügte dann hinzu: »Er tut mir einfach nur noch leid.«

Einige Monate später, kurz vor Weihnachten, tauchte Carolyn lachend in meinem Sprechzimmer auf, die Wangen vor Kälte gerötet. »Sie werden es nicht glauben«, sagte sie. »Gestern Abend bin ich losgezogen und habe einen viereinhalb Meter hohen Weihnachtsbaum gekauft, den größten Baum, den ich je im Leben gesehen habe. Ich musste alle Wohnzimmermöbel in die Garage räumen. Meine Kinder denken, ich hätte völlig den Verstand verloren. Wir lachten über meine Bekehrung.«

Die Geschichte, die hinter dem Baum stand, verdeutlichte, weshalb Carolyn so gute Laune hatte. Monatelang hatte sie mit dem stellvertretenden Rektor ihres College ein Techtelmechtel unterhalten. »Er sieht wie Bill Clinton aus und handelt auch so, ich schwör's«, erzählte sie. »Ein echter Charmeur, das gleiche einschmeichelnde Lächeln, diese Art, einen am Ellbogen zu berühren, den Rücken zu streicheln und in die Augen zu schauen, als läge ihm wirklich an einem.« Sie schauderte gespielt und lachte dann gutmütig. »Ich falle auf seine kleinen Spielchen herein, wissen Sie, schaue nur auf die dreißig Prozent und ignoriere den Rest. Aber dann fange ich an nachzudenken – he, wer ist dieser Mann, wofür interessiert er sich eigentlich? Ich zwinge mich, mir weitere zehn Prozent anzuschauen und entdecke plötzlich den Vertreter in ihm – das Zwinkern, die Taktik, das falsche Lächeln. Dann nehme ich mir die nächsten zehn Prozent vor, den Teil, wo er mich anlügt, wenn er sagt, er liebt mich, dann noch mal zehn Prozent, den Teil, wo er sich, seine Frau, seine Kinder belügt ... und plötzlich sehe ich diesen Mann in all seiner emotionalen Nacktheit und merke, dass ich seinen Anblick nicht mehr aushalte!

Und so bin ich dann vorgestern mitten in der Nacht aufgewacht und habe mir gesagt: ›Carolyn, du willst doch nicht den Rest deines Lebens damit verbringen, das immer gleiche Muster zu wiederholen. Du hast etwas Besseres verdient.‹ Eine verrückte Gedankenverbindung brachte mich auf meinen Ex-Mann, der mir nie erlaubt hatte, einen Weihnachtsbaum zu kaufen – er behauptete, allergisch dagegen zu sein, haben Sie je von einer Allergie gegen Weihnachtsbäume gehört? –, und so ging ich also tags darauf los und kaufte mir zur Feier einen Viereinhalb-Meter-Baum. Ich sage Ihnen, Mr. C., es ist der schönste Baum, den ich je gesehen habe.«

Ihr ganzes Leben lang hatte Carolyns Hauptsorge darin bestanden, wie sie den Vorstellungen der Männer in ihrem Leben gerecht werden könnte, war erst den Direktiven ihres Vaters gefolgt und hatte sich dann, weil sie so wenig Einfühlung in sich selbst hatte, den Forderungen ihres Ehemanns und ihrer Liebhaber gefügt. Der hoch aufragende Weihnachtsbaum versinnbildlichte ihren Bruch mit den alten Mustern und ihre Bereitschaft, sich selbst als komplizierten, unvollkommenen, aber ganzen Menschen zu akzeptieren, der seinen eigenen restriktiven Vorstellungen entfliehen kann.

Durch die Macht der Einfühlung hatte Carolyn erfahren, dass Sex allein keine Intimität zu schaffen vermag. Sie entdeckte, dass wir beim Sex Körper berühren, Herzen und Seele aber nur berühren können, wenn die Einfühlung uns den Weg zeigt. Die Einfühlung führt uns tief hinein in die Wahrheit des anderen Menschen, verleiht uns Einsichten und das Verständnis, wo seine oder ihre Wirklichkeit endet und unsere beginnt. Die Einfühlung sagt uns, wem wir trauen können und wen wir meiden sollten, wie wir uns schützen und verteidigen können, wann wir voranschreiten und wann wir uns zurückhalten sollen.

In jeder zwischenmenschlichen Beziehung durchlaufen wir verschiedene Stadien der Intimität, springen auf der holprigen, aber immer malerischen Straße des gegenseitigen Kennenlernens zwischen diesen Stadien oft hin und her. Das erste Stadium ist die *Idealisierung*, die Zeit, wenn wir uns Hals über Kopf verlieben und aus dieser verkehrten Perspektive das Leben verzerrt wahrnehmen. Das zweite Stadium ist die *Polarisation*, wenn wir uns von der Idee, alles sei »wunderbar, perfekt und genau so wie ich es mir immer gewünscht habe«, zum gegensätzlichen Standpunkt hin bewegen, wo wir uns mit den kleinen Makeln und Fehlern des anderen beschäftigen. Indem wir all diese Unzulänglichkeiten bemerken, möchten wir losrennen und uns verstecken, weil uns diese Schwachpunkte irgendwie (wir sind uns nicht ganz sicher wie) auf unsere eigene Verletzbarkeit zurückzuwerfen scheinen.

Von der Polarisation machen wir häufig eine Kehrtwende und eilen direkt ins Land der Idealisierung zurück, wo alles von Neuem beginnt; oder wir reisen weiter über die Schlaglöcher und Bodensenken der holperigen Straße, in der Hoffnung, irgendwann mit einer ruhigen Fahrt belohnt zu werden. Mit Geduld, Engagement, Objektivität und vor allem Einfühlung treten wir ins dritte Stadium ein – in die *Integration*. Indem unser Blickfeld sich weitet, um das ganze Bild zu erfassen, berücksichtigen wir, dass ein Mensch »gute« wie »schlechte« Seiten hat. Wir lernen zu verstehen, worauf es wirklich ankommt, und verzichten auf das, was unbedeutend ist. Die periodisch auftretenden »Unebenheiten«, denen wir entlang unseres Wegs begegnen, erinnern uns daran, das Tempo zu drosseln und Acht zu geben, sie bedeuten aber nicht, dass wir versagt haben und wieder von Neuem beginnen müssten.

Wenn wir das Wesen dieser drei Stadien erforschen, lernen wir, wie die Einfühlung unsere Beziehungen stärkt und uns dazu bringt, eine tiefere Wertschätzung für andere und für uns selbst zu entwickeln.

Die drei Stadien von Beziehungen

Erstes Stadium: Idealisierung

»Sich zu verlieben«, verkündete der wunderbar menschliche Psychoanalytiker Elvin Semrad vor zwei Jahrzehnten, »ist in unserer Kultur die einzig akzeptable Form der Psychose.« Alle Psychosen, das Verlieben mit eingeschlossen, bringen die Unfähigkeit zum Ausdruck, zu fokussieren und Objektivität aufrechtzuerhalten. Mit anderen Worten, wir können weder klar sehen, noch klar denken, noch klar fühlen. Alles scheint das Objekt unserer Zuneigung in einer Achterbahn der Gefühle auf Schwindel erregende Weise zu umkreisen. Und wenn wir uns von diesem ultimativen Abenteuer mit fortreißen lassen, bleibt bei der wilden Fahrt die Vernunft auf der Strecke.

Jedesmal, wenn Carolyn sich verliebte, glaubte sie, dass es diesmal funktionieren werde. Dieses Mal würde sie den richtigen Mann erwählen. Dieses Mal würde es ihr gelingen, ihn ihren Bedürfnissen gemäß zu ändern. Dieses Mal würde sie alles tun, um ihm zu gefallen. Dieses Mal würde er merken, dass er ohne sie nicht leben könne. Aber jedesmal, wenn die Idealisierung nachließ, beendete sie enttäuscht und entmutigt die Beziehung.

Die Herausforderungen, welche in der Idealisierungsphase einer Beziehung an die Einfühlung gestellt werden, liegen auf der Hand: Für das Gleichgewicht und die Ausrichtung der Einfühlung ist Objektivität unabdingbar. In vieler Hinsicht ist Einfühlung sogar synonym mit Objektivität, die man als die Fähigkeit definieren kann, die Welt so zu sehen, wie sie ist, realistisch und unverzerrt. In seinem klassischen Werk ›Die Kunst des Liebens‹ hat der Psychoanalytiker Erich Fromm auf die zentrale Bedeutung der Objektivität in Liebesbeziehungen hingewiesen.

»Ich muss den anderen und mich selbst objektiv kennen, um sehen zu können, wie er wirklich ist – oder besser gesagt um die Illusionen, das irrational entstellte Bild zu überwinden, das ich mir von ihm mache. Nur wenn ich einen anderen Menschen objektiv sehe, kann ich ihn im Akt der Liebe in seinem innersten Wesen erkennen.«

Warum ist die Objektivität so wichtig? Warum »verderben wir uns den Spaß«, um es in Carolyns Worte zu fassen, wenn wir der Wahrheit ins Gesicht sehen? Abbilder sind wie Bilder an der Wand, wunderschön und einladend, aber man kann sie unmöglich verändern, weil sie fixiert und statisch sind. Eine Fotografie von Wellen, die sich an der felsigen Küste von Maine brechen, mag schön sein, aber man kann das Wasser nicht gegen die Felsen donnern hören oder die salzige Gischt im Gesicht spüren.

Bilder sind Dinge, Menschen sind jedoch aus Fleisch und Blut und haben eine Neigung zu Kopfweh, Zahnschmerzen und schlechter Laune. Wenn wir aus Menschen Objekte machen, zerstören wir ihre Seele. Eine meiner Patientinnen erzählte mir, sie könne sich noch genau an den Moment erinnern, als sie ihre Beziehung zu ihrem Ehemann erstmals in Frage stellte. Er hatte den Arm um sie gelegt, sagte ihr, wie sehr er sie liebe und meinte dann: »Du bist die perfekte Mutter, eine liebenswürdige Gastgeberin und eine liebende, aufmerksame Ehefrau. Ich möchte, dass du für den Rest unseres Lebens so bleibst wie du bist.«

Wenn wir den anderen als ein Objekt oder Ding lieben, wollen wir, dass dieser Mensch genau der bleibt und so dem Bild gerecht wird, das wir uns von ihm gemacht haben, ein Bild, das wir sorgfältig nach unseren Bedürfnissen entworfen haben. Diese Konzentration auf das Selbst – die die Psychologen Narzissmus nennen – hält uns davon ab, die andere

Person als ein sich entwickelndes, sich entfaltendes menschliches Wesen zu sehen. Die Bedeutung des anderen liegt nur darin, was er oder sie uns geben kann. Die Wirklichkeit definiert sich durch meine Bedürfnisse, meine Wünsche, meine Ängste und mein Verlangen. Die Welt verengt sich auf das Bedürfnis geliebt zu werden. Für so viele Menschen wird die Liebe nur vom Bedürfnis und nicht von der Einfühlung gesteuert, die sich durch das Verlangen auszeichnet, tiefer einzudringen, uns selbst zu offenbaren und den anderen so zu erkennen, wie er oder sie jetzt ist – und zu wissen, dass er oder sie sich im Lauf der Zeit verändern wird.

Eine von einem exzessiven Bedürfnis gesteuerte Liebe nenne ich Vorstellungsliebe, denn wir haben uns in der Tat in die Vorstellung von der Person und nicht in die wirkliche Person verliebt. Anfangs ist das sehr tröstlich, weil das Bild immer makellos und ungetrübt ist, wohingegen der Mensch unweigerlich immer unvollkommen ist. Somit schützt uns die Vorstellungsliebe, indem sie uns vor zu großer Nähe bewahrt, davor, im anderen die Unvollkommenheit zu entdecken (oder uns unsere eigene einzugestehen). Doch wollten wir ein Bild lieben, müssten wir selbst auch zum Bild werden. Und das ist der springende Punkt, den wir in diesem Stadium nicht aus den Augen verlieren dürfen: Wenn wir uns »abschminken«, um es mit Carolyn zu sagen, riskieren wir es, uns bloßzustellen. Dieses Risiko können wir nicht auf uns nehmen, wenn wir um jeden Preis eine bestimmte Vorstellung aufrechterhalten möchten.

Im Idealisierungsstadium der Beziehungen schaffen wir Bilder für uns und füreinander, und diese Vorstellungen sind immer Charakterisierungen oder Stereotype, die einen Teil von uns leugnen. Bleiben wir diesem Stadium verhaftet, voller Angst weiterzugehen, werden wir unweigerlich enttäuscht, weil im Lauf der Zeit deutlich wird, dass keiner der Idealvorstellung gerecht werden kann. Einige von uns haben Warzen, andere haben Akne, Fußpilz oder Zahnlücken. Wir haben ärgerliche Angewohnheiten – schnauben, wenn wir lachen, schnarchen, wenn wir schlafen, schnalzen mit der Zunge oder schlürfen beim Suppeessen.

Am Ende sind wir auch von uns selbst enttäuscht. Carolyn meinte, sie liebe Affären, weil sie sich dann nie abzuschminken brauche. Aber sich zu schminken und dafür zu sorgen, dass das Make-up auch immer frisch bleibt, wurde bald eines ihrer Hauptprobleme. Was geschähe, wenn die Mascara abbröselte – wenn dieser neue, idealisierte Liebhaber bemerkte, dass etwas an ihr fehlerhaft, abgestoßen oder abgesprungen war? Carolyns Ängste, bloßgestellt zu werden, überfluteten sie, ständig hatte sie vor Augen, wie sie sich mit acht, neun oder zehn Jahren vor den missbilligenden Augen ihres Vaters geduckt hatte. Ohne Schminke (Maske), um sich dahinter zu verstecken, wusste sie, dass sie ihn nicht zufrieden stellte, und sie nahm an, dass sie deshalb irgendwie minderwertig, unzulänglich und nie »gut genug« war.

Die Idealvorstellungen, die wir aufbauen, führen uns unweigerlich zum Tatort, wie ich es nenne, zurück – zu den ungelösten Geheimnissen unserer Vergangenheit, die uns in der Gegenwart heimsuchen. Carolyns Idealvorstellungen wurzelten in ihren Kindheitserfahrungen und dem Mangel an Einfühlung seitens ihrer Eltern, insbesondere ihres Vaters. Als sie noch ein kleines Kind war, lernte Carolyn, dass man einen Mann glücklich macht, indem man etwas für ihn tut; je mehr man tut, um einem Mann zu gefallen, desto größer ist die Chance, den Frieden zu wahren. Ihr alkoholabhängiger Vater, der zahlreiche Affären hatte und sich oft über die unvernünftigen Forderungen der Frauen beklagte, brachte ihr diese Lektion bei. Ihr Ehemann, der sich beklagte, dass sie ihn nicht befriedigen konnte, und eine Affäre hatte, bestätigte diese Lektion. Anstatt die Affären ihres Vaters und ihres Ehemannes realistisch als Spiegelungen der jeweils eigenen Unsicherheiten einzuschätzen, ging sie davon aus, dass der Fehler bei ihr lag, und sie bemühte sich Männer besser zu befriedigen. Ihr Ziel wurde sexuelle Kompetenz; eine »großartige Geliebte« zu sein, wurde zu ihrer Idealvorstellung.

Alle Kinder haben zunächst die Vorstellung, dass alles machbar ist, was sie tun wollen – das »Ich kann es selbst«-Phänomen. Durch viele einfühlende Interaktionen mit Eltern, Verwandten und Lehrern bilden sie nach und nach eine realistischere Sicht von sich aus. Werden sie mit Einfühlung und Respekt behandelt, machen sie die Erfahrung, dass sie nicht alles tun können, und sie lernen ihre Grenzen anzunehmen, ohne sich durch diese gedemütigt zu fühlen. Wenn wir uns im Miteinander mit unseren Kindern der Einfühlung anvertrauen, lernen sie, dass ein fehlerhaftes Betragen unseren Respekt für sie als Individuen nicht mindert und auch unsere Liebe zu ihnen nicht verändert.

Die Einfühlung hilft den Kindern, mit dem wachsenden Verständnis für ihre Grenzen zurechtzukommen wie auch mit ihrer Enttäuschung, dass sie, so sehr sie sich auch bemühen, nicht alles tun bzw. auch nicht bei allem die Besten sein können. Kinder, die in einem einfühlenden

Umfeld aufwachsen, entwickeln eine beruhigende innere Stimme, die ihnen versichert, dass sie auch dann liebenswert sind, wenn sie den entscheidenden Ball nicht ins Tor bringen und nicht zum beliebtesten Schüler der Klasse gewählt werden. Fehlt es im Umfeld hingegen an Einfühlung, entwickelt das Kind eine strafende innere Stimme, die ständig die Botschaft wiederholt »Du hast nicht genug getan«, was oft zu der sinnlosen Schlussfolgerung »Du bist nicht genug« oder ihrer Ableitung »Du bist nicht gut genug« führt.

Im Heranwachsen unterschätzen wir ständig die Vergangenheit, die wir in Beziehungen einbringen. Selbst die gesündesten Menschen schleppen ihre Geschichte mit sich herum, und nur die Einfühlung vermag sie bewusst zu machen, indem sie unsere Wahrnehmungen leitet und uns verstehen hilft, wo die Vergangenheit auch weiterhin die Gegenwart lenkt. Eine Sitzung mit Andrew mag diesen Punkt verdeutlichen. Andrew, dreiunddreißig, kam mit einem »großen Problem«, wie er es nannte, in die Therapie. »Ich bin verliebt und wirklich sehr glücklich, aber ich kann keine Bindung eingehen.« Bei diesen Worten errötete er heftig. »Das ist schrecklich, ich schäme mich so. Sie sind der einzige Mensch, dem ich das je erzählen konnte, und ich hoffe, Sie werden das verstehen und nicht denken, ich sei einfach ein fürchterlich oberflächlicher Mensch. Mir ist klar geworden, dass ich Annie nicht heiraten kann, weil sie einen riesigen Hintern hat. Damit habe ich einfach ein Problem.«

Weil ich Andrews tiefe Verlegenheit spürte und wusste, dass er selbst eine beiläufige Geste oder eine leichte Veränderung im Tonfall als Missbilligung deuten könnte, achtete ich darauf, sehr genau zuzuhören und meine Stimme neutral zu halten. Ich wusste, dass Andrews Sorge um den Körper seiner Partnerin weit über ein oberflächliches Interesse an der »perfekten Figur« hinausging und etwas berührte, von dem wir beide in diesem Moment noch nichts wussten.

»Ich frage mich, was da sonst noch mit im Spiel sein könnte«, sagte ich, »denn Ihre Gefühle scheinen sehr tief zu gehen.« Bei dieser Bemerkung entspannte Andrew sich sichtlich, denn an meinem Tonfall und der ausgeglichenen Art, mit der ich die Sache anging, spürte er, dass ich mich mit ihm auf eine wichtige Erkundung begab und seine Gedanken und Gefühle nicht verurteilte, sondern zu verstehen versuchte, um ihn von seiner Scham und Schuld zu befreien.

»Ich weiß nicht«, sagte er mit einem tiefen Seufzer. »Ich mag alles an ihr. Ich mag ihren kräftigen Körper und ich bewundere ganz besonders ihre Sportlichkeit. Aber ich kann mir einfach nicht vorstellen, eine Frau mit großem Hintern zu heiraten.«

An diesem Punkt hätte ich ihm eine zwar einsichtige, aber ganz bestimmt nicht hilfreiche psychologische Erklärung anbieten können wie etwa: »Offenbar projizieren Sie Ihr Gefühl der Unzulänglichkeit auf sie« oder »Sie konzentrieren sich auf die oberflächlichen Aspekte der Beziehung, weil Sie Bindungsängste haben«. Eine andere Möglichkeit wäre gewesen, Andrew direkt zu fragen, warum er sich in der Gegenwart von Frauen »unzulänglich« fühle. Stattdessen wandte ich Einfühlung an, um das Bild zu erweitern und der Wahrheit möglichst ans Licht zu verhelfen.

»Lassen Sie uns mal sehen, ob ich Sie verstehe«, sagte ich. »Sie mögen ihren kräftigen, sportlichen Körper, aber dann konzentrieren Sie sich auf ihr Hinterteil, und Ihre sehr positiven Gefühle und Wahrnehmungen verwandeln sich zu einer Beschäftigung mit diesem speziellen Körperteil.«

»Das ist richtig«, sagte er. »Sie ist eine kräftige Frau, aber sie ist auch eine große Frau, und mit diesem Körpertyp habe ich immer Schwierigkeiten gehabt.«

»Vielleicht können Sie mir erzählen, wie es dazu kam, dass Sie mit großen Frauen Probleme haben?«, fragte ich ihn.

»Diese Frauen nehmen das Heft zu sehr in die Hand, Sie kennen diesen Typus, sie kontrollieren einen, dominieren...« Seine Stimme verlor sich.

»Kennen Sie denn große Frauen, die kontrollieren und dominieren?«, hakte ich nach.

»Gewiss, in der Arbeit, überall.«

»Gehören denn viele der Frauen, mit denen Sie zusammenarbeiten, zu dieser dominanten Kategorie?«

»Nein, nicht alle«, sagte er nach einem Moment des Nachdenkens. »Ich kenne ein paar kleine Frauen, die dominant sind. Also eigentlich sind die meisten Frauen, mit denen ich zusammenarbeite, freundlich und rücksichtsvoll anderen gegenüber.«

Es folgte wieder ein langes Schweigen, während Andrew mit seinen Gedanken und Gefühlen kämpfte.

»Ist es für Sie ein vertrautes Gefühl, dass große Frauen dominant sind?« Jemanden zu fragen, ob ihm ein Gedanke oder ein Gefühl vertraut oder gewohnt ist, hilft oft die historischen Wurzeln des Verhaltens aufzudecken.

»Ja«, sagte er ohne zu zögern.

»Können Sie sich erinnern, wann Sie dieses Gefühl gehabt haben?«

»Meinen Sie, als ich jung war?«

»Nicht unbedingt«, sagte ich. »Ich frage mich nur, wann Ihnen das schon mal passiert ist.«

»Wenn ich jetzt so mit Ihnen spreche, ich weiß nicht...« Wieder eine lange Pause. »Vermutlich habe ich dieses Gefühl vor langer Zeit gehabt.« Wieder eine lange Pause. »Meine Mutter war eine große Frau.«

Während dieser Sitzung erzählte er dann später noch ausführlich von seiner Mutter. »In ihrer Gegenwart kam ich mir immer klein vor. Sogar jetzt, wenn ich nur daran denke, fühle ich mich ganz klein. Ich mag kleine Frauen, da fühle ich mich wohler. Bei ihnen habe ich weniger Angst, nicht zu genügen, und ich muss nicht befürchten, dass sie sich als eine jüngere Ausgabe meiner Mutter entpuppen.«

Und so kreisten wir nach und nach den Tatort ein, an dem Andrew als Kind von seiner Mutter gedemütigt worden war, einer großen Frau, die von ihrem Mann verlassen worden war und vier kleine Jungs ganz allein großziehen musste. Sie ließ ihre Enttäuschungen an den Kindern aus und seitdem hat Andrew sich großen Frauen gegenüber misstrauisch verhalten. Aus dieser Angst konstruierte er sich das Bild seiner Idealfrau: adrett, klein, mit kleinem Hinterteil – das genaue Gegenteil seiner Mutter, wenigstens dem Äußeren nach.

Indem die Einfühlung ihn anleitete, einen Blick hinter die oberflächlichen Feststellungen und Pauschalurteile zu werfen, gelang es Andrew, seine fixen Vorstellungen neu zu bewerten und klar zu erkennen, wie sehr er die Vergangenheit mit der Gegenwart vermischte. Er gelangte zu der Einsicht, dass eine kleine Frau seine Vergangenheit nicht zu verändern vermochte oder ihn davor bewahren konnte, sich unzulänglich zu fühlen, genauso wenig wie eine große Frau automatisch die Muster seiner Vergangenheit wiederholen würde. Indem er an den Tatort zurückkehrte, konnte er damit beginnen, die Gespenster der Vergangenheit zu beerdigen.

Idealvorstellungen sind konstruierte Schöpfungen – sie gehören nicht der Wirklichkeit an. Wahre Intimität können wir nur erfahren, wenn wir bereit sind, andere Menschen als die komplizierten Wesen zu sehen, die sie sind. Wenn wir beginnen, unsere Augen zu öffnen und hinter das Bild zu schauen, wächst die Herausforderung an die Einfühlung, denn wir bleiben oft an den »schlechten Teilen« hängen und zollen den »guten Teilen« nur unzureichende Aufmerksamkeit. Dies ist das schwierige und fordernde Stadium einer Beziehung, das ich Polarisation nenne.

Zweites Stadium: Polarisation

Wenn die Wirklichkeit Einzug hält, tauchen Risse in den Bildern auf, die wir konstruiert haben. Plötzlich erkennen wir die Unzulänglichkeiten, die wir in der Idealisierungsphase übersehen haben, als unsere Augen von Vorstellungsliebe getrübt waren. Wenn unser Blick klar wird, fallen uns die störenden Angewohnheiten unseres Partners, seine körperlichen Defekte und emotionalen Mängel auf. Blitzartig wird uns klar, dass der Mensch, den wir idealisiert haben, zu laut lacht, uns beim Sprechen unterbricht oder unpassende Scherze macht. Es fallen negative Bemerkungen und intolerante Äußerungen, Meinungen werden an unpassender Stelle ins Gespräch gebracht, oder wir entdecken, dass der andere überhaupt keine eigene Meinung hat. Wir machen die Erfahrung, dass unsere Partner nie Sex haben wollen oder ihre Hände nicht von uns lassen können, zu viel schwitzen, stinkende Füße, Mundgeruch oder kaputte Zähne haben.

Während die ersten Risse in den Idealbildern auftauchen, die wir mit so viel Energie konstruiert hatten, ertappen wir uns bei Spontanurteilen und der Äußerung von Gemeinplätzen. Er ist überdreht. Sie ist faul. Er ist passiv. Sie ist aggressiv. Nie macht er etwas spontan. Sie wechselt ständig ihre Meinung. Sein Sauberkeitsfimmel ist schon neurotisch. Sie ist eine Schlampe.

Für Carolyn gehörte zur Polarisierungsphase die offenbar unvermittelte Erkenntnis, dass der Mann, den sie idealisiert hatte, nicht so perfekt war, wie sie gedacht hatte. Seine Scherze seien ordinär, behauptete sie. Er ginge beim Liebesspiel mechanisch vor. Er zolle ihren Bedürfnissen und Wünschen keine Aufmerksamkeit. Als Gesprächspartner stoße er ernsthaft an seine Grenzen. Er sei langweilig, selbstsüchtig, herzlos, oberflächlich und so weiter.

Rasch wechselte Carolyn vom Besonderen zum Allgemeinen. »Das betrifft nicht nur diesen Mann«, pflegte sie mir zu sagen, »alle Männer sind so. Sie sind alle gleich. Es endet immer so.« Diese Verallgemeinerungen verbreiteten sich in immer größer werdenden Kreisen, bis sie Carolyns Welt und sie dazu eingeschlossen hatten. »Ich bin so ein Dummkopf, immer wieder mache ich das, warum lerne ich nichts daraus?«, klagte sie. »Was ist nur los mit mir, warum weiß ich es nicht besser? Mein Leben ist so flach, so künstlich, alles spielt sich nur an der Oberfläche ab. Ich sollte wohl hinnehmen, dass ich Beziehungen von einiger Tiefe nicht gewachsen bin.«

Befand sie sich dann wieder im Stadium der Idealisierung, konnte Carolyn sich selbst im Spiegel des anderen sehen, ein schönes und makelloses Spiegelbild. Zeigte jedoch das Bild ihres Liebhabers Risse, zersprang auch ihres. Aus Angst vor diesem Bild, das ihrer Überzeugung nach Schwäche und Auflösung zeigen würde, beendete sie die Beziehung und fing von Neuem an, gefangen vom Spaß an der Eroberung und dem Taumel zu idealisieren und idealisiert zu werden.

Das Polarisierungsstadium von Beziehungen kann turbulent und verwirrend sein. Wird es aber von der Einfühlung bestimmt, können wir lernen, die neue Wirklichkeit aufzunehmen und anzuerkennen, dass jeder Schwächen und Fehler hat. Mit diesem Wissen sehen wir uns vor der Herausforderung, uns unsere gegenseitigen Unzulänglichkeiten vorzunehmen, zu erfahren, was wir verändern können und was nicht, und festzulegen, wie viel Zeit und Aufmerksamkeit wir dem Prozess der Veränderung und des Wachstums zubilligen wollen. Wenn wir erkannt haben, dass unterschiedliche Menschen unterschiedliche Zielvorstellungen im Leben haben, nutzen wir die Einfühlung, um herauszufinden, ob wir uns einer anderen Perspektive anpassen können und die anderen wiederum bereit sind, ihre Standpunkte zu verändern, um sich auf unseren eigenen Lebensentwurf einzustellen.

Fehlt die Einfühlung, versuchen wir den Status quo zu halten und die holprige Fahrt zu überstehen, ohne uns unserer Macht bewusst zu sein, Wege ebnen zu können. Oder wir beenden die Beziehung abrupt und fangen wieder von vorne an, wie es Carolyns Muster entsprach. Wird eine Beziehung nicht von Einfühlung getragen, haben wir keine Hoffnung, durch Polarisation zum Integrationsstadium voranzuschreiten.

Die Hauptmerkmale des Polarisierungsstadiums sind Verallgemeinerung, das Entweder-Oder-Phänomen und die Projektion.

Verallgemeinerung. Ein 51-jähriger Mann wandte sich verzweifelt an Ann Landers um Rat. Er war seit kurzem mit einer Frau verheiratet, die schon »dreimal vor dem Altar gestanden hatte« und, wie er erklärte, die ärgerliche Angewohnheit hatte, ständig über Männer herzuziehen. Sie konnte seine männlichen Freunde nicht ausstehen und machte sich ständig über die Freunde ihrer Tochter lustig. Am glücklichsten schien sie zu sein, wenn sie sich mit anderen Frauen zusammentun und in deren Klage, von Männern verletzt oder ungerecht behandelt worden zu sein, einstimmen konnte. Wann immer sie eine Geschichte über einen Schürzenjäger, Spieler oder starken Trinker hörte, lautete ihr Kommentar: »Typisch Mann.« Als ein Nachbar mit einem jungen Hund auf Besuch kam und ihren Mann warnte, vorsichtig zu sein, da der Hund keine Männer zu mögen schien, meinte seine Frau dazu: »Kluger Hund.«

»Wie kann ich ihr verständlich machen, dass ihr ständiges Herziehen über Männer unserer Beziehung schadet?«, fragte er.

Ann Landers Reaktion darauf war die Gegenfrage an den Mann, warum ihm diese negative Seite seiner Frau nicht schon vor seiner Heirat aufgefallen sei. Sie riet ihm, seine Frau wissen zu lassen, wie sehr ihre Bemerkungen ihn verletzten. Therapie könne helfen, schlug sie vor.

Die Kummerkastenspalte der Ann Landers erlaubt keine langen, ausführlichen Antworten, aber aus der Perspektive der Einfühlung würde ich gern mehr über den Hintergrund dieser Frau und ihre Männergeschichten erfahren. Wut ist oft mit langjährigen Erfahrungen der Demütigung verbunden. Auf welche Weise war sie von den Männern in ihrem Leben verletzt worden? Wann hatte sie gelernt, alle Männer über einen Kamm zu scheren, und welchen Trost oder Schutz bringt ihr diese Verallgemeinerung? Wann und wo in der Vergangenheit hat man ihr die Einfühlung versagt?

Die Beantwortung dieser Fragen braucht Zeit, aber der Prozess würde allen Beteiligten etwas bringen. Würde man diese Frau mit Einfühlung behandeln, würde sie lernen, dass man ihre Vorbehalte gegen Männer nicht einfach abtut. Sie würde neue Einsichten in ihre Gedanken und Gefühle erlangen. Sie würde entdecken, dass ihre groben Verallgemeinerungen ihren Ehemann verletzen, weil sie ihn mit allen anderen Männern in einen Topf wirft und ihm somit seine Einzigartigkeit verweigert.

Ihrem Ehemann wäre geholfen, wenn er wüsste, dass ihre Negativität einer verengten Perspektive entstammt, wie sie bei Menschen auftaucht, die keine Einfühlung erfahren haben, deren Gedanken und Gefühle man also nicht verstanden hat und mit denen man auch nicht sensibel und besorgt umgegangen ist. Einfühlung würde ihm helfen, sich seiner Situation zu stellen und neue Wege zu entdecken, mit ihr zurechtzukommen. Welche Scheuklappen gibt es in seiner Geschichte, die ihn das Offensichtliche nicht sehen lassen? Wird seine Frau sich ändern oder ist sie zutiefst und unveränderlich von ihrer Sehweise überzeugt? Und wird er, sofern er sich ihr anpasst, nicht am Ende gegen seine eigenen Interessen handeln?

Antworten auf diese Fragen findet man nicht ohne tiefes Schürfen in der Seele. Während die Einfühlung uns für gewöhnlich davor schützt, Energie in einen verlorenen Kampf zu investieren, bleiben wir manchmal doch bei der Sache, selbst wenn alle Zeichen auf »Weitergehen« stehen. Vor vielen, vielen Jahren, als ich noch jung und ein wenig naiv war, arbeitete ich mit einem Paar, das eine Scheidung in Erwägung zog. Er gab offen zu, dass er »dieses romantische Gefühl« für seine Frau verloren hatte. Doch obwohl sie wusste, dass seine Gefühle für sie sich nicht ändern würden, beschloss sie bei ihm zu bleiben. Beide waren Intellektuelle und hatten viele Gemeinsamkeiten – Gespräche über das Tagesgeschehen, die Lektüre der Klassiker, die Teilnahme am Bostoner Konzert- und Theaterleben. Gemeinsam kamen sie zu der Entscheidung, dass es, selbst wenn sie nie wieder Sexualpartner sein sollten, doch andere Stärken in ihrer Beziehung gab, die sie zusammenhalten würden.

Meine Sorge, dass die Frau sich auf eine Beziehung einließ, die ihr womöglich am Ende keine Erfüllung brachte, muss wohl zu spüren gewesen sein. »Ich glaube, Sie sind enttäuscht«, sagte sie eines Tages zu mir. »Wenn Sie einmal so alt sind wie ich jetzt, werden Sie vielleicht begreifen, dass Sex zwar wichtig ist, aber andere Dinge, darunter die Qualität der gemeinsam verbrachten Zeit, sehr viel wichtiger sind.«

Einfühlung bedeutet nicht, dass sich alles zum Besten wendet, aber zuletzt bestätigt einen der Verlauf, dass man seinen Weg gegangen ist, ohne sich auf Abkürzungen einzulassen und die Komplexität der Welt auf schwungvolle Verallgemeinerungen zu reduzieren. Die Einfühlung weigert sich, unsere Gedanken und Gefühle als »schlecht« oder »gut« zu bezeichnen und macht sich stattdessen dafür stark, alle Aspekte unserer Erfahrung in ein großes Ganzes zu verweben, das mit jeder neuen Erfahrung und Einsicht zur Veränderung fähig ist. Nur mit Einfühlung können wir entdecken, ob wir bereit sind, mit dem »ganzen Bild« zu leben oder ob wir wieder neu anfangen müssen.

Das Wichtigste hierbei ist der Verzicht auf Verallgemeinerungen, denn wann immer wir in globalen Begriffen denken, denken wir nicht einfühlend. Die Einfühlung möchte die Wahrheit über dieses eine Individuum oder diese ungewöhnliche Situation *zu diesem besonderen Zeitpunkt* erfahren. Kommt der Einfühlung eine Verallgemeinerung zu Ohren, möchte sie diese sofort verreißen, weil sie weiß, dass flott dahingesagte oder vage Behauptungen individuelles Verhalten nicht erklären können. Die Einfühlung erinnert uns daran, dass es so etwas wie »typisch männlich« oder »typisch weiblich« gar nicht gibt. Jeder Mensch ist eine Ausnahme, keine Regel.

Wenn wir gestresst, müde, durcheinander oder von Gefühlen überwältigt sind, lassen wir uns zu Verallgemeinerungen hinreißen. Indem wir alles über einen Kamm scheren, machen wir uns die Arbeit leichter, etwas zu verstehen. Es ist ein gutes Gefühl, alle unsere Mehrdeutigkeiten und Unsicherheiten zu nehmen und in kleine ordentliche Päckchen zu wickeln, die wir dann verstauen. Wenn wir sagen: »Männern kann man nicht über den Weg trauen«, vermeiden wir die Schwierigkeit, erklären zu müssen, warum man manchen Männern trauen kann und anderen nicht. Wenn wir sagen: »Männer stammen vom Mars und Frauen stammen von der Venus«, ist das ein hübscher, sauberer Weg, unsere Welt und alle Menschen darauf in ein Konzept zu pressen. »Männer suchen den Rückzug, Frauen wollen sich einmischen«, ist ein schwungvoller Versuch alle Differenzen zwischen Männern und Frauen in zehn oder weniger Worten zusammenzufassen. »Frauen reden gerne, bevor sie Sex haben, Männer wollen nur Sex«, mag eine allgemeine Wahrheit sein, aber sie trifft nicht auf alle Individuen zu. »Die Lieblingsemotion der Männer ist die Wut, die Lieblingsemotion der Frauen ist Traurigkeit«, ist ebenfalls eine Verallgemeinerung, die zum Teil stimmen mag, aber nicht ganz.

Es mag zwar ein gutes Gefühl vermitteln, unsere Welt durch Verallgemeinerungen zu vereinfachen, doch die Forschungen von Vicki Helgeson legen nahe, dass ein zu enges Kleben an stereotypen Verhaltensweisen für unsere Gesundheit schädlich sein kann. In Helgesons Untersuchung kamen bei Männern, die in puncto traditionelle Männlichkeit wie Konkurrenzdenken und Feindseligkeit hohe Werte erzielten, schwere Herzanfälle mit sehr viel größerer Häufigkeit vor als bei Männern, die weniger aggressiv und streitsüchtig waren, während Frauen, die dem klassischen Profil der sich selbst aufopfernden Frau am meisten entsprachen, zu gefährlichen Herzleiden neigten. Zwängen wir uns also in gewisse kulturelle Stereotype, führt das offenbar zu einer Unausgeglichenheit, die unseren Herzen schadet.

Die Einfühlung sucht die ganze Wahrheit, weil sie weiß, dass ohne sie unsere Beziehungen zu anderen und zu uns selbst Kompromisslösungen sind. Halbwahrheiten liefern nur das halbe Bild. Die Menschen sehnen sich aber nach einer tieferen Verbindung (wir nennen sie Intimität), wo unsere Herzen und unser Geist sich frei vermischen können. Nur dort, in der Tiefe, fühlen wir uns vollkommen verstanden und wahrhaft geliebt für unser ganzes Selbst, mit Warzen, Narben, Mängeln und allem Drum und Dran.

Das Entweder-oder-Phänomen. Verallgemeinerungen führen zu dem von mir so bezeichneten Entweder-oder-Phänomen. Entweder du liebst mich oder nicht. Entweder du bist für mich oder du bist gegen mich. Entweder du akzeptierst mich, wie ich bin, oder du findest jemand anderen, weil ich mich nicht ändern werde.

Entweder-oder-Verhalten schließt die Einfühlung aus, weil es die Welt auf Schwarz und Weiß reduziert. Die Einfühlung bewegt sich immer in den Grauzonen, den Orten, wo die Vieldeutigkeit und die Ambivalenz zu Hause sind. Einfühlung und Vieldeutigkeit sind Freunde – sie verstehen einander. Beide wissen um die komplizierte Wahrheit der Menschen – dass wir sowohl dies als auch das sein können, verdreht *und* gerade, mit Vorurteilen behaftet *und* tolerant, dankbar *und* gierig, ehrlich *und* betrügerisch, verzeihend *und* nachtragend, hoffnungsvoll *und* verzweifelt. Die Einfühlung spürt die Widersprüche auf, fragt nach dem Warum. Warum bin ich so durcheinander? Warum bin ich im einen Augenblick freundlich und im nächsten grausam? Warum sollte ich mich verändern? Warum sollte ich mich nicht verändern?

In der Welt der Einfühlung ist immer Platz für die komplizierten Drehungen und Wendungen des wirklichen Lebens. Indem die Einfühlung die Vielfalt annimmt, hält sie unseren Geist wach und erlaubt uns, unsere widersprüchlichen Gefühle zu durchforsten. Das Endergebnis ist dann ironischerweise größere Klarheit. Wenn wir die Tatsache akzeptieren, dass die Welt und alle Menschen darin – wir natürlich eingeschlossen – nicht schwarz oder weiß sind, sondern, wie einer meiner Patienten es formulierte, »voller Grau«, können wir von fixierten Wahrnehmungen zu sehr viel durchlässigeren, mobileren, interaktiven Beziehungen zu anderen kommen. Wir sehen, dass es falsch ist, Menschen in Schubladen zu stecken, und verschreiben uns stattdessen der sehr viel fordernderen Aufgabe, sie als einzigartig und individuell wahrzunehmen. Auf diese Weise und vielen anderen Wegen führt uns die Einfühlung zur Toleranz von Unterschieden – der Fähigkeit, die Welt so auszuweiten, dass mehr als ein Standpunkt darin Platz findet.

Das Gegenmittel zur Polarisation von Entweder-oder ist die Haltung des Sowohl-als-auch. Wir sind aus vielen Teilen zusammengesetzt – das ist die Natur des Menschen. Wir sind einzigartig, wir sind sogar außergewöhnlich, doch wir sind auch gewöhnlich. Wenn wir das realisieren, entdecken wir, was Bescheidenheit ist, nämlich die Anerkennung, dass wir nicht alles, aber doch wenigstens etwas sein können. Was willst du sein? So lautet die gefühlvolle Frage der Empathie. Und wie willst du dorthin gelangen? Das ist die von Herzen kommende Antwort der Einfühlung.

Die Einfühlung gibt nicht automatisch Antworten, sondern ihr macht es Freude, einen immer tiefer in die Frage selbst hineinzuschieben. Da wir ja offensichtlich nicht dort sind, wo wir sein möchten, da wir noch so viel Arbeit vor uns haben: Was sollen wir als Nächstes versuchen? Das Abenteuer, uns selbst kennen zu lernen, steht im absoluten Mittelpunkt des Aufbaus intimer Beziehungen.

Hinunterzufallen und wieder nach oben zu kommen ist der Faden, der das Gewebe zusammenhält, das wir Leben nennen. Die Einfühlung rät uns, uns den Staub abzuklopfen und weiterzugehen, jenen Ort des Gleichgewichts zu suchen, wo wir uns so annehmen können, wie wir sind (aus vielen Teilen gemischt) und wie wir werden möchten (noch immer aus vielen Teilen bestehend, aber mit einem besseren Gefühl dabei). Wenn wir in den zersprungenen Spiegel sehen und demütig das unvollkommene (aber wahre) Bild akzeptieren können, das uns daraus anstarrt, können wir auch lernen, die Unvollkommenheiten der anderen zu akzeptieren. Bescheidenheit führt zur Toleranz. Die Akzeptanz unseres eigenen widersprüchlichen, komplizierten Wesens führt zur Akzeptanz einer ähnlichen, aber völlig anders zusammengesetzten Persönlichkeit anderer Menschen.

Einfühlung verlangt Flexibilität. Die wahre Natur der Einfühlung ist die Fähigkeit, sich zu beugen und zu dehnen, was uns erlaubt, die Möglichkeit des Wechsels und der Veränderung in Erwägung zu ziehen. Wie die wissenschaftlichen Psychologen Sarah Hodges und Daniel Wegner es bezeichnen, gehört zur Einfühlung »eine durchgängige Transformation«.

»Um in einer gewissen Situation Einfühlung für jemanden aufzubringen, ist mehr vonnöten als die einfache Veränderung des eigenen räumlichen Standpunkts; genauso gehört dazu, dass man die Situation, wie auch die Erinnerung an Ereignisse und die eigene Gefühlsreaktion darauf, völlig neu beurteilt, ebenso die Vorstellung, die man von den Wesenszügen und Zielen der Person hat, und zuletzt auch noch die Vorstellung von einem selber.«

Projektion. »Sind Sie wütend auf mich?«, fragte mich Derek, ein 52-jähriger Steuerberater, der sich vor kurzem von seiner Frau getrennt hatte.

»Nein«, lautete meine ehrliche Antwort. »Aber können Sie mir sagen, wie Sie darauf kommen?«

»Na ja, Sie sahen wütend aus, als Sie ins Wartezimmer kamen«, erklärte Derek.

»Tatsächlich?« Ich fragte das aus echtem Interesse, nicht um seine Wahrnehmung infrage zu stellen. »Was ist Ihnen an mir aufgefallen?«

»Mir ist aufgefallen, dass Sie keinen Augenkontakt zu mir aufnahmen«, erläuterte er. Plötzlich runzelte er die Stirn: »Nein, wenn ich jetzt darüber nachdenke, weiß ich gar nicht, warum ich geglaubt hatte, Sie seien wütend auf mich. Vielleicht hatte es was mit der Sitzung von letzter Woche zu tun, die meiner Ansicht nach nicht so gut lief.«

»Und weshalb?«, hakte ich nach.

»Ich dachte, Sie würden mir die Schuld für den Streit geben, den ich letzte Woche mit meiner Frau hatte, und nicht ihr.«

»Sie fühlten sich also beschuldigt?«

»Ich war irritiert, weil Sie meine Position nicht verstanden«, erklärte er. »Ich war sauer auf Sie. Ich war wütend. Ich glaube, ich bin immer noch wütend auf Sie.«

In dieser Interaktion brachte der Patient zum Ausdruck, dass er glaubte, ich sei wütend auf ihn, wohingegen er in Wahrheit mit mir nicht zurechtkam. Das ist Projektion – wenn man an einer anderen Person gewisse Gedanken, Gefühle oder Verhaltensweisen wahrnimmt, die man bei sich selbst leugnet. Mein Patient projizierte seinen Ärger auf mich, weil seine Gefühle ihn überwältigten und er nicht wusste, wie er damit umgehen sollte.

Projektion läuft oft unbewusst ab; Psychologen nennen sie manchmal auch projektive Identifikation, was bedeutet, dass ich mich als der Projizierende mit etwas im anderen identifiziere und mich dann darüber beklagen kann, ohne mich selbst wahrnehmen oder einschätzen zu müssen. Die Projektion ist ein Abwehrmechanismus, aber letztendlich ist sie unsinnig. Wenn wir projizieren, versuchen wir gewisse Teile unseres Selbst nicht wahrhaben zu wollen oder zu leugnen und diese unerwünschten Eigenschaften anderen zuzuschreiben. Projektion ist dem Phänomen der Vorstellungsliebe nah verwandt, die man im Idealisierungsstadium einer Beziehung so oft erlebt. Dank der Vorstellungsliebe sieht man den anderen als den perfekten Partner, die ideale Person, die einen zur Erlösung führen kann. Merkt man jedoch, dass der andere gar nicht so perfekt ist oder keiner kommt, um einen zu erlösen, ist man versucht, die Schuld daran auf den Partner (oder jemand anderen) zu schieben. Ich projiziere also, nehme meine Probleme, kleistere den anderen damit zu und beschuldige ihn dann, dass er mir das Leben schwer macht.

Vorstellungsliebe und Projektion stellen Versuche dar, mit uns selbst ins Reine zu kommen. Beide Strategien gehen jedoch ins Auge, denn sie entfernen uns von der Realität, von uns selbst und von den Menschen, die uns am Herzen liegen. Wir idealisieren die anderen, weil wir selbst auch idealisiert werden wollen; wir projizieren unsere Gefühle auf andere, weil diese Gefühle nicht zu dem Bild passen, das wir von uns aufgebaut haben. Aber wie schmerzhaft ist es, wenn wir merken, dass das Idealbild Risse hat – denn dieses Bild reflektiert direkt auf uns zurück. Nur mit Einfühlung können wir in diesen gesprungenen Spiegel schauen und dabei lernen, sowohl den unvollkommenen Anderen als auch das unvollkommene Selbst zu akzeptieren. Nur mit Einfühlung kommen wir zu dem Schluss, dass das Spiegelbild nur ein Teil von uns ist, nicht unser ganzes Selbst. Nur mit Hilfe der Einfühlung können wir unsere Kraft und unser Bemühen auf die Veränderung des Bildes verwenden, um der Realität zu entsprechen.

Carolyn war immer auf der Suche nach dem Idealmann, dem gut aussehenden, klugen Typ, der wusste, was er wollte, und seine Ziele bestimmt und manchmal sogar rücksichtslos verfolgte. Ihr eigentliches Ziel war Perfektion, und Carolyn strebte mit all ihrer Kraft danach, suchte nach dem idealen Partner, machte den neuesten Diätfimmel mit, füllte ihren Schrank mit teuren Kleidern und zwang sich, in der Woche fünfzig Kilometer zu laufen.

Zu Beginn unserer Therapiesitzungen idealisierte sie mich und versuchte, mich auf subtile, aber unmissverständliche Weise für sich zu gewinnen. Einfühlend versuchte ich ihr klarzumachen, dass ich an der echten Carolyn interessiert war, nicht an dem von ihr so sorgsam aufgebauten Bild der schönen Frau mit Sexappeal, die sich immer unter Kontrolle hat, immer die Erwartungen erfüllt, nie das Make-up ablegt. Ich wollte die Person mit all ihrer Sehnsucht, Hoffnung und Verzweiflung kennen lernen und verstehen, die hinter all diesen schönen, aber oberflächlichen äußeren Schichten steckte.

Durch Einfühlung hoffte ich Carolyns Bild von sich zu erweitern und ihre Offenheit gegenüber neuen Erfahrungen zu steigern. Ich versuchte ihre Art der Selbsteinschätzung, die auf dem beruhte, was ihrer Meinung nach die anderen von ihr erwarteten, zu dem hin zu verändern, was sie selbst an sich besonders schätzenswert fand. *Wer bin ich? Was erwarte ich mir vom Leben?* Dies sind die für die Einfühlung zwingendsten Fragen. Durch Einfühlung lernte Carolyn, die Antworten in sich selbst zu suchen, anstatt sich von anderen Leuten sagen zu lassen, wer sie sein oder nicht sein sollte.

In diesem einfühlenden Prozess lernte Carolyn, sich selbst zu schätzen und ihren Instinkten zu vertrauen. Und genau diesen Prozess meinte der Psychologe und Verfechter einer personenbezogenen Psychotherapie, Carl Rogers, wenn er von der »Entwicklung der Persönlichkeit« spricht. Er schreibt:

»Der Klient bekommt zunehmend das Gefühl, dass diese Bewertungsinstanz in ihm selber liegt. Immer weniger richtet er sich nach den anderen, nach ihrer Zustimmung oder Missbilligung, ihren Normen, wie er leben, welche Wahlen und Entscheidungen er treffen sollte. Er erkennt, dass es bei ihm liegt zu wählen; dass die entscheidende Frage lautet: ›Lebe ich so, dass ich innerlich zufrieden bin, sodass wirklich ich es bin, der sich darin äußert?‹ Dies scheint mir die wichtigste Frage, die sich der schöpferische Einzelne stellt.«

Das Selbst wahrhaftig und offen auszudrücken bedeutet, auch jene Teile des Selbst mit einzuschließen, die wir ansonsten gerne ausmerzen oder ignorieren würden. Wenn wir daran arbeiten, unsere Unzulänglichkeiten anzuerkennen, zeigt uns die Einfühlung einen Weg aus dem Polarisierungsstadium. Denn wenn wir akzeptieren, dass uns eine Verbesserung nicht schaden kann, müssen wir auch anerkennen, dass andere ebenfalls an sich arbeiten müssen. In dem fortlaufenden Prozess von Selbsterkenntnis und Fremderkenntnis, der alle gesunden Beziehungen charakterisiert, hilft die Einfühlung uns damit klarzukommen, wie wir sind und wie wir (unvollkommen) mit den anderen verbunden sind.

Dieser Prozess des Verstehens, der Akzeptanz und der Entschlossenheit zur Veränderung wird uns nicht leicht gemacht. Ist Einfühlung im Spiel, liegt die Betonung immer auf Wachstum. Wenn Patienten nicht weiterkommen und Akzeptanz und Vergebung fordern (»Ich bin nicht vollkommen, wissen Sie«), ist es mein Job, ihr Bedürfnis nach Verständnis anzuerkennen, zugleich aber die Aufmerksamkeit auf die Punkte zu lenken, wo Veränderung und Wachstum möglich sind. »Ich verstehe, weshalb Sie mit Ihrem Kopf woanders sind«, könnte ich einem Patienten sagen, der nicht gut zuhören kann, »aber solange Sie anderen für Ihre Probleme die Schuld geben, werden Sie nur sehr langsame Fortschritte machen.«

In dem Roman ›Lonesome Dove‹ von Larry McMurty unterhalten sich zwei alternde Cowboys über ihren unterschiedlichen Umgang mit ihren eigenen Fehlern. Call meint, er versuche Fehler zu vermeiden, denn dann brauche er sich nicht darum zu kümmern, seine Mängel einzugestehen. Augustus erinnert ihn daran, dass wir alle Fehler machen, ob wir sie nun zugeben oder nicht.

»›Du bist dir so sicher, Recht zu haben, dass es dir egal ist, ob die Leute überhaupt noch mit dir reden. Ich bin froh, genügend Fehler gemacht zu haben, um in Übung zu bleiben.‹

›Warum willst du denn beim Fehlermachen in Übung bleiben?‹, fragte Call. ›Meiner Meinung nach wäre das etwas, was man versuchen sollte zu vermeiden.‹

›Du kannst Fehler nicht vermeiden, du musst lernen, mit ihnen umzugehen‹, erklärte Augustus. ›Wenn du ein oder zwei Mal im Leben mit deinen eigenen Fehlern konfrontiert wirst, ist das besonders schmerzhaft. Ich schaue den meinen jeden Tag ins Gesicht – auf diese Weise sind sie nicht viel schlimmer als eine Trockenrasur.‹«

Der erste Teil des Prozesses besteht darin, sich seinen Fehlern zu stellen. In einem zweiten, nicht minder wichtigen Schritt wird verändert, was zu verändern ist. Wenn wir dazu neigen, anderen die Schuld zu geben, sie zu belügen und zu betrügen, schlecht zuzuhören oder ständig nur ich-bezogen zu reagieren, reicht es nicht, diese Unzulänglichkeiten anzuerkennen – wir müssen etwas daraus machen. Unsere Unzulänglichkeiten können die Wurzeln unserer Stärke und die Mittel unseres Wachstums sein, aber nur, wenn wir sie als Sprungbrett zum Handeln benutzen. Nur wenn wir die Tatsache akzeptieren, dass wir mehr arbeiten müssen (die Arbeit eigentlich nie aufhört), können wir in das Endstadium der reifen, sich immer verändernden, sich selbst verwandelnden Liebe einsteigen – in die Phase der Integration.

Drittes Stadium: Integration

Der integrierten Liebe gilt unsere Sehnsucht, denn nur sie kann die »leeren Räume« in uns füllen – jene Teile des Selbst, die wir ignorieren oder gering schätzen. Im Idealisierungsstadium von Beziehungen hoffen und beten wir, der ideale Andere möge diese Löcher füllen. Im Polarisierungsstadium merken wir (oftmals vor Schmerz aufheulend), dass andere Menschen nicht ideal sind und ebenfalls noch an sich arbeiten müssen. In der Integrationsphase engagieren wir uns dafür, uns durch ehrliches Miteinander, realistische Erwartungen und mit aufrichtigem Respekt für die Einzigartigkeit des anderen gegenseitig im Wachstum zu fördern.

Integrierte Liebe ist das Produkt gegenseitiger Einfühlung, ein Prozess, der sowohl die Bereitschaft beinhaltet, sich zu verschmelzen, als auch die Fähigkeit loszulassen. Man teilt aus ganzem Herzen die Erfahrung des anderen, aber man kehrt immer wieder in das Selbst zurück. In ihrem Buch ›The Healing Connection‹ betonen die Psychiaterin Jean Baker Miller und die Psychologin Irene Pierce Stiver die Macht der gegenseitigen Einfühlung, die sie als »ein Zusammenkommen auf der Basis der wahren Gedanken und Gefühle aller an einer Beziehung Beteiligten« definieren. Sie schreiben:

»Weil jede Person die Gefühle und Gedanken der anderen empfangen und darauf reagieren kann, ist jede in der Lage, sowohl ihre eigenen Gefühle und Gedanken zu erweitern als auch die der anderen Person. Gleichzeitig bereichert jede Person die Beziehung.«

Wieder einmal sehen wir das expansive Wesen der Einfühlung. Da jede Person hart daran arbeitet, die Beziehung zu erweitern, sind die Möglichkeiten für Wachstum und Verwandlung endlos. Die Einfühlung macht unsere Welt größer, indem sie uns die Augen öffnet und uns Dinge zu sehen erlaubt, die wir vorher noch nicht sehen konnten. Integrierte Liebe ist nur dann möglich, wenn gegenseitige Einfühlung die Beziehung beseelt, denn die Einfühlung muss in beide Richtungen fließen, wenn die Beziehung harmonisch bleiben soll. Wie schafft man gegenseitige Einfühlung in seinen Beziehungen und hält sie aufrecht? Die folgenden drei Vorschläge mögen dabei helfen.

Stelle deine Theorien immer wieder auf den Prüfstand. Wir alle haben unsere Theorien darüber, wie eine gute Beziehung aussehen sollte. Wir bauen auf diese theoretischen Modelle, wenn wir versuchen, die Knoten und das Gewirr aufzudröseln, die in jeder Intimbeziehung vorkommen. Wie Straßenkarten sagen unsere Theorien uns, wo wir vom Weg abgekommen sind.

Beziehungstheorien sind oft außerordentlich einfach, weil sie sich um eine allgemeine Hypothese drehen:

- Menschen, die sich lieben, sollten nicht kämpfen.
- Ein Mann sollte immer der Frau nachlaufen; Männer respektieren keine Frauen, die ihnen nachjagen.
- Frauen sagen »Ich liebe dich« mit Worten; Männer sagen es durch ihre Taten.
- Männer werden vom Sex beherrscht; Frauen werden von Beziehungen beherrscht.
- Männer sind schlechte Zuhörer, Frauen sind gute Zuhörerinnen.
- Gute Beziehungen zeichnen sich durch bedingungslose Liebe aus.
- Ein gesundes Sexleben ist entscheidend für eheliches Glück.
- Wenn ich nicht das Gefühl habe, Hals über Kopf verliebt zu sein, kann mit der Beziehung was nicht stimmen.
- Vorrangige Pflicht einer Mutter ist es, daheim bei ihren Kindern zu sein.
- Vorrangigste Pflicht eines Vaters ist es, viel Geld zu verdienen.

Solche eindimensionalen Theorien lassen nur einen geraden und schmalen Weg zu – nur ein falscher Schritt und größere Enttäuschungen sind uns gewiss. Während beispielsweise für viele Paare ein leidenschaftliches Sexleben eine wichtige Voraussetzung ist, gibt es auch viele glücklich verheiratete Paare, die dem Sex keine besondere Bedeutung beimessen. Eine andere Theorie fällt in sich zusammen, wenn wir akzeptieren, dass manche Männer es gern haben, wenn Frauen ihnen nachjagen, und manchmal die Frauen lieber die Verfolgerrolle einnehmen. Und mag die bedingungslose Liebe in der Theorie auch eine schöne Sache sein, so wird sie doch auf eine harte Probe gestellt, wenn der Partner einen grob und mit Geringschätzung behandelt. Ließen wir emotionale oder körperliche Verletzungen zu, wäre dies eine Perversion der Einfühlung, die auf dem Respekt als der Grundlage jeder Beziehung beharrt.

Carolyn hat jahrelang mit der Theorie gelebt, dass es zur Rolle der Frau gehört, einem Mann zu gefallen. Darin gefangen blieb ihr nicht viel Spielraum. Weil sie sich selbst so wenig Platz für Irrtümer einräumte, durchlebte sie heftigen inneren Aufruhr, wann immer sie etwas tat, was die Männer in ihrem Leben wütend machte oder irritierte. Als sie verstand, dass die Ursprünge ihres Verhaltens in ihrer Beziehung zu ihrem alkoholabhängigen Vater lagen, wurde die Theorie demontiert, und sie konnte neue Theorien aufstellen, die ihrer Komplexität gerecht wurden. Sie fühlte sich frei, sie selbst zu sein, sich innerhalb ihrer erweiterten Theorie zu bewegen und eine Intimität zu Menschen zu suchen, die ihr erweitertes (weniger von starren Theorien eingeengtes) Selbst zu schätzen wussten.

Hüte dich vor Selbstgefälligkeit. Wenn Beziehungen sich stabilisieren und andauern, kann es vorkommen, dass wir selbstgefällig werden. Wenn die Selbstgefälligkeit sich erst einmal eingenistet hat, fühlen wir uns weniger motiviert, uns im mühevollen Prozess der Einfühlung zu engagieren.

»Ich weiß, was sie denkt«, sagte ein 50-Jähriger von seiner Frau. Er verschränkte seine Arme vor der Brust in einer Haltung, die besagte: »Fall abgeschlossen.«

»Woher weißt du denn, was ich denke?«, erwiderte seine Frau, die Wangen plötzlich rot vor Zorn.

»Das ist tief eingewurzelt«, entgegnete er mit einem selbstgefälligen

Grinsen. »Ich lebe jetzt seit siebenundzwanzig Jahren mit dir und meine, ich sollte inzwischen fähig sein, deine Gedanken zu lesen.«

»Du weißt überhaupt nichts von mir«, gab sie mit schneidender Stimme zurück. »Hast es nie gewusst und wirst es auch nie wissen.«

»Ich sage doch, dass ich dich in- und auswendig kenne«, sagte er verwirrt und fühlte sich plötzlich missverstanden. »Was soll daran schlecht sein?«

Diese Art der Annäherung à la »ich kenne alles, ich weiß alles« kann sich auf eine Beziehung verheerend auswirken. Weder in der Therapie noch im wirklichen Leben bin ich jemandem begegnet, der glauben möchte, dass jeder Aspekt seines Verhaltens vorhergesagt oder alle Gedanken und Gefühle vorhergesehen werden können. Egal, wie lange man mit jemandem zusammengelebt hat, kann man doch unmöglich alles wissen, was es über sie oder ihn zu wissen gibt, da die Menschen sich ständig verändern. Die Einfühlung ermutigt diesen Wachstums- und Veränderungsprozess des Seins und Werdens.

An einem Sommertag machte ich mit meiner Frau und Valerie, einer alten Freundin der Familie, ein Picknick am Strand. Wir aßen Truthahnsandwiches aus dem Lebensmittelladen vor Ort, und beide Frauen wunderten sich, ob ich nicht mein übliches Thunfischsandwich vermisste. »Ich kenne sonst niemanden, der so versessen auf etwas ist, dass er es jeden Tag essen muss«, lautete Valeries Kommentar.

»Ich mag gar keinen Thunfisch«, sagte ich.

Sowohl meine Frau als auch meine Freundin sahen mich erstaunt an. »Warum isst du ihn dann jeden Tag zum Mittagessen?«, fragten sie einstimmig.

»Weil es gut ist für mich.«

Diese Geschichte aus dem wirklichen Leben veranschaulicht auf einfache Weise, wie Menschen uns nach Jahren noch überraschen können. In der Therapie rate ich meinen Patienten, nach Überraschungen zu suchen, ihren Partnern Fragen zu stellen, um herauszufinden, was diese sowohl von den »großen« Ereignissen unseres Lebens halten (ein Kind aufs College zu schicken, der Umgang mit der Menopause, das Zurechtkommen mit der Gebrechlichkeit der alten Eltern, vierzig, fünfzig, sechzig oder siebzig Jahre alt zu werden) als auch von den »kleinen« Ereignissen (sich die ständigen Klagen einer Freundin über deren Ehemann anhören, der Umgang mit den Wutanfällen eines Kindes, die Beherrschung von Wut und Enttäuschung, wenn man mit unverschämten Menschen zu tun hat). Das Leben ist voller Herausforderungen und Veränderungen und selbst die engsten Freunde sind für Überraschungen gut – sofern man bereit ist, ihnen zuzuhören, ohne automatisch davon auszugehen, die Antwort zu kennen.

Nimm dich in Acht vor kognitiver Verwechslung. Kognitive Verwechslung, manchmal auch Verstrickung genannt, zeichnet sich durch unklare Grenzen zwischen dem Selbst und den anderen aus. Wenn du und ich »eins« sind – und einige würden das als letztes Ziel der Intimität auffassen –, wo endest dann du und wo beginne ich? Die Einfühlung hilft uns zu verstehen, dass wir, obwohl du und ich eins sind, auch zwei sind (und unweigerlich bleiben müssen). Selbst in den intimsten und liebevollsten Beziehungen kommen wir immer zurück zum Selbst. Weil die Einfühlung diese Wahrheit kennt, versucht sie das Selbst zu erweitern, um daraus einen Ort zu schaffen, wo wir gerne wir selbst sind.

Wichtig ist dabei die wechselseitige Abhängigkeit. Wir sind getrennt und fühlen uns wohl in unserer Haut, weil wir wissen, dass wir wieder eins sein können. Zu wissen, dass wir wieder zusammenkommen, erlaubt uns die Zeiten zu tolerieren und zu genießen, in denen wir getrennt sind. Eingedenk der Einfühlung, die in unserer Beziehung vorhanden ist, wenn wir zusammen sind, fühlen wir uns auch wohl und sicher, wenn wir allein sind.

Ich erinnere mich, wie es mir während meiner Zeit auf der Highschool beim Football gelungen war, den Ball hinter die Grundlinie zu bringen, und ich mir dann beim Blick auf die Ränge vorstellte, dass mein Vater seinen Hut in die Luft geworfen hatte, wie er das manchmal tat. Als ich an diesem Abend vom Spiel nach Hause kam, teilte meine Mutter mir mit, dass mein Vater noch immer im Geschäft war – es hatte Probleme mit einer Möbellieferung gegeben und er hatte sich für das Spiel nicht loseisen können. Während mir der Mut sank, fragte ich mich, ob mir der Touchdown auch gelungen wäre, wenn ich gewusst hätte, dass er nicht da war?

Heute weiß ich die Antwort auf diese Frage. Mein Vater ist schon seit zwölf Jahren tot, aber noch immer stelle ich mir vor, dass er hier bei mir ist. Ich spüre seine Anwesenheit mehrmals täglich. Mindestens einmal die Woche mache ich einen Marathonlauf. Ich habe Arthrose im

Rücken und bekomme nach einigen Kilometern Schmerzen. Ich rede mit mir, sage mir, dass ich es schaffen werde, aber manchmal ist der Schmerz sehr heftig, und ich frage mich, ob ich weitermachen kann. An diesem Punkt spüre ich jedesmal, dass mein Vater bei mir ist. Ich höre, wie er mich anfeuert, mir sagt, dass er an mich glaubt. Ich laufe weiter und schließlich lässt der Schmerz nach. Selbst im Tod leistet mein Vater mir Gesellschaft.

Die philosophischen Überlegungen des chassidischen Gelehrten und meisterhaften Geschichtenerzählers Martin Buber haben mich immer getröstet. Und ich bin überzeugt, dass Buber, als er die »Ich-Du«-Beziehung untersuchte, von der Einfühlung sprach, insbesondere vom laufenden Prozess des Eintauchens und Trennens, zu dem es kommt, wenn die Einfühlung eine Beziehung trägt:

»Das Grundwort *Ich-Du* kann nur mit dem ganzen Wesen gesprochen werden. Die Einsammlung und Verschmelzung zum ganzen Wesen kann nie durch mich, kann nie ohne mich geschehen. Ich werde am Du; Ich werdend spreche ich Du.«

»Ich werdend spreche ich Du.« Das ist eine kraftvolle These der Einfühlung. Nur *indem ich Ich werde* – indem ich also mich kennen lerne, mich entdecke, mir meiner Gedanken, Empfindungen und Emotionen bewusst werde –, kann *ich Du sagen.* Nur wenn ich voll und ganz »Ich« bin, kann ich auch darauf vorbereitet sein, ganz und von ganzem Herzen – als ein ganzer Mensch – in eine Beziehung zu treten. Bei der Entwicklung des Selbst kommt es vor allem darauf an, dass wir das Selbst in Beziehung zu anderen menschlichen Wesen bringen. Das ganze Leben dreht sich nur um Beziehungen. Wie Buber meinte: »Wirkliches Leben ist immer Begegnung.«

»Wirkliches Leben ist immer Begegnung.« Die Einfühlung erlaubt, dass die Begegnung zwischen dem Ich und dem Du vollständig realisiert werden kann. Die Emotionen in anderen erkennen, uns auf die Gedanken und Gefühle des anderen Menschen einstimmen, genau auf die Worte hören, die gesprochen werden, während wir zugleich auf das Schweigen Acht geben, das die Worte umkreist, Mimik und Gestik beachten, das Selbst beruhigen und lernen, die eigenen Gefühle auszudrücken ... diese einfühlenden Handlungen sind die Grundbausteine von Freundschaft, Intimität und Liebe.

Eine alte Legende enthüllt eine ganz wesentliche Wahrheit über die Rolle der Einfühlung beim Erschaffen und Aufrechterhalten der Liebe:

»Der Rabbi Mosche Leib von Sasow lernte zu lieben, als er zu einem Gasthof kam und einen betrunkenen Bauern einen anderen fragen hörte: ›Liebst du mich?‹ ›Gewiss liebe ich dich‹, erwiderte der andere. ›Ich liebe dich wie einen Bruder.‹ Aber der Erste schüttelte den Kopf und sagte beharrlich: ›Du liebst mich nicht. Du weißt nicht, was mir fehlt. Du weißt nicht, was ich brauche.‹ Der zweite Bauer verfiel in brütendes Schweigen, der Rabbi Mosche Leib aber verstand: ›Die Bedürfnisse der Menschen zu kennen und die Last ihrer Sorgen zu tragen, das ist die wahre Liebe der Menschen.‹«

Immer und immer wieder wurde ich in Therapiesitzungen Zeuge ähnlicher Interaktionen zwischen zwei Menschen, die einander lieben, aber nicht das Verständnis dafür oder die Fähigkeit haben, ihre Gefühle ganz zum Ausdruck zu bringen und sich von ganzem Herzen auf die Erfahrung des anderen einzulassen.

»Du liebst mich nicht«, sagt der eine.

»Natürlich liebe ich dich«, sagt der andere.

»Aber du hast keine Ahnung, was mir fehlt«, lautet die Antwort. »Du weißt nicht, was ich brauche, du weißt nicht einmal, wer ich bin – wie kannst du dann sagen, du liebst mich?«

Die Einfühlung versorgt uns mit den Einsichten und dem Wissen, das wir benötigen, um die Bedürfnisse anderer zu verstehen, die Abgründe ihrer Sorgen und die Höhenflüge ihrer Freuden zu teilen. Ohne das Verständnis und die aktive Beteiligung, welche die Einfühlung uns gewährt, ist die Liebe ein blutleeres intellektuelles Konstrukt, ein einfaches Wort ohne Bedeutung. Die Einfühlung verleiht der Liebe ihre Höhen, ihr Gewicht und ihr Gleichgewicht. Sie ist das Fleisch und Blut der Liebe, ihr pochendes Herz und ihre suchende Seele.

Die Einfühlung ist der Grund, weshalb es die Liebe gibt.

Kapitel 7

Die dunkle Seite der Empathie

Empathie hilft uns, Gefahr zu wittern. Sie kann uns in die Herzen und Gedanken der Menschen schauen lassen, die uns zu täuschen, zu manipulieren oder zu verletzen beabsichtigen.

Mitten am Tag geht eine 27-jährige Frau namens Kelly in einer großen Stadt vollbepackt mit Lebensmitteltüten nach Hause in ihre Wohnung. Sie regt sich darüber auf, dass die Eingangstür des Gebäudes unverschlossen ist – Warum achtet hier keiner sonst auf Sicherheit? fragt sie sich –, und vergewissert sich, dass sie hinter ihr ins Schloss fällt. Als sie die drei Stockwerke zu ihrer Wohnung hinaufsteigt, müht sie sich mit den Lebensmitteln ab, bis eine der Tüten aufreißt und Dosen und Katzenfutter über die Treppe nach unten hüpfen.

»Ich hab's! Ich bringe sie Ihnen«, ruft eine Männerstimme. Ich mag die Stimme nicht, denkt Kelly, irgendwas gefällt mir daran nicht. Ein junger, freundlich aussehender Mann kommt mit dem Katzenfutter in der Hand die Treppe hochgerannt, lächelt und bietet ihr an, die schweren Tüten zu tragen. Höflich lehnt sie ab. »In welches Stockwerk müssen Sie?«, beharrt er. Aus irgendeinem Grund möchte sie es ihm nicht sagen, aber auch nicht unfreundlich erscheinen.

»In das vierte«, sagt sie.

»Ich muss auch in den vierten Stock«, sagt er und nimmt eine der Tüten. Wieder lehnt sie ab und besteht darauf, die Lebensmittel selbst tragen zu können.

»Man kann auch *zu* stolz sein, wissen Sie«, sagt er.

Trotz ihrer Bedenken überlässt Kelly ihm ihre Tüte. Ihr geht der Gedanke durch den Kopf – ich möchte nicht argwöhnisch erscheinen, nicht zu den Leuten gehören, die jedem misstrauen, der ihnen begegnet. An ihrer Wohnungstür dankt sie dem Fremden für seine Hilfe, aber er stürmt an ihr vorbei mit dem Versprechen, nur die Tüte abstellen zu wollen und dann sofort zu gehen.

Er geht in die Küche und stellt die Lebensmittel auf den Tisch. Dann dreht er sich um und das Lächeln ist verschwunden. Er zieht eine Waffe und vergewaltigt sie.

Danach zieht er sich an, nimmt die Waffe und droht ihr, sich nicht von der Stelle zu bewegen. Er verspricht, ihr nicht weh zu tun, und fügt hinzu, er werde gehen, sobald er in der Küche einen Schluck Wasser getrunken habe.

Jetzt spürt Kelly zum ersten Mal, dass ihr Leben in Gefahr ist, und hat richtig Angst. All ihre Sinne sind geschärft und sie beobachtet jede seiner Bewegungen. Auf dem Weg in die Küche wirft er einen Blick auf seine Uhr und scheint in Eile zu sein. Doch er nimmt sich Zeit, das offen stehende Fenster zu schließen und die Stereoanlage laut aufzudrehen. Er wendet sich ihr zu und sagt, sie solle nicht so ängstlich dreinschauen. Wieder verspricht er ihr, ihr nichts zuleide zu tun. Und plötzlich weiß sie – da gibt es für sie gar keinen Zweifel –, dass er sie töten wird.

Sie steht von ihrem Bett auf und nimmt das Laken mit. Der Vergewaltiger ist in der Küche, wo er eine Schublade nach der anderen öffnet und etwas sucht: Messer, wie sich herausstellt. Unbemerkt schleicht sie sich langsam aus ihrer Wohnung und über den Flur, wo sie die Tür eines Nachbarn öffnet (irgendwie weiß sie, dass diese nicht verschlossen ist), tritt ein, hebt einen Finger an ihre Lippen, um zu signalisieren, dass Schweigen angebracht ist, und verriegelt dann die Tür hinter sich.

Diese Geschichte ist Gavin de Beckers Bestseller ›The Gift of Fear‹ entnommen. Die Angst war Kellys Verbündete, wie de Becker erklärt, denn sie gab ihr genaue Anweisungen zu handeln, um ihr Leben zu retten. Als sie schließlich auf ihre Ängste hörte, war sie auch fähig, die Angst zu erkennen, die in den Schatten lauerte, und ihr zu entkommen.

Angst ist ein naturgegebenes Geschenk, befindet de Becker, »ein brillanter innerer Wächter, der bereitsteht, uns vor Gefahren zu warnen und uns durch riskante Situationen zu führen«.

Ich glaube, dass noch mehr in dieser Geschichte drinsteckt. Meiner Überzeugung nach hat nicht Angst Kellys Leben gerettet, sondern Einfühlung. Einfühlung war die Quelle ihrer Angst und die Kraft ihrer Antriebsenergie. Einfühlung, nicht Angst, gab ihr die Einsichten, die sie dann zu den Handlungen veranlasste, die ihr Leben retteten. Und was noch wichtiger ist – und eine wesentliche Einsicht für all diejenigen, die hoffen, sich und ihre Lieben vor manipulativen, betrügerischen und potenziell destruktiven Menschen schützen zu können –, die Einfühlung wurde auch gegen sie angewandt. In dieser gewalttätigen Begegnung war die Einfühlung sowohl eine Waffe als auch ein Mittel der Verteidigung, angewandt sowohl vom Angreifer als auch vom Opfer. Am Ende gewann die Person mit der größten Einfühlung.

Lassen Sie mich an den Anfang der Geschichte zurückkehren und sie unter dem Aspekt der Einfühlung analysieren. Der Vergewaltiger hatte, wie de Becker darlegt, sein potenzielles Opfer wahrscheinlich schon tage-, wenn nicht wochenlang beobachtet. Er verfolgte es, beobachtete jeden Schritt, schätzte ein, wo es verwundbar war, und wählte dann mittels einer Kombination aus Instinkt, Verlangen und übersprudelndem Adrenalin genau den richtigen Moment, um zuzupacken.

Einfühlung war die mächtigste Waffe des Vergewaltigers, durchschlagender als die Waffe, die er in seiner Hand hielt, und das Messer, nach dem er in der Küche suchte. Durch Einfühlung war er in der Lage, Kellys Gedanken und Gefühle anhand ihrer Mimik, der Art, wie sie sich bewegte, mit Freunden sprach und mit Fremden Umgang pflegte, »zu lesen«. Durch Beobachtung wusste er, dass sie allein lebte, er wusste auch, dass sie furchtsam und um ihre Sicherheit besorgt war. Dank seiner vorbereitenden Streifzüge war er zuversichtlich, dass sie dem Druck eines freundlichen, hilfsbereiten Fremden nachgeben würde. Vielleicht hatte er sie auf der Straße Fremde anlächeln sehen oder aus ihrem scheuen, aber ehrlichen Lächeln geschlossen, dass sie leicht zu manipulieren sein würde.

Im Vertrauen auf die Einfühlung – die Fähigkeit, ihre Perspektive zu übernehmen, um zu verstehen, was sie dachte und fühlte – kam der potenzielle Mörder zu dem Schluss, dass Kelly ein gutes Ziel war. Er nutzte seine Einsichten in ihren Charakter, um ihre Reaktion vorherzusagen und sie dazu zu bringen, genau das zu tun, was er wollte. In der Rolle des netten Typs sagte er spezielle Worte und Sätze, die ihre Selbstsicherheit erschüttern sollten, und brachte somit systematisch ihre Schutzmechanismen durcheinander.

»Man kann auch *zu* stolz sein, wissen Sie«, sagte er zu ihr auf der Treppe, als sie sich anfangs weigerte, ihn beim Tragen der Lebensmittel helfen zu lassen. Diese Worte gingen ihr unter die Haut, zerstörten ihr Selbstgefühl, weil die Andeutung mitschwang, sie wirke hochnäsig und arrogant. Sie wollte nicht zu dem Frauentyp gehören, der sich über andere erhebt. Übermäßiger Stolz ist ein Charakterzug, den unsere Kultur ablehnt, vor allem bei Frauen. Gemäß abgedroschener, aber noch immer vorherrschender Stereotype erwartet man von Frauen, dass sie sanft und entgegenkommend sind und Freunden und Fremden gleichermaßen mit Offenheit und Vertrauen begegnen.

Obwohl wir uns vom Bild der Idealfrau als sanftmütig und unterwürfig weit entfernt haben, hat das bösartig brillante Wortspiel des Möchtegern-Vergewaltigers Kellys verletzbare Psyche getroffen und ihre Einfühlung blockiert, sodass diese nicht ihre Schutzfunktion erfüllen konnte. Ohne die leitende Hand der Einfühlung vermochte Kelly die Täuschung des Mannes nicht zu durchschauen, obwohl die Anhaltspunkte direkt vor ihr lagen. Als sie nein sagte und er nicht darauf einging, hätte die Einfühlung sie dazu gebracht zu fragen: Warum reagiert er nicht auf mich? Warum drängt er mich ständig? Hätte sie auf die Einfühlung vertraut, wäre sie zu dem Schluss gekommen, dass kein wirklich gutherziger Mensch einen weiterhin bedrängte, wenn man seine Hilfe abgelehnt hatte, mochte er auch noch so freundlich aussehen. Aber ihre Angst, »zu stolz« zu sein, verbunden mit ihrem Wunsch, freundlich und vertrauensvoll zu wirken, untergrub die Macht der Einfühlung. Unter Missachtung ihrer Intuition und ihrer Instinkte glaubte sie lieber an die guten Absichten des jungen Mannes. Diese Entscheidung hätte sie beinahe das Leben gekostet.

Bei dieser ersten Begegnung auf der Treppe war die Einfühlung des Fremden stärker als die seines Opfers. Nach der Vergewaltigung jedoch setzte die Selbstgefälligkeit ein. Weil der Vergewaltiger glaubte, alles unter Kontrolle zu haben, ließ seine Aufmerksamkeit nach. Vielleicht vertraute er auf die Erfahrung mit anderen Opfern (es gab andere, wie sich herausstellte), die von Angst überwältigt waren, seinen Versprechungen, er werde ihnen nichts antun, bereitwillig glaubten und keinen Widerstand leisteten. Aus dem Verhalten seiner Opfer bei früheren Notzuchtverbrechen leitete er die allgemeine Theorie ab, dass Kelly ihm gehörte, denn nachdem er sie verletzt hatte, würde sie bestimmt vor Angst wie gelähmt sein. Er hörte einfach auf, ihr seine Aufmerksamkeit zu widmen.

Während sein Einfühlungspegel sank, stieg ihrer wieder. Sie beobachtete ihn, als er durch ihre Wohnung ging, las seine Gedanken und Gefühle, genauso wie er das vorher mit den ihren getan hatte. Weil sie die Gefahr spürte, konzentrierte sie ihre Aufmerksamkeit und setzte die Einfühlung ein, um ihren nächsten Schritt zu planen. Sie beobachtete, wie er zum Fenster ging und es schloss. Sie vernahm sein Versprechen, ihr nichts tun zu wollen, ein Versprechen, das »aus dem Nichts kam«. Ihr fiel auf, dass er das Radio lauter gestellt hatte. Sie hörte ihn die Schubladen in ihrer Küche aufziehen. Und indem sie im Vertrauen darauf, dass die Einfühlung ihr sein Verhalten vorhersagen würde, alle Anhaltspunkte zusammentrug, wusste sie, dass er plante sie zu töten.

Einfühlung brachte Kelly zur Einsicht und Einsicht bewegte sie zum Handeln. Indem sie ruhig wurde, ihre Angst auf einen Punkt konzentrierte und ihren Verstand schärfte, führte die Einfühlung sie in die Sicherheit.

Einfühlung rettete ihr Leben.

Kellys Geschichte erlaubt einen dramatischen Blick auf die dunkle Seite der Einfühlung, zeigt, wie sie zerstörerisch eingesetzt werden kann, um andere zu manipulieren und deren natürliche Abwehrmechanismen außer Kraft zu setzen. Die Einfühlung kann uns jedoch auch helfen, Gefahr zu wittern. Dank ihr können wir in die Herzen und Gedanken der Menschen sehen, die vorhaben uns zu täuschen, zu manipulieren oder uns Schaden zuzufügen. Mit diesem Wissen können wir potenziell gefährlichen Situationen oder Beziehungen aus dem Weg gehen, ohne auch nur einen Kratzer abzubekommen.

Die dunkle Seite der Einfühlung ist jedoch äußerst mächtig und eine ganz besonders durchschlagende Waffe, wenn Menschen sich verwundbar oder verzweifelt fühlen. Adolf Hitler verstand die Macht der dunklen Seite der Einfühlung und nutzte seine tiefen Einblicke in die Bedürfnisse und Wünsche des deutschen Volkes, um seine Gefühle zu manipulieren.

Zwischen kalter Rücksichtslosigkeit und Hasstiraden hin und her wechselnd, beutete Hitler die Ängste seines Volkes vor Armut und Demütigung aus, indem er sich selbst als die Antwort auf ihre Gebete präsentierte, als die Verkörperung ihrer Zukunftshoffnung.

Am Ende einer 1933 vor einem auf zwanzig Millionen Radiohörer geschätzten Publikum gehaltenen Rede sprach Hitler mit der Leidenschaft eines religiösen Eiferers von Liebe, Hass, Ehre und Ruhm:

»Denn ich kann mich nicht lösen von dem Glauben an mein Volk, kann mich nicht lossagen von der Überzeugung, dass diese Nation wieder einst auferstehen wird, kann mich nicht entfernen von der Liebe zu diesem meinem Volk und hege felsenfest die Überzeugung, dass eben noch einmal die Stunde kommt, in der die Millionen, die wir heute hassen, hinter uns stehen und mit uns dann begrüßen werden das gemeinsam geschaffene, mühsam erkämpfte, bitter erworbene neue deutsche Reich der Größe und der Ehre und der Kraft und der Herrlichkeit und der Gerechtigkeit, Amen.«

Einige Jahre später beschrieb der Nachrichtenkorrespondent William Shirer den Tumult, der auf eine leidenschaftliche Rede Hitlers in der Münchner Oper folgte:

»Sie springen auf, jubelnd und schreiend. ... Ihre Hände sind zum sklavischen Salut hochgestreckt, ihre Gesichter von Hysterie gezeichnet, ihre Münder weit geöffnet und schreiend, ihre vor Fanatismus brennenden Augen gerichtet auf den neuen Gott, den Messias.«

Und erneut bewies Hitler – in einer im September 1936 auf dem Nürnberger Reichsparteitag gehaltenen Rede –, wie die dunkle Seite der Einfühlung benutzt werden kann, um ein Gefühl der Solidarität und Entschlossenheit zu schaffen, indem man den Stolz aufbläht und die Gefühle zum Siedepunkt bringt.

»Nicht jeder von euch sieht mich, und nicht jeden von euch sehe ich. Aber ich fühle euch, und ihr fühlt mich! Es ist der Glaube an unser Volk, der uns kleine Menschen groß gemacht hat. ... Ihr kommt, um aus der kleinen Umwelt eures täglichen Lebenskampfes und eures Kampfes um Deutschland und für unser Volk einmal das Gefühl zu bekommen: Nun sind wir beisammen, sind bei ihm und er bei uns, und wir sind jetzt Deutschland!«

In den Konzentrationslagern der Nazis, wo Hitlers Untergebene die dunkle Seite weniger zum Aufbauen der Leute als zu ihrer Vernichtung anwandten, kam eine andere Strategie zum Einsatz. Indem sie die Lagerinsassen als »Untermenschen« behandelten, die nicht einmal die Sorge oder die Besorgnis verdienten, die man jedem hilflosen Tier zuteil werden lässt, versuchten die Nazis die menschlichen Bindungen zu durchtrennen, auf die sich Hoffnung, Glaube und der Wille zum Leben gründen. Das verheerendste Gift in den Todeslagern kam nicht aus den Gaskammern, wo so viele Millionen starben, sondern lag in der Atmosphäre vollständiger Entmenschlichung, in der Herzen und Geist der Menschen langsam aus mangelnder Einfühlung erstickten. Das Umfeld der Menschen der Einfühlung zu berauben, war für die Lagerinsassen genauso tödlich wie der Sauerstoffentzug.

Die einzige Hoffnung für die Gefangenen bestand darin, dass sie sich Trost und Kraft suchend einander zuwandten. In seinem Buch ›Alle Flüsse fließen ins Meer‹ gibt Elie Wiesel, der das Konzentrationslager überlebt hat, diese beredte Erklärung über die Macht von Beziehungen ab, die den menschlichen Geist am Leben erhalten:

»Wenn ich trotzdem am Leben festhielt, verdanke ich das hauptsächlich meinem Vater. … Wir waren voneinander abhängig: Er brauchte mich, und ich brauchte ihn. Seinetwegen wollte ich leben, und er tat meinetwegen alles, was in seiner Kraft stand, um nicht zu sterben. Solange ich am Leben war, wusste er, er wird gebraucht, ist vielleicht sogar unverzichtbar. Solange er mich vor Augen hatte, war er der Mann und der Vater von früher, trug er die Verantwortung für jemanden, für ein Leben. Wäre ich gestorben, hätte er seine Aufgabe, seine Autorität, kurz: seine Identität verloren. Und umgekehrt: Ohne ihn wäre mein Leben sinn- und ziellos gewesen.

In dieser Hinsicht sind die Deutschen mit ihren psychologischen Methoden teilweise gescheitert. Sie wollten die Gefangenen so weit bringen, dass sie nur an sich selbst dachten, Verwandte und Freunde vergaßen und sich nur noch um ihre eigenen Bedürfnisse kümmerten … Genau das Gegenteil trat ein. Wer sich in sich verschloss, sich nur um das eigene Befinden kümmerte, hatte weniger Chancen zu überleben. Für einen Bruder, einen Freund, ein Ideal zu leben half einem dagegen, länger durchzuhalten.

Ich schaffte es dank meines Vaters. Ohne ihn wäre ich zusammengebrochen. Ich musste nur sehen, wie er sich schweren Schrittes voranschleppte und dabei mein Lächeln suchte, schon schenkte ich ihm ein Lächeln. Er war mein Halt, mein Atemspender, wie ich seiner war.«

Erst wenn wir verstehen, dass die Einfühlung unsere Stütze ist, und uns darauf einlassen, alles in unserer Macht Stehende zu tun, um nach dieser Wahrheit zu leben, können wir erfolgreich jene entwaffnen, die uns zu täuschen oder zu vernichten versuchen. Wenn wir nur an uns denken, die Bedürfnisse der anderen vergessen und uns in einen Raum zurückziehen, der unseren eigenen Wünschen vorbehalten ist, durchtrennen wir die Kraftversorgung der Einfühlung und schneiden uns ab von der sinntragenden Welt.

Die von mir gewählten Beispiele für die dunkle Seite der Empathie sind extrem – Vergewaltiger, Hetzreden des Krieges, die darauf abzielen, die Leidenschaften anzustacheln und die Vernunft einzulullen, Erfahrungen im Konzentrationslager –, doch nicht immer ist die dunkle Seite so gemein oder so tödlich. Die sich subtil, manchmal kaum wahrnehmbar in unseren Alltag einschleichende dunkle Seite kann auch in hell erleuchteten Räumen entdeckt werden, ausgeübt von Menschen wie dir und mir. Jeden Tag begegnen wir der dunklen Seite, selbst wenn wir uns ihrer Gegenwart oftmals gar nicht bewusst sind.

Vor kurzem blätterte ich in einer ›Newsweek‹ und stieß dabei auf eine ganzseitige Anzeige, auf der eine schöne Asiatin abgebildet war, die in ihrem Rückspiegel die Scheinwerfer des Autos hinter ihr entdeckte. Ihr Gesichtsausdruck verriet Angst und Verwirrung.

»RAUBTIER«, verkündete die Anzeige in fetten Druckbuchstaben. »Wie vermeidet man, zur Beute zu werden.« Dann kommt das Kleingedruckte. »Sie werden verfolgt. Selbst nachdem Sie abgebogen sind, ist er dicht hinter Ihnen. Sie haben Angst. Was sollen Sie tun? Fahren Sie nicht nach Hause. Sie wollen ihn nicht zu Ihren Lieben nach Hause führen. Fahren Sie stattdessen an einen hell erleuchteten Ort, wo viele Menschen sind.«

Diese Anzeige (die wie eine öffentliche Bekanntmachung gehalten ist und sogar eine kostenlose Broschüre zum Thema »Allein hinter dem Steuer« anbietet) ist von Shell-Mineralöl gesponsert. Die Schlussworte lauten: »VERTRAUEN SIE AUF SHELL.« Indem Shell mit unseren Ängsten, unserem Alleinsein und unserer Verletzbarkeit spielt, hofft die Gesellschaft, neue Kunden zu gewinnen – eine entschieden kreative Anwendung der dunklen Seite der Empathie.

Alltäglich haben wir es mit dieser Art von subtiler und auch nicht ganz so subtiler Manipulation in der Anzeigen-, Rundfunk- und Fernsehwerbung zu tun. Vater und Sohn sind beim Angeln, der Vater nimmt einen Schluck Bier, der Sohn rückt näher an ihn heran, lächelt liebevoll und sagt: »Mann, ich mag dich.« Der Vater durchschaut den Schwindel und erwidert: »Mein Bud Light bekommst du aber nicht.« Das Lustige an dieser Anzeige ist – der Vater durchschaut die List seines Sohnes, aber der Zuschauer muss lachen und bekommt (wie der Inserent hofft) Durst auf ein kaltes Bier. Bud Light scheidet die Männer von den Jungs, warum sich also kein Bud genehmigen?

Der Radiomoderator Paul Harvey hat neulich eine Geschichte über eine ältere Dame in der Kassenschlange des Lebensmittelladens erzählt. Sie wendet sich an den Mann mittleren Alters, der hinter ihr steht, und erzählt ihm, er sehe genauso aus wie ihr Sohn.

»Er ist vor kurzem gestorben«, fährt die Dame fort. Der Mann spricht ihr sein Beileid aus. Sie zögert einen Moment, dann bittet sie ihn um einen Gefallen. Ob es ihm wohl was ausmache, wenn er beim Verlassen des Ladens Auf Wiedersehen zu ihr sagte? Ob er nicht mit lauter, klarer Stimme sagen könne: »Tschüs, Mama!«? »Ich möchte nur noch einmal diese Worte hören«, erklärt sie.

Gerührt von ihrem reizenden Lächeln, willigt er ein, und als sie den Ausgang erreicht und sich umdreht, um ihn anzuschauen, ruft er: »Tschüs, Mama!« Sie winkt, schenkt ihm ein strahlendes Lächeln und ist weg.

Der Mann plaudert eine Weile mit der Kassiererin, als diese seine Lebensmittel zusammenrechnet: einen Laib Brot, Käse, einen Liter Milch, Katzenfutter. »Das macht dann hundertsechsundzwanzig Dollar«, sagt sie freundlich.

»Da muss ein Irrtum vorliegen«, sagt er, noch immer durchflutet von dem guten Gefühl des Gefallens, den er der alten Dame getan hat. »Ich habe nur diese Tüte hier.«

»Hat sie es Ihnen nicht gesagt?«, wundert sich die Kassiererin.

»Wer? Mir was gesagt?«, erkundigt sich der perplexe Kunde.

»Na ja, Ihre Mutter. Sie sagte, Sie würden die Lebensmittel bezahlen.«

Dieser vertrauensselige Mann erfuhr eine teure, aber wertvolle Lektion über die dunkle Seite der Einfühlung: Sie schleicht sich an, wenn wir überhaupt nicht damit rechnen, wird von Leuten angewandt, die für jedermann wie freundliche, mitfühlende, rücksichtsvolle Menschen aussehen. Als ich Paul Harvey diese Geschichte erzählen hörte, fiel mir sofort wieder ein Ereignis ein, das sich vor mehr als zehn Jahren zugetragen hatte, als ich als Leitender Psychologe am Leonard Morse Hospital in Natick, Massachusetts, tätig war. Jeden Tag nach der Mittagspause leitete ich eine psychotherapeutische Gruppensitzung für Belegschaft und Patienten der offenen psychiatrischen Abteilung. Joe aus New Jersey war ein neuer Patient dieser Abteilung. Er war kokainabhängig, hatte seine Ersparnisse verspielt und war dann zu Einbrüchen übergegangen, um seiner Sucht frönen zu können. Joe war charmant, redegewandt und auf Anhieb ein Kumpel.

Einige Tage, nachdem Joe im Krankenhaus eingetroffen war, beklagten Patienten sich, dass ihnen wertvolle Dinge aus ihren Zimmern abhanden gekommen waren – Bargeld, Schmuck, Uhren. Nach der dritten oder vierten Meldung berief ich außer der Reihe ein allgemeines Treffen ein.

»Der Dieb ist unter uns«, sagte ich.

»He, Dr. C.«, meldete sich Joe zu Wort. »Lassen Sie mich erzählen, was hier vor sich geht.«

»Das ist eine ernste Angelegenheit, Joe, wir haben keine Zeit für Abschweifungen«, sagte ich und wurde ein wenig ungeduldig mit ihm. Wie andere der Belegschaft verdächtigte ich Joe, der Gauner zu sein.

»Ich will doch nur helfen, okay?«, sagte Joe. Ich nickte und fühlte mich ein wenig schuldig wegen meines Verdachts. »Also, jeder hier denkt doch, dass ich der Dieb bin«, fuhr er fort. »Jetzt erzählt mir nicht, dass euch dieser Gedanke nicht durch den Kopf gegangen ist, ich weiß nämlich, dass es so ist. Aber ich muss euch was sagen – nur ein Dieb versteht einen Dieb. Ich weiß, wer in den Zimmern geklaut hat – es ist Marjorie, die Putzfrau.«

Keiner glaubte ihm, denn Marjorie war eine kleine, weißhaarige Dame Mitte sechzig, reizend und immer hilfsbereit. Ein paar Wochen später jedoch fanden wir heraus, dass Marjorie vorbestraft war – sie war nicht nur eine Diebin, sondern handelte auch mit Heroin.

Nachdem Marjorie erwischt worden war, nahm ich Joe beiseite und fragte ihn, woher er wusste, dass sie die Übeltäterin war. Er sah mich mit einem schiefen Grinsen an, erfreut, dass ein ausgebildeter Arzt bereit war zuzugeben, er könne von einem aus der Highschool geflogenen späteren Dieb noch etwas lernen. »Ich brauchte nur mit ihr zu reden, da wusste ich es schon«, erklärte Joe. »Sehen Sie, Dr. C., jeder hier kennt meine Geschichte. Die Schwestern und die Ärzte, sie reden nicht gern mit mir, sie fühlen sich nicht wohl in meiner Gegenwart. Ich versteh's ja – ich bin ein Drogenabhängiger und ein Gauner. Ja gut, ich weiß, dass Sie keine Vorbehalte haben, mit mir zu reden, aber Sie sind trotzdem nicht der Typ, mit dem ich zum Bowling gehen würde. Aber schon an dem Tag, als ich herkam, gesellte Marjorie sich draußen zu mir und rauchte mit mir eine Zigarette. Und eine Frau im Alter meiner Großmutter setzt sich nur dann einfach so neben einen wie mich, wenn sie fühlt, dass wir Gleichgesinnte sind. Sie kennen ja das Sprichwort, Doc, Gleich zu Gleich gesellt sich gern. Sobald ich Marjorie traf, wusste ich, dass sie eine Diebin war.«

Dieser Vorfall bestätigte mir einige wesentliche Lektionen über die Einfühlung. Lektion 1: Ziehe keine voreiligen Schlüsse. Lektion 2: Achte auf Vorurteile, die dich daran hindern könnten, das ganze Bild zu sehen. Lektion 3: Sei bereit und willens über die Komplexität des menschlichen Lebens von jedem zu lernen, selbst von jenen, die als Lehrer nicht genügend Voraussetzungen dazu mitzubringen scheinen.

Die dunkle Seite der Empathie führt in unserer Gesellschaft kein Schattendasein, und nirgendwo ist ihre Vorherrschaft größer als auf dem Gebiet der Gesundheitsfürsorge. Gerade weil wir sie dort am wenigsten erwarten, sind wir noch anfälliger für ihren listigen Charme. Wir sind eine gesundheitsbesessene Nation und die Beutelschneider lauern überall, um ihre Kräuter, Vitamine, Elixiere gegen das Altern, natürliche Antidepressiva und Schlankheitspräparate feilzubieten. Die Leute, die uns diese Produkte verkaufen, kennen das Spiel mit unseren Ängsten vor ein paar zusätzlichen Pfunden, Falten, Krankheit, Alter und Tod sehr genau – für alle körperlichen oder seelischen Beschwerden können sie eine »Wunderkur« entwickeln, auf der dann ein saftiges Preisetikett klebt.

(Das soll nicht heißen, dass Kräuter und Nahrungsergänzungsmittel nicht auch hilfreich sein können. Ich glaube fest an eine ganzheitliche Gesundheit und leite eine Abteilung für Alternativmedizin an einem großen Bostoner Krankenhaus, wo ich viel Zeit darauf verwende, meinen Patienten Entscheidungshilfen zu geben, welche Produkte hilfreich, welche nutzlos oder – schlimmer – ihrer Gesundheit sogar abträglich sind.)

Auf meinem Weg zur Arbeit hörte ich eines Tages im Radio eine von einem namhaften Arzt moderierte Sendung, der Anrufe von Zuhörern entgegennahm, die sich Sorgen um ihre Gesundheit machten. In einer allgemein gehaltenen Ansage bat der Arzt seine Zuhörer um ihre Hilfe. Wenn sie ihm eine Postkarte mit den Namen und Adressen ihrer Apotheken schickten, so versprach er ihnen, würde er ihnen unentgeltlich Ausweise zuschicken, worin sie die von ihnen benutzten Medikamente auflisten konnten. (Er verschwieg, dass er die Apothekenadressen benutzen wollte, um seine neue Produktserie mit Heilkräutern zu vertreiben.)

Als eine ältere Frau mit einem gesundheitlichen Problem anrief, hörte er fünfzehn oder zwanzig Sekunden zu und unterbrach sie dann, um sie zu bitten, ihm Name und Adresse ihrer Apotheke zu schicken. »Ich wäre Ihnen ja so dankbar«, sagte er mit besänftigender Stimme. Sie meinte, sie würde das gerne tun und wiederholte dann ihre Frage. Wieder unterbrach er sie, offenbar war er nicht vollständig davon überzeugt, dass sie die Wichtigkeit seiner Bitte auch verstanden hatte. »Werden Sie mir auch ganz sicher diese Adresse schicken, meine Liebe? Tun Sie das für mich? Versprechen Sie das?«

»Ja«, sagte sie. »Ich verspreche es.«

Ihre Frage hat er nie beantwortet.

Ich wäre Ihnen ja so dankbar. Würden Sie das für mich tun, meine Liebe? Wenn Menschen, denen Sie noch nie begegnet sind, Sie »meine Liebe« oder »mein Lieber« nennen und Sie ihrer Liebe versichern, sofern Sie ihnen einen kleinen Gefallen tun, dann sollten bei Ihnen sämtliche Warnlampen aufleuchten. Damit will ich nicht unterstellen, dass nicht auch Fremde wahrhaft freundlichen Umgang miteinander pflegen können, aber wenn die Leute über Ihre Probleme hinweggehen und über Sie herfallen, um sich ja zu vergewissern, dass Sie auf ihre Belange reagieren, können Sie mit ziemlicher Sicherheit davon ausgehen, dass ihrer zur Schau gestellten Zuneigung irgendein dunkles Motiv zugrunde liegt. Einer wird von diesem Austausch profitieren, und die Chancen stehen gut, dass das nicht Sie sein werden.

Vor einigen Jahren war ich eingeladen, vor einer Gruppe von älteren

Mitbürgern über die Vorteile und potenziellen Gefahren üblicher Nahrungsergänzungsmittel und Kräutermedizin zu sprechen. Nach meinem Vortrag sprach mich eine Dame Mitte der siebzig an, stellte sich vor und bat mich um Hilfe. Emma nahm sanft meine Hand (und ließ sie während unseres zwanzigminütigen Gesprächs auch nicht mehr los) und erzählte mir ihre Geschichte. Sie war vor kurzem Witwe geworden, ihre Kinder und Enkelkinder lebten Tausende Kilometer weit weg und sie litt an Depression und Schlaflosigkeit. Als sie ihren Arzt um Hilfe bat, verschrieb er ihr Antidepressiva und Schlaftabletten. Weil sie es leid war, so viele verschreibungspflichtige Medikamente zu schlucken (sie bekam bereits Medikamente gegen Bluthochdruck und zur Blutverdünnung), wollte sie wissen, ob auch Kräuter und Vitamine ihr helfen könnten.

»Ich glaube nicht an dieses Zeug«, hatte ihr Arzt mit spöttischem Blick und abwehrender Geste erwidert. »Kräuter, Vitamine, Zusatzstoffe – das ist alles Quacksalberei.«

Weil sie sich von ihrem Arzt im Stich gelassen fühlte und nun gar nicht mehr wusste, welche Möglichkeiten sie hatte, fuhr Emma zu ihrem Reformhaus. Die junge Verkäuferin war freundlich und hörte sich Emmas Geschichte mit offensichtlichem Mitgefühl an. Sie erklärte Emma, dass Ärzte wenig oder gar keine Erfahrung in Ernährungsfragen hätten, und selbst wenn sie sie hätten, würden sie schon allein deshalb keine Alternativprodukte wie Kräuter oder Vitamine verschreiben, weil das ihren Profit beschneiden würde. Emma ließ sich von der Verkäuferin beraten und legte fünfundvierzig Dollar für fünf Kräuterprodukte auf den Ladentisch: Knoblauch für die Unterstützung des Immunsystems; Ginkgo gegen Gedächtnisschwäche; Johanniskraut gegen Depression; Melatonin gegen Schlaflosigkeit und ein Präparat zur Gewichtsabnahme, das Ephedrin enthielt.

Die Verkäuferin sagte ihr nicht (wahrscheinlich, weil sie es nicht wusste), dass Knoblauch und Ginkgo nicht verwendet werden sollten, wenn man Mittel zur Blutverdünnung einnahm, und Johanniskraut sich nicht mit einer Behandlung gegen Bluthochdruck verträgt. Ephedrin ist ein starkes Reizmittel für das Zentralnervensystem, das zu Bluthochdruck und Herzflimmern führen kann und nie zur Gewichtsabnahme benutzt werden sollte. Und gemäß der Ärzte am Forschungszentrum MIT sind die drei Milligramm Melatonin, die Emma mit ihren Tabletten angeblich als normale Dosis zu sich nahm, die zehnfache Menge dessen, was man braucht, um einschlafen zu können; darüber hinaus brauchen ältere Menschen sogar noch weniger Melatonin, weil die Leber das Hormon sehr viel langsamer abbaut.

Jeden Tag höre ich Geschichten wie die von Emma, und jeden Tag empfinde ich dabei die gleiche Wut und Frustration. Diese freundliche, sanfte Frau erbat sich Hilfe aus den Welten der konventionellen und der alternativen Medizin, und beide haben sie im Stich gelassen. Für mich steht außer Zweifel, dass Emmas Depression und Schlaflosigkeit (und in gewisser Weise sogar ihr geschwächtes Immunsystem, die Gedächtnisschwäche und die Gewichtszunahme) ursächlich auf ihren Kummer über den Tod ihres Ehemanns und ihr Bemühen, mit ihrer Einsamkeit und Angst zurechtzukommen, zurückzuführen sind. Emmas Arzt hat ihr emotionales Leid völlig außer Acht gelassen, ihr nur Medikamente für ihre Symptome verschrieben und ganz schnell jeden anderen Heilungsansatz vom Tisch gewischt. Die Angestellte des Reformhauses hat sich Emmas Hilflosigkeit zunutze gemacht, indem sie ihr für jedes Symptom ein anderes Mittel aufschwatzte. Außerdem fehlte es ihr an der Erfahrung und Ausbildung, die nötig gewesen wären, um Emma auf die potenziell gefährlichen Wechselwirkungen zwischen Kräutern und verschriebenen Medikamenten hinzuweisen. Weder der Arzt noch die Verkäuferin zogen in Betracht, dass es »normal« sein könne, sich depressiv, einsam und ängstlich zu fühlen, wenn man alt, verwitwet und von den Menschen getrennt ist, die man am meisten liebt auf der Welt.

Für die körperliche und seelische Gesundheit ist es genauso wichtig, den Umgang mit der dunklen Seite der Einfühlung zu lernen, wie zu wissen, wie man andere mit Freundlichkeit und Aufmerksamkeit behandelt. Wie hätte Emma sich schützen können? Wie kann jeder von uns seinen Weg durch die Auswüchse und Anpreisungen unserer immer stärker kommerzialisierten Welt finden? Wie können wir uns die Einfühlung nutzbar machen, um uns gegen all jene zur Wehr zu setzen, die ihre Einsichten und ihre Intuition nutzen, um uns zu übervorteilen?

Ich glaube, dass die Antwort auf diese Fragen in den folgenden zehn Schritten zu finden ist. Studieren Sie diese Schritte, machen Sie sich vertraut damit und setzen Sie alles daran, Sie in Ihr Leben einzubauen. Denken Sie immer daran, dass die Einfühlung ein biologischer Antrieb ist, der sich entwickelt hat, um uns vor Gefahren zu *schützen*. Sich der Einfühlung zu bedienen, um andere zu täuschen oder zu verletzen, ist eine

Perversion dieser lebenserhaltenden Energie und eher ein Zeichen von Schwäche als von Stärke. Am Ende wird der positive, schützende Aspekt der Einfühlung die dunkle Seite immer in den Schatten stellen.

Zehn Schritte, die vor der dunklen Seite der Einfühlung schützen

Erster Schritt: Lerne den Unterschied zwischen authentischer und funktionaler Einfühlung

Adrienne kam in mein Büro, warf ihre Aktenmappe auf den Fußboden und sagte: »Meine Kotzbrocken von Klienten stehen mir bis hier. Ich weiß, ich weiß, das ist nicht gerade menschenfreundlich, aber sie sind dumm, denken nur an sich und versuchen alle nur ans schnelle Geld zu kommen.« Ihre Stimme verlor sich, und sie zog eine Schnute.

»Sie finden, dass ich nicht genug Einfühlung habe«, sagte sie.

»Ich weiß, dass Sie einfühlend sind«, beschwichtigte ich. »Sie haben sie schon oft unter Beweis gestellt. Im Moment jedoch würde ich nicht behaupten, dass Sie sehr viel Einfühlung zeigen.«

Wir unterhielten uns eine ganze Weile über den Stress ihrer Sechzigstundenwoche als Anwältin für Zivilrecht, ihre problematische Ehe und das impulsive Verhalten ihres Sohnes, der in der Pubertät steckte. Als sie an diesem Tag ging, erzählte sie mir, dass es ihr ernst damit sei, eine Balance in ihrem Leben zu finden und ihren Klienten gegenüber mehr Verständnis aufzubringen.

Eine Woche darauf wiederholte Adrienne zu Beginn der Sitzung ihren Auftritt mit Werfen der Aktenmappe, nur regte sie sich diesmal nicht über ihre Klienten auf – sie war wütend auf mich. »Sie haben mir die Woche ruiniert«, beschwerte sie sich. »Vor ein paar Tagen kam dieser behinderte Mann, ein Weltkriegsveteran, der kaum gehen kann, zu mir ins Büro und erzählte mir, dass sein Sohn von einem betrunkenen Autofahrer getötet worden war. Jetzt versetzen Sie sich in meine Lage: Ich denke an eine sechsstellige Zahl, mindestens, der Typ ist alt, er hat eine Kriegsverletzung, er hat seinen einzigen Sohn verloren ... ein echter Traumfall. Er weint also, ist ganz durcheinander und ich nehme ihn mit zum Mittagessen. Er bestellt das teuerste Gericht auf der Karte – Krabben auf der Muschelschale, wie finden Sie das? Nach dem Essen erzählt er mir, dass er kein Geld fürs Taxi hat. Ich wollte ihm schon sagen, er solle den Bus nehmen, aber ich gebe ihm das Taxigeld, weil ich noch immer glaube, dass ich durch diesen Fall reich werden kann.«

Adrienne holte tief Luft. »Dieser verdammte Job«, sagt sie und verdreht ihre Augen Richtung Decke. »Na gut, der alte Kerl soll also am nächsten Tag mit dem Totenschein seines Sohnes bei mir vorbeikommen, aber als er kommt, sagt er, er habe ihn vergessen. Er möchte wieder mit mir Mittagessen gehen, und als ich ihm erkläre, bereits gegessen zu haben, besteht er darauf, dass ich ihm die Taxitour nach Hause bezahle. Schließlich fällt bei mir der Groschen – der Kerl bescheißt mich. Es gibt gar keinen betrunkenen Autofahrer und keinen toten Sohn. Er wollte einfach so viele kostenlose Mittagessen, wie er nur kriegen konnte.«

Adrienne beugte sich zu mir vor, in ihren Augen leuchtete das Geheimnis, das sie mit mir teilen wollte. »Passen Sie auf, Dr. C., hören Sie genau zu – die Einfühlung hat mich da hineingeritten. Einfühlung funktioniert nicht.«

»Für ihn schon«, sagte ich.

»Wie kommen Sie denn darauf?«, fragte sie. »Sagen Sie – wie definieren Sie Einfühlung genau?«

»Ich definiere Einfühlung als die Fähigkeit, die Gedanken und Gefühle eines anderen Menschen genau zu verstehen«, sagte ich. »Ich denke, er tat das ziemlich gut.«

»Sie wollen damit also sagen, dass er mich besser verstand als ich ihn?«, fragte sie, lehnte sich zurück und machte ihre Augen schmal.

»Nach dem, was Sie mir erzählt haben, liegt für mich auf der Hand, dass er wie in einem Buch in Ihnen las. Er wusste, Sie würden sich da mit hineinziehen lassen, weil Sie es für einen großen Fall hielten, und er nutzte Ihren Wunsch, aus seiner Situation viel Geld zu schlagen, aus, um an ein freies Mittagessen und eine Taxifahrt zu kommen.«

»Aber ich habe mich doch menschlich verhalten«, protestierte sie. »Ich habe Ihnen doch gesagt, dass alle meine Klienten Kotzbrocken sind.«

Ich beschloss, sie ein wenig aufzuziehen. »Aber man weiß nie, wann ein Kotzbrocken seine einfühlende Strähne hat.«

Hinter der *authentischen Einfühlung* steht echtes Interesse an anderen und der Wunsch ihnen zu helfen. *Funktionale Einfühlung* sorgt sich in erster Linie darum, was andere Menschen einem geben können (oder was wir ihnen abschwatzen können). Bei der authentischen Einfühlung behandeln wir andere Menschen mit Sorge und Respekt und suchen immer nach der Wahrheit im Augenblicksaustausch. Wird der Austausch jedoch von der funktionalen Einfühlung bestimmt, zählen die Gedanken und Gefühle des anderen nicht wirklich, weil wir nur unseren persönlichen Vorteil oder unsere Befriedigung suchen.

Funktionale Einfühlung kann relativ harmlos und vorhersehbar sein, wie der Verkäufer, der einem ein Auto mit teuren Extras andreht, die man weder haben möchte noch braucht. Als meine Frau und ich unser letztes Auto kauften, waren wir mit den Kaufbedingungen einverstanden, gaben dem Verkaufsleiter die Hand und vereinbarten, den Wagen in einer Woche abzuholen, wenn wir übers Wochenende nach Maine fuhren. Am Freitagabend trafen wir gegen sieben Uhr beim Händler ein; es war dunkel und kalt und ein Wintergewitter drohte. Als der Verkäufer mit dem neuen Wagen vorfuhr, warf ich einen Blick auf den Skiträger auf dem Dach und sagte: »Wir haben keinen Skiträger bestellt.« Der Verkäufer meinte, es täte ihm leid, sie hätten in so kurzer Zeit kein anderes Auto bekommen können; wenn wir das nicht nehmen würden, müssten wir noch zwei Wochen warten. Karen war den Tränen nahe, die Mädchen auf dem Rücksitz froren, und ich wusste, dass man uns geprellt hatte. Ich zahlte das Auto, einschließlich der zweihundert Dollar für den Skiträger und erklärte dem Verkaufsleiter, dass ich nicht vorhätte, mit diesem Händler noch einmal ein Geschäft zu machen, was ich auch nicht tat.

Funktionale Einfühlung hat oft eine dunkle Seite. Der gut aussehende Tennisspieler, der sich mit wohlhabenden Frauen anfreundet und ihnen Liebe und Gesellschaft verspricht, nur um ihnen ihr Geld zu stehlen und aus ihrem Leben zu verschwinden, ist ein berühmtes Beispiel. Dann gibt es da den Anwalt, der zu erwähnen vergisst, dass er Wochenendarbeit doppelt berechnet; den Versicherungsagenten, der ein frisch vermähltes Paar davon überzeugt, dreißig Dollar zusätzlich im Monat für eine angebliche Zusatzdeckung zu zahlen; die Drückerkolonnen, die sich alte Leute als Opfer aussuchen und davon überzeugen, dass sie große Preise gewinnen können, wenn sie mehrere Zeitschriften abonnieren; die Tankstellen, die jungen Fahrerinnen von auswärts einzureden versuchen, welch großes Risiko sie eingehen, wenn sie sich nicht neue Stoßdämpfer anschaffen; oder Casinos, die zwanghafte Spieler ausspähen und ködern, indem sie ihnen für den nächsten Besuch freie Anreise versprechen. (Neulich sah ich eine Fernsehshow über einen zwanghaften Spieler, der jeden Pfennig, den er besaß – es waren mehr als zwei Millionen Dollar –, in einem Casino in Louisiana verspielte; die Casinobesitzer kümmerten sich um die Beerdigung seiner Mutter und boten ihm die Nutzung ihres Learjets für einen kostenlosen Spielurlaub an.)

Meist jedoch treffen wir funktionale und authentische Einfühlung nebeneinander an, selbst in intakten Beziehungen. In der Hoffnung, seine Frau zum Sex verführen zu können, bietet John ihr eine Rückenmassage an. Er liebt seine Frau aufrichtig und möchte, dass sie sich wohl fühlt, aber er hat auch ein Ziel – er möchte Sex haben. Ein weiteres Beispiel: Kate und Josh sind alte Freunde, die sich viele Jahre nicht gesehen oder gesprochen haben. Kates Mutter stirbt und hinterlässt ihr eine große Erbschaft. Weil Kate nicht weiß, was sie mit den Aktien und dem Barvermögen machen soll, schickt sie Josh, der Finanzplaner ist, eine E-Mail. Mit einigen Zeilen bringt sie ihn auf den neuesten Stand ihrer Lebensumstände, versichert ihm, wie sehr sie seine Freundschaft schätzt, und erwähnt dann im Schlussabsatz ihr Dilemma mit der Bitte um Rat. Er liegt ihr wirklich am Herzen, aber sie möchte auch etwas von ihm – authentische und funktionale Einfühlung arbeiten Hand in Hand.

Auch in der Therapie gehen authentische und funktionale Einfühlung häufig eine Allianz ein. Ich werde für meine Arbeit mit den Patienten bezahlt, weshalb einige argumentieren könnten, dass meine Einfühlung gänzlich funktional sei – ich höre aufmerksam zu und reagiere einfühlsam, denn dafür werde ich bezahlt. Ich kenne jedoch kaum Therapeuten, die ihre Arbeit auch dann noch machen würden, wenn sie es nur um des Geldes willen täten. Die meisten Menschen, die auf diesem Gebiet arbeiten, sind vom Wunsch beseelt, die Leiden der anderen zu lindern. Hauptsächlich machen wir unsere Arbeit, weil uns die Menschen am Herzen liegen und wir alles in unserer Macht Stehende tun wollen, um die Welt für uns alle zu einem Ort zu machen, an dem es sich besser leben lässt. Das klingt vielleicht pathetisch, aber es ist die schlichte Wahrheit.

Leicht stiftet die Doppelrolle der Einfühlung Verwirrung, da die meisten von uns glauben, die Einfühlung könne nicht echt sein, wenn jemand aus der Beziehung auch Vorteile zu ziehen hofft. Aber bei der Einfühlung ist immer Gewinn mit im Spiel, weil wir, selbst wenn wir Einfühlung geben, ohne auch nur daran zu denken, etwas zurückzubekommen, immer profitieren. Indem wir einfühlend reagieren, stärken wir unsere Beziehungen zu anderen und der Welt als Ganzem, erweitern unseren Horizont, vergrößern unseren Blickwinkel und bekommen dazu noch den Bonus, ein gutes Gefühl zu haben. Das sind eindeutige Vorteile, und sie helfen uns zu erklären, warum es so leicht ist, Einfühlung »zu verkaufen« – setzt man die Einfühlung erst einmal in die Praxis um, entdeckt man, dass man sich selbst besser fühlt, weniger Angst und Stress empfindet und mit den Menschen, die einen umgeben, in einem sehr viel engeren Kontakt steht.

Bei der Einfühlung geht es also immer um ein Gleichgewicht, und genau diesen Gleichgewichtszustand suchen wir. Eine auf authentischer Einfühlung beruhende Beziehung wird als beständig, fest und wesentlich empfunden, während Beziehungen, die vorrangig von funktionaler Einfühlung bestimmt sind, an irgendeinem Punkt instabil zu werden beginnen und die Balance verlieren, als säße am anderen Ende der Wippe jemand, der zweimal so groß ist wie man selbst. Weil das Machtgefüge sich verschoben hat, hat die Beziehung Schlagseite bekommen und man weiß nie, wann man auf dem Kopf steht.

Ziel ist also, die Balance zu entdecken. Wenn die funktionale Einfühlung der Motor der Beziehung ist, gilt es sich zu schützen, weil man weiß, dass der andere von seinem oder ihrem Eigeninteresse getrieben wird. Wird die Beziehung von Anfang an durch funktionale Einfühlung bestimmt – wie das beispielsweise unter Arbeitskollegen der Fall ist –, darf man die weitere Entwicklung nicht aus den Augen verlieren. Funktionale Beziehungen können sich zu authentischen Beziehungen entwickeln, genauso wie aus authentischen Beziehungen vorrangig funktionale Beziehungen werden können. Die Macht der Einfühlung offenbart sich in ihrer Fähigkeit, im Lauf der Zeit ihr wahres Gesicht zu zeigen.

Zweiter Schritt: Werde dir deiner Sehnsüchte bewusst

Sehnsüchte, Verlangen, Träume, Wünsche, Hoffnungen, Gelüste: Sie alle verkörpern ein und dasselbe – was erhoffen wir uns für unser Leben? Sehnen wir uns nach Sicherheit? Heirat? Kindern? Ewiger Liebe?

Frieden und Ruhe? Unabhängig machendem Reichtum? Gelassenheit, spiritueller Erleuchtung, materiellem Besitz, einem Haus auf dem Land, einer Ferienwohnung auf Hawaii? Die Sehnsüchte, welche die leeren Stellen in unserem Leben bloßlegen, können uns für die dunkle Seite der Empathie empfänglich machen.

Um zu verstehen, worauf es uns ankommt, müssen wir uns fragen, was uns in unserem ganzen Leben immer am wichtigsten war; außerdem müssen wir die sich aus unserer Geschichte ergebenden Sehnsüchte mit den Wünschen des Hier und Jetzt in Beziehung setzen. Die Vergangenheit beeinflusst immer die Gegenwart, und unsere geheimen Wünsche und geäußerten Sehnsüchte verweisen oft auf die Punkte, wo die Vergangenheit sich in unser gegenwärtiges Leben drängt.

Oscar, achtunddreißig, ist ein begnadeter und äußerst erfolgreicher Künstler, dessen Aquarelle die Heime der Reichen und Berühmten schmücken. Doch egal, wie viele Gemälde er verkauft oder wie viele fantastische Kritiken er bekommt, Oscar verlangt nach immer mehr. In der Therapie spricht er über seine Beziehung zu seinem Vater, einem deutschen Einwanderer, der ein begabter, aber unbekannter Bildhauer war. Nachdem dieser mit fünfunddreißig Jahren einen leichten, aber schwächenden Herzanfall erlitten hatte, war Oscar seine Hoffnung, der seine Träume erfüllen sollte. »Du hast Talent«, pflegte sein Vater ihm immer wieder zu sagen. »Wenn du hart genug arbeitest, kannst du ein moderner van Gogh werden.«

Indem Oscar daran arbeitete, sich selbst zu übertreffen, hoffte er, die Träume seines Vaters Wirklichkeit werden zu lassen. Fünfundzwanzig Jahre später, mehr als zehn Jahre nach dem Tod seines Vaters, treibt er sich noch immer an, sehnt sich danach, ein Star zu werden, immer auf der Suche nach etwas, das er nie ganz wird erreichen können. »Ich möchte der Beste sein«, erklärt er. »Ich möchte mir vorstellen können, dass mein Vater stolz auf mich ist und lächelnd meinen Erfolg quittiert, weil er weiß, dass sein Leben nicht umsonst war.«

Die in seiner Geschichte begründeten Sehnsüchte Oscars spiegeln seinen Wunsch, die Vergangenheit zu revidieren. In der Therapie gelangte er zu einem einfühlenden Verhältnis zu seiner Vergangenheit (das Kind, das in dem Glauben aufwuchs, für seinen Vater die Welt verändern zu können) und der Gegenwart (der Mann, der sich in einem unglückseligen Versuch, den Schmerz der Vergangenheit zu verändern, immer wieder über seine Fähigkeiten hinaus antreibt). Von der Einfühlung geführt, gelang es ihm, aus der Tyrannei der Vergangenheit auszubrechen.

Sehnsüchte der Vergangenheit bestimmen auch den Wunsch, die Vergangenheit wieder aufleben zu lassen. Binnen sechs Monaten, nachdem mein Vater mit sechsundsechzig Jahren an einem Herzanfall gestorben war, kaufte ich zwei Häuser, eins in der Gegend von Boston, wo ich arbeite, und eins in Maine; das Haus in Maine liegt in der Straße, wo meine Familie Urlaub machte, als ich zehn Jahre alt war (der einzige Urlaub, den mein Vater je nahm). Ich konnte mir gar keine zwei Häuser leisten, aber diese Tatsache hatte keinen Einfluss auf mich. Ich wurde getrieben von meinem Verlangen, meine Vergangenheit noch einmal zu leben und den Sinn für Familienzusammengehörigkeit zu bewahren, der meine Kindheit ausgezeichnet hatte. Ich wollte meinen Kindern all die Liebe und zärtliche Fürsorge angedeihen lassen, die auch ich von meinen Eltern bekommen hatte.

Trauer und das Verlangen, für mich und meine Familie das perfekte Umfeld zu schaffen, führten dazu, dass die dunkle Seite mich verletzen konnte. Bauunternehmer, Immobilienmakler, Anwälte, Bankangestellte, Zimmerleute, Installateure, Elektriker und all die anderen Menschen, die beim Verkaufen, Bauen, Renovieren und Finanzieren dieser Häuser beteiligt waren, hätten mich leicht übervorteilen können. Ich hatte meine Gedanken nicht beisammen, weil ich vom Verlangen getrieben wurde, das Andenken meiner Eltern und meines Bruders zu ehren.

Die Einfühlung hilft uns, unsere Sehnsüchte zu verstehen und ihren Einfluss auf unser Leben einzuschätzen. Frage dich selbst: Was will ich? Was brauche ich? Welche materiellen Besitztümer verändern tatsächlich meine Lebensqualität? Welche Leistungen werden mich befriedigen und mein Herz zur Ruhe kommen lassen?

Viele von uns möchten auf ihrem Gebiet glänzen; die meisten von uns möchten bewundert, respektiert und geliebt werden. »Ich möchte zu den Leuten gehören, auf die man im Restaurant zugeht und sie um ein Autogramm bittet«, erklärte mir einer meiner Patienten.

»Und wofür wollen Sie berühmt sein?«, fragte ich ihn.

»Ich weiß nicht«, meinte er achselzuckend und lächelte. »Darauf kommt es gar nicht an. Ich möchte nur, dass die Leute mich um ein Autogramm bitten.«

Das Verlangen nach Ruhm, Erfolg, Bewunderung und bedingungsloser Liebe entspringt oft dem Wunsch, eine enttäuschende Vergangenheit zu kompensieren. Um die aus der Vergangenheit stammenden Sehnsüchte zu verstehen, muss man in die Vergangenheit reisen und erforschen, wo es an Einfühlung ermangelt hat. Denken Sie daran: Sehnsüchte sind oft Versuche, die leeren Stellen zu füllen. Wo sind diese Stellen und welche ursprüngliche Leere verkörpern sie? Wann und wie kam es dazu? Warum wurden sie nie gefüllt?

Die Einfühlung sollte uns auf dieser Reise in die Vergangenheit immer begleiten. Sie suchen niemanden, dem Sie die Schuld in die Schuhe schieben (siehe Schritt 7), sondern Sie arbeiten daran, einen tieferen Einblick zu gewinnen in das, was Sie sind, und eine Erklärung für Ihre Gedanken und Gefühle zu entdecken. Wenn Sie Ihre Sehnsüchte erst einmal verstanden haben, können Sie einige Ihrer alten Geister ruhen lassen.

Dritter Schritt: Lerne, deinen natürlichen Instinkten zu vertrauen

Wenn Gefahr droht, werden einen die natürlichen einfühlenden Instinkte schützen – solange man ihnen Aufmerksamkeit schenkt. Das Vergewaltigungsopfer Kelly, deren Geschichte dieses Kapitel einleitet, hörte das Rauschen der auf Empfang eingestellten Einfühlung, beschloss aber, es auszuschalten. Ihr Wunsch, freundlich und vertrauensvoll zu sein, siegte über die von der Einfühlung ausgestrahlten Warnsignale und machte sie anfällig für die Täuschungen und Manipulationen des Vergewaltigers.

Wenn wir in Gefahr sind, löst unser emotionales Gehirn sofort Alarm aus, pumpt Adrenalin in unseren Kreislauf, überschwemmt unseren Körper mit Hormonen und erhöht die Herzfrequenz. Eine Katze, die Angst hat, macht einen Buckel und sträubt die Haare. Da wir Menschen nicht mehr am ganzen Körper behaart sind, bekommen wir Gänsehaut. Wenn uns also plötzlich friert, wir eine Gänsehaut bekommen oder unser Herz zu rasen beginnt, fordert uns ein primitiver Teil unseres Gehirns dazu auf, uns in Acht zu nehmen. Unser Gehirn nimmt anscheinend unbedeutende Signale auf, die wir bewusst gar nicht wahrnehmen – ein flüchtiger Gesichtsausdruck, eine Bemerkung, die nicht ganz zum Gespräch passt, ein Lächeln auf den Lippen, das sich nicht in den Augen widerspiegelt, ein nervöses Fußwippen, ein Rascheln im Gebüsch, quietschende Reifen.

All diese potenziell gefährlichen Vorboten werden von unserem Gefühlshirn verarbeitet, ehe sie von unserem Denkhirn wahrgenommen werden. Deshalb empfinden wir häufig Angst oder wittern Gefahr, ehe wir eine rationale Begründung dafür finden können, dass wir in Gefahr sind. Das Gefühlshirn reagiert jedoch manchmal über und spürt eine Bedrohung, wo gar keine ist. Das Knarzen einer Treppe löst eine größere Panikattacke aus; ein den Baum hochflitzendes Eichhörnchen macht uns Herzklopfen.

In Kapitel vier habe ich von der Notwendigkeit gesprochen, die Dinge sich beruhigen zu lassen, und dieselbe Grundregel gilt auch in Zeiten der Gefahr. Es ist zwar wichtig, unsere natürlichen Instinkte zu beachten, aber wir müssen auch das logische Denkhirn einschalten. Überlegte Reaktionen auf die Einfühlung können uns aus lähmender Angst zu lebensrettendem Handeln befreien. Als Kelly spürte, in welch großer Gefahr sie sich befand, baute sie auf ihr Denkhirn und verfolgte die Bewegungen des Vergewaltigers in ihrer Wohnung, interpretierte seine Absichten und entschied, was sie tun musste, um ihr Leben zu retten – ein perfektes Beispiel dafür, wie das Denk- und das Gefühlshirn voneinander abhängen, um uns zu leiten und für unsere Sicherheit zu sorgen.

Vierter Schritt: Pass auf

Angst, Sorge, Wut und Enttäuschung engen unseren Blickwinkel unweigerlich auf isolierte Teilabschnitte der Landschaft ein. Die psychologische Forschung zeigt beispielsweise, dass ein hohes Niveau emotionaler Erregung zu einem steilen Abfall unserer Fähigkeit führt, Informationen zu verarbeiten und in unserem Gedächtnis zu speichern. Wenn uns also jemand mit einer Schusswaffe oder einem Messer bedroht, richtet sich unsere Aufmerksamkeit auf die Waffe, was dazu führt, dass wir andere Details nur noch bedingt aufnehmen. Wenn wir wegen unserer Arbeit, elterlicher Verpflichtungen, sportlicher Wettkämpfe oder Beziehungsnöten unter Anspannung stehen, verengt sich unser Blickfeld, und die Einfühlung leidet notwendigerweise darunter.

Unsere Fähigkeit, das größere Bild zu sehen, kann durch unsere Sehnsüchte und Beweggründe weiter eingeschränkt werden. Als Kelly mit dem Fremden auf der Treppe stand und dieser ihr anbot, ihre schwere Lebensmitteltüte zu tragen, hatte Kelly starke Vorbehalte, entschied sich aber, nicht darauf zu achten. Sie wollte nicht argwöhnisch erscheinen und übersah deshalb die Gefahrensignale, die sowohl vom Gefühlshirn als auch vom Denkhirn übertragen wurden. Erst nachdem sie vergewaltigt worden war, weitete sich Kellys Blick. Als sie um ihr Leben fürchtete, fing sie an, dem ganzen Bild Aufmerksamkeit zu schenken, nahm miteinander nicht verknüpfte, anscheinend unbedeutende Einzelheiten auf und fügte sie zu einem Ganzen zusammen. Sie wusste, dass der Vergewaltiger vorhatte, sie umzubringen, weil sie in der Lage war, ihre Ängste zu ignorieren und stattdessen auf die durch Einfühlung geweitete Perspektive zu vertrauen.

Obwohl Gewalt ein fester Bestandteil unserer Welt ist, wird die große Mehrheit von uns nie einem die Waffe schwingenden Angreifer begegnen. Wir werden jedoch mit geringfügigeren (aber nicht notwendigerweise weniger schädlichen) Bedrohungen unserer Gesundheit und unseres Wohlbefindens rechnen müssen. In der Einleitung zu Norman Cousins Buch ›The Healing Heart‹ erzählt Dr. Bernard Lown eine Geschichte, die er selbst erlebt hat. Sie handelt von einer Frau mittleren Alters mit einem Blutstau am Herzen, die über ein Jahrzehnt mit ihrer Krankheit gelebt, ihre Kinder großgezogen hat, ihrer Arbeit als Bibliothekarin nachgegangen ist und in ihrer Gemeinde aktiv blieb.

Einmal wöchentlich suchte sie die ambulante Herzklinik auf, um sich untersuchen zu lassen, und bei dieser Gelegenheit kam ihr Arzt mit einer Gruppe von Assistenzärzten auf sie zu, begrüßte sie freundlich und teilte den anderen Ärzten dann mit: »Diese Frau hat T. S.« Schon nach wenigen Minuten rang sie nach Luft, war schweißnass und ihr Puls raste. Dr. Lown, einer der Assistenzärzte, war erstaunt über die rapide Verschlechterung des Zustands von offenbar gesund zu ernsthaft krank, und er fragte sie, ob sie erklären könne, was ihr solche Angst verursacht habe. »Ich weiß, was T. S. bedeutet«, sagte sie. »Es bedeutet, dass ich mich im Endstadium befinde.« Dr. Lown versicherte ihr, dass T. S. einfach die Abkürzung für trikuspidale Stenose war, den medizinischen Fachbegriff für den Zustand ihres Herzens, aber seine Worte kamen zu spät, um sie noch retten zu können. Sie starb noch am selben Tag an nicht zu behandelndem Herzversagen.

Diese Frau hatte ein schwaches Herz, aber umgebracht hat sie die heftige Angstattacke. Weil sie glaubte, sich im Endstadium zu befinden, stellte sie sich vor, dass jede Hoffnung vergebens war. War die Hoffnung erst einmal verschwunden, schwand auch ihr Lebenswille und sie starb. Solche Momente sind in unserer modernen Medizinwelt nicht ungewöhnlich. Wenn ein Arzt zu einem Krebspatienten sagt: »Ihre Krankheit ist unheilbar, wir können nichts mehr tun«, verengt sich die Welt des Patienten sofort auf ein scheinbar unausweichliches Schicksal – Tod. Die mangelnde Einfühlung des Arztes beschneidet die Welt des Patienten, Hoffnung schwindet, der Glaube zieht sich zurück und Dunkelheit fällt herab.

In der Therapie und im Leben erinnere ich mich immer daran, auf das zu achten, was sich am Rande meines Gesichtsfelds abspielt. Was ist mir da entgangen? Was bekomme ich nicht mit? Wie kann ich meine Perspektive so vergrößern, dass ich mehr verstehen und mit größerer Sensibilität reagieren kann? Nie werde ich eine Patientin vergessen, die verzweifelt zu mir kam, weil ihr Ehemann eine Affäre hatte. Wir arbeiteten gemeinsam ein paar Monate und ich behielt dabei immer das Problem im Auge, das sie mir geschildert hatte – den Betrug ihres Ehemanns. Erst am Ende der Therapie, als sie ihren Ehemann mit in die Sitzung brachte, erfuhr ich die ganze Wahrheit. Unter Tränen gestand sie uns beiden, dass sie vor einigen Jahren eine kurze Affäre mit ihrem Chef gehabt hatte, noch ehe ihr Mann ihr untreu wurde.

An diesem Tag lernte ich, meine Augen weit offen zu halten und mir meiner Vorurteile und vorgefassten Meinungen stärker bewusst zu sein. Ich war ganz entschieden von Geschlechtsvorurteilen beeinflusst, weil ich davon ausging, dass der Ehemann seine Frau betrog, während seine Frau ihm treu ergeben blieb. Ich machte auch die Erfahrung, dass ich für das Frau-in-Nöten-Syndrom anfällig war und so meiner Patientin die Erklärung, misshandelt worden zu sein, ganz automatisch abkaufte und mir einbildete, ihr beibringen zu können, was sie wissen musste, um sich selbst zu schützen.

Die Einfühlung erweitert unser Blickfeld, um das ganze Panorama unserer Erfahrung in uns aufzunehmen, und stellt uns ein Weitwinkelobjektiv zur Verfügung, das auch die Einzelheiten am Rande erfasst. Auch die Zeit ist ein Faktor, dessen sich die Einfühlung bedient und somit einem sich bewegenden Bild erlaubt, Gestalt anzunehmen, so dass wir die Ereignisfolge beobachten können. Im Fall der Frau, die der Affäre ihres

Mannes die Schuld an all ihren Problemen gab, aber nie zugab, dass sie ihm auch untreu geworden war, übersah ich bestimmte viel sagende Einzelheiten, die Folgen hatten. Ich konnte mir beispielsweise nicht vorstellen, warum sie in einer derart ausweglosen Situation verharren wollte. Obwohl ich das Gefühl hatte, etwas zu übersehen, ließ ich mich nie von meiner Intuition leiten, weil ich mich zu sehr dafür einsetzte, ihr »Retter« zu sein, derjenige, der ihr beibringen konnte, wie man mit einem Mann klarkam, der derart zu manipulieren verstand.

Im Lauf der Zeit bringt die Einfühlung immer die Wahrheit ans Licht. Einsichten in den Charakter oder die Absichten anderer Menschen erfährt man selten als Aha-Erlebnis, sondern sie erwachsen meist einem langsamen, Zeit erfordernden Verständnis, dem man trauen kann. Achten Sie auf die geringfügigen Stimmungsschwankungen und Verhaltensänderungen bei anderen. Halten Sie Ausschau nach Einzelheiten und Fakten, die nicht ganz ins Bild passen. Und nehmen Sie mit wachem Verstand alle Möglichkeiten in sich auf – wenn Ihr Blickfeld sich vergrößert, weiten sich auch Herz und Geist und geben Ihnen die Geduld, die Flexibilität und die Weisheit, die Sie brauchen, um für sich und andere zu sorgen.

Fünfter Schritt: Hüte dich vor ungewollter Intimität

Wenn Fremde Ihnen intime Fragen stellen oder sehr persönliche Informationen über sich preisgeben, ist Vorsicht geboten. Intimität sollte immer mit einer förmlichen Einladung einhergehen, eine Erfahrung sein, die man geplant hat und auf die man vorbereitet ist. Intimität entsteht nicht ad hoc und jeder, der sie nach ein paar Gesprächsmomenten herzustellen versucht, hat etwas anderes als Ihr Bestes im Sinn.

Natürlich gibt es auch Ausnahmen. Angenommen, bei der Beerdigung Ihrer Mutter kommt eine Unbekannte auf Sie zu und umarmt Sie herzlich, ohne zu fragen. »Ich bin eine Jugendfreundin Ihrer Mutter«, sagt die Fremde mit echter Wärme, »und ich habe das Gefühl, als hätte ich Sie immer schon gekannt.« In diesem Fall kann man ziemlich sicher sein, dass das Interesse der Fremden nicht gespielt ist. Im Gegensatz dazu kann man davon ausgehen, dass Verkäufer, die einem schon nach zehn Minuten den Arm um die Schulter legen oder sich wie Kumpel gebärden, dies aus eigenem Interesse tun. Werden diese Leute sich an einen erinnern, wenn man das Auto oder das schicke Kleid gekauft hat (oder sich entschieden hat, nicht zu kaufen)? Wollen sie auch dann noch unser Freund sein?

Denken Sie langfristig und seien Sie auf der Hut vor Fremden, die Zuneigung und überschwängliche Dankbarkeit bekunden oder »kostenlose« Geschenke anbieten. Sie müssen damit rechnen, dass diese Menschen für ihre Investition auch etwas zurückhaben wollen. In seinem neuesten Buch ›Protecting the Gift‹ beschreibt der Gewaltexperte Gavin de Becker einen Vorfall, dessen Zeuge er während eines Flugs von Chicago nach Los Angeles wurde. De Becker saß neben einem allein reisenden jungen Mädchen und beobachtete, dass der Mann auf der anderen Gangseite die junge Frau nicht aus den Augen ließ. Als dieser den richtigen Moment für gekommen ansah, streckte er seine Hand über den Gang und stellte sich als Billy vor. Zögernd nahm das hübsche Mädchen seine Hand, sagte ihm ihren vollen Namen und sie vertieften sich in ein Gespräch. Der Mann erfuhr, dass sie Freunde in Los Angeles besuchte, die aber erst in einer späteren Maschine mit ihr rechneten, und sie nicht wisse, wie sie vom Flughafen zu deren Wohnung kommen solle. Er bestellte einen Scotch und bot ihr einen Schluck an, als er serviert wurde; obwohl sie sich anfangs weigerte, konnte er sie zu einem Schluck überreden. Er sagte ihr, sie habe schöne Augen.

Als der Mann aufstand, um auf die Toilette zu gehen, fragte de Becker das Mädchen höflich, ob er ihr etwas sagen dürfe. Sie schien zu zögern, nickte aber mit dem Kopf. »Er wird Ihnen eine Mitfahrgelegenheit vom Flughafen aus anbieten«, sagte de Becker, »aber er ist kein guter Mensch.« Und wie vorherzusehen, konnte de Becker bei der Gepäckausgabe beobachten, wie der Mann sich der jungen Frau näherte und ihr anbot, sie mitzunehmen. Als sie höflich, aber fest nein sagte, machte er eine wütende Handbewegung und stapfte frustriert davon.

Das Potenzial für Intimität kann oft schon ganz früh in einer Beziehung erspürt werden. Wir haben alle schon Menschen kennen gelernt, bei denen wir uns sofort wohl fühlten, die Art Leute, bei denen wir das Gefühl haben, sie schon unser ganzes Leben zu kennen. Aber wahre Intimität (auf authentischer Einfühlung beruhende Intimität) braucht Zeit, um sich zu entwickeln, ehe wir ihr trauen können. Egal, wie nahe wir uns auch jemandem nach einem kurzen Gespräch, einem langen, gefühlvollen Austausch oder einer erfolgreichen ersten Verabredung fühlen – nehmen

Sie sich Zeit. Wenn Sie sich bedrängt fühlen, sollten Sie deutlich machen, dass Ihre Grenzen genau festgelegt sind, und der Person in klaren und unmissverständlichen Worten vermitteln, was Sie erwarten. Sollte sie sich weigern, Ihre Grenzen zu respektieren, und Ihnen etwas aufzwingen, wobei Sie sich unwohl fühlen, sagen Sie nein. Vertrauen Sie auf Ihre natürlichen Instinkte und zögern Sie nicht, wenn Sie sich einmal entschieden haben. Fallen Sie nicht auf die Verlockungen anderer herein, egal, wie nett sie zu sein scheinen. Und wenn die anderen sich darauf von Ihnen wütend oder angewidert abwenden, dürfen Sie keine Schuldgefühle haben oder sich schämen, deren Gefühle verletzt oder eine potenzielle Freundschaft verhindert zu haben – seien Sie stolz darauf, dass Sie sich zu Ihrem Schutz der Einfühlung bedient haben.

Sechster Schritt: Achtung vor Extremen

Stan, ein 39-jähriger Restaurantbesitzer, beschrieb einen der »berüchtigten« Wutanfälle seiner Verlobten. Sie wurde äußerst eifersüchtig, wenn er sich eine halbe Stunde mit seiner Geschäftsführerin am Telefon unterhielt (die zufällig eine junge, attraktive Frau war). Wenn er ihr zu erklären versuchte, dass sie eine Geschäftsangelegenheit besprachen, schlug ihn seine Verlobte. Im Verlauf des Abends wurde sie dann zerknirscht und entschuldigte sich.

»Sie kann manchmal ganz reizend sein, aber dann rastet sie wieder so aus«, sagte er und schnippte dabei mit den Fingern. »Manchmal – vielleicht sogar meistens – weiß ich nicht, wie ich dran bin. Was sollte ich denn Ihrer Meinung nach tun?«

»Ich habe Ihnen sehr genau zugehört«, sagte ich, »aber ich bin mir nicht sicher, weshalb Sie dieser Frau so zugetan sind. Sie haben mir erzählt, sie habe oft üble Laune, und Sie wüssten nie, wann sie wieder davon befallen werde. Offenbar hat sie viele Menschen schon vor den Kopf gestoßen, darunter ihre engsten Freunde und Familienmitglieder. Sie haben mir auch erzählt, dass Sie sie zwar mögen, aber nicht lieben. Und doch wollen Sie sie heiraten.«

Diese realistische Einschätzung stieß die Tür zu einem langen Gespräch auf, in dem Stan mir aufrichtig seine mangelnden Erfahrungen mit Frauen anvertraute, seine Angst, den Rest seines Lebens allein zu bleiben, und seine Überzeugung, dass diese Beziehung seine letzte und beste Hoffnung auf Ehe und Vaterschaft darstelle. Durch Einfühlung kamen alle Karten auf den Tisch, und Stan war in der Lage das ganze Bild zu überschauen. Am Ende der Sitzung sagte er, er werde es von nun an langsamer angehen lassen und keine Zukunftspläne mehr schmieden, ehe er ein besseres Gefühl habe, dass die Beziehung auch von Dauer war. Monate später, als klar wurde, dass seine Verlobte sich nicht ändern würde, brach Stan die Beziehung ab.

Im Allgemeinen gedeiht die Einfühlung in einem überhitzten oder unterkühlten Umfeld nicht besonders gut; sie braucht eine ausgewogene Temperatur, in der kühle Überlegungen heiße Gefühle zu zügeln vermögen. Schwankt jemand, an dem einem liegt, zwischen den Extremen heiß und kalt hin und her, werden die eigenen Gefühle mit seinen oder ihren Emotionen mitgehen, und es lässt sich nur sehr schwer eine Balance herstellen. Doch Ausgewogenheit ist wichtig für das Geben und Empfangen von Einfühlung. Wenn das Gefühlsklima nicht vorhersehbar ist, sind wir ständig auf der Hut und überlegen, wann und ob die Situation sich verändern wird. Eskalieren Spannung und Sorge, verwirren sich unsere Gedanken und wir finden es immer schwerer, auf eine vernünftige, rationale Art zu reagieren.

Fühlt man sich häufig kaputt und fragt sich, was man als nächstes sagen oder tun soll, durchlebt man ein Wechselbad von hitzigem Gefühlsüberschwang ewig währender Liebe, gefolgt von Phasen des Rückzugs und der Verweigerung, dann stimmt etwas nicht. Extreme nehmen einem die Orientierung und behindern einen. Sie nehmen einem mehr Energie als sie geben und erschöpfen unweigerlich die Macht der Einfühlung.

In Konfliktsituationen richten gewisse charakteristische Reaktionen Schaden an, während andere helfen, die Beziehung zu stabilisieren. Von Forschern, die untersuchen, wie Männer und Frauen in intimen Beziehungen die Einfühlung anwenden (oder nicht anwenden), konnten vier große Verhaltenskategorien herauskristallisiert werden, die im Streit von Paaren auftauchen. In einer wissenschaftlichen Arbeit mit dem Titel ›Empathic Accuracy and Marital Conflict Resolution‹ machen die Psychologen Victor Bissonnette, Caryl Rusbult und Shelley Kilpatrick folgende vier Verhaltenskategorien aus, die während eines Streits auftreten können: *Sich-entziehen [exit]* und *Nicht-darauf-eingehen [neglect]* können sich schädigend auf Beziehungen auswirken, während *Bereden [voice]* und *Loyalität zeigen [loyalty]* Beziehungen stabilisieren und sichern.

Zum *Sich-entziehen* gehört die Drohung, die Beziehung zu beenden, den Raum wütend oder frustriert zu verlassen oder ausfallend zu reagieren (schreien, schlagen); das ist das »heiße« Extrem. *Nicht-darauf-eingehen* ist eine passive destruktive Reaktion (das »kalte« Extrem), man weigert sich, über die Situation zu reden, vermeidet weitere Interaktionen, indem man zwar mit dem Kopf nickt, aber nicht wirklich zuhört und wiederholt strittigen Debatten ausweicht oder den Partner für Dinge kritisiert, die gar nicht dazugehören. Die Forscher kommen zu dem Schluss, dass es für »Partnerschaften, die über einen längeren Zeitraum funktionieren sollen, ganz wesentlich darauf ankommt, dass man sich in Auseinandersetzungen *nicht* auf Verhaltensweisen wie Sich-entziehen oder Nicht-darauf-eingehen einlässt.«

Auf gemäßigtem »kühlen« Grund bewegt man sich dank der konstruktiven Reaktion beim Bereden und Loyalität zeigen. Zum Bereden gehört der aktive Versuch, Dinge auszudiskutieren, und die Bereitschaft, Lösungen für das Problem zu suchen, was auch einschließt, dass man bei Freunden, Familienmitgliedern oder Therapeuten Rat sucht. Loyalitäts-Verhaltensweisen sind passiv konstruktiv, zu ihnen gehört das Abwarten, bis die Situation sich verbessert, und das Aufrechterhalten einer optimistischen Einstellung selbst während des Konflikts sowie ein Verteidigen des Partners, wenn andere ihn oder sie kritisieren.

Die Einfühlung verschiebt das Gleichgewicht zugunsten der konstruktiven Verhaltensweisen. Wenn wir genaue Schlüsse aus den Gedanken und Gefühlen unserer Partner ziehen können, ist die Wahrscheinlichkeit größer, dass wir uns anpassen, indem wir unsere Impulse zu destruktivem Handeln hemmen; wir arbeiten darauf hin, einander zu verstehen, anstatt zurückzuschlagen und einander weh zu tun. Die Einfühlung hilft uns dabei, die Eigeninteressen hintanzustellen. Soll eine Beziehung jedoch stabil und gesund bleiben, muss die Einfühlung in beide Richtungen fließen. Versteht der eine Partner die Gedanken und Gefühle des anderen genau, wird aber selbst nicht gut verstanden, gerät die Beziehung aus dem Gleichgewicht und wird instabil.

Die dunkle Seite der Einfühlung findet sich auch in nahen, liebevollen Beziehungen. Mit Zeit und Geduld – aber vor allem mit Einfühlung – lässt sich feststellen, ob die Beziehung potenziell dazu neigt, ausgewogen und auf beiden Seiten einfühlsam zu werden, oder ob das Bemühen, sich anzupassen, nur der Aufrechterhaltung eines flüchtigen Friedens dient. Das alte Sprichwort »Frieden um jeden Preis ist Krieg« lässt sich auch auf Konfliktsituationen anwenden. Wird alle Kraft darauf verwandt, eine Beziehung aufrechtzuerhalten, die mehr nimmt als gibt, begibt man sich auf die dunkle Seite und riskiert die eigene Stabilität und das Gefühl für sich selbst.

Siebter Schritt: Geh denen aus dem Weg, die immer einen Schuldigen suchen

Als vielleicht wichtigsten Schritt, uns vor der dunklen Seite zu schützen, müssen wir ein Gespür für diejenigen entwickeln, die immer einen Schuldigen brauchen und suchen. Wollen wir wissen, ob andere die Bereitwilligkeit und die Fähigkeit besitzen, für sich selbst die Verantwortung zu übernehmen (ein wesentlicher Bestandteil der Einfühlung), dann können wir das erst einschätzen, wenn wir uns ihren Umgang mit Schuldzuweisungen ansehen. Hier ein paar klassische Beispiele:

- Ich hätte nichts tun können, es war alles der Fehler von soundso.
- Du wirst es nicht glauben, was die getan (oder gesagt) haben.
- Keiner weiß mich zu schätzen.
- Immer bekommen sie Recht.
- Ich habe mein Bestes gegeben, aber der Rest des Teams hat nicht richtig mitgemacht.
- Warum bin ich eigentlich der Einzige, der hier arbeitet?
- Was ist das nur für eine Welt?

Es ist wichtig, dass wir verstehen, wo die Schuldzuweisungen ursprünglich herkommen. In den frühen Stadien ihrer Entwicklung erfahren die Kinder sich nicht als eigenständige Wesen mit einem eigenen Sinn für das Selbst, sondern sehen ihre Eltern und Betreuer als verlängerten Arm ihrer selbst. Stoßen sie auf ein Hindernis oder werden in eine Auseinandersetzung verwickelt, neigen sie dazu, ihre Betreuer für alles verantwortlich zu machen, was schief gehen kann.

Als meine Tochter Alaina zwei Jahre alt war, stieß sie sich einmal im selben Augenblick, als ich aus meinem Büro herunterkam und die Tür zum Wohnzimmer aufmachte, am Couchtisch. »Papa«, schrie sie vor Schmerz, »warum hast du das getan?«

Alainas Vorstellung nach waren ihre Mutter und ich für alles verantwortlich, was ihr widerfuhr, denn sie hatte noch kein unabhängiges Selbstgefühl entwickelt. Ich beruhigte und tröstete sie und half ihr, über den momentanen Schreck hinwegzukommen. Ich habe gar nicht erst versucht, ihr beizubringen, dass sie die Verantwortung für ihr Sichwehtun übernehmen sollte, weil ich wusste, dass dies ihre Verständnisfähigkeit überstiegen hätte. Einfühlend reagierte ich auf ihre Gedanken und Gefühle auf dem Niveau, das sie verstehen konnte.

Wenn Kinder größer werden, lernen sie durch viele einfühlende Interaktionen mit liebevollen Erwachsenen, wie man mit Versagen umgeht und es übersteht. Sie entdecken, dass sie akzeptiert und geliebt werden, selbst wenn sie Fehler machen. Während ihre Fähigkeit wächst, die Verantwortung für ihre Triumphe und ihr Versagen zu übernehmen, wird auch ihr Selbstgefühl größer. Bleiben ihre Gedanken und Gefühle jedoch unverstanden, werden sie weiterhin anderen die Schuld geben, um ihr Selbstgefühl nicht zu beschädigen. Weil man ihnen Einfühlung versagt, bleiben sie dem Modus der Schuldzuweisung verhaftet.

Wenn Sie einmal sehen wollen, wie erwachsene Leute mit Schuldzuweisungen arbeiten, dann schauen Sie sich eine der allnachmittäglichen Talkshows der Privatsender an. Da werden Frauen von Männern beschuldigt, sie zu betrügen. Frauen beschuldigen ihre Männer oder den Freund, mit ihrer besten Freundin geschlafen zu haben. Frauen beschuldigen ihre besten Freundinnen, Sex mit ihrem Ehemann oder Freund gehabt zu haben. Mütter beschuldigen ihre Töchter, die Familie zu ruinieren. Nachbarn beschuldigen sich gegenseitig, ein schwaches Verhältnis zum Eigentum zu haben.

Es geht nur um Schuldzuweisungen. Sucht man in diesen Talkshows nach Einfühlung, wird man nicht fündig werden – nicht beim Publikum, das stellvertretend seine Freude am gegenseitigen Attackieren hat, nicht beim Gastgeber oder der Gastgeberin, die zu guter Letzt die dummen Eskapaden ihrer Gäste doch immer nur mit einem Kopfschütteln quittieren; und ganz gewiss nicht bei den Gästen, die auf der Bühne sitzen und zulassen, dass ihre Beziehungskrisen zur Belustigung anderer ausgeschlachtet werden. Ich frage mich, ob es all diesen ähnlich gelagerten Talkshows im Fernsehen vielleicht nur darauf ankommt, dem Rest von uns das Gefühl zu geben, dass wir aus dem Schneider sind – denn egal, wie grausam oder gemein wir in bestimmten Momenten sein mögen, können doch die wenigsten von uns die miserablen Erfahrungen der Männer und Frauen in diesen Shows für sich beanspruchen. Diese Immer-frei-heraus-damit-und-keine-Hemmungen-Sendungen geben uns allen die Chance, uns eine Weile von der Selbstverantwortung auszuruhen. Wir können uns aufführen, wie wir wollen – unsere besten Freunde betrügen, unsere Ehemänner anschreien, unsere Eltern körperlich angreifen –, und immer wieder ist ein anderer daran schuld.

Mir gefällt die Geschichte von dem Dorfbewohner, der am Stadttor stand und die Neuankömmlinge begrüßte. Ein Vater kommt mit seiner Familie, die Karre mit seinem Hab und Gut beladen, und fragt: »Was für Menschen leben denn hier?«

»Welche Menschen leben denn in dem Dorf, aus dem ihr kommt?«, fragt der Dörfler zurück.

»Das sind alles Diebe, jeder Einzelne von ihnen, gierig, selbstsüchtig, gedankenlos, gefühllos...«

»Die gleichen Menschen werdet ihr hier auch antreffen«, erwidert der Dörfler.

Das nächste Fuhrwerk kommt, und auch hier will der Vater wissen: »Sagt mir, Herr, was für Menschen leben hier?«

»Was sind das denn für Menschen in dem Dorf, aus dem ihr kommt?«, fragt der Dörfler.

»Es sind freundliche, fürsorgliche und rücksichtsvolle Menschen«, antwortet der Mann.

»Die gleichen Menschen werdet ihr hier auch antreffen«, sagt der Dörfler.

Im Leben erntet man, was man sät, und wer immer allen anderen die Schuld an seinen Problemen zuschiebt, wird auch gewiss jede Menge Leute finden, die bereit sind, ihm die Schuld zu geben. Leute, die gern anderen die Schuld geben, ziehen Leute an, die genauso sind wie sie selbst, aber sie brauchen einen Schuldigen, dem sie ihre Saat der Missbilligung und Verdammung einpflanzen können. Ohne den fruchtbaren Boden der Schuld werden die Samen der Schuldzuweisungen in alle vier Winde verstreut. Um solchen Leuten aus dem Weg zu gehen, sollten wir ein wachsames Auge auf unser Schuldempfinden haben. Wenn Sie im Umgang mit gewissen Leuten immer gleich Schuldgefühle bekommen, sollten Sie diese sehr genau auf ihr Schuldzuweisungsverhalten hin untersuchen. Machen sie andere für ihre Probleme verantwortlich? Sind sie bereit, die Verantwortung für ihre Taten zu übernehmen? Ist an allem Schlimmen, das ihnen widerfährt, ein anderer schuld?

Wer ständig den anderen die Schuld an den eigenen Problemen zuweist, leidet an einer eingefahrenen Verhaltensweise, die auf einen Mangel an Flexibilität und ein definitives Defizit an Einfühlung hinweist. (Psychologen glauben, dass sich an der Häufigkeit der Schuldzuweisung auch der Grad der Persönlichkeitsstörung ableiten lässt, unter der diese Menschen leiden.) Die Schuld auf andere schieben und Einfühlung sind gegensätzliche Verhaltensweisen, weil Schuldzuweisungen auf Unwahrheiten beruhen, während sich die Einfühlung immer auf die Wahrheit gründet. Wer Schuld zuweist, versucht die Verantwortung auf andere abzuwälzen, während Einfühlung die Bereitwilligkeit voraussetzt, für seine Gedanken, Gefühle und Handlungen die Verantwortung zu übernehmen.

Achter Schritt: Achte auf Interpretationen, hinter denen ein Eigeninteresse steckt

Gefühle sind in der Tat ansteckend. Wer sich darauf versteht, unsere Gefühle zu entfachen, um seine eigenen egoistischen Bedürfnisse voranzutreiben, braucht nur auf schwelende Gedanken und Gefühle zurückzugreifen, um ein potenziell verheerendes Buschfeuer in Gang zu setzen. Neulich las ich einen Artikel in der ›Chicago Tribune‹ mit dem Titel ›Hate Rock‹ über die rasant wachsende Musikindustrie der Skinheads und die Verwendung brutaler Texte, um Propagandabotschaften von Rassenhass und Mord zu verbreiten. Der Artikel geht davon aus, dass junge Leute langsam für die Bewegung »rekrutiert« werden, wenn sie immer und immer wieder rap-artige Texte wie diese hören: »Es gab keinen Holocaust, aber es wird einen geben/ Heizt die Öfen an!/ Heizt die Öfen an!«

Das ist die in die Tat umgesetzte dunkle Seite der Einfühlung, denn hasserfüllte Botschaften werden an Tausende, ja Millionen junger Menschen ausgestrahlt, die einen Hang zum Rassismus haben oder auch nicht. Wer auf diesen Beat tanzt, heizt die Gefühle an und betäubt das Gehirn. Funktioniert eine solche Propaganda? Vor kurzem habe ich gelesen, dass die »hate sites« im Internet binnen eines Zeitraums von fünf Monaten von 1400 auf 2000 angewachsen sind. Hass ist wie ein Virus –

er ist ansteckend und kann durchs Internet, durch den gedruckten Text, durch Radio, Fernsehen und CD-Player genauso leicht verbreitet werden, wie er die Fantasie der Unterprivilegierten bei den Treffen der Mitläufer, bei Versammlungen und politischen Demonstrationen zu fesseln vermag.

Unser Leben wird auch von subtileren Erscheinungsformen der dunklen Seite infiltriert. Nehmen wir zum Beispiel an, Sie sind über Ihre dreiprozentige Gehaltserhöhung höchst unzufrieden. Nach der Arbeit lädt eine Kollegin, die genauso unzufrieden ist, Sie ein, mit ihr etwas trinken zu gehen.

»Finden Sie nicht auch, dass John [der Chef] sich eher auf die Seite der Männer schlägt?«, fragt Ihre Kollegin Sie nach ein paar Drinks.

»Ich weiß nicht«, sagen Sie und fügen hinzu, »aber mit dieser Erhöhung bin ich keinesfalls einverstanden.«

»Ich habe gesehen, wie er Sie behandelt«, fährt sie fort und kommt in Fahrt. »Er hat keinen Respekt vor Ihnen oder irgendeiner anderen Frau in dieser Firma. Ich weiß, dass die anderen Frauen genauso unglücklich sind wie wir. Ich denke, wir sollten uns zusammentun und eine Beschwerde einreichen.«

Das verwirrt Sie, denn Sie sind zwar mit Ihrer Lohnerhöhung keinesfalls einverstanden, aber Sie arbeiten erst seit zwei Jahren in der Firma und wissen, dass Sie noch viel lernen müssen. Doch Sie fragen sich, ob Ihre Kollegin Recht hat – falls wirklich so viele Frauen unglücklich in der Arbeit sind, wäre es gut möglich, dass der Chef wirklich ein Problem mit dem anderen Geschlecht hat. Sollen Sie sich also anschließen und sich bei einer Aufsichtsbehörde beschweren oder sollen Sie weiterarbeiten wie bisher und darauf hoffen, dass im nächsten Jahr eine bessere Gehaltserhöhung auf Sie zukommt?

Einfühlung hilft die Gedanken und Gefühle zu klären. Wenn Sie am nächsten Tag mit kühlerem Kopf über die Situation nachdenken, kommen Sie zu dem Schluss, dass Sie in erster Linie enttäuscht, nicht aber wütend sind. Sie hatten sich eine größere Gehaltserhöhung erhofft, aber anders als Ihre Kollegin haben Sie keinen Grund zu glauben, dass Ihr Chef verärgert über Sie ist. In der Hoffnung auf ein klärendes Gespräch vereinbaren Sie ein Treffen mit ihm und bitten ihn, Ihnen zu erklären, woran die Gehaltserhöhungen sich orientieren. Wie sich herausstellt, ist er offen und direkt, und Sie erfahren, dass alle Mitarbeiter der Firma, die weniger als drei Jahre im Betrieb sind, eine Erhöhung um drei Prozent bekommen. Er versichert Ihnen, dass er mit Ihrer Arbeit zufrieden ist, gerne mit Ihnen arbeitet und Ihnen auch mehr Verantwortung übertragen möchte. Sie verlassen das Büro mit einem sehr viel besseren Gefühl hinsichtlich Ihrer Zukunft, nehmen sich aber vor, ihn daran zu erinnern, Wort zu halten.

Wenn Menschen Ihre Gefühle anheizen, um ihren eigenen Bedürfnissen Folge zu leisten, gärt die dunkle Seite unter der Oberfläche der Beziehung. Hier noch ein weiteres Beispiel: Eine depressive 33-Jährige, deren Ehe konfliktgeladen ist, sucht therapeutischen Rat. Die Therapeutin, fünfunddreißig, geschieden und allein lebend, identifiziert sich sofort mit ihrer Patientin und macht ihr im Lauf der Zeit Mut, sich von ihrem Ehemann zu trennen. Es vergehen weitere Wochen und die Therapeutin vertritt ihre Haltung mit mehr Nachdruck. Aufgrund ihrer eigenen Erfahrung und ihrer Theorien über Männer im Allgemeinen (mehr als durch einfühlende Einsicht in die einzigartige Situation ihrer Patientin) glaubt sie, die Patientin könne nur glücklich werden, wenn sie ihren Ehemann verlässt und als Single lebt. Die Patientin weigert sich und beendet nach einigen Monaten die Therapie.

Bei diesem und ähnlich gelagerten Fällen dürfen wir nicht vergessen, dass jeder oder jede seinen oder ihren Kampf ausficht. Nur weil jemand Therapeut, Professor, Leiter einer Firma oder Präsident der Vereinigten Staaten ist, bedeutet dies nicht, dass er oder sie absolut vertrauenswürdig wären. Vertrauen ist eine wunderbare Qualität, muss aber verdient sein – und wird oft missbraucht. Wenn Sie sich aus irgendeinem Grund in einer Beziehung unwohl fühlen, vertrauen Sie Ihren Instinkten, hören Sie genau hin und nutzen Sie Ihr Einschätzungsvermögen, um zu entscheiden, ob die Person, mit der Sie zu tun haben, Ihnen etwas unterjubeln möchte.

Einmal wöchentlich leite ich im Rahmen eines Behandlungsprogramms für Alkoholiker und andere Drogenabhängige an einer Klinik eine Gruppentherapiesitzung für ambulante Patienten. Eines Tages brach eine neu hinzugekommene Patientin, die ein paar Tage zuvor versucht hatte, sich das Leben zu nehmen, schluchzend zusammen. Sie erzählte der Gruppe, sie sei vor ihrem Selbstmordversuch schon einige Monate lang in der Genesungsphase gewesen und habe sich einer intensiven Psychotherapie unterzogen, um die Probleme ihrer schwierigen Ehe aufzuarbeiten. Sie war sich darüber im Klaren, dass der heftige Alkoholzuspruch ihres Mannes und seine periodisch auftretenden Wutanfälle es ihr sehr erschwerten, trocken zu bleiben, aber sie liebte ihn noch immer und konnte sich nicht vorstellen, ohne ihn zu leben.

Unsicher, welchen Weg sie gehen sollte, fragte sie ihre Therapeutin geradeheraus, ob sie ihren Ehemann verlassen sollte. Weil diese die Beziehung für die Patientin nicht nur als riskant, sondern auch zum Scheitern verurteilt sah, riet sie ihr, die Koffer zu packen und zu gehen. »Ich glaube nicht, dass Sie ihn lieben«, meinte die Therapeutin, »und auf lange Sicht glaube ich, dass Sie allein besser zurechtkommen.«

Wenige Stunden nach dieser Sitzung machte die Patientin einen Selbstmordversuch. Als ich sie ein paar Tage später traf, war sie verwirrt und sehr verängstigt. »Können Sie mir bitte sagen, was ich tun soll?«, fragte sie. Ich stellte ihr viele Fragen, und als wir nach und nach die Antworten erarbeiteten, wurde uns beiden klar, wie wirr und manchmal sogar chaotisch ihre Ehe war. Doch wenn sie von ihrem Ehemann erzählte, gab es keinen Zweifel, dass sie ihn liebte und nicht bereit war, die Beziehung aufzugeben. Sie erklärte mir, sie habe, als ihre Therapeutin, die sie überaus bewunderte und respektierte, ihr geraten habe ihren Mann zu verlassen, das Gefühl gehabt, zum Unglück verdammt zu sein, egal, welchen Weg sie einschlug. Und weil sie glaubte, in der Falle zu sitzen und keine Hoffnung mehr zu haben, habe sie Selbstmord für den einzigen Ausweg gehalten.

Sie sagte mir auch, sie liebe ihren Mann und glaube, es gäbe Hoffnung für die Beziehung. Im Moment, so sei ihr klar geworden, müsse sie bleiben. »Vielleicht werde ich ihn eines Tages verlassen«, sagte sie, »aber jetzt im Moment brauche ich ihn, um zu überleben.«

Diese Geschichten zeigen, dass die dunkle Seite nicht immer mit dem Bösen besetzt ist. Auch Menschen, die sich wirklich um einen sorgen und an unserem Wohlergehen interessiert sind, können einen auf subtile, aber potenziell zerstörerische Weise manipulieren und dazu bringen, die Interpretationen zu akzeptieren, die sie von unseren Gedanken und Gefühlen haben. Stellt sich bei uns das Gefühl ein, wir könnten von einer uns eigentlich wohlgesinnten Person um ihrer eigenen Ziele willen manipuliert werden, dürfen wir nie vergessen, dass keiner uns besser kennt als wir selbst. Die einzige gute, wahrhaftige Antwort findet man nur durch harte Arbeit, Geduld, Disziplin und leidenschaftliche Einfühlung.

Empathie braucht Zeit – man darf dabei nichts überstürzen. Wenn ich in der Therapie die Kontrolle übernähme, sowohl mich als auch meine Patienten davon überzeugte, die endgültige Lösung für ihre Probleme zu kennen, würde ich Gott spielen. Ich habe nicht das Recht, anderen Leuten *meine* Antworten zu geben – ich kann nur meine ehrliche, realistische Einschätzung anbieten, um ihnen zu helfen, sich *ihren* Antworten anzunähern. Und selbst dann achte ich darauf, meine Interpretationen als Möglichkeiten zu präsentieren, als zu erforschende Wege, die zu neuen Erkenntnissen führen könnten. Meine Rolle besteht eher darin, neben meinen Patienten herzulaufen als ihnen dorthin voranzugehen, wo sie meiner Meinung nach hin sollten, oder, was noch schlimmer wäre, ihnen aus Angst, sie in die Irre zu führen, nachzulaufen und bei jedem Fehltritt oder misslungenen Abenteuer wissend mit dem Kopf zu nicken, ohne ihnen jedoch eine Erklärung oder einen Rat anzubieten. Wieder einmal findet die Einfühlung ihr Gleichgewicht in der Mitte, wo wir gemeinsam an unseren Problemen arbeiten und immer nach der einen, auf die Situation zutreffenden Wahrheit suchen, anstatt uns vorgefertigter Theorien zur Wahrheit zu bedienen.

Auch zu Hause versuche ich bei meinen beiden Teenager-Töchtern den Einfühlungsweg zu gehen: zwar nicht immer erfolgreich, aber ich gebe nicht auf. Auch im Gefühl zu wissen, was das Beste für meine Kinder ist, sehe ich meine Rolle doch darin, ihnen dabei zu helfen, sich ihrer Möglichkeiten bewusst zu werden und zu eigenen Schlussfolgerungen zu gelangen. Ihre Entscheidungen mögen mit meinen nicht übereinstimmen, aber solange ich mir gewiss sein kann, dass ihre Gesundheit oder Sicherheit nicht auf dem Spiel steht, muss ich ihre eigenen Wege respektieren.

Meine Tochter Erica war immer eine ausgezeichnete Läuferin und in ihrem vorletzten Studienjahr Mannschaftskapitän des Läuferteams ihrer Highschool. Laufen hatte ihr immer Spaß gemacht, aber im Frühjahr ihres vorletzten Studienjahres wurde sie von Verletzungen und Krankheiten heimgesucht und musste aus der Mannschaft aussteigen. Einmal kam sie zu Hause spät abends in mein Arbeitszimmer und erzählte mir, sie überlege, ob sie in ihrem Abschlussjahr weiterhin laufen solle oder nicht. »Ich bekomme eine Verletzung nach der anderen, vor allem beim Langstreckenlauf, dass ich denke, es wäre an der Zeit, meinem Körper eine Pause zu gönnen«, sagte sie. »Ich laufe gerne aus Spaß und der Fitness halber, aber ich bin den Wettkampfstress leid.« Erica erzählte lange und ich hörte zu, stellte Fragen und versuchte, ihr aus ihren oft verwickelten Gedanken und Gefühlen herauszuhelfen. Am Schluss waren wir uns beide einig, dass ihre Entscheidung, im letzten Jahr nicht mehr zum Wettkampf anzutreten, richtig war.

Dieser Austausch hätte auch leicht in eine andere Richtung gehen können. Bei meiner Liebe für sportlichen Wettkampf und meinem festen Glauben an ihre Begabung hätte ich versuchen können, Ericas Entscheidung dahingehend zu beeinflussen, dass sie sich physiotherapeutisch behandeln lässt, dass ich ihr in Stresssituationen mit Rat und Tat zur Seite stehe oder mich mit ihrem Trainer treffe und ihn um ein Spezialtraining bitte. Stattdessen hörte ich ihr zu, und sie zeigte mir den für sie richtigen Weg. Ich respektierte ihre Gewissensprüfung und achtete ihre endgültige Entscheidung.

Die Einfühlung sucht immer nach einer individuellen Antwort auf Fragen oder Probleme, weil sie respektiert, dass jeder Mensch einzigartig ist. Keiner von uns passt genau in eine Standardtheorie. Man kann uns nicht ordentlich etikettieren, zuordnen, abstempeln oder im Regal stapeln. Und wir können auch nicht den Weg aussuchen, den ein anderer nehmen sollte, egal, wie viel Weisheit oder Erfahrung wir angehäuft haben mögen. Das soll aber nicht bedeuten, dass wir uns der Verantwortung entziehen dürfen, unser ehrliches Feedback anzubieten – aber jede Erklärung oder Interpretation, die wir abgeben, sollte im immerwährenden Versuch, die Wahrheit zu verstehen, Raum zur Neuinterpretation oder Expansion lassen.

Neunter Schritt: Achte auf widersprüchliches Verhalten

Beständigkeit ist ein ganz wichtiger Weg, den Charakter anderer Leute zu beurteilen (vom eigenen ganz zu schweigen). In einer wunderbaren Szene des Films ›Hochzeit zum Verlieben‹ fragt Drew Barrymore einen trauernden Adam Sandler, ob er denn gewusst habe, dass in der Beziehung zu seiner Verlobten Probleme vorprogrammiert waren. Ohne einen Augenblick zu zögern, sagt Sandler: »Ich erinnere mich, dass wir einmal zum Grand Canyon fuhren und dort einen Flug mitmachten. Ich war noch nie dort gewesen, Linda aber schon, also hätte man erwarten können, dass sie mir den Fenstersitz anbot, was sie aber nicht tat. Das ist zwar an sich keine große Sache, weißt du, aber ich vermute, dass es eine Menge Kleinigkeiten in dieser Richtung gab. Ich weiß, dass sich das blöd anhört.«

»Ganz und gar nicht«, sagt Barrymore. »Ich finde, dass es gerade auf die Kleinigkeiten ankommt.«

»Kleinigkeiten« wie widersprüchliches Verhalten können eine Beziehung kaputtmachen. Wenn jemand im einen Augenblick liebenswert, im anderen selbstsüchtig ist, erst freundlich, dann plötzlich rücksichtslos, überlegt und dann wieder unerklärlich gedankenlos – und dies eindeutig ein sich wiederholendes Muster ist –, rät uns die Einfühlung auf der Hut zu sein. Wenn Menschen (aus welchem Grund auch immer) mit ihren eigenen Bedürfnissen und Wünschen beschäftigt sind, neigen sie zur Widersprüchlichkeit. Passt es ihnen, können sie freundlich und rücksichtsvoll sein; sind ihre Bedürfnisse nicht damit in Einklang zu bringen, verfallen sie in selbstsüchtige und gedankenlose Verhaltensweisen.

Wir alle zeigen gelegentlich ein widersprüchliches Verhalten, aber ein beständiges Muster widersprüchlichen Verhaltens verweist auf ein Einfühlungsdefizit. Einfühlung hängt von der Bereitwilligkeit ab, Zeit und Energie zu investieren, um die Gedanken und Gefühle anderer Leute zu verstehen. Fehlt die Beständigkeit, lässt die Macht der Einfühlung nach. Seien Sie deshalb auf der Hut vor Widersprüchlichkeiten in all Ihren Beziehungen. Wenn Sie eine Person gerade erst kennen lernen, sollten Sie darauf achten, wie sie sich verhält, wenn sich kein offensichtlicher Vorteil erzielen lässt. Beobachten Sie sie im Umgang mit Bedienungen, Bus- oder Taxifahrern, Fremden, die im Supermarkt in der Schlange stehen. Behandelt sie die Menschen, die für sie arbeiten, mit derselben Fürsorge und Aufmerksamkeit, die dem Vorgesetzten entgegengebracht wird? Ist sie freundlich zu den Verwandten, wenn sie direkt mit ihnen zu tun hat, nimmt sie danach aber tagelang auseinander? Ist sie zum Müllmann genauso freundlich wie zum Rechnungsprüfer des Finanzamts? Wie spricht sie am Telefon mit Fremden? Geht sie mit allen sensibel und verständnisvoll um, denen sie am Tag über den Weg läuft, oder nur mit denjenigen, die sie für nützlich erachtet?

In der Therapie wird widersprüchliches Verhalten oft aufgedeckt, wenn es zum Konflikt kommt. Christopher zum Beispiel war die ersten acht Wochen der Therapie liebenswürdig, freundlich und rücksichtsvoll.

Dann tauchte er eine Woche lang überhaupt nicht zu seiner Sitzung auf und rief auch nicht an. In der nächsten Woche erschien er, als wäre nichts gewesen. Als ich ihn fragte, warum er nicht angerufen habe, irritierte ihn das und er blockte ab. »Mir ist was dazwischengekommen«, sagte er und hob abwehrend die Hand, als wolle er mich stoppen. Er weigerte sich auch später darüber zu reden.

Drei Wochen später ließ Christopher eine weitere Sitzung sausen, und das Krankenhaus zog ihn dafür zur Verantwortung, indem ihm die ausgefallene Sitzung in Rechnung gestellt wurde. In der darauf folgenden Woche rief er mich täglich an und beschimpfte mich am Telefon, drohte das Krankenhaus zu verklagen, forderte mich auf, die »Angelegenheit aus der Welt zu schaffen«. Als ich ihm erklärte, er habe vor Beginn seiner Therapie die vom Krankenhaus festgelegten Modalitäten für Absagen akzeptiert, beendete er ganz abrupt unsere Sitzungen.

Manchmal bitten Patienten mich um zusätzliche Sitzungen, was ich ermögliche, wann immer es geht. Manchmal jedoch, vor allem in den Ferien, in denen so viele Menschen seelische Erschütterung erleben, habe ich einfach keine Zeit, zusätzliche Sitzungen einzuschieben. Die Reaktion eines Patienten auf diese Enttäuschung enthüllt oft sehr viel über seinen oder ihren Charakter. Julie beispielsweise beklagt sich oft, mehr zu geben als zu bekommen. Jeder nutze sie aus, behauptet sie, und keiner nehme sich Zeit, ihr zuzuhören. »Das Leben ist miserabel«, lautet einer ihrer Lieblingssätze.

Drei Wochen vor Weihnachten erzählte Julie mir, sie fühle sich niedergeschlagen und brauche eine zusätzliche Sitzung. Mein Terminkalender war dicht, aber ich versicherte ihr, ich würde sie anrufen, falls sich etwas ergeben sollte. Sie rief mich täglich an, ausnahmslos, um zu fragen, ob es eine Absage gegeben habe. Und ich rief sie jeden Tag, ausnahmslos, zurück, um sie wissen zu lassen, dass sich nichts ergeben hatte, dass ich sie aber nicht vergessen und anrufen würde, sobald jemand absagte. Dies ging so eine Woche lang, dann hatte ich eines Abends einen Notfall im Krankenhaus und kam erst um Mitternacht nach Hause, konnte also meine Anrufe nicht beantworten. Am nächsten Morgen hatte ich auf meinem Anrufbeantworter im Büro folgende Nachricht: »Offensichtlich wollen Sie mir nicht helfen«, sagte Julie. »Ich weiß, dass andere Leute Ihnen wichtiger sind als ich. Ich werde mich nach einem anderen Therapeuten umsehen.«

Eine Freundin erzählte mir neulich eine faszinierende Geschichte über ihren Schwiegervater. Sie und ihr Ehemann gingen mit den Schwiegereltern zum Essen aus, wo ihr Schwiegervater das Gespräch an sich riss, von seiner Konversion zum Katholizismus und seiner neuen Lebensphilosophie unter der Devise Leben-und-leben-lassen erzählte. »Ich versuche jedem Raum zu geben, das zu tun, was er möchte«, sagte er mit ruhiger, ernster Stimme. Fünfzehn Minuten später kam ein junger Mann mit einem gepiercten Ohrläppchen an ihrem Tisch vorbei. Ihr Schwiegervater lief rot an im Gesicht. »Am liebsten würde ich ihm diesen Ohrring aus seinem Ohrläppchen reißen«, knurrte er, laut genug für alle, die es hören wollten.

Die Widersprüchlichkeit, die ich herausstreichen möchte, ist die Diskrepanz zwischen der Art und Weise, wie Leute sich beschreiben oder definieren, und ihrem tatsächlichen Handeln. Es ist sehr viel leichter zu quatschen als sich zu bewegen, und Widersprüchlichkeit ist ein sicheres Zeichen, dass jemand Schwierigkeiten hat, einen Fuß vor den anderen zu setzen. Natürlich werden wir uns alle hin und wieder widersprüchlich verhalten, besonders wenn wir unter großem Stress stehen. Wird Widersprüchlichkeit aber zum vorhersehbaren Muster, das sowohl in schwierigen als auch in ruhigen Zeiten auftritt, können wir ziemlich sicher sein, dass es an Einfühlung mangelt, und dann ist die dunkle Seite nicht fern.

Zehnter Schritt: Nicht vergessen: Einfühlung ist nicht gleichbedeutend mit Freundlichkeit

George, ein Mittvierziger auf Alkoholentzug, erzählte mir eine Geschichte, die ein Jahr zurücklag und sich einen Tag nach dem Tod seines alkoholkranken Vaters ereignet hatte.

»Ich habe fünf Brüder«, fing er an, »und wir beschlossen uns in einer Bar in Dorchester zu treffen, um dort für unseren Vater eine altmodische irische Totenwache abzuhalten. Dort sind lauter trinkfeste Kerle beieinander, müssen Sie wissen, und als ich hineinging, rief jemand: »Gebt George einen Whisky!« Ohne auch nur eine Sekunde zu zögern, schrie mein älterer Bruder Liam: »Nur über meine Leiche!« Also verbrachte ich die Totenwache für meinen Vater schmollend und vor Wut kochend in einer dunklen Ecke der Bar. Ich fand, dass es Liam an Mitgefühl mangelte, und je mehr ich darüber nachdachte, um so wütender wurde ich. Als ich nach Hause kam, betrank ich mich bis zur Bewusstlosigkeit. Ich wollte die Rechnung begleichen und ihm sein fehlendes Verständnis heimzahlen.«

An diesem Punkt der Geschichte legte George eine Hand an sein Kinn, die Finger über die Wange gespreizt, und rieb seine Bartstoppeln. Er sah mich mit funkelnden Augen an und grinste selbstironisch. »Den Rest kennen Sie sicher? Ich habe einen Rückfall, bewege meinen Arsch wieder in die Therapie, besuche gewissenhaft die Treffen der Anonymen Alkoholiker, mache mir gründlich Gedanken, und endlich kapiert auch mein Dickschädel, dass ich alles falsch verstanden habe. Ich glaubte, mein älterer Bruder wolle mich unterdrücken, mich demütigen, aber jetzt weiß ich, dass er versucht hatte, mich zu retten. Er ist ein Raubein, arbeitet am Bau, hat nie den Highschool-Abschluss gemacht. Natürlich hätte er auch einen anderen Weg finden können, mir zu sagen, dass er sich Sorgen um mich machte, aber wie ich meinen Bruder kenne und wenn ich mich an seine Stelle versetze, weiß ich, dass er getan hat, was er für das Richtige hielt. Er hat das Beste getan, was er konnte.«

George liefen die Tränen über die Wangen, aber er machte keinen Versuch, sie wegzuwischen. »Mein Vater ist an Trunksucht gestorben, zwei meiner Brüder sind vor langer Zeit im Suff gestorben, und dann war da ich, endlich trocken. Jetzt begreife ich die Wahrheit – mein Bruder hatte gerade seinen Vater an das Gift verloren und es wäre grässlich für ihn, mich auch noch zu verlieren.«

Manchmal ist das, was wir als dunkle Seite der Einfühlung zu erkennen glauben, in Wirklichkeit die feste, aber beständige Hand der Einsicht und des Verständnisses, die uns durch die Schwierigkeiten führt. Die Einfühlung gibt uns nicht immer die Antworten, die wir hören möchten – oftmals fordert die Einfühlung uns sogar auf, uns einer genauen Selbstprüfung zu unterziehen, damit wir unser selbstzerstörerisches Verhalten ablegen. In der Therapie bin ich oft gezwungen, die Aufmerksamkeit auf einen Gedanken, ein Gefühl oder eine Handlung zu lenken, auf die der Patient mit unendlichem Leid reagiert. Dabei versuche ich immer, mich an die Einfühlung zu halten, aufmerksam zuzuhören, offene Fragen zu stellen, meine Gedanken so zu äußern, dass sie dem Patienten erlauben, mir zu widersprechen oder eine neue

Richtung einzuschlagen. Nichtsdestotrotz ist es mein von Einfühlung getragenes Hauptanliegen, Erklärungen und Interpretationen anzubieten, die dem Patienten helfen daran zu wachsen und der Mensch zu werden, der er sein möchte. Eine derart realistische Einschätzung kann eine bittere Pille sein. Manchmal greifen die Patienten mich wütend oder frustriert an. Manchmal ziehen sie sich in beleidigtes Schweigen zurück, und gelegentlich bricht ein Patient die Therapie auch abrupt ab.

Anfangs habe ich mich schuldig gefühlt, wenn Patienten die Therapie abbrachen oder sich verärgert tagelang oder sogar wochenlang zurückzogen, und habe mich gefragt, was ich hätte sagen oder tun können, um ihnen die Kraft zum Weitermachen zu geben. Aber die Patienten wissen, dass mein vorrangiges Interesse ihr Wohlergehen ist; sie wissen außerdem, dass ich mich nicht aus Angst, sie zu kränken oder ihre Gefühle zu verletzen, zurückhalten werde, wenn sie sich meiner Meinung nach auf irgendeine Art selbst Schaden zufügen. Sie verstehen, dass die in die Veränderung und Umwandlung des Selbst investierte Arbeit nicht leicht oder mühelos ist, sondern Hingabe und Engagement erfordert. Es kann vorkommen, dass sie Wochen oder Monate später die Arbeit wieder aufnehmen und mir sagen: »Sie haben eine Affäre vermasselt, die ich hätte haben können« oder »Sie haben mir meine Trinkgelage vergällt« oder »Sie haben mein Workaholic-Verhalten aufgedeckt und jetzt kann ich es nicht mehr rechtfertigen, so viel Zeit fern von Frau und Kindern zu verbringen«. Einfühlung ist die unwiderstehliche Variable, welche die Menschen zurück zur Arbeit, ins Leben und zum Wachstum führen kann.

Die Kraft der Einfühlung stammt aus ihrer Bindung an die Wahrheit. Damit will ich nicht sagen, dass es nur eine Wahrheit gibt, denn jede Erfahrung bietet verschiedene Variationen der Wahrheit an. Die Suche nach Wahrheit und Bedeutung kann ein schwieriger und fordernder Prozess sein, wird aber überreich belohnt. Wir alle suchen Sinn und Zweck in unserem Leben. Von der dunklen Seite der Einfühlung in ihren mannigfachen Formen verführt, können wir von diesem Weg abkommen und monate-, wenn nicht jahrelang aus dem Gleichgewicht sein, verwirrt, ziellos, verzweifelt. Körperliches Leid ist nur eine Bedrohung der dunklen Seite; sehr viel verbreiteter und oft schwerer zu ertragen ist der Schaden an Geist und Seele.

Die Einfühlung lehrt uns, wie wir uns selbst und andere schützen, indem wir danach streben, uns in allem, was wir sagen und tun, vor Betrug und Täuschung zu hüten. Dies kann ein harter Weg sein, der Bindung, Willenskraft, Disziplin, Geduld und Ausdauer erfordert. Doch nur durch die Macht der Einfühlung können wir entdecken, wer wir sind, wer wir sein sollen und wie wir anderen auf ihrer Suche nach sich selbst helfen können.

Teil II

Indem wir uns in der Welt bewegen und dabei vielleicht freundlichen, vielleicht aber auch gleichgültigen oder feindseligen Umgang mit den Menschen pflegen, die uns begegnen, bringen wir das große Spinnennetz zum Erzittern. Das Leben, dem ich mich im Guten oder Bösen nähere, wird ein anderes berühren und dieses wiederum ein anderes, bis keiner mehr weiß, wo das Zittern aufhört oder an welch fernem Ort meine Berührung gespürt wird.

Frederick Buechner

In die Tat umgesetzte Einfühlung

Die Einfühlung ist sowohl Führer als auch Wächter, begleitet uns auf unserem Weg zu engen, lang anhaltenden Beziehungen und lehrt uns zugleich, wie wir uns gegen all jene verteidigen, die uns verletzen oder täuschen könnten. Im ersten Teil haben wir die biologischen Wurzeln der Einfühlung untersucht sowie ihre wichtige Rolle, die ihr bei unserer Fähigkeit zukommt, uns selbst, einander und die Welt zu verstehen, die wir bewohnen. Einfühlung ist eine wahre Überlebensgabe, eine angeborene Fähigkeit, die Gedanken und Gefühle der anderen zu verstehen, und ein naturgegebener mächtiger Antrieb, enge Freundschaften zu schließen und liebevolle Gemeinschaften zu bilden. Als grundlegendes Element des sozialen, intellektuellen und moralischen Verhaltens motiviert die Einfühlung uns zu mitfühlendem und altruistischem Handeln und führt uns tief hinein in den Kern des Menschseins.

Langjährige Erfahrung hat mich gelehrt, dass die Einfühlung funktioniert. Wenn wir sie in die Praxis umsetzen, wächst unser Selbstbewusstsein, stärkt sie unsere Bindungen und hilft sie uns Menschen zu verstehen, die uns anfangs fremd oder nicht liebenswert erscheinen. Dank der durch Einfühlung erweiterten Perspektive und größeren Offenheit wird das Leben komplexer und an Wundern reicher.

Im zweiten Teil werde ich die in die Tat umgesetzte Einfühlung erforschen und zeigen, wie wir diese durch die manchmal als moralische oder geistige Prinzipien bezeichneten acht Verhaltens- oder Seinsweisen erfahren, nämlich Ehrlichkeit, Bescheidenheit, Akzeptanz, Toleranz, Dankbarkeit, Vertrauen, Hoffnung und Vergebung. Durch diese Wirklichkeiten, dem sichtbaren, wenn nicht sogar greifbaren Ausdruck der Einfühlung, erfährt die uns angeborene Fähigkeit zur Intimität eine tiefere Wertschätzung.

Diese Konzepte sind weder neu noch ungebräuchlich. Wir sind mit ihnen groß geworden, haben unsere Eltern, Lehrer, Pfarrer und Volksvertreter über ihren Wert dozieren hören. Leider wurden sie zu oft benutzt, ohne dass ihre praktische Anwendbarkeit genügend herausgestellt worden wäre, und darüber haben sie an Bedeutung verloren. Wir wissen zum Beispiel, dass Ehrlichkeit ein edles Ziel ist, aber warum ist sie für unsere persönliche Entwicklung wichtig und wie nützt sie uns auf lange Sicht? Der moralische Imperativ »sei ehrlich« verblasst häufig neben unmittelbareren praktischen Notwendigkeiten. Wenn Prüfungsbetrug mir hilft, aufs College zu kommen, oder das Vertuschen einer Affäre meine Ehe rettet, wo bleibt dann der Anreiz, ehrlich zu sein?

Ratgeber ermahnen uns, optimistisch und tolerant zu sein und andere zu akzeptieren, aber sie erklären nur selten, woher man die Hoffnung nehmen soll, wenn man immer und immer wieder Niederlagen einstecken muss, oder welchen möglichen Nutzen wir daraus ziehen können, der Intoleranz tolerant zu begegnen oder jemanden zu unterstützen, der gewohnheitsmäßig anderen Schaden zufügt. Sei dankbar, hören wir. Hab Vertrauen, wir gehören zusammen. Bescheidenheit ist eine Tugend. Vergebe und dir wird vergeben werden. Wohlklingende Worte, aber mit dem ganz und gar aufs Praktische ausgerichteten Geist der Moderne fragen wir uns, warum wir Zeit in etwas investieren sollten, das keine sofortigen Dividenden abwirft. Und wenn wir auch noch begreifen können, dass es für unsere moralische und geistige Entwicklung gut sein mag, dankbar, vertrauensvoll, bescheiden und versöhnlich zu sein, werden wir von den Allgemeinplätzen und vereinfachenden Schritt-für-Schritt-Anweisungen enttäuscht, die uns letztendlich dem Glück und der Selbsterfüllung nicht näher bringen.

Uns fehlt der Kontext, der uns zeigt, wie diese Tugenden unser Selbstgefühl und unser ständiges Miteinander beeinflussen. Dank der durch Einfühlung erweiterten Perspektive sehen wir, wie Ehrlichkeit, Bescheidenheit, Akzeptanz, Toleranz, Dankbarkeit, Vertrauen, Hoffnung und Vergebung unsere Fähigkeit beeinflussen, die Gedanken und Gefühle der anderen zu verstehen und auf hilfreiche, konstruktive Weise darauf zu reagieren. Die Einfühlung holt diese Konzepte von den verstaubten Regalen der Philosophie und Religion und legt sie in die Hände ganz normaler Menschen, wie Sie und ich es sind. Und darüber hinaus zeigt sie uns, wie wir diese Fertigkeiten darauf anwenden können, unserem Ziel, Eintritt in das innere Heiligtum der Seele eines anderen Menschen zu erlangen, näher zu kommen.

Das Wort *Seele* benutze ich dabei mit Vorsicht, denn wie das Konzept »Spiritualität« ist es eine Abstraktion, der man in den letzten Jahren so eifrig nachgejagt ist, dass sie bereits Gefahr läuft, ausgelöscht zu werden. Was ist die Seele? Woraus genau besteht eine spirituelle Erfahrung? Wieder einmal führt uns die Einfühlung zu einer Antwort mit sofortiger, praktischer Bedeutung. Im Wörterbuch der Einfühlung ist die Seele jener unfassbare, unsichtbare Bereich in jedem Menschen, wo wir die Sehnsucht verspüren, uns etwas Tieferem und Weiterem, als wir selbst es sind, zuzuneigen. Der menschliche Geist sehnt sich nach Bindung und die Einfühlung stellt die Kraft bereit, die nötig ist, um intime Bande mit anderen zu knüpfen. Die Sehnsucht nach Vereinigung besteht zwar auch ohne Einfühlung, aber die Seele hat keine Möglichkeit, dieses Verlangen zu erfüllen. Einfühlung ist die ergänzende Kraft des menschlichen Bindungsverlangens, sie verleiht uns den Mut und die Energie, uns anderen zu nähern, um Trost zu finden, und die Weisheit zu wissen, wem wir trauen können und wem nicht.

Beim Lesen dieser Kapitel sollten Sie sich immer vor Augen halten, dass jede dieser Erfahrungen ihr dunkles Spiegelbild hat, wie die folgende Liste zeigt. So kämpfen beispielsweise viele von uns darum, perfekt zu sein, bringen zahllose Stunden damit zu, sich einen makellosen Körper, ein schönes Gesicht, intelligente Kinder, den idealen Job oder die Traumehe zu wünschen. Die Suche nach Perfektion mündet direkt in das Problem der Akzeptanz, im Wörterbuch der Einfühlung als die Fähigkeit definiert, die Unzulänglichkeiten, die jedem Menschen – uns selbst eingeschlossen – innewohnen, zu sehen, zu verstehen und anzunehmen.

Einfühlendes Verhalten	Die dunkle Kehrseite
Ehrlichkeit	Unehrlichkeit, Betrug, Täuschung
Bescheidenheit, Demut	Stolz, Einbildung, Ichbezogenheit, Arroganz
Akzeptanz	Perfektionismus
Toleranz	Intoleranz, Abneigung, Vorurteil
Dankbarkeit	Undankbarkeit, Gier, Gedankenlosigkeit
Vertrauen, Glaube	Zynismus, Argwohn, Skepsis
Hoffnung	Verzweiflung
Vergebung	Vorbehalte, Bitterkeit, Hass

Die Wahrnehmung der dunklen Kehrseite dieser Erfahrungen verhilft uns dazu, Bereiche ins Visier zu nehmen, die eine Stärkung unserer Einfühlung erforderlich machen. Ist man zum Beispiel voller Bitterkeit oder Hass auf jemanden, der einem früher einmal sehr am Herzen gelegen hat, weiß man, dass Vorbehalte es einem unmöglich machen, zu verzeihen und die Einfühlungsgabe herabsetzen. Mangelt es an Einfühlung, weil wir an unseren Vorbehalten festhalten, der Verzweiflung nachgeben oder uns aus Stolz von den anderen abgrenzen, fällt es uns sehr viel schwerer, intime Beziehungen herzustellen und zu unterhalten. Unehrlichkeit, Stolz, Perfektionismus, Intoleranz, Gier, Skepsis, Verzweiflung und Bitterkeit isolieren und entfremden uns von den anderen. Und wenn wir isoliert und einsam sind, befinden wir uns in großer Gefahr – physisch, mental und spirituell. Wie die moderne Forschung zwingend bestätigt, bringt Einsamkeit im wahrsten Sinne des Wortes unser Leben in Gefahr.

Somit sind diese Kapitel auch als lebensrettende Erfahrungen gedacht, welche die Kraft der Einfühlung für positive, konstruktive Zwecke stärken und uns zu tieferen und bedeutsameren Beziehungen zu uns selbst, zu anderen und zum Leben selbst führen.

Kapitel 8

Ehrlichkeit

Wenn wir uns selbst belügen, sitzt das tiefer, als wenn wir andere belügen.

Fjodor M. Dostojewskij

Ehrlichkeit ist das Herzblut der Einfühlung, ihr Sauerstoff, ihr lebendiger Atem. Wenn wir die Ehrlichkeit wegnehmen, verliert die Einfühlung ihre Daseinsberechtigung. Denn wie können wir zu den anderen auf sinnreiche Weise in Beziehung treten, wenn wir nicht ehrlich zu ihnen sein können? Wie können wir Aufrichtigkeit erwarten, wenn wir sie nicht anbieten? (Ich spreche hier natürlich von konstruktiver Einfühlung und nicht von der zerstörerischen Variante, die sich der Einsicht in die Gedanken und Gefühle anderer bedient, um sie zu kontrollieren und zu manipulieren.)

Wollen wir jedoch zu anderen ehrlich sein, müssen wir zuerst ehrlich zu uns sein. Alle wahrhaftige Weisheit – und die Fähigkeit, miteinander zurechtzukommen, ist gewiss ein gewichtiger Ausdruck von Weisheit – wurzelt in der Selbsterkenntnis. »Erkenne dich selbst«, mahnte Sokrates eindringlich, eine Aufforderung, die für das einundzwanzigste Jahrhundert noch die gleiche Gültigkeit besitzt wie für das antike Griechenland. Um uns selbst zu erkennen, müssen wir ganz ehrlich zu uns sein und dürfen nichts zurückhalten.

Wir müssen nicht nur uns selbst gegenüber ehrlich sein, sondern auch in der Wahrnehmung unseres Umfelds. Dies wird durch eine wunderbare Geschichte deutlich. Eine Gruppe von Schülern ging auf einen berühmten tibetischen Geistlichen zu und fragte ihn, ob er sie als seine Jünger anerkennen wolle. »Ja«, antwortete er, »aber nur unter einer Bedingung. Ihr müsst all euren früheren Lehrern abschwören.«

Die Schüler flehten ihn an, denn sie fühlten sich alle ihren früheren Lehrern verpflichtet, die ihnen so wertvolle Lektionen erteilt hatten. Der Meister ließ sich jedoch in seinem Standpunkt nicht beirren und schließlich erklärten sich bis auf einen Schüler alle dazu bereit, seine Bedingung zu akzeptieren.

Der Meister wirkte recht erfreut und bat die Schüler, darunter auch den Abtrünnigen, am nächsten Tag zu ihrer ersten Lehrstunde zu erscheinen. Als sie alle vor ihm versammelt waren, sagte er: »Wenn ihr eure früheren Lehrer aufgebt, weiß ich, dass ihr euch eines Tages auch von mir lossagen werdet. Auf der Suche nach Wahrheit habt ihr sie verloren. Ich kann euch nicht als meine Schüler annehmen.«

Als der Raum sich leerte, wandte sich der Meister an den einen Schüler, der übrig blieb, und sagte: »Du hast bewiesen, dass du ehrlich zu dir und zu anderen bist, selbst wenn du dadurch womöglich etwas verlierst, wonach du dich sehnst. Weil die Ehrlichkeit dich leitet, werden wir viele wertvolle Lektionen miteinander auszutauschen haben.«

Dann beugte der Meister demütig vor dem Schüler die Knie. »Ich bin damit einverstanden, dein Lehrer zu sein«, sagte er, »wenn du damit einverstanden bist, der meine zu sein.«

Vor vielen Jahren, als ich mein Magisterstudium in Psychologie begann, wurde mir eine wichtige Lektion über die Beziehung von Ehrlichkeit und Selbstbewusstsein zuteil. In meinem ersten Seminar, Sensitivity-Training, bekam ich die Aufgabe, mich mit meinen Eltern auseinanderzusetzen und in allen Einzelheiten auf die Probleme einzugehen, die aus meiner Erziehung resultierten. Mein Professor legte großen Wert auf die ehrliche Auseinandersetzung von Angesicht zu Angesicht und versicherte unserem aus achtzehn Studenten bestehenden Seminar, dass die Ursprünge unserer psychischen Probleme in direktem Zusammenhang mit dem erzieherischen Umgang standen, den unsere Eltern in der Kindheit mit uns pflegten.

Ich war skeptisch, schob aber meine Zweifel beiseite, rief meinen Vater an (bei dem ich es zuerst ausprobieren wollte) und bat ihn, mit mir zum Essen zu gehen. Ich erklärte ihm am Telefon, dass ich mit ihm über einige Punkte reden wollte, die wir in unserem Psychologieseminar behandelten. Als wir uns im Restaurant trafen (ich hatte auf Vorschlag meines Lehrers hin »neutralen Boden« gewählt), war er ungewöhnlich nachdenklich.

»Okay, Arthur«, sagte er und fixierte mich mit seinen dunkelbraunen Augen, die mich seiner ganzen Aufmerksamkeit versicherten. »Sag, was immer du sagen musst.«

Ich räusperte mich und bemühte mich ganz bewusst darum, meiner Besorgnis Herr zu werden. Mein Vater war kein großer Mann – nicht größer als einssiebzig –, aber wenn er einen Raum betrat, füllte er ihn voll aus. Von glühender Unabhängigkeit, stolz, ernsthaft und manchmal sogar explosiv, war er immer eine Kraft, die man nicht unterschätzen durfte.

Sehr darum bemüht, ruhig zu bleiben, fing ich an, meine Kritik an seinen elterlichen Fähigkeiten und seinem grundlegenden Wesen auszubreiten, wobei ich mich an die von meinem Professor gegebenen Richtlinien hielt. Ich erklärte meinem Vater, dass ich zwar seine Leidenschaft bewunderte, jedoch fand, dass er zu empfindlich und ungeduldig war. Im Grunde, fuhr ich fort, sei er eine sehr energische Persönlichkeit. Zum Schluss sagte ich, dass er meiner Ansicht nach zu viel von mir forderte und seine übertrieben hohen Erwartungen zu immer neuen Problemen in meinem Leben führten.

Mit wachsender Besorgnis beobachtete ich das Gesicht meines Vaters und versuchte herauszufinden, wie er meine Analyse aufnahm. Er war ungewöhnlich ruhig, was meine Nervosität nur noch steigerte.

Als ich mit meiner Einschätzung fertig war – es konnte nicht länger als fünf Minuten gedauert haben –, stellte mein Vater mir ein paar Fragen. »Sag mir, Arthur«, fing er an, »warum ist diese Diskussion wichtig für dich?«

Ich bastelte mir ein paar Antworten zurecht und versuchte mir den Anschein eines erwachsenen, intelligenten Studenten zu geben, aber um die Wahrheit zu sagen, wusste ich eigentlich nicht, weshalb ich in einem fremden Restaurant saß und meinen Vater kritisierte, einen Mann, den ich mehr liebte als das Leben selbst. Als mein Vater mein Unbehagen merkte, stellte er die Fragen, die er immer stellte, wenn wir etwas Wichtiges besprachen.

»Bist du fertig?« Ich nickte. »Bist du dir sicher, alles gesagt zu haben, was du sagen musst?« Ich nickte wieder.

»Also gut, Arthur«, begann mein Vater, »ich muss dir sagen, dass du mir sehr, sehr leid tust. Meiner Meinung nach hast du zwei große Probleme. Das erste ist, dass du möchtest, ich wäre weniger ernsthaft – du möchtest also, dass ich mich verändere. Aber ich bin fünfzig und ich kann dir garantieren, dass mein Wesen, wie du es nennst, mir für den Rest meines Lebens treu bleiben wird.«

Er nahm einen Schluck Wasser, faltete seine Hände und holte tief Luft. Es war ihm anzusehen, dass er sich ganz bewusst Zeit nahm, um sicherzugehen, dass seine Worte seine Gedanken und Gefühle akkurat zum Ausdruck brachten.

»Das zweite Problem ist ernster«, fuhr er fort. »Du wirst im Lauf der Zeit feststellen, wie sehr du nach mir gerätst. Und nach dem, was du heute gesagt hast, wird das bestimmt zu einem großen Problem für dich werden. Wie willst du damit umgehen? Mein Rat wäre, dass du aufhörst, andere für die Probleme in deinem Leben verantwortlich zu machen, und anfängst, das zu verändern, was dir an dir selbst nicht gefällt.«

Nie werde ich die Abschiedsworte meines Vaters vergessen. »Ich weiß, dass du es schaffst, Arthur«, sagte er und versicherte mich mit seinem sanften Lächeln seiner Liebe. »Deine größte Stärke besteht darin, dass du immer der Situation gewachsen bist.«

Mein Vater hatte verstanden, dass die Macht der Einfühlung darauf beruht, dass sie der Ehrlichkeit verpflichtet ist. Seine Liebe zu mir war groß genug, mir die Wahrheit so zu präsentieren, wie er sie sah; er hielt nichts zurück und traute mir zu, seine Gedanken zu akzeptieren und im Lauf der Zeit darauf einzugehen. Seine Einfühlung war sehr viel mehr als eine automatische emotionale Erwiderung (»Ich verstehe, was du durchmachst« oder »Ich nehme Anteil an deinem Schmerz«), weil sie mit der von genauer Überlegung getragenen Fähigkeit verbunden war, die Welt mit meinen Augen zu sehen und genau einzuschätzen, was ich brauchte, um mich zu verändern und als Mensch zu wachsen.

Die aufrichtige Wahrheit ist, dass mein Vater mich an diesem Tag genau durchschaut hat. Er hatte begriffen, dass meine halbherzigen Versuche, ihn zu verändern, nur ein Umweg waren und die wichtigste Arbeit, die mir bevorstand, mir die Bereitwilligkeit abverlangte, ohne mit der Wimper zu zucken in mich hineinzuschauen. Er wusste, dass ich, würde ich weiterhin andere Menschen für meine Probleme verantwortlich machen – die womöglich auch noch darauf eingingen –, nirgendwo hinkäme. (Während ich diese Worte schreibe, erinnere ich mich an eine Zeile in Sam Keens Buch ›To Love and Be Loved‹: »Hätten wir nicht die in uns tief verwurzelte Angewohnheit, andere für unsere Mängel und unser Versagen verantwortlich zu machen, müssten die Therapeuten verhungern.«)

Hätte mein Vater emotional und mit Sympathie reagiert, hätte er vielleicht meine Hand getätschelt und mir gesagt, er verstehe mich und akzeptiere meine Einschätzung, hätte sich gefragt, was er falsch gemacht hatte und sogar versucht, den Schaden wieder gutzumachen ... und ich wäre aller Wahrscheinlichkeit nach in dem festen Glauben aus diesem Restaurant gegangen, dass meine Befürchtungen und Unsicherheiten mindestens teilweise sein Fehler waren. Da er sich bei seiner Wahrheitssuche jedoch von der Einfühlung leiten ließ, lehrte mein Vater mich, in mein Herz und meine Seele zu schauen, um die Antwort auf meine Fragen zu finden. Er war bereit zuzugeben, Teil des Problems zu sein, fragte sich aber, ob mir daran gelegen sein konnte, dass er sich veränderte. Sollte es etwa das Lebensziel als Psychologe und als Mensch sein, die anderen zu verändern, um das Leben für sich selbst angenehmer zu machen?

Wie die Empathie Ehrlichkeit definiert?

Die Einfühlung definiert die Ehrlichkeit als die Fähigkeit, sich selbst klar zu sehen, andere genau zu verstehen und diese Wahrnehmungen vor allem auf einfühlende und taktvolle Art und Weise zu vermitteln. Es spricht nicht von Einfühlung, herzlos die Wahrheit zu sagen. Viele Menschen verwechseln Ehrlichkeit mit einer subtilen (oder oft genug auch gar nicht so subtilen) Form der Demütigung, weil sie glauben, die Menschen nur dann aufbauen zu können, wenn sie sie vorher fertig gemacht haben. Nehmen wir beispielsweise an, es ist ein schöner Sommertag und der Vater kommt um fünf Uhr nachmittags von der Arbeit nach Hause und muss feststellen, dass der Sohn seinen häuslichen Verpflichtungen nicht nachgekommen ist.

»Du hast den Rasen nicht gemäht, oder?«, fragt der Vater.

»Nein«, erwidert der Sohn und lässt den Kopf hängen.

»Dieses Thema hatten wir doch schon mal, nicht wahr?«, sagt der Vater und seine Stimme wird vor Enttäuschung und Wut lauter. »Du bist faul und schiebst immer alles vor dir her – wie willst du es denn jemals zu was bringen im Leben?«

Während der Vater sein hartes Urteil vor sich selbst damit rechtfertigt, doch nur »im Interesse« seines Sohnes zu handeln, beschämt diese schonungslose Ehrlichkeit den Sohn und verwirrt ihn, was sehr gut zu einer Abwehrhaltung führen kann. »Ich bin faul und schiebe alles auf die lange Bank«, denkt sich das Kind, »warum sollte ich also den Rasen heute mähen, wenn ich das auch gut auf morgen verschieben kann?«

Die Ehrlichkeit der Einfühlung ist sich ihrer selbst nicht so sicher. Die Einfühlung geht nie davon aus, dass »meine« Wahrheit die beste oder die einzige Wahrheit ist, sondern fragt stattdessen: »Was ist für diese spezielle Person die richtige Wahrheit in diesem speziellen Moment?« Sie sucht eine Entsprechung zwischen »deiner« Wahrheit und »meiner« Wahrheit und weiß, dass manchmal Kompromisse nicht leicht fallen. Der Empathie liegt es fern, die absolute Wahrheit für sich in Anspruch zu nehmen, es geht ihr vielmehr darum, ihre Perspektive zu verbreitern, zu weiten und zu vertiefen. »Erklär mir deine Wahrheit«, bittet die Empathie, »und ich will alles tun, dich zu verstehen.«

Auf der Suche nach Wahrheit sucht die Einfühlung nach den Worten oder Sätzen, die dem anderen erlauben unsere Anteilnahme zu »hören«. Anstatt zu beschuldigen, zu schimpfen oder zu demütigen, könnte der Vater aktiv den Weg der Einfühlung wählen, indem er seine Gefühle zur Ruhe kommen lässt, ehe er mit seinem Sohn spricht. »Als ich heute nach Hause kam, fiel mir auf, dass der Rasen nicht gemäht ist«, sagt der Vater mit neutraler Stimme.

»Ich war beschäftigt«, erwidert der Junge ein wenig abwehrend.

»Oh? Was hast du denn gemacht?«, entgegnet der Vater und bemüht sich dabei wiederum um einen unvoreingenommenen Ton, der sich jeder Anschuldigung enthält.

»Na ja, ich habe ein Buch gelesen, ferngesehen, mit ein paar Kindern gespielt...«

»Da scheinst du wirklich sehr beschäftigt gewesen zu sein. Glaubst du denn, du findest morgen Zeit, den Rasen zu mähen?«

»Sicher«, sagt der Junge. »Aber bis zum Abendessen ist noch eine Stunde Zeit – vielleicht könnte ich den Rasen jetzt noch mähen?«

»Vielleicht ist es jetzt auch kühler, was meinst du?«, sagt der Vater.

Durch seine Fragen, Kommentare und die Stimmlage versucht der Vater dem Sohn mitzuteilen, dass er ihn respektiert und von ihm respektiert werden möchte. Die der Einfühlung entspringende Ehrlichkeit ist immer von Respekt getragen und trägt den einzigartigen Erfahrungen des Individuums Rechnung, legt aber größten Wert auf die Beziehung. Wie der Respekt erkennt auch die Einfühlung Unterschiede an, sucht aber immer nach einer gemeinsamen Grundlage.

In ihrem gut geschriebenen Buch ›Respect: An Exploration‹ konzentriert sich die Harvard-Professorin Sara Lawrence Lightfoot auf die Art und Weise, wie der Respekt unsere Beziehungen zueinander stärkt und vertieft und »Beziehungen unter Ebenbürtigen herstellt«. In der Einleitung erzählt sie eine Geschichte über ihre Mutter Margaret und ihren Vater Charles. Die Geschichte hat sich ereignet, kurz nachdem Margaret ihren Doktor in Medizin gemacht hatte.

»Bei ihrer ersten Arbeit, die sie nach ihrer Heirat im Sommer antrat – eine Forschungsstelle am Gesundheitsamt des Mississippi Department –, suchte Margaret den Leiter auf. ›Er nannte mich gleich Margaret. ... Das war 1938 in Mississippi und da redeten die Leute sich nicht gleich mit Vornamen an.‹ Der Leiter machte deutlich, dass sie trotz ihrer Zeugnisse von der Columbia Medical School eine Schwarze war, die mit ihrem weißen Boss sprach. ›Charles war außer sich vor Zorn... Er war wütend, er war am Boden zerstört.‹ Der Zorn und der Schmerz ihres frisch angetrauten Ehemanns machten Margaret ihre ohnehin schon tiefe Bindung deutlich. ›Zum ersten Mal wusste ich, wie es war, eine Ehefrau zu sein und die Einfühlung von jemandem zu spüren, der einem nahe stand. ... Man fühlt genauso, wie er fühlt.‹«

Einfühlung und Respekt bedingen sich gegenseitig. Wir können nicht einfühlend sein, wenn wir den anderen nicht respektieren, und wir können keinen Respekt haben, ohne die Einfühlung als Grundlage der Beziehung zu erfahren. Einfühlung lässt uns fühlen, was andere Menschen fühlen, und diese Fähigkeit, in die Erfahrung eines anderen Menschen einzusteigen, ist die Grundlage von Respekt. Respekt und Einfühlung verlangen gleichermaßen nach Ehrlichkeit – ein ehrliches (authentisches) Gespräch, ehrliche (unverfälschte) Aufmerksamkeit, ehrliches (aufmerksames) Zuhören und die Entschlossenheit zu ehrlicher (von Herzen kommender) Veränderung. Wenn wir ehrlich (genau) die Gedanken und Gefühle eines anderen Menschen verstehen – ein Verständnis, das über Mitgefühl (»Ich leide mit dir«) und sogar über die Identifikation (»Ich habe die gleichen Erfahrungen gemacht wie du«) hinausgeht zu der Wahrnehmung, dass man, auch ohne durch das Feuer der Erfahrung des anderen gegangen zu sein, die Flammen in dessen Augen sehen und die Hitze auf seiner Haut spüren kann –, erwächst tiefer, unvergänglicher Respekt für die einzigartigen Erfahrungen des anderen.

Wie die Empathie zur Ehrlichkeit führt

In erster Linie und vor allem ist Empathie die Fähigkeit, die Gedanken und Gefühle eines anderen Menschen *genau* zu verstehen. Das Wort *genau* ist wesentlich, denn wenn wir etwas falsch verstehen, werden auch unsere Antworten in eine falsche Richtung gehen. Die Genauigkeit unserer Wahrnehmungen hat direkten Einfluss auf die Sensibilität, mit der wir reagieren. Woher wissen wir, dass unsere Wahrnehmungen genau sind? Psychologische Forschungen bieten uns die folgenden Einsichten in die der einfühlenden Genauigkeit zugrunde liegenden Mechanismen:

■ Um die Gedanken und Gefühle anderer Menschen zu verstehen, müssen wir vollkommen der Gegenwart verhaftet sein. Einfühlende Genauigkeit beruht auf unserem Augenblicks-Miteinander – was passiert in diesem Moment – wie auch auf unserer Kenntnis der Persönlichkeit, des Charakters, der Urteile und Meinungen des anderen.
■ Ehrliche Interaktionen erfordern das Eingeständnis jeglicher bereits vorhandener Stereotype oder Vorbehalte, die das Verstehen des anderen beeinträchtigen können. Gleichermaßen müssen wir die von Theorien bestimmten Urteile über andere untersuchen, die zum gegenseitigen Missverständnis beitragen können. So lehrt uns beispielsweise die psychoanalytische Theorie, dass Sadismus und Gewalt Ausdruck eines angeborenen Aggressionstriebs sind – wir wenden Gewalt an, weil sie Teil unserer Menschennatur ist. Neuere Forschungen zeigen jedoch, dass

Kinder, deren Eltern geschieden oder Alkoholiker sind, körperliche Gewalt anwenden oder allgemein nicht einfühlend sind, bedeutend höhere Werte für unverhohlenes Aggressionsverhalten aufweisen als Kinder, die bei liebenden, einfühlsamen Bezugspersonen aufwachsen. In einer Studie über einen Zeitraum von zwanzig Jahren hat die Psychologin Cathy Spatz Widom 908 Kinder begleitet und dabei herausgefunden, dass die Rate der Gewaltverbrechen bei denjenigen, die selbst missbraucht worden waren, um fünfzig Prozent höher lag als in der Kontrollgruppe.

■ Missbrauch führt zu Missbrauch. Gewalt bringt Gewalt hervor. Einfühlung nährt Einfühlung. Indem wir wissen, dass die Art und Weise, wie andere uns behandeln, direkten Einfluss auf unser Verhalten hat, wird es uns möglich, uns einem genaueren Verständnis unserer Gedanken und Gefühle anzunähern und zu einem ehrlicheren und wahrhaftigeren Miteinander zu gelangen.

■ Menschen in unglücklichen Beziehungen werden das beabsichtigte positive Verhalten ihrer Partner mit sehr viel größerer Wahrscheinlichkeit falsch interpretieren, die Quote der Fehleinschätzung liegt hier bei fünfzig Prozent. Anders ausgedrückt, spricht vieles dafür, dass in problematischen Beziehungen selbst im Guten das Schlechte gesehen wird und der ehrliche Ausdruck von Fürsorge und Besorgnis leicht falsch interpretiert werden kann.

■ Der Glaube an die Wichtigkeit von Leidenschaft und Romantik steigert unsere Fähigkeit des gegenseitigen Verständnisses von Gedanken und Gefühlen. Forschungen belegen, dass wir sehr viel eher darum bemüht sind, unsere Beziehungen leidenschaftlich und romantisch zu gestalten, wenn wir die Wichtigkeit von Leidenschaft und Romantik betonen. In diesem Fall bewirkt dies der Glaube oder wie es der Psychologe William James ausdrückt: »Vertrauen bestätigt sich selbst.«

■ Während die einfühlende Genauigkeit im Lauf der Zeit zunimmt, führen lang dauernde Beziehungen möglicherweise zu selbstzufriedener Behaglichkeit und Vertraulichkeit, was unweigerlich die Einfühlung mindert. Wenn wir das Gefühl haben, jeden Schritt des anderen zu kennen, sind wir weniger motiviert, die harte Arbeit auf uns zu nehmen, Gefühlsveränderungen und komplizierte Gedankengänge nachzuvollziehen. Selbstzufriedene Behaglichkeit ist für eine Beziehung nicht von Vorteil, da wir im Glauben, alles über den anderen zu wissen, für Veränderungen und Überraschungen keinen Raum mehr lassen. Wenn wir aufhören, unsere Zeit und Kraft in einfühlendes Verständnis füreinander zu investieren, reagieren wir aufeinander mit in der Vergangenheit begründeten Theorien und Urteilen. Einfühlende Genauigkeit beruht auf einem lebendigen Hin und Her zwischen den Individuen, die sich mit viel Raum für Überraschungen als sich verändernde, wachsende und sich anpassende Einzelwesen wahrnehmen.

Einfühlung besteht immer auf der Wahrheit, denn wenn wir nicht wahrhaftig sind – gewisse Wahrheiten voreinander verbergen oder aufgrund theoretischer Urteile falsche Schlüsse über den anderen ziehen –, ist es schwierig, wenn nicht unmöglich, einander zu vertrauen. Oftmals kommt es in der Therapie wie im Leben dann zu erhellenden Momenten, wenn jemand eine direkte Frage stellt – Bin ich schön? Bin ich so klug, wie mich die Menschen einschätzen? Bin ich fettleibig? Bin ich ein schlechter Mensch? – und wir ehrlich und einfühlend darauf antworten. Einfühlung bringt uns dazu, ehrlich zu sein, denn sie führt uns zur Wahrnehmung dessen, was der andere unter der Oberfläche wirklich fühlt, denkt und erfährt. Die Herausforderung besteht dann darin, dass wir lernen, wie wir unsere Gedanken und Gefühle auf hilfreiche Weise vermitteln, ohne zu verletzen, und dadurch die jeweilige Perspektive erweitern anstatt verengen.

»Bin ich wirklich klug?«, fragte mich einmal ein Patient. »Oder bin ich ein Dummkopf, der sich Trost verschafft, indem er sich einbildet, intellektuell überlegen zu sein?«

Mit dieser Frage bat mein Patient um eine ausgewogene, realistische Einschätzung seiner Intelligenz. Meiner Erfahrung nach findet man eine ehrliche Antwort auf eine solche Frage nicht in den Extremen, sondern irgendwo in der Mitte.

»Aus dem zu schließen, was ich von Ihnen weiß«, sagte ich, »sind Sie nicht so klug, wie Sie gerne sein möchten, aber auch nicht so unintelligent, wie Sie zu sein fürchten.«

Eine 42-Jährige, die hart gegen ihre Pfunde angekämpft hatte, fragte mich neulich nach meiner Meinung. Sie hatte dreißig Pfund abgenommen und machte jeden Tag Sport, fühlte sich aber noch immer nicht wohl in ihrem Körper. »Ich kann dieses hängende, schwammige Fleisch unter meinen Armen und an meinem Bauch nicht ausstehen«, sagte sie und zog vor Ekel die Nase kraus. »Ich habe mir vor kurzem einen Badeanzug gekauft und ihn angezogen, um ihn meinem Ehemann vorzuführen, und sein einziger Kommentar dazu war: ›Hübsche Farben.‹ Ich hatte gehofft, er würde mir ein Kompliment machen, weil ich mich einen Badeanzug anzuziehen traute, aber er schien es noch nicht einmal zu bemerken. Was meinen Sie? Muss ich noch mehr abnehmen? Bin ich schon besessen? Ich brauche jemanden, der mir einen objektiven Spiegel vorhält.«

»Ich kann mir vorstellen, wie schwer es für Sie ist, so viel abgenommen zu haben, und dann zu erleben, dass Ihr Mann gar keine Notiz davon zu nehmen scheint, wenn Sie im Badeanzug vor ihm stehen«, sagte ich.

»Ich glaube, er hätte gern, dass ich umwerfend aussehe«, sagte sie. »Wissen Sie, er möchte, dass ich so aussehe wie die Models im Katalog für Reizwäsche.«

»Nicht gerade realistisch, oder?«

»Sie meinen also, ich sehe nicht umwerfend aus?« Sie lachte.

»Nein«, sagte ich und stimmte in ihr Lachen ein. »Sie sehen nicht umwerfend aus, aber Sie sind auch nicht die unansehnliche, unattraktive Frau, die zu sein Sie sich manchmal einbilden. Sie sind eine intelligente, freundliche, attraktive Frau, die sehr hart daran gearbeitet hat, abzunehmen. Könnten Sie noch mehr abnehmen? Ich bin mir sicher, dass Sie das können, aber es ist harte Arbeit. Könnten Sie noch fitter werden? Wenn Sie weiter Sport treiben, werden Sie größere Erfolge sehen.«

»Danke«, sagte sie mit einem strahlenden Lächeln. »Es geht mir besser, wenn Sie mir die Wahrheit sagen, auch wenn diese lautet, dass ich nicht umwerfend aussehe.«

Nie werde ich die Zeit vergessen, als Carolyn, die Frau, die ich in Kapitel 6 beschrieben habe, mir erzählte, sie habe eine kurze Affäre mit einem verheirateten Mann gehabt, der halb so alt war wie sie und dessen Frau ihr erstes Kind erwartete. »Ich finde das verabscheuungswürdig«, sagte sie. »Und Sie?«

»Warum wollen Sie mein Urteil hören?«, fragte ich.

»Ich weiß nicht«, sagte sie und fügte dann gleich darauf hinzu: »Vermutlich brauche ich gar keine Antwort – ich bin mir meines Handelns bewusst und säße kaum hier, um mit Ihnen darüber zu reden, wenn ich es für richtig hielte.«

In der Therapie wie im Leben ist für Täuschung kein Platz. In unseren Beziehungen suchen wir nach Ehrlichkeit, aber wir müssen die Wahrheit auf eine Weise erfahren, die uns nicht verletzt, und die Wahrheit auf eine Weise vermitteln, die uns nicht einander entfremdet. Selbst wenn wir Gedanken, Gefühle oder Verhaltensweisen offenbaren, für die wir uns schämen, möchten wir die ehrlichen Tatsachen wissen. Scham und Schuld werden bei der einfühlenden Interaktion eher von der Situation beherrscht als im Kopf entfesselt, wo sie zu Erniedrigung und Selbstzensur führen können.

Ist die Ehrlichkeit grausam, dann wird sie nicht von konstruktiver Einfühlung getragen, denn die Einfühlung versucht ihre Wahrheiten immer so zu formulieren, dass sie helfen und nicht verletzen.

Angewandte Ehrlichkeit

Lerne den Unterschied zwischen konstruktiver und destruktiver Offenheit kennen

Einfühlende Ehrlichkeit versucht eher aufzubauen als niederzumachen. Wenn Ihre Bemerkungen den anderen beleidigen oder herabsetzen, stehen sie nicht im Dienste der Einfühlung. Ehe Sie sprechen, sollten Sie sich fragen: Verfolge ich ein persönliches Interesse damit? Lautet die Antwort ja, sollten Sie vor dem Einstieg ins Gespräch einschätzen, ob Sie den Drang verspüren, die andere Person zu verletzen (und damit gemäß der Einfühlungsentsprechung sich selbst). Konzentrieren Sie sich darauf, die Wahrheit ehrlich, aber taktvoll zu äußern. Vergewissern Sie sich, dass Ihre ehrlichen Überlegungen ein Hilfsangebot für den anderen sind und nicht von der Hoffnung getragen werden, Ihr Eigeninteresse zu verfolgen oder Recht zu behalten. Versuchen Sie immer, Ihr Anliegen hilfreich und nicht verletzend zu vermitteln.

Sei respektvoll

Einfühlende Ehrlichkeit ist von Grund auf respektvoll. Einfühlung vermittelt immer Respekt für andere Menschen – Respekt für das, was sie sind, was sie erfahren haben, woher sie kommen und wo sie sich jetzt befinden. Respekt besteht darauf, die Menschen so zu sehen, wie sie wirklich sind, sich ihre Anliegen anzuhören, ihren Bedürfnissen mit Aufmerksamkeit zu begegnen, ihren Träumen zuzuhören, ihre Ängste zu beschwichtigen. Wenn die Ehrlichkeit dem anderen nichts *gibt* – sondern nur *wegnimmt* durch Kritisieren, Herabsetzen und Urteilen –, steht dahinter keine Einfühlung.

Fragen Sie sich in Ihren Interaktionen mit anderen immer: Bin ich respektvoll? Kommt in meinen Bemerkungen mein Respekt für die einzigartigen Erfahrungen und die Komplexität der Gedanken und Gefühle der anderen zum Ausdruck? Bringe ich Kraft und Unterstützung?

Nutze die Ehrlichkeit, um Grenzen zu setzen

Viele von uns sind so sehr damit beschäftigt, nett zu sein, dass wir uns im Namen der Freundlichkeit, Selbstlosigkeit oder bedingungslosen Liebe Verhaltensweisen gefallen lassen, die verletzen oder sogar Schaden zufügen. Vor Jahren habe ich mit einem Kokainabhängigen gearbeitet, der mich immer wieder belog und Medikamente stahl. Eines Tages rief er im Krankenhaus an und erklärte der Dame in der Telefonzentrale, es handele sich um einen Notfall, worauf sie das Gespräch in mein Büro durchstellte, obwohl ich eine Sitzung hatte. Am Telefon schilderte er mir seinen »Notfall« – er hatte gegen seine Bewährungsauflagen verstoßen und brauchte mich, damit ich ihn mit einem Brief ans Gericht aus der Haft holte. Ich nahm ihn hart ran, und als er nicht lockerließ, legte ich den Hörer auf.

Meine Patientin war entgeistert. »Sie haben einfach aufgelegt!«, sagte sie.

»Er hat mich zu oft angelogen«, sagte ich.

»Wenn also jemand Sie anlügt, können Sie einfach auflegen?«, fragte sie. Diese Frage führte zu mehreren Gesprächen, in denen sie mich mit großer Neugier fragte, wie ich denn wissen könne, wann es an der Zeit sei, Grenzen zu setzen, und wie man dann genau vorgehen solle. Dieses Telefonat war der Wendepunkt in ihrer Therapie, denn sie hatte mit einem Alkoholiker zusammengelebt, der sie körperlich und seelisch missbrauchte. Da sie, wie sie sagte, die Schrift an der Wand erkannt hatte, arbeitete sie die folgenden Monate hart daran, auch dahin zu kommen, ihrem Ehemann Grenzen zu setzen. Einige Monate später traf sie den Entschluss, ihn zu verlassen, und reichte die Scheidung ein.

Behalte einen kühlen Kopf

Im einfühlenden Miteinander benutzen wir unser Denkhirn, um unser Gefühlshirn abzukühlen. Wenn wir jedes aufkommende Gefühl sofort in Worte fassen, ohne sie durch sorgfältige Überlegung abzukühlen, umgehen wir den Einfühlungsprozess.

Sei vor allem ehrlich zu dir selbst

Was wir manchmal für Ehrlichkeit halten, ist bloß eine fadenscheinige Verkleidung für Ablehnung und Zensur. Wenn Sie feststellen, dass Sie die anderen ständig kritisieren, ist es Zeit, sich selbst einmal ehrlich den Spiegel vorzuhalten. Fragen Sie sich: Was stört mich an dieser Person oder Gruppe? Welche Unsicherheiten stellen sie für mich dar? Wie kann ich an meinen Selbstzweifeln arbeiten, anstatt meine ganze Aufmerksamkeit auf die Fehler und Makel anderer Menschen zu lenken?

Ich habe nicht viele feste Überzeugungen, aber lassen Sie mich eine Theorie wiederholen, die, wie ich glaube, in den meisten Fällen zutrifft: Kritische Menschen sind unsichere Menschen. Wenn Sie viel Zeit damit zubringen, das Verhalten anderer Menschen zu kritisieren oder zu zensieren, ist die Wahrscheinlichkeit groß, dass Sie auch viel Zeit damit zubringen, sich selbst zu kritisieren.

Stell dir Tag für Tag die Frage: Was verberge ich?

Ehrlichkeit versucht das Verborgene aufzudecken. Suchen Sie erst bei sich selbst nach den dunklen Ecken und dann bei den anderen. Fragen Sie sich: Was halte ich zurück? Was wird geschehen, wenn ich meine Gedanken und Gefühle an die Öffentlichkeit bringe? Was fürchte ich? Kann ich mit den Konsequenzen meiner Ehrlichkeit leben?

Sorge erst für Sicherheit

Einfühlung, Sicherheit und Ehrlichkeit sind eng miteinander verbunden. Geht man mit Ihnen einfühlend um, fühlen Sie sich bei den anderen sicher; wenn Sie sich sicher fühlen, können Sie ehrlich sein und Ehrlichkeit erwarten. Einfühlung schafft eine Atmosphäre der Sicherheit, denn

Sie wissen, dass man auf Ihre Belange eingeht und Sie mit Respekt und Rücksicht auf Ihr Wohlbefinden behandelt werden. Wenn Sie sich bedroht, bloßgestellt oder verwundbar fühlen, werden Sie nicht in der Lage sein, die ehrliche Einschätzung durch andere wahrzunehmen.

Um sich bei jemandem sicher zu fühlen, müssen Sie eine auf Einfühlung beruhende Beziehung aufbauen. Hören Sie genau zu. Lassen Sie die andere Person wissen, dass Sie ihren Blickwinkel zu verstehen versuchen. Haben Sie Geduld. Lernen Sie mit Unvollkommenheit zu leben. Vermeiden Sie fertige Antworten. Bitten Sie den anderen um Hilfe. Lassen Sie sich Zeit. Gehen Sie Schritt für Schritt vor. Seien Sie zu einem Rückzieher bereit. Und wenn Sie einen Fehler machen, sagen Sie »es tut mir leid« und berichtigen Sie ihn.

Das ist der Weg der Einfühlung.

Ehrlichkeit ist eine stärkere Medizin als Mitgefühl, das zwar zu trösten vermag, aber oft etwas verheimlicht.

Gretel Ehrlich

Kapitel 9

Demut und Bescheidenheit

Stell dir vor, alle Menschen in der Welt außer dir wären erleuchtet. Sie sind alle deine Lehrer und jeder tut das Richtige und hilft dir Geduld zu lernen, Weisheit und wahres Mitgefühl zu erlangen.
Buddha

Demut ist jener Ort der Balance, wo wir wissen, wer wir sind und wer wir nicht sind. Die Einfühlung bringt uns zu einer demütigen Haltung, indem sie unser Augenmerk auf unser wahres Verhalten konzentriert, uns sanft die Augen öffnet und uns zu sehen erlaubt, wer wir sind. Sie bewahrt uns davor, dass wir uns im Kampf verlieren, etwas zu sein, was wir nicht sind. Wann immer wir uns eine privilegierte Stellung verschaffen, unsere Situation für einzigartig halten, glauben, dass Regeln für uns nicht gelten, oder uns irgendwie »überlegen« fühlen, mindern wir die Kraft der Einfühlung. Wenn wir uns selbst als anders, besser oder klüger als die anderen präsentieren, schaffen wir Distanz, die nur zu Missverständnissen führen kann. Der Einfühlung kommt es immer darauf an, uns einander näher zu bringen, sie erinnert uns daran, dass wir einander brauchen und tatsächlich nicht ohne den anderen sein können.

Das Buch ›Dienstags bei Morrie‹ ist eine kurze, aber reizende Abhandlung über die Beziehung zwischen Bescheidenheit und Einfühlung. Ein Professor (Morrie Schwartz) liegt im Sterben, und sein früherer Schüler (Mitch Albom) besucht ihn jeden Dienstag und tritt bescheiden an seinen Lehrer heran, weil er von diesem zu erfahren hofft, wie man ein erfüllteres und reicheres Leben führt. Der Professor jedoch lernt seine eigene Lektion in Bescheidenheit. Zutiefst gedemütigt durch den allgegenwärtigen Tod weiß er, dass jegliches Wissen, das er mitzuteilen hat, aus dem Wissen erwächst, bald nur noch Staub und Asche zu sein.

In einem denkwürdigen Gespräch erinnert Morrie sich an eine »interessante Frage«, die ihm tags zuvor jemand gestellt hat – ob er sich darüber Sorgen mache, vergessen zu werden, nachdem er gestorben ist? Seine Antwort führt uns ins Zentrum der einfühlenden Bescheidenheit. »Ich glaube nicht, dass ich vergessen werde«, sinniert er. »Ich habe so viele Leute, die einen sehr engen, persönlichen Kontakt zu mir hatten. Und Liebe ist der Weg, wie du lebendig bleibst, selbst nachdem du gegangen bist.«

Dann wendet Morrie sich an seinen Schüler und stellt ihm eine Frage: »Hörst du jemals meine Stimme, wenn du wieder daheim bist? Wenn du allein bist?«

»Ja«, antwortet sein Schüler. Morrie ist zufrieden, weil er nun weiß, dass mit dieser Frage und dieser Antwort seine eigenen Zweifel ausgeräumt sind und er Bestätigung erfahren hat. Denn wenn wir die Stimmen derer hören, die wir lieben, selbst wenn wir Hunderte von Kilometern weit weg sind – selbst wenn wir durch den Tod getrennt sind –, dann sind sie doch bei uns, reden, hören zu, machen weiter.

Die Bescheidenheit der Einfühlung liegt in der Tatsache, dass die wichtigste Arbeit, die wir im Leben tun können, darin besteht, einander zu trösten und uns umeinander zu kümmern. Es geht in unserem Leben nicht darum der Beste oder Klügste zu sein, der Reichste oder Schönste, sondern uns um den anderen genauso zu kümmern wie um uns selbst. Durch unsere Beziehungen – dadurch, dass wir einander finden und uns gegenseitig versichern, dass ohne den anderen unser Leben weder von dauerhafter Bedeutung ist noch einen Sinn hat – nehmen wir unseren bedeutsamsten und unseren dauerhaftesten Einfluss auf die Welt.

Ein paar Wochen, bevor Morrie starb, kurz vor dem »vierzehnten Dienstag«, als der Professor und sein Schüler zum letzten Mal voneinander Abschied nahmen, erzählt er Mitch eine einfache Geschichte über eine Welle im Ozean. Die Welle hat eine wunderbare Zeit im weiten Meer, wo sie, vom Wind aufgewühlt und von der Flaute geglättet, sanft dahinrollt, sich bequem ausstreckt und zu Kämmen aufschäumt, steigt und fällt, schaukelt und taumelt. Dann sieht sich die Welle eines

Tages um und merkt, dass sich etwas verändert hat – der Ozean ist nicht endlos. Direkt vor ihr liegt eine Felsenküste und die Wellen krachen gegen den Strand.

»Ich werde sterben!«, wird der Welle klar. »Egal, was ich tue, egal, wie sehr ich kämpfe, ich werde von den anderen Wellen mitgetragen und werde auch gegen das Ufer schlagen.«

Eine andere Welle kommt und fragt: »Warum siehst du so traurig aus?«

»Du verstehst überhaupt nicht, was los ist!«, erklärt die kleine Welle. »Wir werden allesamt an der Küste zerschellen! Wir, alle Wellen, werden nichts sein! Ist das nicht schrecklich?«

Die zweite Welle sagt darauf: »Nein, du verstehst nicht. Du bist nicht eine Welle, du bist ein Teil des Ozeans.«

Die Bescheidenheit der Einfühlung entdeckt man in der Wahrheit, dass wir alle Teil von etwas Größerem sind als wir selbst sind. Die Einfühlung bringt uns dazu, demütig unsere Unteilbarkeit anzuerkennen, denn obwohl wir getrennt und einzig sind, sind wir doch auch Teil einer tieferen, weiteren, breiteren Wahrheit: Wir sind alle Teil des Ozeans. Wenn die Einfühlung uns leitet, wie der Professor seinen Schüler leitete, entdecken wir diese Wahrheit, lange bevor das ferne Ufer in Sicht ist.

In seinem Klassiker ›Die Religionen der Welt‹ erzählt Huston Smith eine Geschichte über Oren Lyons, den ersten Stammesangehörigen der Onondagan, der aufs College ging. Als Lyons in seinen ersten Ferien nach Hause kam, nahm ihn sein Onkel mit zum Fischen. Sie ruderten auf den See hinaus, wo sein Onkel aufs Wesentliche zu sprechen kam – er wollte Gewissheit, dass sein Neffe sich über seinen Platz in der Welt im Klaren war.

»›Na, Oren‹, sagte er, ›jetzt bist du auf dem College gewesen. Da musst du ja jetzt ganz schön schlau sein, wo sie dir doch so viel beigebracht haben. Ich will dir eine Frage stellen. Wer bist du?‹ Oren, der eine solche Frage nicht erwartet hatte, stutzte. ›Was meinst du damit? Wer soll ich sein? Ist doch klar, ich bin dein Neffe.‹ Sein Onkel war mit der Antwort nicht zufrieden und fragte noch einmal dasselbe. Nacheinander gab der Neffe zur Antwort, er sei Oren Lyons, ein Onondagan, ein Mensch, ein Mann, ein junger Mann. Alles vergebens. Als sein Onkel ihn zum Schweigen gebracht hatte und er ihn nun seinerseits bat, ihm zu sagen, wer er war, sagte sein Onkel: ›Siehst du das Wäldchen da drüben? Du *bist* dieses Wäldchen. Und die hohe Kiefer da am anderen Ufer? Oren, du bist diese Kiefer. Und dieses Wasser, das unser Boot trägt? Du bist dieses Wasser.‹«

Der Onkel wollte damit seinen Neffen lehren, dass es weniger darauf ankommt, *wer* wir sind, sondern *wohin* wir gehören und *wie* wir zueinander in Beziehung stehen. Die Einfühlung legt immer größten Wert auf die zugrunde liegende, überwältigende Verbindung zueinander und der Welt als solcher. Wir sind nicht mehr und nicht weniger als die Kiefer am anderen Ufer, das Wasser unter uns oder der ungebildete Mann, der auf der anderen Seite des Boots sitzt. Wir können nur die Welt zurückgeben, die wir in uns aufgenommen haben; indem wir wahrnehmen, wie viel wir in uns aufgenommen haben, sind wir demütig genug, es in vollem Umfang zu entgelten. Als Mutter Teresa gefragt wurde, wie sie für Leprakranke arbeiten könne, antwortete sie: »Weil sie mir so viel zurückgeben.«

Im Sommer vor meinem Abschlussjahr auf dem College arbeitete ich bei meinem Vater im Möbelgeschäft, lud Möbel ein und fuhr den Lieferwagen. Nach zehn Stunden harter, körperlicher Arbeit kam ich dann erschöpft nach Hause, setzte mich zum Abendessen zu meinen Eltern und unterhielt mich mit ihnen. Nach dem Abendessen zog sich mein Vater zurück, um Zeitung zu lesen, die Nachbarn zu besuchen oder auf der Veranda eine Zigarette zu rauchen, während meine Mutter und ich das Gespräch fortsetzten. Eines Abends sagte meine Mutter nach einem langen, herzlichen Gespräch zu mir, wie sehr sie die Unterhaltung mit mir genieße. Stolz und erfreut, dass sie meine diesbezügliche Fähigkeit erkannt hatte, revanchierte ich mich mit Worten, die ich für mitfühlend hielt.

»Es muss schwer sein für dich«, sagte ich, »denn du sitzt gern stundenlang und redest, Vater aber hat keine Zeit oder Geduld für lange Gespräche.« Und dann lieferte ich meiner Mutter eine knappe Analyse der Unzulänglichkeiten meines Vaters. »Er ist sehr ernst«, sagte ich, »und sehr ungeduldig, was es sehr schwer macht, ihn in längere, sinnvolle Gespräche zu verwickeln.«

Meine Mutter schwieg einen Moment und sammelte ihre Gedanken. Als sie sprach, war ihre Stimme sanft. »Dann missfällt dir also die Ernsthaftigkeit deines Vaters, Arthur?«, sagte sie. »Aber wenn du ihn brauchst und er eine dreistündige Autofahrt unternimmt, um dich auf deinem College zu besuchen, nachdem er zwölf Stunden hart gearbeitet hat, schätzt du dann nicht seine Ernsthaftigkeit? Oder auch wenn er dich mit diesen großen braunen Augen anschaut und dir mit einem Blick direkt in dein Herz sagt: ›Ich werde dir bei allem helfen, egal wobei, ich werde für dich da sein‹, schätzt du dann seine Ernsthaftigkeit?«

Meine Mutter ließ ihre Worte einen Moment wirken. Der Ausdruck ihres Gesichtes sagte: *Ich will dir nicht weh tun, aber du weißt nicht, worum es geht.* »Klapp deine Bücher zu, Arthur«, sagte sie, »und mach deine Augen auf.«

Die Bescheidenheit der Einfühlung ist in jene vier Worte gehüllt: *Mach die Augen auf.* Wie Oren Lyons Onkel war auch meine Mutter vom Bücherwissen nicht beeindruckt, und noch weniger beeindruckt war sie von Leuten mit »geschwollenen Köpfen«. Sie pflegte zu sagen, dass der Metzger unserer Heimatstadt ein ebenso guter Mensch war wie der Arzt. »Der Arzt ist ein netter und großzügiger Mann, der sich um viele Leute kümmert«, sagte meine Mutter, »aber nie erinnert er sich daran, wie man heißt, und außerhalb seiner Praxis scheint er kein besonderes Interesse an den Menschen zu haben.«

»Der Metzger hingegen« – und dabei kam ein Leuchten in die Augen meiner Mutter – »verdient seinen Lebensunterhalt, indem er Fleisch verkauft, aber am Ende des Tages verteilt er Essen an die Armen. Deshalb sind sowohl der Arzt als auch der Metzger gute Menschen, aber die wahre Güte endet nicht, wenn man Feierabend macht.«

Eine ähnliche Geschichte erzählt ein Gespräch zwischen einem Rabbi und einem Schüler. »Der Talmud erklärt, der Vogel Storch heiße deshalb im Hebräischen Chassida, die Fromme oder Liebreiche, weil er den Seinen Liebe erweise. Warum wird er dann aber unter die unreinen Vögel gerechnet?« Er [der Rabbi] gab zur Antwort: »Weil er nur den Seinen Liebe erweist.«

Wenn wir unsere Fürsorge und unser Mitgefühl nur den Mitgliedern unserer Familie, unserer Clique, unserem Stamm, unserem Umfeld, unserem Land angedeihen lassen, ist die von uns gezeigte Liebe von Arroganz und Stolz gefärbt. Einfühlung verlangt nach einer demütigen Liebe, einer Liebe, die sich aller Menschen annimmt. Die einfühlende Liebe sendet von der Bescheidenheit das Verständnis aus, dass, losgelöst von unseren Titeln und Besitztümern, unsere Ähnlichkeit größer ist als unsere Verschiedenheit. Wir alle sind kleine Wellen im weiten Ozean des Lebens.

Wie die Empathie Demut definiert

Empathie definiert Demut als den Ort der Ausgewogenheit, an dem wir sowohl unsere Stärken als auch unsere Schwächen anerkennen, ohne zu sehr ins eine oder andere Extrem zu verfallen. Dank der Demut oder Bescheidenheit vermeiden wir die Falle, uns stolzgeschwellt im Licht unserer Leistungen zu sonnen, aber auch den gleichermaßen selbstzerstörerischen Fallstrick, durch eine Übertreibung unserer Fehler einen Dämpfer zu erfahren. Der Psychiater Fritz Perls erklärte den Unterschied zwischen der ausgeglichenen, der neurotischen und der psychotischen Persönlichkeit folgendermaßen: Der Psychotiker behauptet »Ich bin Abraham Lincoln«, der Neurotiker klagt: »Ich wünschte, ich wäre Abraham Lincoln« und der Ausgeglichene sagt einfach: »Ich bin, wer ich bin.«

Bescheidenheit geht einher mit einem gesunden Narzissmus, wie ich es nenne, das bedeutet, dass wir wissen, wie man ein ausgewogenes Maß an Energie für sich selbst und für andere aufbringt. Ohne uns mit Stolz aufzupumpen (»Ich bin, wer ich bin, und ich bin der Größte«) oder mit falsch verstandener Bescheidenheit die Luft rauszulassen (»Ich bin, wer ich bin, und ich bin nichts«) können wir sagen »Ich bin, wer ich bin«.

In seinem Buch ›Zeichen am Weg‹ legt Dag Hammarskjöld eine einfühlende Erforschung der mittleren Position der Demut dar:

»Demut ist in gleichem Grade der Gegensatz zur Selbstdemütigung wie zur Selbstüberhebung. Demut heißt *sich nicht vergleichen.* In seiner Wirklichkeit ruhend ist das Ich weder besser noch schlechter, größer oder kleiner als anderes oder andere. Es *ist* – nichts, doch gleichzeitig eins mit allem.«

Durch Einfühlung finden wir Sicherheit in unserer eigenen Wirklichkeit, weil wir wissen, dass wir irgendwo zwischen den Extremen von allem und nichts unseren Platz haben. In einem späteren Absatz schreibt Hammarskjöld:

»Einfachheit heißt, die Wirklichkeit nicht *in Beziehung auf uns* zu erleben, sondern in ihrer heiligen Unabhängigkeit. Einfachheit heißt sehen, urteilen und handeln von dem Punkt her, in welchem wir in uns selber ruhen. Wie vieles fällt da weg! Und wie fällt alles andere in die rechte Lage.

Im Zentrum unseres Wesens ruhend, begegnen wir einer Welt, in der alles auf gleiche Art in sich ruht. Dadurch wird der Baum zu einem Mysterium, die Wolke zu einer Offenbarung und der Mensch zu einem Kosmos, dessen Reichtum wir nur in Bruchteilen erfassen. Für den Einfachen ist das Leben einfach, aber es öffnet ein Buch, in welchem wir nie über die ersten Buchstaben hinauskommen.«

Demut ist jener Ort im Herzen unseres Wesens, wo wir zu uns kommen und Ruhe finden. Von diesem Punkt aus sehen wir, dass wir nicht der Mittelpunkt des Universums sind, sondern nur ein kleiner, unbedeutender Teil, und diese Erkenntnis ist letztendlich befreiend. Indem wir uns im weiten Raum lebendiger Wesen wahrnehmen, verstehen wir unsere relative Bedeutungslosigkeit. Und diese Erkenntnis befreit uns von dem Wunsch der Beste, die Klügste, der Reichste oder die Schönste zu sein, und erlaubt uns, mit der bescheidenen Wahrheit dessen zufrieden zu sein, was wir sind. Paradoxerweise entbindet diese Mittelposition uns auch von der Angst, wir könnten der schlechteste, dümmste, ärmste oder unansehnlichste Mensch auf Erden sein. Bescheidenheit führt uns geradewegs in die Mitte, wo wir gezwungen sind zuzugeben, dass wir nicht so großartig sind, doch erfreut hinzufügen dürfen, dass wir auch nicht ganz so schlecht sind.

Wie die Empathie zur Demut führt

Einfühlung – die Tat und der Prozess, in einer bestimmten Situation oder im Leben allgemein die Position eines anderen Menschen einzunehmen – erfordert Demut. Um die Sichtweise eines anderen einnehmen zu können, müssen wir unsere eigene Perspektive unterdrücken. In sehr wahrhaftigem Sinne müssen wir uns sagen: »Mein Blickwinkel ist nicht weit genug«, eine Haltung, die keine Selbstkritik vermittelt (»Ich bin nicht gut genug«), sondern den Wunsch nach Selbst-Erweiterung (»Ich habe so viel zu lernen und zu erfahren«). Von Einfühlung getragene Bescheidenheit zeichnet sich durch die Verpflichtung aus, unsere Theorien und Vorurteile hintanzustellen, damit wir auf jede neue Situation offenen Geistes zugehen können – mit dem Geist des Anfängers, von dem Zen-Schüler sprechen, einem von vorgefassten Meinungen gereinigten Geist, von Vorurteilen geräumt, gewischt, poliert und blitzblank.

In der Forschung tätige Psychologen, die sich mit dem »Übernehmen von Perspektiven« befassen, bieten folgende Erkenntnisse an, wie mangelnde Bescheidenheit die Einfühlung stört.

- Die als Egozentrik definierte Unfähigkeit, die eigenen Gefühle und Gedanken so weit im Griff zu haben, dass sie der Fähigkeit, andere zu verstehen, nicht im Wege stehen, blockiert die Einfühlung. Wenn man selbst mit seinen Wünschen, Träumen, Hoffnungen und Ängsten das vornehmliche Zentrum seiner Welt ist, wird es einem schwer fallen, die Sichtweisen anderer Menschen anzunehmen oder zwischen den eigenen Bedürfnissen und den Wünschen anderer zu unterscheiden. Es ist wie der alte Scherz über den Mann, der stundenlang von seinen Problemen erzählt und sich dann an seinen Freund wendet: »Jetzt aber genug von mir – was denkst *du* denn über mich?«
- Die Fähigkeit, die Sichtweisen anderer Menschen einzunehmen, genaue Schlüsse aus ihren Gedanken und Gefühlen zu ziehen, wird nach und nach erlernt, indem man die eigenen Gefühle, Wünsche, Überzeugungen und Gedanken kennen lernt. Wer sich selbst versteht – und sich, was noch bedeutsamer ist, sicher fühlt in diesem Verstehen –, wird motiviert sein, sich anderen zuzuwenden. Alles, was einen davon abhält, eine breitere Basis des Selbstverständnisses zu entwickeln (Kummer, Trauma, Missbrauch, mangelnde Einfühlung in Beziehungen), wird notwendigerweise der Fähigkeit, sich in andere einzufühlen, ins Gehege kommen.
- Die Perspektive eines anderen Menschen einzunehmen, macht es erforderlich, die eigene zu unterdrücken – ein anstrengender Prozess, der sowohl von der Motivation als auch von der angeborenen Fähigkeit dazu abhängt. Die Motivation kann sowohl auf dem Wunsch gründen, helfen zu wollen (konstruktive Einfühlung), oder der Versuch sein, andere zu manipulieren (destruktive Einfühlung).

■ Konstruktive Einfühlung erwächst direkt aus der Bescheidenheit, denn Bescheidenheit führt zu dem Impuls, ein besserer (verständnisvollerer, fürsorglicherer, versöhnlicherer, toleranterer) Mensch zu werden. Destruktive Einfühlung hat ihre Wurzeln in der Arroganz und im Stolz – dem Glauben, das Zentrum des Universums zu sein, wo die Menschen nur solange von Wert sind, solange sie einem nützlich sind.

■ Konstruktive Einfühlung und das Verlangen nach altruistischem Handeln können vermittelt werden. Der erste und wichtigste Schritt ist die Selbsterkenntnis, denn je besser wir unsere eigenen Gedanken und Gefühle kennen, umso geübter werden wir darin, die Gefühle anderer Menschen zu lesen. Kinder unter fünf Jahren haben den Hang sich zu überschätzen (»Ich kann alles«); mit wachsender Erfahrung und fortgesetzter Entwicklung des Gehirns werden sie sich selbst bewusster und erfahren, dass sie Grenzen haben. Das Bewusstsein seiner selbst nährt die Bescheidenheit – wenn man versteht, dass man sowohl Stärken als auch Schwächen hat, eröffnet sich einem eine ganz neue Welt der Gefühle: Eifersucht, Neid, Unsicherheit, Stolz, Zutrauen und natürlich Bescheidenheit.

■ Wird man in seiner Einzigartigkeit anerkannt und fürsorglich und respektvoll behandelt, lernt man mit diesen schwierigen Gefühlen umzugehen und erlangt soziale Kompetenz oder, wie es Daniel Goleman formuliert: »emotionale Intelligenz«. Wird man hingegen vernachlässigt, ignoriert, kritisiert oder misshandelt, bleibt man womöglich im Stadium der Selbstüberheblichkeit stecken und verlegt sich dann, um das wackelige Selbstgefühl zu verteidigen, darauf, andere zu beschuldigen, einen Perfektionswahn zu entwickeln, die eigenen Gedanken und Gefühle auf andere zu übertragen, intolerant zu sein, was wiederum alles zu einer Menge negativer Gefühle wie Wut, Feindseligkeit, Vorbehalte, Furcht, Schande und Schuld führen kann.

■ Konstruktive, nützliche Einfühlung kann gelehrt werden. Die Psychologen William Ickes, Carol Marangoni und Stella Garcia schreiben: »Allem Anschein nach ist einfühlendes Verständnis eine lernbare Fähigkeit. Durch die Versorgung mit unmittelbarem, auf ein Ziel gerichtetem Feedback kann eine ›generalisierte‹ oder globale Verbesserung dieser Fertigkeit erreicht werden.«

In anderen Worten: Wir können lernen – und andere lehren –, wie man die Sichtweise eines anderen Menschen einnimmt, einfühlend zuhört, seine Impulse kontrolliert, seine Launen reguliert, eine Balance zwischen Gefühl und Vernunft herstellt, Konflikte löst und enge, lang anhaltende liebende Beziehungen schafft.

Wie die Forschung zeigt, ist die Einfühlung ein mühevoller Prozess, der die Bereitschaft erfordert, zeitweilig die eigenen Gedanken und Gefühle aufzugeben, um sich intensiver auf die Gedanken und Gefühle anderer Menschen einlassen zu können. Wenn wir uns aus dem Zentrum entfernen, machen wir Platz für die Perspektiven und Meinungen der anderen. Bescheidenheit sorgt für eine Erweiterung der Einfühlung, Arroganz und Stolz engen sie ein.

Bescheidenheit ist die eigentliche Grundlage der Einfühlung.

Angewandte Bescheidenheit

Bitte um Hilfe

Wenn Sie um Hilfe bitten, zeigen Sie automatisch ein Demutsverhalten, indem Sie zugeben, Beratung zu benötigen. Üben Sie jeden Tag Bescheidenheit, indem Sie jemanden um Hilfe bitten. Bitten Sie einen Freund, Ihnen bei einem Problem zu helfen, mit dem Sie sich herumschlagen. Bitten Sie Ihre Ehepartnerin, Ihren Ehepartner um Hilfe bei einem Eheproblem. Fragen Sie einen Fremden nach dem Weg.

Formulieren Sie Ihre Fragen mit Bescheidenheit:

- Ich habe Schwierigkeiten, dies zu verstehen – können Sie mir helfen?
- Ich weiß nicht, was ich tun soll. Haben Sie irgendwelche Ideen?
- Ich habe mich verlaufen – können Sie mir helfen, den richtigen Weg zu finden?

Stelle die Bedürfnisse der anderen über deine eigenen

Ein Ehepaar beschließt, sich zum Mittagessen einen Cheeseburger zu teilen. Die Bedienung fragt, ob sie Zwiebeln auf ihren Burger wünschen. »Ja«, sagt die Frau im gleichen Atemzug, in dem ihr Mann »nein« sagt.

Nun die einfache Wendung der Geschichte: Die Frau mag keine Zwiebeln, sagte aber ja, weil sie weiß, wie gern ihr Mann sie isst; ihr Mann sagte nein, weil er sich daran erinnerte, wie übel diese dem Verdauungstrakt seiner Frau mitspielen. Als die Bedienung mit gezücktem Stift wartet, beratschlagen sie, was sie tun sollen. »Ich brauche keine Zwiebeln«, sagt der Mann. »Ich kann sie entfernen«, kontert die Frau.

In einfachen Situationen wie dieser, wenn wir die Bedürfnisse und Wünsche der anderen über unsere eigenen stellen, entdecken wir Bescheidenheit. Fragen Sie sich selbst: Was kann ich heute für jemanden tun, den ich liebe? Was kann ich für einen Fremden tun? Wo kann ich die Kontrolle aufgeben und jemand anderen ans Ruder lassen? Was will ich, ohne es wirklich zu brauchen?

Zuhören

Zuhören steht im Zentrum von Bescheidenheit und Einfühlung, denn wenn wir wahrhaft und aufmerksam zuhören und dem anderen erlauben, sich *gehört zu fühlen*, lassen wir das Selbst zurück. Eine Gruppe früher Christen, genannt Wüstenmütter und -väter, legte großen Wert auf die Kunst des Zuhörens. In einer Geschichte wird erzählt, wie ein Neuankömmling in der Wüste sich einem der Älteren nähert. »Kannst du mir ein paar Worte der Weisheit sagen, um meine Seele zu retten?«, bat der Neuankömmling.

»Wenn du deine Seele retten willst«, erwiderte der Ältere, »dann rede erst, wenn du gefragt wirst.«

Und dann ist da die Frage, die Morrie Schwartz seinem früheren Schüler stellte. »Wirst du zu meinem Grab kommen?«, fragt Morrie. »Ja«, erwidert sein Student, fügt jedoch hinzu: »Es wird nicht mehr dasselbe sein, wenn ich nicht mehr in der Lage bin, dich reden zu hören.«

»Ich will dir was sagen«, erwidert Morrie. »Wenn ich tot bin, redest du. Und ich werde zuhören.«

Beten

Gebete sind ein sanfter Weg sich in Demut zu üben und um Hilfe zu bitten. Simon Tugwell erklärt in ›Ways of Imperfection‹, dass die ursprüngliche Bedeutung des Gebets eine Bitte oder ein Hilfeschrei war und die wahre Natur des Gebets »aus der Inkompetenz kommt, da ansonsten keine Notwendigkeit dafür vorhanden ist«. Das schlichte Bitten um Hilfe ist gut für die Seele, aber es dient auch Geist und Körper; und aus der Perspektive der Einfühlung betrachtet, sind Gebete auch gut für andere, was noch wichtiger ist. In einer Reihe von Experimenten, die Herbert Benson an der medizinischen Fakultät von Harvard durchführte, zeigte er, dass Beten gewisse psychische Veränderungen stimuliert, die zur »Entspannungsreaktion« führen.

In seinem Buch ›Heilende Worte‹ zitiert Larry Dossey Hunderte von Studien, die beweisen, dass liebende, einfühlende Gedanken und Gebete einen machtvollen, positiven Einfluss auf Gesundheit und Heilung haben – nicht nur bei Menschen, sondern auch bei Bakterien, Ratten und Mäusen. In einem Experiment waren sechzig Probanden, von denen nicht bekannt war, dass sie über Heilkräfte verfügten, in der Lage, das Wachstum von Bakterienkulturen zu beschleunigen und zu verlangsamen. In einer Serie von einundzwanzig Experimenten mit Mäusen, die sich von einer Betäubung erholten, zeigten neunzehn Studien »überaus bedeutsame« Ergebnisse, denn die Mäuse, für die »gebetet« wurde, erholten sich schneller.

Sie können zu jeder Tageszeit beten und Ihre Gebete an so gut wie jeden richten – Gott, den Großen Geist, einen Freund oder Verwandten, selbst an sich selbst. Beten Sie für jene, die auf der Suche sind. Beten Sie für die Gestorbenen, bitten Sie um ihren Seelenfrieden. Beten Sie für sich, bitten Sie um Kraft, Verständnis, Vertrauen, Verzeihung. Beten Sie für andere. Beten Sie um Bescheidenheit.

Wir sind alle sterblich

Nichts ist demütigender als das Wissen, dass wir sterblich sind und unsere Zeit auf Erden begrenzt ist. Weil unsere Fragen über den Tod nicht mit Gewissheit beantwortet werden können, ist allein schon die Frage eine Übung in Bescheidenheit. Wohin gehen wir? Gibt es ein

Leben nach dem Tod? Lebt unsere Seele weiter? Was ist unser Sinn auf Erden?

Dies sind nicht nur religiöse Fragen, sondern die grundlegenden philosophischen Fragen des Lebens, und sie haben auch eine praktische Bedeutung. Gedemütigt durch unsere Sterblichkeit, können wir von ihr auch inspiriert werden. Die Welt wird sich zweifellos auch ohne uns weiterdrehen, aber solange wir hier sind, tun wir, was uns möglich ist, um die Welt zu einem besseren Ort zu machen. Mehr nicht.

Durch alles, was Gott gemacht hat, geht ein Riss.

Ralph Waldo Emerson

Kapitel 10

Akzeptanz

Die Föhre kann es sich nicht aussuchen, ob ihr Leben in einer Felsspalte seinen Anfang nimmt. ... Die Nahrung, die sie findet, ist oft dürftig und über dem Boden erscheint ein verdrehter Stamm, der in unregelmäßigen Schüben gewachsen ist, von toten und abgebrochenen Zweigen entstellt und von den zerzausenden Winden weit zur Seite geneigt. Doch im Wipfel ... behalten ein paar Zweige ihre grünen Nadeln Jahr für Jahr und beweisen, dass der Baum – missgestaltet, unvollkommen, von Narben gezeichnet – lebt.

Harriet Arrow

Nachdem John F. Kennedy jun. bei einem Flugzeugabsturz über Martha's Vineyard umgekommen war, machten viele Geschichten über ihn die Runde. Dies hier ist meine Lieblingsgeschichte.

»Vor vielen Jahren weinte John jun. an einem Skihang. Sein Onkel Bobby ging zu dem Jungen, legte ihm den Arm um die Schulter und sagte: ›Kennedys weinen nicht.‹

John blickte zu seinem Onkel hoch und sagte schlicht: ›Dieser Kennedy weint.‹«

Weitaus einsichtiger und weiser, als er den Jahren nach ist, sagt der Junge die Wahrheit darüber, wer er ist. Ich bin nicht wie alle anderen, verkündet er der Welt. Ich bin einzigartig, bin ich, mein eigenes individuelles Selbst. Selbst in meiner Schwäche – nein, gerade in meiner Schwäche – akzeptiere ich mich für das, was ich bin.

Zu dieser Geschichte gibt es einen ergreifenden Epilog. Als Jackie Kennedy die Worte ihres Sohnes hörte, lächelte sie stolz und nahm ihn in den Arm, eine bestätigende Geste, die von langer Hand erklärt, weshalb John F. Kennedy jun. sich selbst annahm. Ermutigt von seiner Mutter, er selbst zu sein, war er auch in der Lage, den Mut aufzubringen, für sich einzutreten und sich den Erwartungen, die andere Leute an sein Verhalten hatten, zu widersetzen. Im sicheren Umfeld der mütterlichen Einfühlung hatte er die Gelegenheit, er selbst zu werden.

Sei, wer du bist. Dieses alte Sprichwort ist das einfühlende Kernstück der Akzeptanz, das uns auffordert, als Erstes zu fragen: *Wer bin ich?* Von allen Fragen, die wir im Leben stellen, stellt diese die größte Herausforderung dar, denn um sie wahrhaftig zu beantworten, müssen wir unsere Selbsttäuschungen aufgeben und neben den starken und bewundernswerten Aspekten unseres Wesens auch die zerbrechlichen, fehlbaren Teile akzeptieren. Nur wenn wir uns mit allen unseren »guten« und »schlechten« Teilen akzeptieren, können wir lernen, auch andere mit allen ihren Stärken und Schwächen zu akzeptieren.

Wie die Empathie Akzeptanz definiert

In seinem Standardwerk ›Entwicklung der Persönlichkeit‹ stellt Carl Rogers eine einfühlende Definition der Akzeptanz vor:

»Akzeptieren heißt hier ein warmherziges Anerkennen dieses Individuums als Person von bedingungslosem Selbstwert – wertvoll, was auch immer seine Lage, sein Verhalten oder seine Gefühle sind. Das bedeutet Respekt und Zuneigung, eine Bereitschaft, ihn seine Gefühle auf seine Art haben zu lassen. Es bedeutet ein Annehmen seiner Gefühle, Rücksicht auf seine momentanen Einstellungen, gleichgültig wie negativ oder positiv sie sind, wie sehr sie Einstellungen, die er in der Vergangenheit gehabt hat, widersprechen. Das Akzeptieren jedes schillernden Aspekts dieses anderen Menschen lässt die Beziehung für ihn zu einer Beziehung der Wärme und Sicherheit werden; die Sicherheit, als Mensch gemocht und geschätzt zu werden, ist anscheinend ein höchst wichtiges Element einer hilfreichen Beziehung.«

Während ich Rogers zustimme, dass Akzeptanz warme Anteilnahme und Respekt vermittelt und dem anderen das Gefühl gibt, gemocht zu werden, halte ich es für das Wichtigste, den Prozess zu betonen, der zur Akzeptanz führt. Die Einfühlung definiert Akzeptanz als einen dreistufigen permanenten Entwicklungsprozess. Im ersten Stadium lernen wir uns mit all unseren Widersprüchen und Verwicklungen zu akzeptieren. Selbst-Akzeptanz führt zum zweiten Stadium, in welchem wir lernen, andere mit all ihren Widersprüchen und Verwicklungen zu akzeptieren. Und im dritten Stadium akzeptieren wir die unvermeidbaren Widersprüche und Verwicklungen, die in jeder zwischenmenschlichen Beziehung auftauchen, wenn zwei komplizierte, widersprüchliche Menschen sich begegnen.

Wie immer bei der Einfühlung, kommt zuerst die Selbst-Akzeptanz, denn Selbsterkenntnis und Selbstbewusstsein legen den notwendigen Grundstock für das Verständnis anderer. Indem wir in uns schauen (mit weit geöffneten Augen), sehen wir sowohl das Gute als auch das Schlechte und rufen unweigerlich: »Was für ein Durcheinander!« Doch so seltsam es auch klingen mag, diese Einsicht ist tröstlich, denn es ist unendlich weniger schmerzhaft, sich mit der Wahrheit abzufinden, als ständig gegen unsere Wirklichkeit anzukämpfen. Nach jahrelangen Kämpfen mit uns selbst dämmert uns plötzlich, dass wir eigentlich nicht viel damit erreichen. Welche Antwort gibt uns die Einfühlung in dieser Sackgasse? Gib's auf, lass es sein und ergib dich der Wahrheit des Selbst.

Einfühlung macht die Kapitulation möglich und erinnert uns, dass es in Ordnung ist, nicht in Ordnung zu sein. Glücklichsein ist ein schönes Ziel, aber Glück ist auch vergänglich und lässt sich nur schwer wiederholen. Glück ist eine Augenblicksangelegenheit und zwischen unseren erfreulichsten Momenten müssen wir uns durch jede Menge Sorgen, Verwirrung, Kummer und Verzweiflung wursteln. Wer sagt außerdem, dass wir ein Recht auf Glück haben? Kann einer von uns wirklich Anspruch auf dieses Privileg erheben? Ist Glück nicht etwas, was wir für den Augenblick schätzen, weil wir wissen, dass es gewiss vorübergeht?

Ich bin *nicht* okay und du bist *nicht* okay – aber das ist okay. Das ist eine Philosophie, mit der sich die Einfühlung anfreunden kann. Glenn, ein 31-jähriger Konzertpianist, erzählte mir einmal, er könne nicht akzeptieren, auch nur einen Fehler zu machen, wenn er auf Tournee sei. In unserem Gespräch kamen wir auf seinen Vater zu sprechen, einen Elektriker, der in dem unglückseligen Versuch, sich selbst zu erhöhen, ständig die anderen Menschen schlecht machte (allen voran seinen Sohn). Als Glenn seinen Vater als »nicht okay« akzeptierte (unvollkommen, kritisch, unsicher), konnte er akzeptieren, selbst auch »nicht okay« zu sein (unvollkommen, kritisch, unsicher). Weil er seine Unsicherheiten als etwas Normales und für ein Aufwachsen bei einem überaus kritischen, unsicheren Vater Alltägliches ansah, konnte er sich wirklich als Mensch akzeptieren, was in Wahrheit hieß, dass er »nicht okay« war, aber das war okay.

Der Jesuitenpater und meisterhafte Geschichtenerzähler Anthony de Mello liefert einige unschätzbare Gedanken zum Thema »Okay-sein«. Dieses Zitat ist Carlos Valles Buch ›Mastering Sadhana‹ über die Lehren de Mellos entnommen.

»Die Theorie von *Ich bin okay; du bist okay* ist äußerst lehrreich. Sie erlegt einem die Verpflichtung auf, sich okay zu fühlen, denn fühlt man sich nicht okay, stimmt etwas nicht mit einem. Das kann so einfach nicht hingenommen werden. Ich bin, was immer ich bin, und ich fühle, was immer ich fühle, und es ist gut so. Ich brauche nicht okay zu sein um des Okay-seins willen, wenn Sie mir folgen können; vielleicht bin ich gar nicht okay, und das ist für mich dann absolut okay. Man muss sich aus der Okay-Falle befreien. Ich plane tatsächlich ein Buch mit dem Titel ›Ich bin ein Arsch, du bist ein Arsch‹, was dann das Gegenmittel zur Okay-Doktrin wäre. Mir hat bereits jemand einen Untertitel für das Buch vorgeschlagen: *Ein Buch, bei dem Sie sich auf den Hintern setzen!*«

Die uns nur durch die Weitwinkellinse der Einfühlung verfügbare Akzeptanz ist der Weg, »uns aus der Okay-Falle zu befreien«. Die Akzeptanz sagt: »Ich bin nicht okay.« Und seltsamerweise fühlen wir uns gleich besser, wenn wir die Tatsache akzeptieren, nicht okay zu sein. Wir befreien uns zur Wahrheit von uns selbst und dann passiert etwas Erstaunliches – wir fangen an uns zu verändern. Langsam, fast unmerklich, fängt das Selbst an, dem Selbst nachzugeben. Der Philosoph und Psychologe des neunzehnten Jahrhunderts William James nannte diesen Prozess Unterwerfung und erklärte, etwas müsse nachgeben, eine angeborene Verhärtung müsse zusammenbrechen und sich verflüssigen.

Das innere Eis schmilzt, und ohne es zu wollen und zu befehlen, setzt die Veränderung ein. Carl Rogers nahm auf dieses »merkwürdige Paradoxon« Bezug, das die Akzeptanz mit der Veränderung in Beziehung setzt:

»Wenn ich mich so, wie ich bin, akzeptiere, dann ändere ich mich. Ich glaube, dies sowohl von meinen Klienten wie auch aus eigener Erfahrung heraus gelernt zu haben – dass wir uns nicht ändern können, uns nicht von dem, was wir sind, entfernen können, bis wir völlig *akzeptieren*, was wir sind. Dann ereignet sich fast unmerklich die Veränderung.«

»Ein Mensch fühlt sich nur wohl, wenn er mit sich einverstanden ist«, hat Mark Twain einmal gesagt und wahrere Worte wurden nie gesagt. Akzeptanz des Selbst muss aus dem Selbst kommen. Aber nur durch die Macht der Einfühlung – nur durch das Interesse der anderen an unseren Gedanken und Gefühlen und der Bestätigung, dass wir ihres Interesses wert sind – sind wir in der Lage, uns der konfusen Wahrheit dessen zu stellen, wer wir sind.

Wie die Empathie zur Akzeptanz führt

Einfühlung führt uns zur Akzeptanz, indem sie unsere Perspektive erweitert. Wir sehen uns selbst mit den großen Augen der Einfühlung in dem großen Bild. Indem wir uns in den Kontext unserer Beziehungen stellen, sehen wir, wie wir *hineinpassen*, wohin wir gehören. Und indem wir unseren Platz in der größeren Gemeinschaft finden, lernen wir, dass wir uns selbst nur dann akzeptieren können, wenn wir akzeptieren, dass wir die anderen brauchen.

Die Akzeptanz des Selbst ist ein wesentlicher erster Schritt im Prozess, andere zu akzeptieren. Man-selbst-sein ist ein Lernprozess, wer wir sind und wo wir hineinpassen oder hingehören. Dieser Prozess endet nie, denn das Selbst verändert sich immer, wächst und verwandelt sich in den Beziehungen zu anderen, die eine ähnliche Entwicklung durchmachen. Mögen andere auch schneller oder langsamer vorankommen, sie arbeiten alle an der grundlegenden Aufgabe wie man selbst – entdecken, wer sie sind und wohin sie gehören.

Vor nicht langer Zeit kam in einer Nachbarstadt ein zehnjähriges Mädchen durch einen verrückten Unfall während eines Schneesturms ums Leben. Ihr Vater fuhr den Wagen, als dieser auf eine Eisplatte kam und seitlich in eine Schneewehe abrutschte. Unter Schock, aber körperlich unverletzt stiegen Vater und Tochter aus dem Wagen und stellten sich an den Straßenrand, um auf Hilfe zu warten. Ein Transporter erwischte dieselbe Eisplatte, geriet außer Kontrolle und fuhr auf die beiden zu, tötete das Mädchen und verletzte ihren Vater schwer.

Die Tragödie wirkte auf viele Menschen in unserer Gegend wie ein Schock und betrübte sie zutiefst. Am Tag nach dem Unfall rief mich meine Freundin Betty an, Pastorin einer Kirche am Ort; man hatte sie dazu auserkoren, die Predigt bei der Beerdigung des Kindes zu sprechen. Niedergeschmettert vom Verlust konnte Betty sich nicht vorstellen, wie sie mit ihren Gefühlen umgehen sollte, und sie fragte sich, was sie sagen sollte, um anderen in ihrer Pein eine Hilfe zu geben. »Ich verspüre das überwältigende Bedürfnis, eine perfekte Predigt zu halten«, erzählte sie mir, »aber ich glaube einfach nicht, dass ich die Kraft dazu habe.«

Betty erzählte ein wenig von ihrem alten Hang zur Perfektion und den Lektionen, die sie bei ihrem strengen, emotional unnahbaren Vater über die Notwendigkeit gelernt hatte, sich im Griff zu haben und die tiefsten Gefühle vor den anderen zu verbergen. Dann fing sie an von ihren Gemeindemitgliedern zu erzählen, die sie ganz wörtlich um Hilfe anflehten und auf der verzweifelten Suche, einen Sinn im sinnlosen Tod eines Kindes zu entdecken, in ihren Armen schluchzten.

»Ich bin nicht Gott«, sagte sie und brach in Tränen aus. »Ich bin doch nur ein Mensch.«

»Ich frage mich, ob das nicht die Antwort ist«, erwiderte ich.

»Dass ich nicht Gott bin?«

»Ja«, sagte ich. »Ich überlege, ob Sie nicht Ihrer Gemeinde erzählen könnten, was Sie mir gerade erzählt haben – dass dieser Verlust Sie niedergeschmettert hat und Sie ihre Hilfe genauso brauchen wie die Gemeinde die Ihre. Vielleicht könnten Sie ihr sagen, dass Sie auch nicht alle Antworten kennen, aber an die Stärke der Gemeinde glauben, einander zu unterstützen und füreinander zu sorgen.«

»Aber wenn ich mich derart öffne, würde das nicht bedeuten, dass ich mich meiner Verantwortung entziehe?«, fragte Betty. »Erwartet man von mir nicht, stark zu sein, diejenige, auf deren Antworten sie sich in ihrem Leid verlassen?«

»Aber lautet nicht die grundsätzliche Antwort auf unseren Schmerz, dass wir einander brauchen?«, entgegnete ich. »Viele, viele Male haben Sie diese Worte in der Vergangenheit gesagt – unsere Stärke liegt darin, einander zu brauchen.«

»Ja«, sagte sie, in ihrem Ton schwang Hoffnung und wachsende Aufgeregtheit mit. »Genau das glaube ich.«

Betty hielt ihre Predigt ohne Spickzettel, sprach sehr flüssig über die Tiefe ihres Schmerzes, brachte ihre Angst zum Ausdruck, verletzbar zu wirken, und ihre Überzeugung, dass die Gemeinde nur ein gewisses Maß an Heilung erfahren könne, indem sie zusammenhielt. Aus dem Verständnis heraus, dass sie ihre Stärke aus ihrer Schwäche zog, entdeckte Betty die Kraft der Einfühlung zu heilen und zu verwandeln. Als sie in aller Öffentlichkeit mit der Gemeinde weinte, setzte der Heilungsprozess der gebrochenen Herzen zur Ganzheit ein.

»Keiner ist so ganz wie derjenige mit dem gebrochenen Herzen«, sagte der Rabbi Mosche Leib von Sasow. Wir können nur ganz sein, wenn wir die Tatsache akzeptieren, dass wir zerbrochen sind. Jeder Mensch auf der Welt hat seine Bruchstellen – Verletzungen, Schmerzen, Kummer, Wunden, unerfüllte Sehnsüchte, schmerzhafte Enttäuschungen. Dieses sind keine Mängel, die wir fürchten, oder Makel, die wir zu überdecken suchen sollten – es sind nur die Narben, die von einem erfüllten, aktiven und offenen Leben herrühren.

Weil wir leben, verletzen wir. Weil wir uns in der Welt bewegen, denken, fühlen, handeln und reagieren, bekommen wir Beulen und blaue Flecke. Wie sollte es auch anders sein? »Jedes echte Leben ist Begegnung«, um es mit den Worten des jüdischen Gelehrten Martin Buber zu sagen. Und wenn wir uns begegnen, stoßen wir manchmal zusammen. Die vielleicht tiefgründigste Stufe der Akzeptanz entdecken wir im Leben dann, wenn wir aus ganzem Herzen sowohl die Freude als auch das Leid annehmen, die enge Beziehungen unweigerlich mit sich bringen.

Angewandte Akzeptanz

Loslassen

Wie der Psychologe William James schon vor mehr als hundert Jahren festgestellt hat, wird man »innere Erleichterung« verspüren, wenn man »sich gehen lässt«. Dies hat er mit einer Geschichte verdeutlicht. Ein Mann geht nachts allein spazieren und rutscht plötzlich in einen Abgrund. Er fuchtelt mit den Armen herum, weil er gegen jede Wahrscheinlichkeit hofft, sein Leben zu retten, und erwischt dabei einen winzigen Ast zum Festhalten. Stundenlang klammert er sich ans Leben, doch schließlich lässt die Kraft seiner Finger nach. Mit einem letzten, verzweifelten Schrei lässt er los – und fällt gerade mal zehn Zentimeter tief zu Boden.

»Hätte er den Kampf schon eher aufgegeben«, lautete James trockener Epilog zu dieser Geschichte, »wäre ihm seine Qual erspart geblieben.«

Fragen Sie sich selbst: Woran im Leben klammern Sie sich, aus Angst es zu verlieren? (Die Antworten darauf sind natürlich so reichhaltig und vielfältig wie das Leben selbst – Reichtum, Gesundheit, Ehe, Freundschaften, Kinder, Glück, Sicherheit, Liebe, Seelenruhe, Häuser, Boote, Jobs, Jugend ...) Und was kostet Sie dieser Kampf? Können Sie loslassen? Was erwartet Sie auf dem Boden unter Ihnen? Wie tief fallen Sie? Werden Sie überleben, wenn Sie loslassen?

Lernen, Kritik anzunehmen

Wenn Sie wahrhaft, ehrlich und ganz Sie selbst sind, verspreche ich Ihnen Folgendes: Sie werden Menschen treffen, die Sie nicht mögen, die gegen Sie eingestellt sind und die Sie verändern wollen. Oder wie Antonio Porchia es in ›Voices‹ formulierte: »Sie werden sagen, du bist auf dem falschen Weg, wenn es der eigene ist.« Oft hat man Kritik verdient und wenn sie ins Mark trifft, kann sie uns viel lehren. Aber kritische Kommentare können auch unverdient, überflüssig und manipulierend sein. Hier die Spreu vom Weizen zu trennen ist eine wichtige Aufgabe und Herausforderung.

Wenn Sie entdecken, dass Sie oftmals anderen gegenüber zu kritisch sind, sollten Sie der Ursache Ihrer Unsicherheiten nachgehen. Meiner Erfahrung nach sind Menschen, die viel zu kritisieren haben, oftmals unsicher, und weil sie sich unsicher und ungeschützt fühlen, neigen sie dazu, andere anzugreifen. Fragen Sie sich selbst: In welchen Situationen habe ich Schwierigkeiten, mich zu akzeptieren? Wie sind die Leute, vor denen ich Angst habe oder die mich verunsichern? Wie könnte ich die Situation verändern, um mich sicherer zu fühlen?

Die Tendenz, kritisch gegenüber sich selbst oder anderen zu sein, verweist im Allgemeinen auf einen ungelösten Schmerz, etwas in der Vergangenheit, das den Seelenfrieden weiterhin stört. Wenn man herausfindet, woher die Unsicherheiten kommen, hilft dies, offen und ehrlich mit ihnen in der Gegenwart umzugehen.

Denken Sie daran: Wachstum durch Leiden

Wenn Sie sich anderen öffnen und die Tatsache anerkennen, dass Sie Hilfe brauchen, sind Sie verwundbar. Warum sollte ich das? fragen sich manche. Warum soll man anderen Herz und Seele öffnen, die einen dann womöglich nur auseinander nehmen?

Wenn Sie die Macht der Einfühlung verstehen, werden Sie wissen, wem Sie trauen und wen Sie fragen können. Nutzen Sie Ihre Fähigkeiten zur Einschätzung. Hören Sie aufmerksam zu. Beobachten Sie genau, ob die Taten der Menschen ihren Worten und behaupteten Absichten entsprechen. Seien Sie sich bewusst, auf welche Weise Sie manipuliert werden können. Wenn Sie davon überzeugt sind, dass eine Person vertrauenswürdig ist und Sie ihr wirklich am Herzen liegen, dann sollten Sie sich voll und ganz auf diese Beziehung einlassen.

Wir können uns nicht in echten, menschlichen Beziehungen engagieren, ohne verletzt zu werden, aber Schmerz ist einer unserer größten Lehrer, woran so viele kluge Männer und Frauen uns erinnert haben. Wir wachsen, indem wir leiden. Unsere tiefsten Wunden sind oftmals die Quelle unserer größten Stärke. Fragen Sie sich: Was sind meine tiefsten Wunden? Wo spüre ich den hartnäckigsten Schmerz? Wie kann ich diesen Schmerz nutzen, um zu wachsen, mich zu verändern, ein stärkerer, toleranterer und liebenderer Mensch zu werden, der andere akzeptieren kann?

Achten Sie eher auf die Heilkräfte, die Sie aus Ihren Beziehungen gezogen haben, und weniger auf die Ihnen zugefügten Verletzungen. Lernen Sie, sich bei jeder schmerzhaften oder enttäuschenden Begegnung zu fragen: Was kann ich aus dieser Erfahrung lernen? Wie hätte ich diese Situation anders angehen können? Was habe ich durch den Schmerz über die Ressourcen und die Unverwüstlichkeit des menschlichen Geistes gelernt?

Finden Sie den Ort, wo Sie hingehören

Wir akzeptieren uns, wenn wir andere finden, die uns auch akzeptieren. Genau dies passiert häufig in der Therapie – bekümmerte Seelen, die sich einsam und missverstanden fühlen, finden einen Ort, wo sie hinpassen und hingehören. Sie hören auf, vor sich selbst davonzulaufen und fangen an, sich als die zu akzeptieren, die sie sind, mit all ihren unterschiedlichen Stärken und Schwächen.

Denken Sie an daheim. Was bedeutet das Wort *daheim* für Sie? Wie fühlen Sie sich, wenn Sie dorthin gehen? Ist »daheim« der Ort, wo Sie hingehören, weil Ihre Unzulänglichkeiten akzeptiert werden – wo Sie trotz Ihrer Mängel geschätzt und geliebt werden, wo Sie zum Teil sogar wegen Ihrer Schwächen geliebt werden? Wo haben Sie das Gefühl, Sie selbst sein zu können? Wo ist Ihr wahres Zuhause? Wo fühlen Sie sich sicher?

Denken Sie auch an jene Orte, wo Sie sich nicht daheim fühlen. Gehören Sie da nicht hin, weil Sie versuchen jemand zu sein, der Sie nicht sind oder weil andere Sie nicht so akzeptieren, wie Sie sind? Versuchen Sie jemandes Erwartungen gerecht zu werden, wie Sie sein sollten? Welche Auswirkung hat dieses Bemühen um Anpassung auf Sie? Ist es den Versuch wert? Was werden Sie damit erreichen? Was werden Sie verlieren?

Verbringen Sie Zeit allein

Die Fähigkeit, allein sein zu können, ist eine notwendige (wenn auch manchmal schmerzhafte) Voraussetzung für die Akzeptanz von uns selbst und anderen. Erst wenn wir lernen, das Alleinsein zu genießen, können wir auch das Zusammensein mit anderen genießen. In ›Die Kunst des Liebens‹ erklärt der Psychoanalytiker Erich Fromm diese grundlegende Wahrheit. »Wenn ich an einem anderen Menschen hänge, weil ich nicht auf eigenen Füßen stehen kann, kann er vielleicht mein Lebensretter sein, aber unsere Beziehung ist keine Liebe. Paradoxerweise ist die Fähigkeit, allein sein zu können, die Vorbedingung für die Fähigkeit zu lieben.«

Hier ein paar Wege zum Alleinsein: Machen Sie allein einen Spaziergang. Lesen Sie ein Buch. Führen Sie Tagebuch. Machen Sie einen Ausflug. Machen Sie ein Nickerchen.

Sie können auch Selbstgespräche führen. Ich führe ständig kleine Selbstgespräche mit mir, vor allem wenn ich müde oder gestresst bin oder mich durch eine Situation oder einen Menschen herausgefordert fühle. Ich gehe ins Badezimmer, schaue in den Spiegel, sehe daraus meinen Vater mir entgegenblicken und spreche innerlich mit seiner zuversichtlichen Stimme zu mir. »Du schaffst das, Arthur«, kann ich ihn so klar sagen hören, als wäre er mit mir im selben Raum. »Ich glaube an dich. Du bist der Lage immer gewachsen.«

Wessen Stimme hören Sie, wenn Sie allein sind? Ist es eine positive, optimistische, hilfreiche Stimme oder eine zensierende, schimpfende, demütigende Stimme? Wenn wir Zeit allein verbringen, lernen wir uns selbst zuzuhören. Indem wir uns selbst zuhören, fangen wir an, uns zu kennen. Wenn wir uns kennen, können wir uns auch mit uns abfinden. Indem wir uns mit uns abfinden, lernen wir, für uns zu akzeptieren, wer wir sind, und wir lernen uns realistische Ziele dafür zu stecken, wer wir werden können. Wir geben gewisse Träume auf und finden neue Träume, an die wir glauben können. Wir sehen uns alten Geistern gegenüber. Wir stellen fest, wie die Vergangenheit sich in die Gegenwart hineindrängt.

Wir finden »Selbstliebe«, wie es die Worte des Jesuitenpriesters Wilkie Au erklären:

»Selbstliebe schafft die notwendige Voraussetzung dafür, dass ein Hinauswachsen (Selbst-Transzendenz) über das eigene Selbst möglich wird. Diese Eigenschaft, die es uns erlaubt, uns zu akzeptieren, wühlt gleichzeitig in uns den Drang auf, die Mauern einzureißen, die uns von den anderen trennen.«

Lassen Sie sich Zeit

Akzeptanz fliegt einem nicht zu und sie entwickelt sich schrittweise. Sich selbst zu akzeptieren ist nur der erste Schritt. Andere zu akzeptieren der zweite, gleichermaßen komplizierte Schritt. Dabei müssen wir nicht nur die anderen mit all ihren Fehlern und Kompliziertheiten annehmen, sondern müssen auch noch ihre Ansichten über die Welt und über einen selbst (was noch schwieriger ist) annehmen.

Können Sie mit der Kritik anderer Leute leben? Und wenn sich deren religiöse oder politische Überzeugungen von den Ihren unterscheiden –

können Sie dann deren Position aus deren Blickwinkel für gültig erachten? Was ist, wenn die Träume, die Sie von der Zukunft Ihrer Kinder haben, nicht deren Träume sind – können Sie die Tatsache akzeptieren, dass Ihre Kinder ihren eigenen Weg gehen müssen? Können Sie bei Ihren Freunden Intoleranz und Vorurteile akzeptieren?

Was können Sie akzeptieren und was finden Sie inakzeptabel? Was können Sie verändern? Was weigern Sie sich zu verändern? Warum?

Die Macht der Angst, anders zu sein, nur wenige Schritte außerhalb der Herde zu stehen, kann man nur begreifen, wenn man die Tiefen der Notwendigkeit versteht, nicht abgetrennt zu werden.

Erich Fromm

Kapitel 11

Toleranz

In ganz wirklichem Sinne hängt alles Leben voneinander ab. Alle [Menschen] sind in einem unentrinnbaren Netzwerk der Gegenseitigkeit gefangen, passen in ein einziges Schicksalsgewand.

Martin Luther King jun.

Zu lernen, wie man »miteinander auskommt«, ist eine der größten Herausforderungen, der wir uns jeden Tag stellen. Wir *brauchen* einander, so viel ist klar – Dutzende psychologischer Studien legen eindrucksvoll Zeugnis davon ab, dass unsere körperliche und seelische Gesundheit von liebenden, unterstützenden Beziehungen abhängt. Psychologen, Neurologen, Immunologen und Philosophen scheinen darin übereinzustimmen, dass es eine biologische Grundlage für unser Bedürfnis gibt, enge, liebevolle Bindungen einzugehen. Ich bin davon überzeugt, dass hinter diesem Grundtrieb, miteinander in Beziehung zu treten, die Einfühlung steht.

Die Einfühlung erlaubt uns, miteinander zu kommunizieren, einander zu verstehen und – das Wichtigste für unsere geistige und körperliche Gesundheit – zu lernen miteinander zu leben. Wir tolerieren einander, weil wir uns ineinander einfühlen können – Einfühlung ist die biologische Grundlage für Toleranz. Wären wir alle gleich, hätten dieselben Gefühle und genau dieselben Gedanken, bräuchten wir keine Einfühlung – wir wüssten automatisch ganz genau, was jeder denkt oder fühlt, weil die Gedanken und Gefühle der anderen die perfekten Repliken unserer eigenen wären. Aber wir denken und fühlen nicht dasselbe; eigentlich reagieren die meisten von uns auf so völlig unterschiedliche Weise, dass unser Miteinander-Auskommen einem Wunder gleicht.

Der Grund, weshalb wir miteinander auskommen, ist die Einfühlung, welche die Psychologen Ross Buck und Benson Ginsburg als »eine ursprüngliche Fähigkeit zur Kommunikation, die in den Genen angelegt ist«, bezeichnen. Einfühlung ist unsere gemeinsame Sprache. Nähmen wir die Worte weg, wären wir durch den Ausdruck in unseren Augen, die Veränderung unserer Gesichtsmuskeln, die Berührung unserer Hände und die Fähigkeit zur Einsicht, die es uns erlaubt, einander in Herz und Seele zu schauen und die Wahrheit zu entdecken, noch immer in der Lage, miteinander zu kommunizieren. Die Einfühlung lässt die Unterschiede zwischen uns wegfallen, und wir erkennen die Gemeinsamkeiten – Herzen, die sich nach Verbindung sehnen, Seelen, die nach Verständnis verlangen. Einfühlung führt zur Toleranz, die als die Bereitschaft definiert werden kann, mit den Unterschieden klarzukommen. Da die Einfühlung in unserem ganzen Leben zu einer Erweiterung unseres Bewusstseins führt, sorgt es für aktive Wertschätzung und bleibenden Respekt für die große Verschiedenheit des Lebens auf diesem Planeten.

In meinem ersten wirklichen Job als Psychologe hatte ich eine unvergessliche Begegnung mit einem Gefangenen, der wegen Mordes verurteilt worden war. Tagsüber lehrte ich Psychologie an der University of Southern Connecticut in New Haven, und an zwei Abenden arbeiteten mein Zimmerkollege und ich als Berater der Insassen des örtlichen Gefängnisses. An unserem ersten Abend im Gefängnis gab uns der Wärter einen kurzen Bericht über den Mann, von dem er glaubte, er hätte Hilfe am nötigsten.

»Dieser Mann ist nach Einschätzung des Psychiaters ein Psychopath«, sagte der Wärter und händigte mir die Sträflingsakte aus. »Hat kaltblütig seinen Schwager getötet. Er ist groß, über einsneunzig, wiegt an die zweihundertfünfzig Pfund und trainiert jeden Tag mit Gewichten.« Falls der Wärter vorhatte, uns Angst einzujagen, war er sehr erfolgreich.

Ich wandte mich an meinen Zimmerkollegen, der fast zwanzig Zentimeter größer und fünfzig Pfund schwerer war als ich. »He, Joe«, sagte ich und gab ihm die Akte, »der schreit geradezu nach dir.«

»Keine Chance.« Er lachte, hielt die Hände hoch und wich vor mir zurück. »Es war deine Idee, Arthur, denk dran. In diesem Fall bin ich nur Zuschauer.«

Der Wärter führte mich in einen riesigen Raum mit Betonwänden, wünschte mir viel Glück und ließ mich allein mit dem Gefangenen, der am Tisch saß, die Hände über einer alten, viel benutzten Bibel gefaltet. Er sah gut aus und war sehr kräftig und beobachtete mich, als ich den Stuhl herauszog und mich hinsetzte.

»Hat man Ihnen gesagt, dass ich ein Psychopath bin?«, fragte er. Seine Stimme war tief, aber überraschend sanft.

»Ja«, sagte ich, weil mir klar war, dass es ihm auf die Wahrheit ankam.

»Also wenn Sie schon eine feste Meinung haben, glaube ich, können Sie auch gleich wieder gehen«, sagte er und bohrte seine Augen in meine.

»Ich habe keine feste Meinung«, sagte ich. »Ich bin hier, um Ihnen zuzuhören.«

Und so beschloss er dann, nach einigen längeren Schweigepausen und ein paar gezielteren Fragen, mir seine Geschichte zu erzählen. Er war verheiratet (»mit der einzigen Frau, die ich je lieben werde«, erzählte er mir) und sie hatten einen zweijährigen Sohn. Sechs Tage die Woche arbeitete er zehn Stunden täglich in der heimischen Schuhfabrik; jeden Abend kam er in der Dunkelheit nach Hause. An einem Winterabend, es war gegen neun Uhr, kehrte er in seine Wohnung zurück, wo er seinen Schwager betrunken und wutentbrannt dabei erwischte, wie dieser auf seine Frau einschlug, während sein Sohn in der Ecke kauerte. Seine Frau blutete aus einer Platzwunde an der Wange.

»Ich habe versucht, auf ihn einzureden«, erzählte mir der Gefangene, »aber er nahm seine Whiskeyflasche, zerschlug sie an der Tischkante und bedrohte mich damit. Er war nicht groß, aber ich musste die zerbrochene Flasche im Auge behalten. Ich schubste ihn, aber er kam wieder auf mich zu. Ich schlug ihn und er kam wieder. Dann versetzte ich ihm einen Kinnhaken, er fiel nach hinten und schlug sich dabei den Kopf am Tisch an, starb direkt in meinem Wohnzimmer, vor den Augen meiner Frau und meines Sohnes.

»Die Jury hat in weniger als einer Stunde entschieden, dass es Totschlag war.« Er beugte sich über den Tisch. »Haben Sie jemals von Claudine Longet gehört?«

Ich nickte. Claudine Longet, Schauspielerin und Frau des berühmten Sängers Andy Williams, hatte ihren Liebhaber, einen Skifahrer der Olympiamannschaft, getötet, indem sie ihm in den Rücken schoss.

»Ich möchte Sie nur bitten, einmal darüber nachzudenken – da ist eine reiche weiße Frau, die einem Mann in seine Wohnung folgt, es kommt zwischen dem Liebespaar zu einem Streit, sie greift zu einer Waffe und schießt ihm in den Rücken und verbringt deswegen nicht einen Tag im Gefängnis. Und ich bekomme sechs Jahre, weil ich meine Frau und mein Kind verteidigt habe, und werde noch als Psychopath bezeichnet.

Sehen Sie sich um hier im Gefängnis«, sagte er. »Hier ist kein einziger Weißer. Alle hier sind schwarz, bis auf einen Drogendealer, und der ist Mexikaner.« Er legte seinen Kopf in seine Hände und schwieg einige Zeit; dann nahm er seine abgegriffene Lederbibel und drückte sie an seinen gewaltigen Brustkasten. »Ich lese jeden Tag darin«, sagte er. »Ich versuche mit mir ins Reine zu kommen, aber mein Gewissen wird nie zur Ruhe kommen. Ich habe einen Mann getötet. Ich werde ewig leiden.«

Als ich an jenem Abend das Gefängnis verließ, war ich ein anderer Mensch. Immer war ich stolz auf meine Toleranz gewesen. Als Italiener der zweiten Generation mit einem unaussprechlichen Nachnamen hatte ich in meinem Leben genug Intoleranz erfahren, um den Wert von Aufgeschlossenheit und Respekt vor Unterschieden schätzen zu können. Aber als ich an jenem Abend einem Mann gegenübersaß, der wegen Totschlags verurteilt und von meiner eigenen Zunft als Psychopath bezeichnet worden war, verstand ich die Macht, mit der Vorurteile Geist und Herz verriegeln. Ich spürte seine Einsamkeit und seine Furcht, und ich hörte den Schmerz in seiner Stimme, als er mich aufforderte zu gehen, falls ich mir bereits eine feste Meinung gebildet hatte. Ich begriff, wie die Intoleranz den Geist gefangen hält, die Hoffnungen zerstört und das Vertrauen schwächt. Und ich sah, wie der Glaube eines Menschen an sich und seinen Gott ihm ein gewisses Maß an Frieden brachte, obwohl ihn, wie er meinte, sein Gewissen nie in Ruhe lassen würde.

An jenem Abend ging ich in meine Wohnung zurück und kramte in meinen Bücherkisten nach der Bibel, die meine Eltern mir zur Firmung geschenkt hatten. Ich wusste, dass die gesuchte Passage im Neuen Testament stand, aber es dauerte eine Weile, bis ich sie fand. Als ich die Worte las, die, wie ich mit Bestimmtheit wusste, der Gefangene viele,

viele Male im Lauf der Jahre gelesen hatte, überkam mich ein Gefühl des Friedens und der Hoffnung.

»Richtet nicht, auf dass ihr nicht gerichtet werdet. Denn mit welcherlei Gericht ihr richtet, werdet ihr gerichtet werden; und mit welcherlei Maß ihr messet, wird euch gemessen werden. Was siehest du aber den Splitter in deines Bruders Auge und wirst nicht gewahr des Balkens in deinem Auge? Oder wie darfst du sagen zu deinem Bruder: Halt, ich will dir den Splitter aus deinem Auge ziehen? Und siehe, ein Balken ist in deinem Auge. Du Heuchler, zieh zuerst den Balken aus deinem Auge; danach sieh zu, wie du den Splitter aus deines Bruders Auge ziehest.« (Matthäus 7;1–5)

Ich führte viele Gespräche mit dem Gefangenen, bis er einige Jahre später entlassen wurde, nachdem er fast zwölf Jahre im Gefängnis verbracht hatte. Später erfuhr ich, dass er mit seiner Frau und seinem Sohn wieder vereint war und ein aktives und respektiertes Mitglied seiner Gemeinde und seiner Kirche wurde.

Wie die Empathie Toleranz definiert

Die Einfühlung definiert Toleranz als die ständig wachsende Fähigkeit, die menschliche Natur in ihrer ganzen Tiefe zu begreifen. Toleranz geht tief. Wenn wir durch die oberflächlichen Außenschichten – die Hautfarbe der Menschen, das Umfeld, in dem sie leben, die Abschlüsse, die sie gemacht haben, die Laufbahn, die sie verfolgen, die Kirche, der sie angehören – zum inneren Herz und zur Seele durchdringen, entdecken wir unsere gemeinsamen Grundlagen. Wir sind alle Menschen. Ob Serben oder Albaner, Palästinenser oder Juden, Schwarze, Weiße, Gelbe, Braune, Rote, wir sind alle aus demselben Stoff gemacht.

Empathie, die Fähigkeit, unsere Perspektive zu vergrößern, indem wir die Welt durch die Augen der anderen betrachten, führt uns zur Toleranz, so wie eine eingeengte Wahrnehmung zu Hass und Gewalt führt. Indem unser Blickwinkel sich erweitert, fangen wir an, die Menschen in neuem Licht zu sehen. Wenn wir den Schmerz derer verstehen, die Opfer von Vorurteilen und Intoleranz werden, fühlen wir uns aufgerufen, uns dagegen auszusprechen. Einfühlung ist das Gegengift zum Gift des Vorurteils.

Im Zweiten Weltkrieg war mein Vater Feldwebel im OSS (Office of Strategic Services), dem Vorläufer der CIA; er sprang dreizehn Mal hinter den feindlichen Linien mit dem Fallschirm ab. Und obwohl er kaum über seine Kriegserfahrungen sprach, wiederholte er eine Geschichte mehrere Male. Es war im Jahr 1944, und die Einheit meines Vaters befand sich in Italien, wo sie die Partisanen beim Sprengen von Brücken unterstützte, welche die Deutschen für ihren Nachschub benötigten. Jeden Abend saß mein Vater neben dem Koch der Kompanie, einem deutschen Überläufer, der ihm tränenreich sein Heimweh und die Sehnsucht nach seiner jungen Frau und dem neugeborenen Kind beschrieb, die sich noch in Deutschland aufhielten. Der deutsche Koch und der italo-amerikanische Feldwebel wurden schnell Freunde.

In einer mondlosen Nacht brachen vierzehn Männer aus der Einheit meines Vaters mit Sprengstoff auf, um eine strategisch wichtige Brücke in die Luft zu jagen. Als sie zur Brücke kamen, warteten die Deutschen dort schon auf sie. Alle vierzehn Amerikaner wurden gefangen genommen und am nächsten Tag ließ man sie barfuß durch ein benachbartes italienisches Dorf marschieren. Dazu riefen die Deutschen den italienischen Dorfbewohnern zu: »Die Amerikaner verlieren den Krieg! Seht euch die Füße der Soldaten an – sie haben keine Schuhe!« Die Deutschen trieben die Gefangenen bis vors Dorf, wo sie einen Baum aushoben und die Amerikaner lebendig begruben.

Am nächsten Tag tauchte eine Gruppe italienischer Partisanen im Lager auf und verhörte den Koch, bis er schließlich zusammenbrach und zugab, ein Spion zu sein. Der Koch schaute meinen Vater an und flehte um Gnade. Er holte die Fotos von Frau und Kind heraus und bat ihretwegen um Gnade. Mein Vater wandte seinem Freund den Rücken zu und ging; Augenblicke später hörte er den Schuss.

Dieses Geräusch und die Erinnerung an den um sein Leben flehenden jungen Mann verfolgten meinen Vater für den Rest seines Lebens. Wann immer er die Geschichte erzählte, rückte er näher an David und mich heran, versicherte sich, dass wir zuhörten, und bat uns mit fester, entschlossener Stimme nie zu vergessen, dass zwar das Böse in der Welt existierte (und die Nazis seiner Meinung nach das personifizierte Böse waren), aber dennoch nicht alle Deutschen Hitler-liebende Nazis waren, so wenig wie alle Italiener Mussolini-liebende Faschisten waren. Die Anlage für Gut und Böse existiere in allen Menschen, lehrte uns mein

Vater. »Da ihr wisst, dass ihr des Bösen fähig seid«, pflegte mein Vater zu sagen, »müsst ihr immer versuchen euer ganzes Gewicht auf die Seite des Guten zu werfen.«

Wie die Empathie zur Toleranz führt

Einfühlung führt uns zur Toleranz, denn nur mit der Einfühlung können wir Brücken zu jenen bauen, die uns anders zu sein scheinen als wir. Nur mit Einfühlung können wir auf die Menschen zugehen, die wir anfangs nicht an uns heranlassen wollen, weil wir glauben, dass sie uns in ihrer Brutalität, ihrer Einfachheit oder Dummheit ganz und gar unähnlich sind. Die Einfühlung erinnert uns daran, dass das Böse in den anderen ein Potenzial ist, das auch wir in unseren Herzen tragen. Die Fähigkeit zu hassen, Rache zu üben, Versöhnung zu verweigern, selbst jemandem das Leben zu nehmen, ist in dir, wie sie in mir und in allen Menschen ist. Nehmen wir dies demütig wahr und akzeptieren unseren eigenen Schatten, kommen wir unweigerlich und stets zur Toleranz.

Die Einfühlung erlaubt uns, die Verbindungen wahrzunehmen, die zwischen uns existieren, macht Fremde weniger fremd, Ausländer weniger fremdartig. Wenn wir die Sichtweise anderer Menschen übernehmen, ist dies mehr, als uns ihre Schuhe anzuziehen – wir benutzen ihre Augen, wir leihen uns ihre Haut, wir fühlen in uns ihre Herzen schlagen, wir verlieren und betreten ihre Welt *als wären wir sie*. Ich betone diese Worte noch einmal, weil sie so wichtig sind und so oft missverstanden werden. Wenn wir einfühlend sind, begeben wir uns nicht in die Erfahrung des anderen, um sie mit *unseren* Augen zu sehen – die Einfühlung fordert, sie mit *ihren* Augen zu sehen. Durch diese Erfahrung werden wir von Grund auf verändert, denn wir erkennen mit plötzlicher, verblüffender Klarheit, dass wir der andere *sind*. All das Gute und das Schlechte, das wir in ihnen sehen, können wir auch in uns erkennen. Die Verletzung, die Scham, die Angst vor Demütigung, der Wunsch nach Rache – dies alles gehört genauso zu unserer Seele wie das Streben nach Ehrlichkeit, der demütige Geist, das verzeihende Herz.

Toleranz beginnt mit der Bereitwilligkeit zuzuhören. Einfühlendes Zuhören bedeutet, sich selbst zurückzunehmen und in die Erfahrung des anderen Menschen einzusteigen. Man ist im wörtlichen Sinne ganz Ohr. Zur Toleranz gehört auch die *Fähigkeit* des Zuhörens, was nicht das gleiche ist wie die *Bereitwilligkeit*. Viele Menschen sind willige Zuhörer, aber sie unterbrechen, schweifen vom Thema ab, geben gute Ratschläge und urteilen – in anderen Worten, sie beschneiden die Einfühlung durch ihre ungeschulte Fähigkeit des Zuhörens. Zuhören ist eine Kunst, die Zeit, Disziplin und Übung erfordert.

In einem dritten Schritt in dem Prozess, Toleranz zu entwickeln, halten wir Ausschau nach mildernden Umständen, was schlicht und einfach heißen soll, dass wir uns um mehr Verständnis für die Verhaltensweisen anderer Menschen bemühen. Wenn wir das ganze Bild sehen können, anstatt nur einen Teil davon ins Visier zu nehmen, wächst das Spektrum unserer emotionalen Reaktionen. Toleranz kann als ein Weg gesehen werden, die »mildernden Umstände« im Leben anderer Menschen zu verstehen.

In einem von Dolf Zillmann, einem Psychologen der University of Alabama, durchgeführten Experiment, fahren freiwillige Probanden auf einem Hometrainer und werden dabei von einem Assistenten (in Wirklichkeit ein Mitglied des Forschungsteams) sehr grob behandelt. Wenn den Freiwilligen dann später die Chance gegeben wird, es dem Assistenten heimzuzahlen, indem sie eine Einschätzung seines Auftretens geben, nehmen sie bereitwillig Rache.

In einer anderen Version des Experiments betritt eine junge Frau den Raum und informiert den groben Assistenten darüber, dass er am Telefon gewünscht wird. Als er den Raum verlässt, ist er auch zu ihr unhöflich, aber sie wird spielend damit fertig und erklärt den Probanden dann, dass der Assistent wegen der bevorstehenden mündlichen Doktorprüfungen unter ungeheurem Druck stehe. In dieser Version des Experiments entscheiden die Freiwilligen sich dafür, ihn bei ihrer Einschätzung nicht schlecht zu beurteilen, und reagieren einfühlend auf seine Situation. Wenn sie das ganze Bild verstanden haben, waren die Studenten in der Lage, das rücksichtslose Verhalten des Assistenten zu tolerieren.

Objektiv bleiben ist ein vierter wesentlicher Schritt beim Entwickeln von Toleranz. Um tolerant zu sein, müssen wir lernen, wie wir den Unterschied zwischen unserem Bild einer Person, das mit unseren Wünschen und Ängsten durchsetzt ist, und der wahren Wirklichkeit dieses Individuums erkennen. Alles, was uns die andere Person als ein Objekt sehen lässt, wird unserer Fähigkeit zur Einfühlung zuwiderlaufen. In einem Artikel mit dem Titel ›Automatic and Controlled Empathy‹ erklären die Psychologen Sara Hodges und Daniel Wegner, wie die Einfühlung durch unsere Vorbehalte geschwächt wird:

»Alles, was uns veranlasst, uns auf eine Person als ein Objekt zu konzentrieren, läuft der Neigung zuwider, die Perspektive einer anderen Person zu übernehmen. Wenn wir an die Charakteristika oder Gruppenzugehörigkeiten eines Menschen denken, ist die Wahrscheinlichkeit geringer, dass wir richtig einzuschätzen wissen, welchen Beitrag Situation und Ziele dieses Menschen für sein Verhalten leisten. Dies bedeutet, dass wir in unserer Fähigkeit zur Einfühlung behindert sind, wenn wir automatisch die Wesenszüge einer Person oder soziale Merkmale vor Augen haben, sei es nun spontan oder als Ergebnis einer Information, die zu raschen Schlussfolgerungen aus solchen Wesenszügen oder Klassenzugehörigkeiten führt. Die automatischen Schlussfolgerungen, die wir aus der Persönlichkeit des anderen ziehen, können ohne die Regulierung, auch ihrer jeweiligen Situation Rechnung zu tragen, oftmals inkorrekt sein, was im Ergebnis wiederum automatisch zu einer Beschädigung unserer einfühlenden Genauigkeit führt.«

Der Psychoanalytiker Erich Fromm, Autor von ›Die Kunst des Liebens‹, beschrieb die Notwendigkeit der Objektivität in weitaus weniger komplizierten Worten:

»Wenn ich die Kunst des Liebens erlernen möchte, muss ich mich in jeder Situation um Objektivität bemühen und ein Gespür für jene Situationen bekommen, in denen ich nicht objektiv bin. Ich muss versuchen, den Unterschied zwischen dem narzisstisch entstellten Bild, das ich mir von einem Menschen und seinem Verhalten mache, und dem wirklichen Menschen, wie er unabhängig von meinen Interessen, Bedürfnissen und Ängsten existiert, zu erkennen. Wenn man sich die Fähigkeit zur Objektivität und Vernunft erworben hat, hat man den Weg zur Kunst des Liebens schon halb zurückgelegt, aber man muss diese Fähigkeit gegenüber allen Menschen besitzen, mit denen man in Kontakt kommt. Wenn jemand seine Objektivität nur für den geliebten Menschen reservieren wollte und meint, er könne in seinen Beziehungen zur übrigen Welt darauf verzichten, dann wird er bald merken, dass er hier wie dort versagt.«

Einmal hörte ich eine Geschichte, die alle diese Ideen von Liebe, Toleranz und Hoffnung zusammenbrachte. Sie handelt von einem alten Rabbi und seinen Schülern.

»›Woher wissen wir, wann die Nacht zu Ende ist?‹, fragte ein alter Rabbi seine Schüler.

›Etwa wenn wir auf einen weit entfernten Baum blicken und sehen, dass es ein Apfelbaum und kein Birnbaum ist?‹, fragte ein Schüler.

›Nein‹, antwortete der Rabbi.

›Wenn die Sterne verblassen und der Himmel heller wird?‹, fragte ein anderer.

›Nein‹, sagte der Rabbi.

›Vielleicht, wenn das Licht größer wird als die Dunkelheit?‹, meinte ein Dritter.

›Nein‹, erwiderte der Rabbi.

›Wann endet die Nacht denn dann?‹, fragten die Schüler einstimmig.

›Wenn ihr in das Gesicht irgendeines Mannes oder irgendeiner Frau schaut und seht, dass sie alle eure Brüder und Schwestern sind – dann endet die Nacht‹, sagte der Rabbi. ›Wenn ihr das nicht sehen könnt, regiert die Dunkelheit die ganze Welt.‹«

Angewandte Toleranz

Sei geduldig

Wenn ich gefragt werde, was ich durch meinen Beruf als Psychologe gelernt habe, erwidere ich stets: »Geduld« – und Geduld, glaube ich, ist synonym mit Toleranz. Wenn wir einfühlend zuhören, die Geschichte sich entwickeln lassen, ohne ihre komplizierteren Passagen rasch hinter uns zu bringen oder gar zu überspringen, entdecken wir Toleranz durch Geduld. Als eine allgemeine Regel kann man festhalten, dass geduldige Menschen tolerante Menschen sind, während ungeduldige Menschen mit der Toleranz mehr Schwierigkeiten zu haben scheinen.

Vor kurzem rannte ich in den zwanzig Minuten, die mir vor meinem nächsten Termin an Zeit blieben, mit einer Einkaufsliste, auf der sieben oder acht Artikel standen, in einen Supermarkt. In fünf Minuten hatte ich alles beisammen, was auf meiner Liste stand, aber als ich zur Kasse kam, standen dort sechs Leute vor mir Schlange. Als ich überlegte, was ich an diesem Tag noch alles zu erledigen hatte, und an die Menschen dachte, die ich enttäuschen würde, wenn ich zu spät kam, fing ich an ungeduldig zu werden und meine Toleranzschwelle plumpste wie ein Stein nach unten. Warum war die Kassiererin so langsam? Warum hatte ich mich nicht bei der anderen Schlange angestellt?

Da entdeckte ich vor mir in der Reihe eine alte Freundin, eine Lehrerin im Ruhestand mit rheumatischer Arthritis. Ich rief ihren Namen, und sie kam nach hinten, um sich mit mir anzustellen. Ich erkundigte mich nach ihrem Befinden. »Meine neuen Medikamente haben ziemliche Nebenwirkungen«, sagte sie, »aber ich lasse mich nicht von meinem Garten abhalten!« Wir unterhielten uns über ihre Dahlien und meine Sommerpläne für Maine, und ehe ich es mich versah, hatten wir die Schlange hinter uns gebracht und ich war wieder auf dem Weg zur Arbeit. Weil ich die Welt eines anderen Menschen betrat, fand ich zur Geduld, die wiederum zu mehr Toleranz führte.

Nimm dir Zeit. Wenn Sie sich mit einem Freund oder einer Freundin zum Essen verabreden und einen Weg von fünfzehn Minuten zurücklegen müssen, sollten Sie zusätzliche fünf bis zehn Minuten dafür einplanen. (Nehmen Sie ein Buch oder eine Zeitschrift mit für den Fall, dass Sie zu früh dran sind.) Wenn Sie zur Arbeit sehr weit pendeln müssen und es häufig zu Verkehrsstaus kommt, sollten Sie immer genügend Kassetten und CDs im Auto haben. (Probieren Sie mal ein Hörbuch aus.) Wenn Sie im Lebensmittelgeschäft die langsamste Schlange erwischt haben, nehmen Sie sich eine Zeitschrift zum Durchblättern oder fangen Sie mit dem vor Ihnen Wartenden ein Gespräch an.

Entledige dich deiner Uhr. Versuchen Sie dies an Samstagen oder Sonntagen oder wenn Sie Ferien haben.

Verbanne das Wort »Beeilung!« aus deinem Wortschatz. Amerikaner sind bekannt als das »Beeil dich«-Volk. Vor kurzem beobachtete ich einen kleinen Jungen mit seiner Mutter am Getränkestand. Er versuchte sich zu entscheiden, ob er eine blaue oder eine grüne Limo nehmen sollte. Kein Mensch stand hinter ihnen und doch stupste seine Mutter ihn ständig sanft gegen die Schulter und trieb ihn zur Eile an. Er wurde nervös und bestellte schließlich, den Tränen nahe, eine Pepsi.

Nimm die Perspektive des anderen ein. Sie stehen in einer langen Schlange und sind ungeduldig. Sehen Sie sich um und überlegen Sie, wie es wäre, die Frau in der Nachbarreihe zu sein, die ihr schreiendes Kind zu beruhigen versucht, oder die ältere Frau, die sich auf ihren Stock stützt. Wie muss sich die Kassiererin angesichts einer langen Reihe ungeduldiger, intoleranter Kunden fühlen?

Atme aus. Unser Herzschlag beschleunigt sich, wenn wir einatmen und verlangsamt sich, wenn wir ausatmen. Atmen Sie aus, wenn Sie gestresst sind, und vergönnen Sie Ihrem Herzen ganz wörtlich eine Atempause.

Lächle. Forschungen haben ergeben, dass zu einem Lächeln verzogene Gesichtsmuskeln automatisch physiologische Veränderungen in Gang setzen, dank derer man sich besser fühlt; andere Menschen sehen Sie lächeln, und auch sie fühlen sich besser. Bei Ungeduld und Intoleranz kann ein Lächeln Wunder bewirken.

Farbe bekennen

Intoleranz verbreitet sich durch Schweigen so rasch und leicht wie durch hasserfüllte Worte oder Taten. Wenn Sie Zeuge einer von Vorurteilen oder von Intoleranz beherrschten Tat werden – bekennen Sie Farbe! Diese von Anthony de Mello erzählte Geschichte zeigt Ihnen einen sanften Weg, einen Freund auf seine Intoleranz hinzuweisen.

»Eine Frau beklagte sich bei einer zu Besuch weilenden Freundin über ihre Nachbarin, ihrer Ansicht nach eine schlechte Hausfrau. ›Du solltest sehen, wie dreckig ihre Kinder sind – und ihr Haus. Es ist fast eine Schande, in der Nachbarschaft von so jemandem zu leben. Sieh dir nur die Wäsche an, die sie auf die Leine gehängt hat. Diese schwarzen Streifen auf ihren Laken und Handtüchern!‹

Die Freundin ging ans Fenster und sagte: ›Ich glaube, dass die Wäsche recht sauber ist, meine Liebe. Die Streifen sind an deinen Fensterscheiben.‹«

Wann immer ich Klatsch höre – ein Kollege, der auf unfaire Weise einen anderen kritisiert, eine Nachbarin, die Gerüchte über eine neu zugezogene Familie verbreitet, ein Teenager, der hinter dem Rücken einer Freundin tuschelt –, denke ich daran, wie sehr wir uns beim Versuch, uns über andere zu erheben, verirren. Intoleranz schlägt immer zurück, denn sie verstärkt die eigene Angst, nicht gut genug zu sein, und vermag uns nur zu erhöhen, indem wir andere herabsetzen. Indem wir gegen die Intoleranz antreten, helfen wir jenen, die zu hartherzig sind, die Gründe für ihre Vorurteile zu bedenken, und machen es gleichzeitig jenen leichter, die verunglimpft wurden.

Vermeide Kritik und ihren sanfteren (aber nicht weniger verletzenden) Verwandten, die Hänselei

Der Volksmund behauptet zwar, dass Stöcke und Steine einem die Knochen brechen, Worte einem aber nichts anhaben können – aber diese Ansicht kann ich nicht bestätigen. Worte, Etikettierung, abfällige Bemerkungen, Klatsch und Gerüchte gehen sehr tief und bleiben für lange, lange Zeit haften. Patienten, Freunde und Familienmitglieder haben mir viele Geschichten über höhnische Bemerkungen erzählt, die dauerhafte Narben hinterließen.

Gehen Sie vorsichtig mit Ihren Worten um und bringen Sie Ihren Kindern bei, wie wichtig es ist, sanft und freundlich mit anderen zu sprechen. Was sollte man tun, wenn man gehänselt oder verhöhnt wird? Es mag helfen, sich immer wieder folgende Wahrheit ins Gedächtnis zu rufen (auf die wir in diesem Buch immer wieder verwiesen haben): Kritische Menschen sind unsichere Menschen. Als meine Tochter Erica in der fünften Klasse war, kam sie mit einer Geschichte nach Hause. »Johnny hat mich heute am Pferdeschwanz gezogen und mir erklärt, ich sei mager und ein Schwächling«, sagte sie.

»Und was hast du zu ihm gesagt?«, fragte ich.

»Ich habe mich ihm zugewandt und gesagt: ›Warum bist du so unsicher, Johnny?‹«

»Und wie hat er darauf reagiert?«

»Er hat mich nicht mehr belästigt.«

Intoleranz und Wut sind eng verbunden. »Wenn wir intolerant sind, sehen wir im anderen nur das schlechte Benehmen«, schreibt Redford Williams, Psychiater an der Duke University, der auf dem Gebiet der psychologischen und physiologischen Effekte der Wut Grundlagenforschung betrieben hat. »Und wenn dies geschieht, werden wir meistens wütend.«

Wütende, feindselige Menschen neigen dazu, unglücklich zu sein. Wie Williams und andere Forscher festgestellt haben, fällt es wütenden Menschen schwer, intime Beziehungen einzugehen, ihr Sexleben ist relativ unbefriedigend, sie erleben in der Arbeit mehr Stress (und weniger Befriedigung) und sie laufen eher Gefahr, isoliert und einsam zu sein.

Wut zerstört den Körper ebenso wie Geist und Seele. Wut verlangsamt den Blutfluss zum Herzen, lässt den Blutdruck steigen und trägt damit zu einem höheren Cholesterinspiegel bei, schadet dem Immunsystem und erhöht das Sterberisiko aus verschiedenen Ursachen. In einer von den Psychologen Redford Williams, John Barefoot und Grant Dahlstrom geleiteten Langzeitstudie haben Medizinstudenten sich einem Test unterzogen, bei dem Wut und Feindseligkeit gemessen wurden. Jahrzehnte später haben die Forscher in einer Folgestudie herausgefunden, dass bei den Ärzten mit den höchsten Werten eine sieben Mal größere Wahrscheinlichkeit gegeben war, im Alter von fünfzig Jahren zu sterben, als bei den Ärzten mit niedrigen Werten bei der Feindseligkeit.

Williams und seine Kollegen begleiteten auch eine Gruppe von 1300 Menschen, die mindestens eine erheblich verstopfte Koronararterie hatten. Nach fünf Jahren war bei den Männern und Frauen, die unverheiratet waren und keine nahen Vertrauten hatten, die Todesrate drei Mal größer als bei den Verheirateten oder denjenigen, denen enge Vertraute zur Seite standen. In seinem Buch ›Anger Kills‹ liefert Williams die folgenden »Schlüsselaspekte«:

»1. Feindselige Menschen – mit hohen Werten bei Zynismus, Wut und Aggression – haben ein größeres Risiko, eine lebensbedrohliche Krankheit zu bekommen, als ihre weniger feindseligen Pendants.

2. Indem feindselige Menschen andere vertreiben oder die Hilfe

nicht annehmen wollen, die sie aus ihren sozialen Kontakten ziehen könnten, berauben feindselige Menschen sich der für die Gesundheit zuträglichen, als Stresspuffer dienenden Vorteile der sozialen Unterstützung.«

Hüte dich vor zu viel Toleranz

Wie alles, was von der Einfühlung angeregt wird, hat auch die Toleranz ihre Grenzen. Manchmal finden wir uns im Namen der Toleranz mit Taten und Verhaltensweisen ab, die für uns und andere schmerzhaft, wenn nicht sogar gefährlich sind. Frauen finden sich mit Männern ab, die sie missbrauchen, Freunde lassen bei ihren Freunden rassistische Bemerkungen durchgehen, Eltern ertragen duldsam das Verhalten ihrer aggressiven, feindseligen Kinder, Ehegatten tolerieren die Affären des jeweils anderen: Es gibt zahllose Beispiele, wie wir im Namen der Liebe, der Loyalität oder Höflichkeit diverse Demütigungen und Taktlosigkeiten erleiden.

Die Einfühlung hat ein sehr achtsames Auge auf übermäßige Toleranz, weil sie weiß, dass Menschen, die gerne manipulieren wollen, leicht diejenigen übervorteilen, denen es schwer fällt, Grenzen zu setzen. Fragen Sie sich immer: Bin ich wirklich tolerant (im Sinne von aufgeschlossen), oder versuche ich nur, den Frieden zu bewahren? Bin ich so abhängig von meinem Partner, dass ich über sein oder ihr geringschätziges Verhalten in der Hoffnung hinwegsehe, eine schwierige Beziehung zu retten?

Toleranz erfordert Disziplin und respektiert Grenzen. Wenn wir uns im Namen der Toleranz mit Grausamkeit abfinden, laufen wir Gefahr die Erfahrung kaputtzumachen, die wir zu schützen versuchen. Grenzenlose Toleranz kann der Macht der Einfühlung abträglich sein.

> *Es ist ein schreckliches, ein unerbittliches Gesetz, dass man die Menschlichkeit des anderen nicht leugnen kann, ohne auch die eigene herabzusetzen: Im Angesicht seines Opfers sieht man sich selbst.*
>
> James Baldwin

Kapitel 12

Dankbarkeit

Es gibt nur einen wirklichen Verlust … und das ist, nicht fähig zu sein, seine Gaben jenen zu geben, die man am meisten liebt.

May Sarton

Ein Freund erzählte mir neulich diese Geschichte über Dankbarkeit:

»Ein Blinder bettelte im Stadtpark. Jemand ging zu ihm und fragte ihn, ob die Leute denn großzügig seien. Der blinde Mann rappelte mit der fast leeren Dose.

Sein Besucher sagte zu ihm: ›Ich möchte was auf Ihre Karte schreiben.‹ Der Blinde war damit einverstanden. Am Abend kam der Besucher wieder. ›Na, wie lief es heute?‹

Der Blinde zeigte ihm eine gefüllte Gelddose. ›Was zum Teufel haben Sie auf diese Karte geschrieben?‹

›Oh‹, sagte der Besucher, ›ich habe bloß geschrieben: Heute ist ein Frühlingstag, und ich bin blind.‹«

Wie wäre es, an einem herrlichen Frühlingstag blind zu sein? Das ist eine von Einfühlung inspirierte Frage, wie auch die folgenden:

Wie wäre es, alt und gebrechlich zu sein, ohne jemanden, der für einen sorgt?

Wie wäre es, einen Elternteil zu verlieren, einen Ehepartner, ein Kind?

Wie wäre es, in einer Welt, die eine Figur aus Haut und Knochen anbetet, übergewichtig zu sein?

Wie wäre es, in einer heterosexuell dominierten Welt homosexuell zu sein?

Die Einfühlung bringt uns zur Besinnung, sodass wir derartige Fragen stellen und über die Antworten nachdenken können. Indem wir unserer überstürzten Jagd durchs Leben Einhalt gebieten, uns zum Innehalten verleiten lassen und darüber nachdenken, in welcher Beziehung wir zu den anderen stehen, fordert die Einfühlung uns auf, so zu reagieren, dass diese Verbindungen gestärkt werden. Dankbarkeit ist die von der Einfühlung gesuchte Antwort.

Wenn wir Dankbarkeit erfahren – und Dankbarkeit ist vorrangig eine Erfahrung, kein Gefühl –, sehen wir, wie reich wir von Natur aus beschenkt wurden. Wir erkennen, welche Geschenke uns zuteil geworden sind, Geschenke, die uns gewährt wurden, ohne dass wir hätten darum bitten müssen. Was sind das für Geschenke? Der Duft einer Rose, die Berührung einer Kinderhand, der Geschmack eines reifen Pfirsichs, der herbstliche Flug der Gänse, das Geräusch des Donners, der Blitzschlag, Wellen, die an eine Felsenküste schlagen.

Welchen Wert können wir diesem allen beimessen? Mein Vater pflegte zu mir zu sagen, er sei Multimillionär. Ich lächelte dann immer (ich hatte diese Worte schon oft zuvor gehört) und ich bat ihn, es mir zu erklären. »Weil ich«, lautete die Antwort meines Vaters, »dich oder David nicht für zehn Millionen Dollar oder zehn Mal oder hundert Mal so viel hergeben würde. Ihr seid mehr wert als alles, für euch gibt es keinen Preis und ich bin der reichste Mann auf Erden.«

Einfühlung ist die Quelle, aus der die Dankbarkeit fließt. Ich glaube nicht, dass wir ohne Einfühlung in der Lage wären, Dankbarkeit zu empfinden, jedenfalls nicht in jenem bedeutsamen Sinn, für all das dankbar zu sein, was uns geschenkt wurde, und dabei vor allem für das, was wir ungebeten bekommen haben. Einfühlung erweitert unser Blickfeld, so dass wir uns selbst in dem großen Bild sehen können, und von diesem Blickpunkt aus sehen wir auch, wie wertvoll das ist, was wir haben. Wir sind Teil des Universums, ein Planet, eine Nation, eine Gemeinschaft, eine Umgebung, eine Familie … welchen Preis können wir für diese »Güter« veranschlagen?

Die Einfühlung gießt ihre Gabe des Verständnisses über uns alle aus; das Reservoir füllt sich und läuft über, wässert sowohl die nahe gelegenen als auch die entfernteren Felder. Wir geben, weil uns keine andere Wahl bleibt – es gehört zu unserer Natur als Menschen. Dankbar zu geben, dankbar zu empfangen – die aus der Einfühlung fließende Dankbarkeit trocknet nie aus.

Als ich neun Jahre alt war, wünschte ich mir zu Weihnachten eine Lionel-Eisenbahn. Ich wünschte mir diesen Zug so sehr, dass ich an nichts anderes mehr denken konnte. Tag und Nacht träumte ich davon und stellte mir vor, wie er wohl aussehen würde, wenn er auf den Miniaturschienen entlangraste. Keiner in meiner Nachbarschaft besaß eine Lionel-Eisenbahn; soweit ich wusste, hatte kein Mensch auf Erden eine Lionel. Ich wäre der Erste, dem eine gehörte, und das, so glaubte ich, würde mich zu etwas Besonderem machen.

Am Weihnachtsmorgen wachte ich auf, als es noch dunkel war, und dann stahl ich mich auf Zehenspitzen an meinem noch schlafenden Bruder vorbei. Die Treppenstufen knarzten, also hielt ich mich am Rand, in der Hoffnung, den magischen Augenblick ganz allein genießen zu können. In der Küche brannte Licht und ich warf einen verstohlenen Blick auf meinen Vater, der am Tisch saß und zigaretterauchend Kaffee trank. Er sah zu mir hoch und in mir verkrampfte sich etwas und ich wusste, dass unter dem Baum keine Eisenbahn sein würde.

Ohne ein Wort rannte ich ins Wohnzimmer und stand dort vor dem Weihnachtsbaum, kämpfte gegen meine Tränen an, und weil ich noch immer an Wunder glaubte, hoffte ich, der Zug würde plötzlich vor mir auftauchen. Vielleicht hatte ich ihn übersehen, dachte ich, hob die Schachteln auf und schüttelte sie. Vielleicht ist er in einem Schrank da draußen auf der Veranda.

»Arthur.« Die Stimme meines Vaters war sanft, als er sich neben mir auf den Boden kniete. »Wir können uns diese Eisenbahn nicht leisten. Tut mir leid, denn ich weiß, wie viel sie dir bedeutet.«

Er legte seine Hand um mein Handgelenk und drückte es, eine Geste, die er nur einsetzte, wenn er etwas von größter Wichtigkeit zu besprechen hatte. »Du wirst wahrscheinlich nicht verstehen, was ich dir jetzt sagen werde, aber eines Tages wirst du's«, sagte er. »An diesem Weihnachtsmorgen, wo nur du und ich in diesem Raum sind, würde ich dir gerne ein Geschenk machen, das viel größer ist als alles, was man mit

Geld kaufen kann. Ich möchte, dass du weißt, dass ich dich immer lieben werde. Egal, was auch in deinem Leben passieren mag, ich werde immer bei dir sein, an dich glauben, dich unterstützen, dich anfeuern. Kein Vater kann je seinen Sohn mehr lieben als ich dich liebe, und diese Liebe wird nie rosten oder Reparaturen nötig haben – sie wird immer dir gehören, jetzt und für den Rest deines Lebens.«

Ich muss ihn wohl zweifelnd angesehen haben, vielleicht auch verwirrt – wie kann Liebe einen Lionel ersetzen? –, denn er drückte mein Handgelenk fester und beugte sich über mich. Ich atmete den vertrauten, bittersüßen Geruch von Chesterfields, gemischt mit gesüßtem und mit reichlich Sahne versehenem Maxwell-Kaffee ein. »Glaub mir, Arthur«, sagte mein Vater, »irgendwann wird dir das einmal mehr bedeuten als jedes andere Geschenk, das ich dir machen könnte. Das verspreche ich dir.«

Wie die Empathie Dankbarkeit definiert

Im Wörterbuch der Einfühlung ist Dankbarkeit nicht nur ein Gefühl, sondern auch eine Möglichkeit, die Welt zu erfahren und mit ihr in Austausch zu treten. Dankbarkeit zu *empfinden* ist gut, aber die Einfühlung fordert, dass wir aus diesem Gefühl etwas machen. Wenn wir unsere Dankbarkeit für uns behalten, geht der entscheidende Punkt der Erfahrung verloren, denn Dankbarkeit ist im Buch der Einfühlung eine Antwort, die einen Menschen mit einem anderen verbindet.

Nie werde ich eine Begegnung vergessen, die ich ganz am Anfang meiner beruflichen Laufbahn mit Ralph hatte, einem Patienten, bei dem man paranoide Schizophrenie diagnostiziert hatte. Er saß auf der Stuhlkante, die Hände klammerten sich fest an die Armlehnen, und er sagte mit gefletschten Zähnen: »Wenn ich wollte, könnte ich Sie umbringen.«

»Ich weiß, dass Sie mich umbringen könnten, und ich danke Ihnen, dass Sie sich beherrschen.« Er blickte mich an, war momentan verwirrt, die Stirn gerunzelt. »Und meine Mutter dankt Ihnen auch«, fügte ich hinzu.

Die Stirnfalten glätteten sich und er schenkte mir ein breites Lächeln. »Keine Ursache«, sagte er, faltete seine Hände im Schoß und lehnte sich zurück. Nach nunmehr zwanzig Jahren begegne ich Ralph manchmal in dem Krankenhaus, in dem ich arbeite. Vor nicht allzu langer Zeit sah ich ihn im Krankenhausbus auf dem Parkplatz. Er klopfte an die Fensterscheibe, weil er meine Aufmerksamkeit auf sich ziehen wollte; ich fürchtete schon, er würde das Fenster einschlagen. »Hallo, Ralph«, rief ich ihm zu und winkte. »Hallo, Dr. C.«, rief er mit einem breiten Lächeln zurück. Ich stelle mir vor, dass er, wann immer er mich angrinst, an das Geschenk denken muss, das er meiner Mutter gemacht hat.

In meiner Arbeit mit Frauen und Männern, die leiden, aber dennoch in einem mutigen Versuch, ihre Probleme zu lösen, einen Schritt um den anderen tun, erfahre ich jeden Tag Dankbarkeit. Ich bin ein ewiger Optimist – ich glaube, dass für jene, die dabeibleiben und die Mühe auf sich nehmen, das Leben besser wird. Wenn ich sehe, wie die Leute reagieren, wenn sie sich verstanden fühlen, wie sie sich entspannen, locker werden und den Kampf aufgeben, ihre Einsamkeit und Angst zu verbergen, bin ich voller Dankbarkeit für die Macht der Einfühlung.

Wenn meine Patienten merken, dass ich dankbar bin für die Gelegenheit mit ihnen zu arbeiten – weil das, was sich in solchen Interaktionen abspielt, mein Leben gewiss genauso verändert wie das ihre –, schafft das Raum für Einfühlung und Intimität, um an den Wundern des Alltags zu arbeiten. Was meine ich mit »Wundern des Alltags«? Eine 23-Jährige, die mich bei »Beziehungsproblemen« um Hilfe bat, brach bei ihrer zweiten Sitzung in Tränen aus. »Es tut mir so leid«, entschuldigte sie sich, »ich weiß nicht, was mit mir los ist, ich bin einfach durcheinander. Ich habe den Eindruck, als würde ich für jeden Schritt vorwärts zwei Schritte rückwärts machen. Ich glaube, ich schaffe das nicht.«

»Was schaffen Sie nicht, Susan?«, fragte ich.

»Das Leben. Beziehungen. Liebe. Sie wissen schon, das Ganze eben«, sagte sie. »Ich habe einfach Angst, nie irgendwas zu erreichen, nie werde ich eine bessere Arbeit haben, nie werde ich bei Männern eine glücklichere Hand haben, nie werde ich mit mir zufrieden sein.« Sie weinte ein wenig und blickte dann zu mir hoch. »Würden Sie mir bitte sagen, was Sie von mir halten?«

Dies ist immer ein ganz wesentlicher Punkt in der Therapie, denn wenngleich die Menschen mit freundlichen Worten getröstet werden möchten, bitten sie doch auch um eine realistische Einschätzung. »Ich kann Ihnen nur sagen, was ich bis jetzt über Sie erfahren habe«, sagte ich. »Ich möchte Ihnen nichts erzählen, was nicht stimmt, nur damit Sie sich besser fühlen, weil ich weiß, dass Sie das am Ende nur enttäuschen würde.«

Sie nickte und ermunterte mich fortzufahren.

»Ich sehe eine intelligente Frau, die ganz eindeutig sehr fähig und begabt ist, andere zu verstehen«, sagte ich. »Ich glaube, Sie sehen Ihre Rolle in Beziehungen inzwischen als die einer Aufpasserin – insbesondere einer Aufpasserin für Männer, an die man nur schwer herankommt. Ich glaube, Sie halten das für Ihre einzige Rettung. Aber ich sehe das nicht so.«

»Nein?«

»Ich denke, Sie haben viele Quellen, aus denen Sie Rettung schöpfen können«, sagte ich.

Am Ende der Sitzung schüttelte sie meine Hand mit beiden Händen und dankte mir. Ich fragte nach dem Warum, wollte wirklich wissen, wofür sie jetzt dankbar war.

»Mit der Bemerkung über die intelligente Frau haben Sie mich erreicht«, sagte sie. »Ich denke, damit kann ich eine Weile weitermachen.«

In der Therapie benutze ich oft den Begriff *geliehene Einfühlung*. Wenn Patienten mir erzählen, sie können weder für sich noch für andere Empathie empfinden, versuche ich, so gut ich kann, ihnen mein Verständnis, meine Fürsorge und Besorgnis zu leihen, in der Hoffnung, ihnen mein authentisches Bestreben, helfen zu wollen, verständlich zu machen. Im Prozess des Leihens und Borgens von Empathie merken wir, dass wir nicht allein sind; indem wir anerkennen, dass andere sich darum sorgen, was uns widerfährt, machen wir automatisch die Erfahrung von Dankbarkeit.

Wie die Empathie zur Dankbarkeit führt

Die Einfühlung webt ein Netz aus Verbindungen, die uns unterstützen und tragen, und die Dankbarkeit ist unsere Reaktion auf die Wahrnehmung, dass wir voneinander abhängig sind – dass wir einander brauchen, wenn wir überleben wollen. Dankbarkeit stärkt unweigerlich die Einfühlung. Und im wahren Geist des Gebens erwidert Empathie das

Geschenk, indem sie uns anleitet, unser Leben als Geschenk zu sehen und dafür zu danken.

Von allen psychologischen Theoretikern, die ich studiert und bewundert habe, schätze ich Heinz Kohut, den Begründer der Selbstpsychologie und ersten Psychoanalytiker, der seine Aufmerksamkeit auf die Empathie konzentrierte, am höchsten ein. In seinem letzten öffentlichen Vortrag, den er im Oktober 1981 hielt, sprach Kohut von Einfühlung; wenige Tage später starb er. Zum Abschluss erzählte er von einer Frau, die er wegen tiefer Depression und Suizidgefahr behandelte.

Dies ist ein faszinierender Fall, weil Kohut hier mit seinem Latein am Ende war. Kohut, als klassischer Psychoanalytiker darin geschult, objektiv und emotional zurückhaltend zu sein, spürte, dass seine Patientin vor seinen Augen starb. Seine ganze Ausbildung, alle seine Fähigkeiten, all seine sorgfältigen Beobachtungen konnten ihr nicht helfen. Und so hat er die Geschichte erzählt:

»Vor etwa fünfzehn Jahren führte ich bei einer extrem verletzbaren Frau eine langwierige Therapie durch ... Sie sagte, sie komme sich vor, als läge sie in einem Sarg und der Deckel des Sargs würde gerade mit einem lauten Klick einrasten. ... Sie war hochgradig depressiv und es gab Zeiten, da hatte ich Angst sie zu verlieren – Angst, sie könnte schließlich einen Weg aus ihrem Leiden finden und sich selbst umbringen. Aber es geschah nicht. Einmal, am schlimmsten Tiefpunkt der Analyse, während des ersten Jahres oder vielleicht nach anderthalb Jahren, ging es ihr so schlecht, dass mir plötzlich eine Idee kam: ›Was halten Sie davon, wenn ich Ihnen meine Finger zum Festhalten gebe, jetzt für die Zeit, in der wir uns unterhalten? Vielleicht würde Ihnen das helfen.‹ Zweifelhaftes Manöver. Ich möchte es nicht empfehlen, aber ich war verzweifelt. Ich war zutiefst besorgt. Also gab ich ihr meine zwei Finger. Sie hielt sich daran fest, und mir kam insgeheim sofort eine entwicklungsgeschichtliche Interpretation. Es war der zahnlose Kiefer eines ganz kleinen Kindes, der sich an einer Brustwarze festsaugt. So fühlte es sich an. Ich sagte nichts. Ich weiß nicht, ob ich Recht damit hatte. ... Aber es war später nicht mehr nötig. Ich würde nicht sagen, dass es den Umschwung brachte, aber es half in einem sehr gefährlichen Augenblick aus einer Sackgasse, und indem wir Zeit gewannen, konnten wir danach viele, viele Jahre mit recht beachtlichem Erfolg weitermachen.«

Der Arzt brach die erlernten Regeln und hoffte für die verlorene Seele einen Weg zurück ins Leben zu finden, indem er ihr zwei Finger reichte – mehr nicht, doch es war genug. Vielleicht begriff sie das Risiko, das er einging. Vielleicht spürte sie mit seiner Berührung seine sehr tiefgehende Sorge um sie. Oder vielleicht brauchte sie auch einfach nur einen Rettungsring, den er ihr genau im richtigen Moment zuwarf.

Und wie brachte die Patientin ihre Dankbarkeit zum Ausdruck? Auf die vielleicht bedeutsamste Weise, die möglich ist – sie hielt sich fest, um zu leben.

Angewandte Dankbarkeit

Zeit lassen

Wir müssen uns lang genug Zeit lassen, um uns zu überlegen, wofür wir dankbar sein müssen. Wenn wir durchs Leben jagen, scheinen wir immer nur mehr zu wollen – mehr Zeit, mehr Geld, mehr Respekt, mehr Liebe. Ich bin der festen Meinung, dass eine der wichtigsten Funktionen der Therapie darin besteht, den Menschen Zeit zu geben, langsamer zu werden und sich auf das zu konzentrieren, was sie bis jetzt im Leben erreicht haben. Wenn mir Patienten erzählen, sie hätten das Gefühl, es gehe nicht mehr weiter, es käme ihnen so vor, als hätten sie gar keine Fortschritte gemacht, bitte ich sie, sich zu erinnern, wo sie vor einem Jahr zur gleichen Zeit waren. Hatte sich in diesem Jahr etwas verändert? Haben sie neue Freunde gewonnen? Sind ihre Beziehungen besser geworden? Sind sie weiser geworden?

Wenn es uns nicht gelingt, unser Leben als einen Prozess zu sehen – eine Folge von Ereignissen, ein Projekt –, neigen wir zur Undankbarkeit. Wenn wir unser Leben an einem Perfektionsstandard messen, kommt keine Dankbarkeit auf (es ist, wie sich herausstellt, vorhersehbar, dass wir dabei Undankbarkeit kennen lernen), sondern nur, wenn wir uns Zeit nehmen, unsere langsamen, aber steten Fortschritte wertzuschätzen.

Frage dich: Was brauche ich?

»Von dem, was du nicht wirklich brauchst, kannst du nie genug kriegen«, hat Eric Hoffer einmal gesagt. Führen Sie Buch über Ihre Wünsche und Bedürfnisse. Was wollen Sie am meisten? Wollen Sie es, weil Sie es brauchen? Wenn Sie es nicht brauchen, weshalb wollen Sie es dann?

Wie verändern sich Ihre Wünsche und Bedürfnisse im Lauf der Zeit?

Wovon können Sie nie genug bekommen? Warum werden Sie nie satt? Wo ist das Leck?

Kann es sein, dass Sie eher Leere als Fülle brauchen?

Sag so oft es geht »danke«

Sich bedanken, hilft Ihnen eine Dankbarkeitshaltung zu entwickeln, einen Weg zu finden, der Welt für das dankbar zu sein, was Sie haben, anstatt sich das zu wünschen, was Sie nicht haben. Überprüfen Sie, wie oft Sie sich an einem Tag bedanken können.

Lass deine Mitmenschen wissen, wie sehr du sie schätzt

Sagen Sie zu Ihrem Ehepartner, Ihren Freunden, Eltern oder Kindern anstatt »Ich liebe dich« »Ich schätze dich«. Die unweigerlich verblüffte Antwort wird lauten: »Warum?«, was Ihnen die ausgezeichnete Gelegenheit bietet, darüber nachzudenken und auszusprechen, weshalb Sie ihnen für ihre Gesellschaft, Hilfe, Einsicht oder Unterstützung dankbar sind.

Die Worte »Ich schätze dich« sind oftmals sehr viel bedeutsamer als »Ich liebe dich«. Sprechen Sie durch Ihre Dankbarkeit von Ihrer Liebe.

Nutze die Dankbarkeit, um dein Leben zu organisieren

Joseph Campbell, Autor von ›Die Kraft der Mythen‹, erzählt eine wunderbare Geschichte von einem Gespräch, das er im Restaurant mitbekommen hatte.

»Eines schönen Abends saß ich also in meinem Lieblingsrestaurant, und am Tisch neben mir saßen ein Vater, eine Mutter und ein magerer

Junge von ungefähr zwölf Jahren. Der Vater sagte zu dem Jungen: ›Trink deinen Tomatensaft.‹

Und der Junge sagte: ›Ich will nicht.‹

Darauf der Vater mit lauterer Stimme: ›Trink deinen Tomatensaft!‹

Und die Mutter sagte: ›Zwing ihn doch nicht, etwas zu machen, was er gar nicht will.‹

Der Vater schaute sie an und versetzte: ›Er kann nicht sein Leben lang machen, was er will. Wenn er nur macht, was er will, ist das sein Tod. Schau mich an. Ich habe mein Lebtag nicht gemacht, was ich wollte.‹«

Diese Geschichte lehrt uns alle eine Moral. Wie lässt sich der Alltag mit Handlungen gestalten, die wir dankbar erfüllen, anstatt das Leben als eine stumpfsinnige Plackerei, eine Reihe gedankenloser Aufgaben zu begreifen? Welche Art von Arbeit genießen wir am meisten? Welche Aufgaben finden Sie besonders langweilig und geisttötend? Über welche Fähigkeiten verfügen Sie von Natur aus?

Organisieren Sie sich so, dass im Zentrum Ihres Lebens Aktivitäten stehen, die Ihnen Spaß machen, und Ihre Dankbarkeit wird entsprechend wachsen.

Übe dich in Belohnungsverzögerung

So wichtig es ist, unsere Zeit mit Dingen zu verbringen, die uns Spaß machen, so wichtig ist es auch zu lernen, unsere Impulse zu kontrollieren und die Belohnung zu verzögern. In einer faszinierenden Studie, die in den sechziger Jahren an der Stanford University durchgeführt wurde, konfrontierten die Forscher Vierjährige mit einer »Marshmallow-Versuchung«. Ein Kind wurde mit einem Marshmallow im Zimmer allein gelassen, während der Forscher eine Besorgung erledigte; bevor er ging, erklärte der Forscher dem Kind, wenn es warten könne, bis er wieder von seiner Besorgung zurück sei, bekomme es als Belohnung noch ein Marshmallow extra. Etwa zwei Dritteln der Kinder gelang es, fünfzehn bis zwanzig Minuten zu warten, um sich die Belohnung des zweiten Marshmallows zu verdienen, das übrige Drittel konnte dem Impuls nicht widerstehen und griff sofort nach dem Marshmallow.

Zwölf bis vierzehn Jahre später untersuchten die Forscher die Kinder erneut und machten dabei erstaunliche Entdeckungen. Diejenigen Kinder, die fähig gewesen waren, der Versuchung zu widerstehen, wuchsen zu jungen Erwachsenen heran, die bestimmter auftraten, organisierter, zuversichtlicher, zuverlässiger waren und mit Stress und Enttäuschungen besser umgehen konnten als die Grapscher, die eher eine Tendenz zu Eifersucht, Neid, streitbarem Verhalten, Sturheit und Groll darüber zeigten, »nicht genug zu bekommen«. Noch erstaunlicher aber ist, dass die Schüler, die eine Belohnungsverzögerung hinnehmen konnten, schulisch weitaus erfolgreicher waren und bessere Leistungen erzielten.

Das Erlernen von Belohnungsverzögerung (manchmal auch Impulskontrolle genannt) ist zweifellos eine große Hilfe, wenn es darum geht, uns Herausforderungen zu stellen und mit den unvermeidlichen Enttäuschungen im Leben zurechtzukommen. Wenn mir Patienten erzählen, dass sie für jemanden schwärmen und sich überlegen, eine Affäre anzufangen, sage ich immer: »Sagen Sie mir in sechs Monaten, was Sie davon halten, nachdem wir Gelegenheit hatten, über Ihre Sehnsüchte zu sprechen und herauszufinden, was diese wirklich bedeuten und wie sie durch eine Affäre gestillt werden können.« Jene Patienten, die zu warten bereit waren, ohne auf ihren Impuls hin zu handeln, machten oft die Entdeckung, dass die Anziehung nachlässt, wenn sie an ihren Problemen arbeiten und das schätzen lernen, was sie haben.

Wenn wir ein Gefühl der Dankbarkeit für das entwickeln, was wir haben, werden wir gelassener mit Mangel umgehen können. Dankbarkeit, so heißt es, belohnt sich selbst.

Keiner vermag all die Wunder zu begreifen oder sich vorzustellen, die ungesehen und unsichtbar in der Welt existieren.

Francis P. Church

Kapitel 13

Glaube und Vertrauen

Wenn du den Weg des Lebens gehst, wird sich ein breiter Abgrund vor dir auftun.
Spring.
Er ist nicht so breit, wie du glaubst.

Indianischer Initiationsritus

Vor vielen Jahren saß ich neben meinem Onkel Phil auf der Eingangstreppe, er rauchte und trank tassenweise schwarzen Kaffee. Aus mir unerklärlichen Gründen kam mir der Schülerball der Oberstufe in den Sinn.

»O ja, ich erinnere mich«, sagte mein Onkel. »Dein Vater hat dich besonders eindringlich gebeten, an diesem Abend nicht zu trinken, weil der Junge von den Meluccis sich im Jahr davor betrunken hatte und bei einem Motorradunfall ums Leben kam und noch ein Jahr zuvor ein Fußballer seinen Wagen gegen einen Baum gefahren hatte.«

Onkel Phil nahm einen Schluck Kaffee und tätschelte dann mein Knie. »Du warst ein guter Junge auf diesem Ballabend«, sagte er, »aber die anderen nicht. Joannie Santori hat an diesem Abend direkt aus der Flasche getrunken. Und Chris Adamo – er hatte so viel von diesem Gewürzpunsch intus, dass seine Freunde ihn ins Auto tragen mussten. Ich glaube, dass an diesem Abend außer dir alle getrunken haben.«

Ich sah ihn erstaunt an. »Woher weißt du das von Joannie und Chris?«

»Wir waren da!« Er lachte, trank einen Schluck Kaffee und sah mich über den Rand seiner Tasse hinweg an, der Schalk blitzte ihm aus den Augen. »Dein Vater und ich hatten unsere besten Anzüge angezogen und verbrachten den ganzen Abend vor dem Fenster. Wir beobachteten dich, um sicherzugehen, dass du Wort hältst.«

Ich konnte es nicht glauben. »Ihr habt mich bei meinem Oberstufenball durchs Fenster beobachtet? Erzählst du mir da auch die Wahrheit, Onkel Phil?«

Sichtlich stolz über seine Rolle als mein selbsternannter Schutzengel, nickte er mit dem Kopf. Mein Onkel verkörperte den Menschentyp, der einem durch seine Nähe das Gefühl gab, die Welt sei ein sicherer Ort. Er sagte immer: »Wenn du mich um zwei Uhr morgens brauchst, Arthur, bin ich in fünf Minuten da«, und dabei sah er mir tief in die Augen, um klarzustellen, dass ich ihn auch richtig verstand. »Verstehst du, was ich sage, Arthur? *Fünf Minuten.*«

»Und was hättet ihr getan, wenn ihr mich beim Trinken erwischt hättet?«, fragte ich ihn.

»Weshalb, glaubst du, hatten wir unsere Anzüge an?«, sagte er und zeigte mir ein breites Lächeln.

Der Gedanke, dass mein Vater und sein Bruder bei meinem Oberstufenball aufmarschierten und mich wegzerrten, weil ich am Gewürzpunsch genippt hatte, war auch dreißig Jahre danach zu viel für mich. Mein Onkel lachte über meinen Gesichtsausdruck. »Arthur, Arthur«, sagte er, »wir lieben dich – was hätten wir denn sonst tun können?«

Oberflächlich betrachtet scheint diese Geschichte mehr vom Zweifel als vom Glauben zu handeln. Vertrauten sie mir nicht? war mein erster Gedanke. Ich hatte meinem Vater mein Wort gegeben – warum traute er mir nicht? Betrachtet man diese Geschichte jedoch aus dem durch Empathie erweiterten Blickwinkel, konnte ich sehen, welch große Rolle das Vertrauen spielte. Mein Vater und mein Onkel bauten ganz und gar auf Beziehungen. Sie betrachteten sich als meine Beschützer und sie glaubten daran, dass ich sicher war, solange sie da waren, um mich zu beobachten. Sie vertrauten mir, daran zweifle ich nicht, aber sie hegten auch jene kleine Spur von Zweifel, die dem Glauben seine Wahrhaftigkeit gibt. Sie wussten, dass Vertrauen manchmal einen freundlichen Schubs braucht. Ihr Vertrauen war echt, aber nicht blind.

Oder wie Onkel Phil es formulierte: »Wir waren auch nicht von gestern.«

Wie die Empathie Vertrauen definiert

Von der Empathie getragenes Vertrauen glaubt an das grundlegend Gute im Herzen der Menschen. Vertrauen gibt einem die Zuversicht, dass wir, sofern wir hart arbeiten, Ergebnisse sehen werden. Doch das einfühlende Vertrauen wurzelt auch im Zweifel. Lassen Sie mich dieses offensichtliche Paradox erklären. Ich glaube an folgende Beobachtungen:

- Zwischenmenschliche Beziehungen haben eine heilende Wirkung.
- Einfühlung ist eine angeborene Fähigkeit, die durch fürsorgliche Beziehungen genährt werden kann.
- Empathie mindert Stress und Angst, steigert das Selbstbewusstsein, stärkt den Optimismus, löst Konflikte und schafft Intimität.

Mein Glaube an diese Beobachtungen (die ich Wahrheiten nennen würde) beruht auf meinen Erfahrungen – ich habe mir meinen Glauben durch meinen Austausch mit vielen Menschen über viele, viele Jahre hinweg »verdient«. Doch ich kann Sie nicht auffordern, diese Beobachtungen auf Treu und Glauben als wahr zu akzeptieren. Ich kann Sie durch meinen Glauben nur ermutigen, die Einfühlung in Ihrem eigenen Leben zu kultivieren und dann zu beobachten, welche Auswirkungen sie auf Ihre Beziehungen hat. Wenn Sie entdecken, dass Empathie etwas bewirkt, werden auch Sie sich Ihren Glauben verdient haben.

Vertrauen, das sich auf Empathie gründet, ist realistisch, und der Zweifel ist sein festes Fundament. Vom Zweifel – der sich wundern, sich etwas vorstellen, Fragen stellen, Antworten diskutieren mit einschließt – schreiten Sie weiter auf dem Pfad des Vertrauens. Zweifeln bedeutet, eine Frage stellen – und wie soll man eine Antwort erhalten, wenn man keine Frage stellt?

Zweifel ist das Zeichen eines fragenden Geistes. Erklär mir das, sagt der Zweifler. Hilf mir zu verstehen. Erzähl es mir nicht einfach – zeig es mir. Zeigen, nicht erzählen – das ist die Kardinalregel alles Lehrens. In der Therapie ermutige ich zum Zweifel. Ich hoffe, meinen Patienten eine Fragehaltung beizubringen, die besagt: Zeig's mir. Ich sage zwar nicht nein, aber ich werde auch nicht alles, was du mir sagst, für das Evangelium halten. Zweifel wächst aus Selbstvertrauen, und Selbstvertrauen ist ein wesentlicher Bestandteil des Glaubens. Wenn man nicht an sich selbst glaubt, wie soll man dann einen Glauben an so wenig greifbare Wirklichkeiten wie Empathie, Hoffnung, Dankbarkeit und Verzeihung entwickeln?

Der Zweifel ist aus sich heraus schöpferisch. Er zerbricht sich den Kopf über Dinge, grübelt darüber nach, wendet sie und rüttelt sie auf. Zweifel ist ein Zeichen dafür, dass Sie auf der Suche nach Ihrem eigenen Weg nicht bereit sind, andere Standpunkte zu akzeptieren, nur weil sie Ihnen sagen, etwas sei so. Nur wenn Sie zweifeln, können Sie wirklichen Glauben finden – nicht den Glauben an Dogmen und Doktrinen (»Mach dies oder das«, »Nimm diese Pille und du fühlst dich besser«, »Hör mir zu und mach genau, was ich sage«), sondern den Glauben, den man entdeckt, wenn man mit offenen Augen und Ohren durchs Leben geht. Sie sind bereit, sich auf den Weg des Zweifels einzulassen, um eines Tages das Land des Glaubens zu erreichen, weil Sie wissen, dass Sie nur durch diese Reise darauf vertrauen können, dass das Gefundene wirklich ist.

Oft begegnet uns der Glaube in der Dunkelheit, wenn wir uns verloren fühlen und Angst haben, uns unserer selbst und unseres Platzes in der Welt nicht sicher sind. Wir benötigen den Glauben dann am meisten, wenn wir scheinbar jeden Grund zu glauben verloren haben. In seiner ›Beichte‹ beschrieb der Schriftsteller Leo Tolstoj seinen Kampf mit der Depression, die seinem Leben Sinn und Bedeutung zu rauben drohte.

»Ich fühlte, dass etwas in mir zerstört war, worauf mein Leben sich gegründet hatte, und dass mir nun nichts mehr blieb, worauf ich mich stützen konnte. ... Ich wusste selbst nicht, was ich wollte. Ich fürchtete das Leben; ich fühlte mich innerlich dazu getrieben, es aufzugeben, und trotzdem hoffte ich noch etwas von ihm.«

Zwei Jahre der Qualen und unbeantworteten Fragen folgten auf Tolstojs Glaubenskrise. Dann, eines Tages zu Beginn des Frühlings, auf einem einsamen Waldspaziergang, spürte er ein plötzliches Wiedererwachen des Lebenswillens. Er nannte es Glaube.

»Der Glaube ist der Sinn des Lebens, der Sinn, um dessentwillen der Mensch sich nicht selbst vernichtet, sondern weiterlebt. Er ist die Kraft, durch die wir leben. Wenn der Mensch nicht glaubte, er lebe für einen bestimmten Zweck, so würde er überhaupt nicht leben.«

Woher kam Tolstojs Glaube? Auf was gründete er sich? Er behauptete, sein Glaube sei keine Neuentdeckung. »Und wie sonderbar: Dieser wiederkehrende Wille war nichts Neues! Es war meine alte kindliche Glaubenskraft, der Glaube, dass der einzige Zweck meines Lebens der sei, *besser* zu werden.« Mit dieser einfachen Wahrheit, die er aus seiner Vergangenheit wieder aufleben ließ, entdeckte Tolstoj, dass seine Aufgabe im Leben darin bestand »*besser* zu werden«.

In Krisenzeiten brauchen wir den Glauben, aber der Glaube hilft uns auch bei den normalen Alltagsaktivitäten. Wenn wir einen Fehler machen, glauben wir daran, dass wir in Zukunft versuchen werden, einen ähnlichen Irrtum zu vermeiden. Wenn unsere Kinder miteinander kämpfen, vertrauen wir darauf, dass sie einander am nächsten Tag wieder lieben werden. Wenn wir Streit mit einem Freund haben, bauen wir darauf, dass die Beziehung das überdauern wird. Wenn ein uns Nahestehender stirbt, glauben wir daran, dass seine Liebe uns bis ans Ende unserer Tage erhalten bleibt. Mit Blick in die Zukunft vertrauen wir darauf, dass die Einfühlung, die wir unseren Kindern angedeihen lassen, an deren Kinder und deren und deren Kinder weitergegeben wird, für immer.

Wie die Empathie zum Glauben führt

Die Einfühlung führt uns durch unsere Zweifel (nicht an ihnen vorbei) zur Entdeckung des Glaubens. Tolstojs Glaubenssuche ist lehrreich. Erstens akzeptierte er, dass es gewisse Wahrheiten oder Erfahrungen gegeben haben mag, die er ignoriert oder missverstanden hatte. Dann stellte er Fragen und suchte nach Antworten. Sein Verlangen nach Bindung, eine Sehnsucht nach einer Beziehung zu etwas Größerem und Mächtigerem als er selbst, ließ ihn weitersuchen. Er lauschte. Er wartete. Er beobachtete. Und als er dann eines Abends einen Waldspaziergang unternahm, kam der Glaube ungebeten zu ihm.

Einfühlung – die Sehnsucht nach Verständnis, verbunden mit dem Bedürfnis nach Bindung – ist ein machtvoller Katalysator für eine Veränderung. Einfühlung kann tatsächlich die Welt verändern, zumindest kann sie unsere unmittelbare Erfahrung der Welt verändern und durch eine veränderte Erfahrung unmittelbar darauf einwirken, wie wir einander verstehen und miteinander Umgang pflegen. Vor ein paar Jahren arbeitete ich mit Rebecca, einer 19-Jährigen, die sich von ihrer Leukämie erholte. Sie war von einem Physiologen an mich überwiesen worden, der sich zur Erklärung von Rebeccas permanenter Weigerung, einen Weg ohne ihren Stock zurückzulegen, auf die »Sekundärzieltheorie« berief. Gemäß dieser Theorie halten Menschen an ihrer Krankheit fest und übertreiben deren Symptome, um Aufmerksamkeit zu erzielen. Er gab zu, dass ihn Rebeccas fortgesetzte Abhängigkeit vom Gehstock enttäuschte, und erklärte mir, sie könne ohne ihn auskommen, wenn sie nur wolle.

Bei unserer ersten Sitzung meinte Rebecca, sie sei es leid, sich von diesen Behavioristen herumschubsen zu lassen, die keine Ahnung von ihren körperlichen Einschränkungen hätten und ihr nicht glaubten, wenn sie ihnen zu verstehen gab, dass sie noch nicht so weit sei, um allein gehen zu können. »Das war eine lange und schmerzhafte Krankheit«, erklärte sie unter Tränen, »und mein Körper ist noch nicht stark genug, um ohne Hilfe gehen zu können.«

Sie betrachtete mich eingehend und versuchte offenbar herauszufinden, mit wem sie es zu tun hatte. Nach einer Weile rückte sie mit der Frage heraus, ob ich auch so sei wie all die anderen und ihr einzureden versuchte, sie könne auf den Stock verzichten. Ich versicherte ihr, sie zu nichts zwingen zu wollen, was ihr unangenehm sei, und dass die Entscheidung, wann und ob sie ohne Stock gehen wolle, ganz allein bei ihr läge.

Die nächsten Wochen unterhielten wir uns über ihre Erfahrungen als Leukämiepatientin, ihre Todesängste, das emotionale Trauma, das sie durchlitt, als ihre Freunde von der Highschool sie nicht mehr zur Teilnahme an verschiedenen Aktivitäten aufforderten, ihre ständige Abhängigkeit von ihren Eltern, die ihr emotional und finanziell zur Seite standen. Ich hörte zu, sie redete. Als sie mich um Hilfe bat, ermutigte ich sie, gewisse fixe Vorstellungen, die sie von der Welt hatte, auf den Prüfstand zu legen und sich darum zu bemühen, sich besser zu verstehen und sich mehr nachzusehen.

Als wir mehr Zeit zusammen verbracht hatten, begriff sie nach und nach das Wesen ihrer Ängste und die Gründe für ihren langsamen Fortschritt. Wann immer wir uns über ihre Selbstständigkeit und ein Gehen ohne Stock unterhielten, wurde sie von Erinnerungen an ihre Krankheit überschwemmt: die erste Diagnose, die schmerzhaften Behandlungen, die unerfreulichen Begegnungen mit Ärzten und Schwestern und all die Sorgen und Ängste, die mit diesen Erinnerungen verbunden waren. Wenn Rebecca den Stock benutzte, fühlte sie sich stark und unabhängig, denn sie musste keine Angst haben, hinzufallen und andere um Hilfe bitten zu müssen. Die Vorstellung den Stock aufzugeben, versetzte sie in Angst und Schrecken, denn es bedeutete die Rückkehr zu einer schwächeren Periode ihres Lebens und brachte all die Unsicherheiten zurück, die sie in dieser Zeit erlebt hatte.

Mindestens einmal pro Sitzung wollte sie von mir wissen, wann ich sie zum selbstständigen Gehen drängen würde. Ich gab ihr darauf immer dieselbe Antwort: »Es ist Ihre Entscheidung, Rebecca. Sie werden wissen, wann die Zeit dafür reif ist. Ich glaube daran, dass Sie allein gehen werden, wenn Sie bereit dazu sind, und wenn Sie es tun, werde ich da sein und Ihnen helfen.«

Eines Tages, nachdem wir schon sechs oder sieben Wochen zusammen gearbeitet hatten, kam Rebecca mit einer schlimmen Erkältung und Halsschmerzen zu mir. »Ich sollte eigentlich zu Hause im Bett bleiben«, sagte sie, »aber ich musste heute einfach kommen. Heute Morgen ist mir klar geworden, dass diese Angst zur schlechten Angewohnheit geworden ist – einer wirklich schlechten Angewohnheit, weil sie mich lähmt und am Fortschreiten hindert. Wenn ich doch nur diese Angst überwinden könnte, dann wäre alles gut, glaube ich. Verstehen Sie? Halten Sie mich für verrückt, vor Angst so gelähmt zu sein?«

»Ich halte Sie nicht für verrückt.« Ich lächelte. »Ich denke, Sie haben Angst, und ich halte das für normal.«

Sie lächelte und senkte ihren Blick auf ihre ordentlich im Schoß gefalteten Hände. »Wann, glauben Sie, bin ich zum Gehen bereit?«

Ihr Lächeln und ihre Frage verrieten mir, dass sie ihre Entscheidung bereits getroffen hatte. »Ich denke, Sie sind jetzt bereit«, sagte ich.

»Gleich jetzt? Hier?« Ihre Stimme war eher aufgeregt als ängstlich.

»Sie können an der Wand entlanggehen«, schlug ich vor, »und ich gehe an der anderen Seite, direkt neben Ihnen. Ich lasse Sie nicht fallen – das verspreche ich Ihnen.«

Sie holte tief Luft und stand auf, hielt sich an der Wand fest. Sie machte ein paar rasche Schritte und wäre fast gestolpert. Sie lehnte sich gegen die Wand, Panik stand ihr ins Gesicht geschrieben. Ich beruhigte sie mit Worten und ermutigte sie langsam zu gehen und einen Fuß vor den anderen zu setzen.

Sie nickte, und es war ihr anzusehen, wie sehr sie sich auf die vor ihr liegende Aufgabe konzentrierte. Sie machte einen Schritt, dann noch einen und noch einen. Nach ein paar Minuten lief sie in der Praxis auf und ab, die Wangen vor Stolz und Aufregung gerötet.

Atemlos ließ sie sich in einen Stuhl fallen. »Wir haben's geschafft!«, sagte sie.

»Sie haben's geschafft, Rebecca«, erinnerte ich sie. »Sie haben die körperliche und seelische Kraft gefunden, die Sie brauchten, und was noch wichtiger ist, Sie waren so klug, den richtigen Zeitpunkt zu erkennen.«

An diesem Tag wurde ich an ein beliebtes Sprichwort erinnert, das für mich die therapeutische Beziehung genau zum Ausdruck bringt: »Geh nicht vor mir, ich könnte dir nicht folgen; geh nicht hinter mir, ich könnte dich nicht führen; geh neben mir und sei einfach mein Freund.« Einfühlung ist ein Gleichmacher, denn sie schafft immer eine Beziehung, in der zwei Menschen erkennen, dass sie voneinander abhängig sind und sich zugleich gegenseitig stützen. In der Therapie versuche ich meinen Respekt vor den Fähigkeiten zum Ausdruck zu bringen, über die meine Patienten verfügen, und zu jeder Zeit ihren Wunsch nach Verwandlung des Selbst zu honorieren. Mein Vertrauen in die Beziehung selbst ist groß, weil ich weiß, dass die Menschen wachsen und sich verändern, wenn sie mit Respekt behandelt werden und hören, dass man an ihre Fähigkeiten glaubt.

Glaube funktioniert – aber scheuen Sie sich nicht, ihn anzuzweifeln. In Skepsis geübte Wissenschaftler sind oftmals die Letzten, die an die Heilkraft so ungreifbarer Konzepte wie Glaube, Hoffnung, Vergebung und Einfühlung glauben. Ehe sie glauben, wollen sie Beweise sehen. Und danach suchte David Spiegel, Psychiater an der Stanford University, als er beschloss, die Wirkung psychosozialer Interventionen auf Frauen mit metastasierendem Brustkrebs zu untersuchen. Spiegel, der oftmals mit Bernie Siegel verwechselt wird, einem Mediziner, der in Büchern wie ›Liebe, Medizin und Wunder‹ behauptet, dass psychische und soziale Faktoren lebensverlängernd wirken können, begann sein Experiment in der Absicht, diese Vorstellungen zu widerlegen.

An der Studie nahmen sechsundachtzig Frauen mit fortgeschrittenem Brustkrebs teil. Die Frauen wurden aufs Geratewohl in zwei Gruppen eingeteilt: Beide Gruppen erhielten die übliche Krebstherapie (Bestrahlung und Chemotherapie), eine Gruppe jedoch traf sich ein Jahr lang wöchentlich zu einer anderthalbstündigen Gesprächsrunde. Während dieser Gruppensitzungen tauschten die Frauen sich über ihre Empfindungen angesichts der Krankheit und über die Auswirkungen aus, die diese auf ihr Leben hatte, halfen einander, mit dem drohenden Tod klarzukommen, trauerten gemeinsam, unterstützten einander und teilten ihre Dankbarkeit für jeden geschenkten Augenblick ihres Lebens. Der starke Gruppenzusammenhalt half ihnen die soziale Isolation zu lindern, die sie als Krebsopfer erfuhren.

Fünf Jahre nach Beginn der Studie bekam Dr. Spiegel den Computerausdruck mit der Analyse der »Überlebenskurven«, die zeigten, welche Frauen zu einem bestimmten Zeitpunkt noch lebten. Die Ergebnisse waren im fast wörtlichen Sinne umwerfend.

»Ich musste mich hinsetzen, als ich den ersten Ausdruck (es sollten Hunderte werden) bekam. Anfangs überlappten sich die beiden Überlebenskurven, aber nach zwanzig Monaten strebten sie entschieden auseinander. Vier Jahre, nachdem die Frauen in die Studie aufgenommen worden waren, stellte sich heraus, dass alle Patientinnen der Kontrollgruppe gestorben waren, aber ein ganzes Drittel der Patientinnen, die Gruppentherapie bekommen hatten, noch am Leben war ... Anders formuliert, die Überlebenschance der Patientinnen des experimentellen Behandlungsprogramms war seit Beginn der Studie im Durchschnitt doppelt so groß wie die der Patientinnen der Kontrollgruppe. Dieser Unterschied war so bedeutsam, dass eine statistische Analyse sich fast erübrigte – man brauchte sich nur die Kurven anzusehen. Und ich hatte damit gerechnet, dass es gar keinen Unterschied gab!«

Am Ende des Experiments lag Dr. Spiegel der Beweis vor, den er brauchte, um die zuversichtliche Behauptung aufzustellen, dass enge, liebevolle Beziehungen Leben verlängern und die Lebensqualität verbessern können. Sein Glaube an diese Wahrheit kam nicht automatisch – er musste zuerst die Daten mit eigenen Augen sehen. Aber nachdem er gezweifelt und dann den Beweis gesehen hatte, konnte sein Glaube nicht mehr erschüttert werden.

Angewandter Glauben

Such dir ein Sprungbrett

Der Glaube benötigt manchmal eine Startrampe. Als ich dreizehn Jahre alt war und kurz vor Abschluss der achten Klasse stand, musste ich mich entscheiden, ob ich auf der katholischen Schule oder der staatlichen Schule weitermachen wollte. Die staatliche Schule bot Football an und ich sehnte mich danach zu spielen. Der Priester wusste um meinen Zwiespalt und bat mich eines Tages in sein Büro, um mich zu fragen, ob ich wirklich glaubte, Gott für Football aufgeben zu müssen. Von Zweifeln gequält, ging ich eines Nachmittags nach der Schule in die Kirche, faltete meine Hände und betete mit all meiner Kraft und meinem ganzen Glauben um ein Zeichen. Da blickte ich hoch zum Altar und ich schwöre, dass ich die Jesusstatue sich bewegen sah. Das reichte mir. Ich verließ die Kirche in der Überzeugung: Jesus wollte, dass ich Football spielte.

Jener Tag war ganz entschieden ein Sprungbrett für mich, ein Tag, auf den ich zurückblicke und denke, ein Glaubenssprung. Mein Vertrauen in meine Entscheidung entsprang, wie ich heute weiß, dem entschiedenen Wunsch, Football zu spielen, aber inspiriert wurde mein Vertrauen von der Dringlichkeit meines Bedürfnisses und meiner Bereitwilligkeit zu glauben. Wir alle können in unserem Leben viele Sprungbretter entdecken, Orte, an denen wir eine Entscheidung in eine bestimmte Richtung zuungunsten einer anderen getroffen haben. Finden Sie die Sprungbretter in Ihrem Leben, die Zeiten, in denen Sie nach Bestätigung oder Rat Ausschau hielten und schließlich fanden, was Sie suchten. Woher kam die Antwort? War es die gewünschte Erwiderung? Welche Veränderung hat sie in Ihrem Leben bewirkt?

Zweifle

Lassen Sie sich durch Zweifel nicht vom Glauben abbringen. Räumen Sie Bedenken Platz ein. Hegen Sie Verdacht. Seien Sie misstrauisch. Fordern Sie den Glauben heraus. Fragen Sie immer und immer wieder *warum*, aber stellen Sie die Frage jedes Mal mit dem Ziel, sich näher an das heranzutasten, was Sie zu verstehen versuchen, anstatt eine größere Distanz dazu aufzubauen.

Der Weg, auf dem Sie den Glauben entdecken (und dann ausüben), führt über das Zweifeln. Stellen Sie sich der Krise, rennen Sie nicht vor ihr davon. Sehen Sie dem ins Auge, was Sie zu verstehen hoffen, und zweifeln Sie, aber seien Sie zugleich offen für die Möglichkeit, dass Sie eine Überraschung entdecken.

Hüte dich vor Zynismus

Zynismus und Zweifel sind ganz unterschiedliche Erfahrungen. Zynismus ist ein Stadium des Unglaubens, ein aktiver Akt des *nicht* Glaubens. Zweifel wirft Fragen auf, aber er verschließt nicht die Augen. Zynismus sperrt andere Möglichkeiten aus; Zweifel lässt Raum für Hoffnung. Zynismus führt zum Pessimismus; Zweifel gibt dem Optimismus Raum. Zynismus zieht zusammen; Zweifel erweitert.

Zweifel geht mit Vollgas auf Konfrontationskurs und provoziert den Glauben: Mach schon, zeig's mir! Zynismus kehrt der Welt den Rücken und entfernt sich langsam von ihr.

Hab keine Angst, Gott herauszufordern

Der einfühlende Glaube fürchtet sich nicht davor, Fragen zu stellen und Zweifel zu äußern – die Einfühlung fordert nur dazu auf, genau auf die Antworten zu hören, weil wir nur im Dialog zwischen zwei einfühlsamen, besorgten Menschen lernen und wachsen.

Der Weg zum Glauben könnte als ein Weg beschrieben werden, auf dem man die Autorität herausfordert. Bringen Sie Ihre Zweifel zum Ausdruck. Warten Sie. Lauschen Sie. Dann werden Sie manchmal eine Stimme hören, die Sie ebenfalls herausfordert.

In ihrem Buch ›Everyday Epiphanies‹ beschreibt Mela Svoboda ein reizendes Gespräch, das sie mit Gott führte, als sie ihm vorwarf, allzu sanftmütig zu sein.

»›Du liebst zu unkritisch. Du vertraust den Menschen viel zu sehr. Du bist viel zu versöhnlich. Und vor allem zeigst du viel zu viel Geduld.‹

Nachdem ich dies losgeworden bin, lade ich Gott ein, mir zu sagen, was mit mir nicht stimmt. Aber ich höre Gott nur sagen: ›Weißt du, meine Liebe, du machst mir richtig Spaß!‹

Was nur meine Meinung bestätigt.«

Glaube an den Unendlichen wie die einfachen Leute, und das Leben wird wieder möglich.

William James

Kapitel 14

Hoffnung

Die eigentliche Tragödie des Lebens ist nicht der Tod. Die eigentliche Tragödie ist die Entpersönlichung – in einer fremden und sterilen Umgebung zu sterben, losgelöst von der spirituellen Nahrung, die man bekommt, wenn man nach einer liebevollen Hand greifen kann, getrennt vom Wunsch, die Dinge zu erleben, die das Leben lebenswert machen, losgelöst von der Hoffnung.

Norman Cousins

Im Kern sind wir alle Optimisten. Wir alle wollen glauben, denn wenn wir glauben, halten wir fast alles aus. Das Leben nimmt uns manchmal den Schwung und den Glauben, doch wenn dann alles um uns herum stillzustehen scheint, vermag die Einfühlung uns zurück zur Hoffnung zu führen.

Als meine krebskranke Mutter im Sterben lag, besuchte ich sie jeden Abend im Krankenhaus und dort, in der sich herabsenkenden Dunkelheit, entdeckte ich Hoffnung. Einmal stellte sie mir spät abends eine Frage.

»Arthur?«, flüsterte sie.

»Ja?«, wisperte ich zurück.

»Erinnerst du dich noch an den Tag, als wir auf den Friedhof gingen?«

Ich wusste, welchen Tag sie meinte. »Ja«, sagte ich.

Gedankenverloren wandte sie ihren Blick von mir ab. Es war im Frühling gewesen, nur ein paar Tage nach Davids Tod. Wir gingen mit dem Geistlichen auf den Friedhof und meine Mutter erklärte ihm, sie wolle drei Gräber – eins für David, eins für sich selbst und eins für meinen Vater. Ich sah sie an und dachte: Und was ist mit mir? Aber ich sagte nichts. Später fragte sie mich dann, ob ich verstanden hätte. »Nein«, erwiderte ich. »Du wirst ein anderes Leben haben«, sagte sie. »Du wirst eine Familie und Kinder haben und deinen eigenen Platz, bei ihnen.« – »Ich möchte aber bei euch sein«, erklärte ich ihr. »Du wirst eine Familie haben und dann ist dein Platz bei ihnen«, entgegnete sie. »Woher weißt du das?«, fragte ich. »Das weiß ich eben«, sagte sie. Natürlich hat sie Recht gehabt. Ich heiratete eine wunderbare Frau, von meinen Eltern geliebt wie ihre eigene Tochter, und wir hatten Kinder, wie meine Mutter es vorhergesagt hatte.

Und jetzt, so viele Jahre später, blickte ich auf das blasse Gesicht meiner Mutter auf den weißen Kissen des Krankenhausbettes und spürte eine Bewegung in mir, einen ganz tiefen Seufzer.

»Jetzt verstehst du mich, oder?«, fragte sie.

»Ja, ich verstehe«, sagte ich.

»Das ist gut«, meinte sie sanft. »Und jetzt erzähl mir, wie es Erica geht?« Und wir unterhielten uns über die einjährige Erica, die sehr krank gewesen war und jetzt vor einer weiteren Operation stand.

»Es wird doch wieder«, sagte sie, eine Frage ohne Fragezeichen.

»Ja«, bestätigte ich, »sie wird wieder gesund werden, wir werden alles dafür tun.«

»Und was ist mit dir?«, fragte sie.

»Mir geht's gut.« Sie fixierte mich mit jenem Blick – *Du kapierst es nicht, Arthur* – und ich fügte hinzu: »Ich verspreche es. Ich werde auf mich Acht geben.«

»Du wirst dich um alle anderen kümmern, Arthur, um alle diese Patienten, die deine Hilfe benötigen, die ganze Familie, die sich mit ihren Problemen an dich wenden wird, wenn Vater und ich nicht mehr sind«, sagte sie mit sorgenvoll gerunzelter Stirn. »Wer wird sich um dich kümmern?«

»Wir werden uns gegenseitig umeinander kümmern«, sagte ich. Sie schwieg, dann nickte sie und ich wusste, dass sie es verstanden hatte.

Und so bat meine Mutter in diesen Gesprächen um etwas, das ihr auf ihrer Reise Halt gab, etwas, woran sie sich festhalten und woran sie glauben konnte, etwas, das ihr Hoffnung gab. Und ich wusste an einem Punkt, der tiefer liegt als meine Erinnerung und tiefer geht als die Wahrheit, dass die Zukunft für meine Kinder so strahlend sein wird, wie es meine Vergangenheit für mich gewesen ist.

Meine Mutter lächelte und ich wusste, dass sie dies ebenfalls glaubte.

Wie die Empathie Hoffnung definiert

Von Empathie getragene Hoffnung ist ausnahmslos realistisch. Bei der Hoffnung handelt es sich nicht um den Glauben, alles werde in Ordnung kommen, sondern eher um die Überzeugung, dass sich selbst dann, wenn etwas schief laufen sollte, was unweigerlich vorkommt, irgendwie ein Weg finden wird, dies durchzustehen. Im Jargon der Einfühlung hat das »irgendwie« immer mit Beziehungen zu tun. Durch unsere Beziehungen zur Welt, zueinander und zu uns selbst versichert uns die Einfühlung, dass wir es schaffen werden.

Die von Einfühlung bestimmte Hoffnung ist unverwüstlich und zäh. Egal, wie oft die Hoffnung einen Dämpfer erfährt, sie richtet sich immer wieder auf. Hoffnung drückt sich sowohl in unserer Einstellung (»Ich *kann* es tun«) als auch in unserem Tun (»Ich *werde* es tun«) aus. Hoffnung ist eine Art und Weise, »Mut zu fassen« – etwas zu finden, woran man glauben kann, und dann die Sache energisch anzupacken, damit sie auch geschieht. Die Hoffnung der Empathie ist weniger ein traumverlorenes Blicken auf die Zukunft als ein Arbeiten daran, dass die Dinge Tag für Tag besser werden. Die von Hoffnung bestimmte Einstellung ist absichtsvoll und auf ein Ziel gerichtet; das von Hoffnung getragene Tun hält uns in Bewegung.

Hoffnung entsteht durch große Anstrengung, Fleiß, Geduld und Konzentration. Wir *verdienen* uns Hoffnung, indem wir uns verpflichten, immer wieder einen Fuß vor den anderen zu setzen. Um jedoch eine hoffnungsvolle Einstellung zu entwickeln – zu lernen, wie wir an uns glauben –, brauchen wir auch andere, die an uns glauben. Als mein Vertrauenslehrer an der Highschool mir erklärte, ich solle den Gedanken, aufs College zu gehen, fallen lassen, weil meine Noten sowohl mangelnden Ehrgeiz als auch mangelnde intellektuelle Begabung erkennen ließen, war dies ein schwerer Schock für mich. Vielleicht hat er Recht, überlegte ich. Vielleicht sollte ich wirklich lieber zur Armee oder zu den Marines gehen. Vielleicht ist das der Ort, wo ich hingehöre.

Ich wandte mich an meinen Vater um Hilfe und er machte mir Hoffnung. Und da sind wir beim springenden Punkt – er gab mir *Grund* zur Hoffnung. Er sagte nicht einfach: »Dieser Mann, Arthur, ist ein Dummkopf, der nicht weiß, wovon er redet.« Er ließ den Vertrauenslehrer reden, lauschte aufmerksam seinen Argumenten, versuchte, seinen Standpunkt zu verstehen, und erst dann erzählte er mir, weshalb er die Einschätzung meines Talents durch meinen Vertrauenslehrer für falsch erachtete. Nach dieser Begegnung hatte ich Hoffnung in Hinblick auf meine Zukunft, und dies nicht, weil mein Vater mir Hoffnung auf einem Tablett servierte, sondern weil er sich der Mühe unterzog, auf einer tatsächlichen Lebenserfahrung Hoffnung aufzubauen.

Einfühlung führt zum Verständnis, das immer Hoffnung hervorbringt. Wenn wir eine Situation erst einmal mit Empathie in Angriff nehmen und hart daran arbeiten, sämtliche damit verbundenen Verwicklungen zu verstehen, kommen wir zu der Erkenntnis, dass es nicht nur einen Weg durchs Leben gibt. »Jeder Ausgang ist irgendwohin auch ein Zugang«, schrieb der Dramatiker Tom Stoppard und genau darum geht es auch: Wenn die Tür zuschlägt, muss man Ausschau halten nach dem geöffneten Fenster. Wenn Sie etwas hinter sich lassen, sollten Sie an das denken, was Sie mitnehmen. Oder wie Oscar Wilde es einmal ausdrückte: »Wann immer Sie stürzen, heben Sie etwas auf.«

Ein paar Monate nach meiner Begegnung mit dem Vertrauenslehrer fuhr mein Vater mich nach Maine zu einem Gespräch an der Bridgton Academy, einer privaten Vorbereitungsschule, auf der Sportler für das College fit gemacht wurden. Bei meinem Eingangsgespräch in Bridgton setzten sich mein Vater und ich mit Mr. Goldsmith, dem Direktor, zusammen. Dieser dankte uns beiden für unser Kommen und bat nach ein paar Minuten meinen Vater den Raum zu verlassen, damit wir beide uns allein unterhalten konnten.

Wir redeten über meine Heimatstadt und die Gründe, die mich bewogen hatten, mich in Bridgton zu bewerben. »Ich habe mich gewundert, weshalb Sie sich nicht mit unseren Zulassungswerbern unterhalten haben, als diese Ihre Highschool besuchten«, meinte Mr. Goldsmith.

»Mein Vertrauenslehrer fand nicht, dass ich mich für Bridgton eigne«, sagte ich.

»Wie kommt das?«

»Er meint, ich solle zur Armee gehen. Er glaubt, ich würde es auf schulischem Gebiet nicht weit bringen. Ich bin wirklich nicht sehr fleißig gewesen«, gab ich zu.

»Glauben Sie denn, Sie könnten es hier schaffen?«

»Mein Vater meint, ich bräuchte eine Schule wie diese, damit ich lerne, wie man studiert«, antwortete ich.

»Und stimmen Sie ihm zu?«

»Ich denke schon, aber ganz sicher bin ich mir noch nicht.«

An dieser Stelle fragte mich Mr. Goldsmith, was ich gerne las. Ich erklärte ihm, dass ich nicht las.

»Sie lesen überhaupt nichts?«

»Das ist richtig«, entgegnete ich, ohne stolz darauf zu sein. Mit dieser Antwort, so stellte ich mir vor, würde ich bald in der Gießerei unserer Stadt arbeiten, wo mein Vater und seine Brüder und auch deren Vater gearbeitet hatten.

»Und wie sieht's mit der Sportseite aus?«, hakte Mr. Goldsmith nach.

»Ja, die lese ich natürlich jeden Tag.«

Wir unterhielten uns ausführlich über Sport. Ich erzählte, dass mein Lieblingsspieler Jimmy Brown von den Cleveland Browns war. »Kennen Sie denn seine durchschnittliche Wurfweite im letzten Jahr?«, wollte Mr. Goldsmith wissen. Ich konnte es ihm sagen. Er fragte mich, ob ich den Spielstand des NFL Championship Game wusste. Ich sagte es ihm. Erst später wurde mir klar, dass er mich einem Auswahltest unterzog, indem er meine Fähigkeit, mich an bestimmte Einzelheiten erinnern zu können, auf einem Gebiet testete, das nicht bedrohlich für mich war.

Am Ende unseres Gesprächs erzählte ich Mr. Goldsmith, wie gerne ich nach Bridgton kommen würde. »Ich möchte meinen Eltern und mir selbst beweisen, dass ich auf schulischem Gebiet zu ebenso guten Leistungen wie auf dem Footballfeld fähig bin«, erklärte ich.

Mr. Goldsmith schüttelte mir die Hand und meinte, er würde sich freuen, mich in Bridgton zu haben. »Ich bin davon überzeugt, dass eine große Zukunft vor Ihnen liegt«, sagte er. »Sie haben ein ausgezeichnetes Gedächtnis, Sie gehen das, was Sie interessiert, mit Leidenschaft an, Sie erinnern sich an Einzelheiten, Sie sind höflich und rücksichtsvoll und Sie sind ein guter Zuhörer – und was am wichtigsten ist, ich höre bei Ihnen heraus, wie viel es Ihnen bedeutet, etwas gut zu machen, und wie sehr Sie es zu schätzen wissen würden, eine zweite Chance auf der Schule zu bekommen.«

Ich verließ Bridgton an diesem Tag voller Optimismus für meine Zukunft, weil Mr. Goldsmith sich Zeit und Energie dafür genommen hatte herauszufinden, was mir wichtig war, und mir eine realistische Einschätzung meiner Fähigkeiten vermittelte. Indem er sich auf mein Gedächtnis, meine Aufmerksamkeit und meine Bereitwilligkeit, etwas zu lernen, konzentrierte – Fähigkeiten, die ich vorher nie mit schulischem Erfolg in Verbindung gebracht hatte –, gab er mir ein Gefühl für meine Macht und meine Möglichkeiten. Durch angewandte Einfühlung machte Mr. Goldsmith mir Hoffnung.

Wie die Empathie zur Hoffnung führt

Forscher haben durch zahlreiche Forschungen belegt, dass Hoffnung eine tiefe und lang anhaltende Wirkung bei uns hinterlässt, und zwar auf Geist, Körper und Seele gleichermaßen:

Hoffnung

- versorgt uns im Unglück mit der nötigen Energie
- steigert die Kreativität und zeigt uns mehr Möglichkeiten und Wege auf, denen wir folgen können
- hilft uns mit Trauma und Kummer fertig zu werden
- schützt uns vor der Depression
- verbessert unsere schulischen Leistungen
- erhöht die Reaktion unseres Immunsystems

Eine erst kürzlich von den Psychologen Vicki Helgeson und Heidi Fritz durchgeführte Untersuchung hat den Beweis dafür geliefert, dass eine von Hoffnung getragene Einstellung einen dramatischen Einfluss auf die körperliche Gesundheit hat. Von den Forschern wurden Fragebogen an 298 Patienten und Patientinnen verteilt, die eines angioplastischen Eingriffs wegen im Krankenhaus waren, eines Verfahrens, das zur Entfernung von Blockaden in den Hauptarterien angewandt wird. Die Patienten wurden nach ihrer allgemeinen Lebenseinstellung und der Unterstützung befragt, die sie von ihrer Familie, ihren Freunden und Ärzten erhielten, mit gezielten Fragen versuchte man herauszufinden, wie viel Sport jemand trieb und ob die Befragten die Kontrolle über Verhaltensweisen hatten, die sich wie Rauchen oder übermäßiges Essen auf ihre Gesundheit auswirkten. Nach sechs Monaten wurden die Patienten wieder befragt: Die Wahrscheinlichkeit, weitere Arterienverschlüsse zu bekommen, war bei denjenigen, die hohe Werte beim Pessimismus hatten, fast dreimal so hoch wie bei jenen, die zuversichtlich und hoffnungsvoll mit ihrer Situation umgingen. Darüber hinaus war die Wahrscheinlichkeit, einen Herzanfall zu bekommen, sich einer Bypassoperation oder einem zweiten angioplastischen Eingriff unterziehen zu müssen, bei Patienten und Patientinnen mit einer positiven Geisteshaltung, hoher Selbsteinschätzung und einem stark entwickelten Sinn für Selbstkontrolle weitaus geringer.

In einer anderen faszinierenden Studie, die dafür entwickelt worden war, die Wirkung des Optimismus auf die Leistungsfähigkeit zu messen, verteilte der Psychologe Martin Seligman an Versicherungsvertreter einen Fragebogen, um ihren Optimismus zu testen. Als er ihre Testwerte mit den aktuellen Daten über ihre erfolgreichen Abschlüsse verglich, fand er heraus, dass Versicherungsvertreter mit hohen Werten beim Optimismus im Durchschnitt 37 Prozent mehr Versicherungen verkauften als pessimistische Vertreter. Die zehn Vertreter, deren Optimismuswerte am höchsten waren, verkauften 88 Prozent mehr Versicherungen als Vertreter, deren Pessimismuswerte unter den höchsten zehn rangierten.

Optimistische Vertreter verfügten über eine sehr viel einfühlsamere Art, mit ihren potenziellen Klienten in Verbindung zu treten. Wenn ein Interessent nein sagte, betrachteten Pessimisten sich als Versager und benutzten Behauptungen wie »Ich bin nicht gut« oder »Es fällt mir schrecklich schwer«. Optimistische Vertreter hingegen nahmen den Standpunkt dessen ein, den sie gewinnen wollten, und gaben Äußerungen von sich wie »Sie war zu beschäftigt, als ich anrief« oder »Die Familie hatte bereits eine Versicherung«. Ablehnungen wurden nicht persönlich genommen und deshalb blieben die optimistischen Vertreter auch hoffnungsvoll in Hinblick auf ihre Zukunftsaussichten.

In Beziehungen sorgt Einfühlung für eine hoffnungsvolle Einstellung, indem sie uns eine breitere Perspektive einnehmen hilft, in welcher Missgeschicke und Enttäuschungen als temporär, situationsspezifisch und letztendlich überwindbar angesehen werden. Wenn wir uns die Ursache als dauerhaft vorstellen – »Ich bin dumm«, »Er ist gefühllos«, »Sie ist gedankenlos« –, bereiten wir die Bühne für Verzweiflung und Depression. Begreifen wir die Situation als einmalig und auf den Augenblick begrenzt – »Ich habe einfach etwas wirklich Dummes gesagt« oder »Normalerweise ist er ja verständnisvoll, aber jetzt war er eben nicht sonderlich begeistert« –, begrenzen wir unsere Enttäuschung auf die spezielle Interaktion und vermeiden Verallgemeinerungen hinsichtlich der Vergangenheit und der Zukunft.

Als der Psychologe C.R. Snyder an der University of Kansas die akademischen Leistungen seiner Studenten untersuchte, entdeckte er, dass Hoffnung einen mächtigen Einfluss auf den Erfolg hat. Snyder definiert Hoffnung als den »Glauben, sowohl über den Willen als auch den Weg zu verfügen, seine Ziele zu erreichen«. Studenten mit hohen Werten im Bereich Hoffnung arbeiten im Allgemeinen härter, wie Snyder herausfand, aber sie entwickeln auch ein immer größer werdendes Repertoire an auf Hoffnung begründeten Fertigkeiten. Sie weigern sich, der Angst oder Niedergeschlagenheit nachzugeben, und suchen stattdessen nach Wegen, sich zu motivieren, sie beruhigen sich, wenn sie nicht weiterkommen, suchen kreativ nach Alternativrouten zu ihrem Ziel (oder verändern wenn nötig auch ihre Ziele) und bleiben flexibel, egal, wie frustrierend sich die Dinge entwickeln.

Empathie beruhigt, stärkt unsere Beziehungen zu anderen und verhilft uns zu einer Einstellung, die es uns ermöglicht, uns einer Situation zu beugen, nicht aber uns von ihr brechen zu lassen. Einfühlung dämpft die Hitze der Angst und beschwichtigt die Furcht, die sagt: »Ich kann es nicht!« Durch Zusammenarbeit werden wir daran erinnert, dass keiner perfekt ist, wir werden langsamer und finden Hoffnung in unseren Beziehungen.

Von Einfühlung getragene Hoffnung stellt die Verbindung zwischen Menschen her und sorgt für die Energie, die man braucht, um einen Fuß vor den anderen zu setzen. Über Winston Churchill wird erzählt, dass er in seiner Schulzeit Englisch dreimal wiederholen musste, während die »klügeren« Jungs in seiner Klasse, wie er es darstellte, schon zu Griechisch und Latein übergingen. 1941, in den ersten Jahren des Zweiten Weltkriegs, nachdem er zum Premierminister von England ernannt worden war, kehrte Churchill zu einem Besuch in seine Schule zurück. In einer kurzen Rede vor den Schülern sprach er ein paar weise Worte.

»Gebt nie nach!«, brüllte Churchill und klopfte dabei mit seinem Gehstock auf den Fußboden. »Nie nachgeben, niemals, niemals! Kein

Jota zurückweichen, wovor es auch sei, groß oder klein, es sei denn, die eigene Ehre oder die Vernunft verlangen es. Aber vor keiner Gewalt und keiner anscheinend noch so überwältigenden Macht sich beugen!«

Gebt nie nach – drei Worte, die den Kampfgeist sowohl der Einfühlung als auch der Hoffnung vermitteln.

Angewandte Hoffnung

Streite dich mit dir selbst

Die meisten von uns sind ziemlich vielseitig, wenn es um Auseinandersetzungen mit anderen geht, aber angesichts unserer eigenen Selbsteinschätzungen vertreten wir selten eine abweichende Meinung. »Du bist so dumm«, reden wir uns ein. »Immer wieder reitest du dich in so ein Schlamassel hinein.« »Warum wirst du nicht endlich erwachsen?« Und dann laufen wir geschlagen und ohne Hoffnung herum.

Fangen Sie an, sich mit derartigen Behauptungen auseinanderzusetzen. Wer sagt denn, dass Sie dumm sind? Und warum sollten Sie dieser Einschätzung Glauben schenken? Was beweist Ihre Dummheit? Lernen Sie nach und nach Ihre Fähigkeiten gemäß der jeweiligen Tagesleistung einzuschätzen, anstatt vergangene Fehler mit sich herumzuschleppen. Wenn Sie einen Fehler machen oder ein Ziel nicht erreichen, heißt das noch lange nicht, dass Sie der Sache nicht gewachsen sind oder sonstige Defizite vorliegen – es bedeutet nur, dass Sie ein Mensch sind. Fehler gehören zum Spiel.

Suche nach Lösungen

Hoffnung basiert auf dem Glauben, dass irgendwo auf jede Frage eine Antwort existiert. Es mag vielleicht nicht die Antwort sein, die wir wünschen oder erwarten, aber jede Antwort deutet in eine ganz bestimmte Richtung. Wir haben die Wahl, diese Richtung einzuschlagen, oder wir können uns in einer völlig anderen Richtung weiterbewegen. Darauf kommt es an: Hoffnung bedeutet, dass es niemals nur eine Lösung für ein Problem gibt. Halten Sie sich Ihre Möglichkeiten offen. Oder wie es meine Mutter zu formulieren pflegte: »Klapp deine Bücher zu und mach die Augen auf.«

Höre Musik

Wenn am Ende des Tages meine Energie schlapp macht und noch Stunden der Arbeit vor mir liegen, höre ich Musik des blinden italienischen Opernsängers Andrea Bocelli. Seine Stimme schafft es immer, mich aufzurichten. Welche Musik gibt Ihnen Kraft? Welche Verse bringen Ihren aufgewühlten Geist zur Ruhe? Ich kenne viele Menschen, die sich sofort besser fühlen, wenn sie zum Beispiel den Text von ›Amazing Grace‹ oder ›Bridge over Troubled Water‹ hören.

In ihrem Buch ›Meditations for Health‹ erzählt Nancy Burke von der Musik, die ihr half, die Energie und den Mut zu finden, ihre Krebsbehandlung durchzustehen:

»Während der zwei Winter und zwei Sommer, in denen ich jede Woche zur Behandlung in der Krebsklinik hin und wieder zurück fuhr, hörte ich immer und immer wieder [Patti LaBelles] Interpretationen von ›Somewhere over the Rainbow‹ und ›There's a Winner in You‹. Wenn ich Angst hatte und glaubte, die Fahrt kein weiteres Mal mehr durchstehen zu können, spielte ich die Lieder, damit sie mich dorthin brachten. Wenn ich danach dann müde und in Sorge war, ob ich die Fahrt nach Hause würde bewältigen können, spielte ich sie wieder. Und jedesmal wurden meine Lebensgeister davon geweckt und die Meilen flogen an mir vorbei. In ihrer leidenschaftlichen Musik fand ich Mut und Hoffnung. Mitten in der dunkelsten Zeit meines Lebens, machte diese Stimme mich dankbar dafür, am Leben zu sein.«

Wie Nancy Burke glaube auch ich, dass es für jeden von uns ein Lied gibt, »eine nicht kalkulierbare Mischung aus Melodie und Magie, die sich so sanft um unser Herz legt, dass wir dem Hier und Jetzt enthoben sind«. Was ist Ihr Lied? Warum wirkt es heilend auf Sie? Wie hebt es Ihre Stimmung? Welche Wandlungen hat Ihr Lied im Lauf der Zeit und der Umstände durchgemacht? Wohin führt es Sie? Wann hören Sie es?

Sieh dir den Film ›Ist das Leben nicht schön?‹ an

Vor vielen Jahren arbeitete ich mit einer 43-jährigen Highschool-Lehrerin, die einen Selbstmordversuch unternommen hatte, nachdem ihr Mann sie verlassen hatte. Ein paar Wochen vor Weihnachten bat sie mich um einen Gefallen.

»Ich weiß, dass Sie den Leuten nicht gerne sagen, was sie tun sollen«, fing sie an, »aber ich habe mir überlegt, ob Sie mir nicht helfen könnten, meinem Leben eine neue Perspektive zu geben, etwas, wodurch mein Leben jetzt sofort wieder einen Sinn bekäme. Ich weiß einfach nicht, ob ich weitermachen kann, denn ich habe das Gefühl, bei Leuten keinen dauerhaften Eindruck zu hinterlassen.«

»Sie sind eine Lehrerin, die so vielen ganz viel gegeben hat, Jan«, erwiderte ich. »Ich weiß, dass Sie nicht oft zu hören bekommen, wie sehr Ihre Arbeit Wirkung auf andere hat. Die meisten von uns kehren nicht zurück, um unseren wunderbaren Lehrern zu erzählen, wie sehr sie unser Leben beeinflusst haben. Ich habe es jedenfalls nicht getan. Aber wenn ich jetzt hier so sitze, fallen mir die Worte gewisser Lehrer ein, als hätte ich sie erst gestern gehört. Sie haben mich gebeten, Ihnen etwas zu geben, aber ich würde stattdessen Sie gerne um etwas bitten. Ich möchte Sie bitten, sich den Film ›Ist das Leben nicht schön?‹ anzusehen und dann darauf zu hören, was Clarence, der Engel, der sich seine Flügel zu verdienen versucht, zu George Bailey sagt. Dann möchte ich, dass Sie so objektiv wie möglich darüber nachdenken, welche Bedeutung Ihr Leben für so viele Menschen gehabt hat.«

Als ich am Weihnachtsabend die Eingangstüre öffnete, lag dort ein verpacktes Geschenk auf der Veranda. Es war das Video von ›Ist das Leben nicht schön?‹ mit folgender Notiz: »Sie sind mein Clarence. Fröhliche Weihnachten, Jan.«

Ich sehe mir das Video jedes Jahr an Weihnachten mit meiner Familie an und jedesmal, wenn ich es sehe, denke ich an die Menschen, mit denen zu arbeiten ich das Privileg hatte, die ihre Hoffnung verloren hatten und durch Mut, harte Arbeit und die heilende Kraft der Einfühlung ihren kämpferischen Lebensgeist wiedergefunden haben. Wir verdienen uns alle »unsere Flügel« im Leben, indem wir anderen helfen, die verzweifelt sind und keinen Ausweg sehen. Wir verdienen uns unsere Flügel durch die Einsichten und die uns führende Weisheit der Empathie.

Vermeide das Wort »immer«

»So etwas passiert mir *immer.*« »*Immer* wieder reagiere ich derart über.« »*Immer* mache ich dumme Fehler.« »*Immer* bin ich in Eile und vergesse etwas.« »Er kommt *immer* zu spät.« »*Immer* gibt sie mir die Schuld.«

Wo bleibt in solchen Behauptungen die Hoffnung? Wo bleibt in dem Wort *immer* das »Außen«? *Immer* ist ein Ausdruck ohne Vergangenheit, Gegenwart oder Zukunft, ein Wort, das die Zeit stillstehen lässt, ein Sarg von einem Wort. Selbst wenn wir das Wort *immer* im positiven Sinne anwenden – »Ich bin *immer* ein schneller Läufer«, »Ich bin *immer* gut in der Schule«, »Ich arbeite *immer* hart« – ist damit der Enttäuschung Tür und Tor geöffnet. Und was ist, wenn Sie sich während eines wichtigen Laufs eine Muskelzerrung holen? Oder wenn Sie vor einer Prüfung nur drei Stunden Schlaf haben und statt der üblichen Eins eine Zwei bekommen? Und wenn Sie sich krank und müde fühlen und keine Lust haben, heute hart zu arbeiten?

Das Wort *immer* schlägt Möglichkeiten und alternativen Erklärungen die Tür vor der Nase zu. Unter Berücksichtigung der sich ständig verändernden Natur des Lebens erkennt die Einfühlung die Bedrohung, die in dem Wort *immer* steckt, und ersetzt es durch Umschreibungen wie »manchmal« oder »hin und wieder« oder »immer mal wieder«. »*Manchmal* schlage ich drauflos und schieße übers Ziel hinaus.« »*Hin und wieder* sage ich Dinge, die ich nicht sagen sollte.« »*Immer mal wieder* mache ich mich auf die Suche nach einem Schuldigen, anstatt selbst die Verantwortung zu übernehmen.«

Diese Sätze legen die Betonung auf den temporären Charakter der Situation und ihre ständige Veränderung. Durch diese einfache sprachliche Veränderung werden Sie sich schon weniger hilflos und hoffnungsvoller fühlen.

Benutze dein Gedächtnis

Das Gedächtnis ist ein kraftvoller Hoffnungserzeuger, kann aber auch die Quelle großer Verzweiflung sein. Ein Weg zur Hoffnung führt über die sorgfältige Auswahl der Erinnerungen. Wenn etwas Gutes oder Erfreuliches geschieht – ein Fremder Sie anlächelt, ein Freund Ihnen ein

Kompliment macht, eine Verwandte Sie in den Arm nimmt, ein Kind sich Trost suchend an Sie wendet –, »rahmen« Sie es ein. Lösen Sie diesen Augenblick aus seinem zeitlichen Bezug, winden Sie ein goldenes Band um seine Kanten und »hängen« Sie es in Ihre Erinnerungsgalerie. Jeden Tag ereignen sich so viele hoffnungsvolle Dinge, die wir jedoch verlieren, wenn wir nicht einen Moment innehalten, darüber nachdenken und sie bewusst einrahmen.

Sei bereit zur Veränderung

Wie alle durch Einfühlung angetriebenen Erfahrungen ist auch die Hoffnung kein passiver Zustand, der einen abwarten lässt, dass sich etwas Gutes ereignet, sondern eine aktive Jagd nach dem Guten. Wie können Sie die Hoffnung ins Handeln umsetzen? Was können Sie tun, um Hoffnung hervorzubringen, hoffnungsvoll zu sein, in anderen Hoffnung zu erwecken?

Der wohl fruchtbarste Boden für Hoffnung lässt sich in der Bereitschaft zur Veränderung entdecken. Wenn wir unflexibel, starr, unbeugsam und unnachgiebig sind, schaffen wir einen dicken, schlammigen Sumpf, durch den die Hoffnung sich mühsam durcharbeiten muss. Aber wenn wir uns beugen, nachgeben und uns ausliefern – findet die Hoffnung ihre Flügel.

> *Der Geist ist ein Ort für sich, der aus sich heraus eine himmlische Hölle oder einen höllischen Himmel machen kann.*
>
> John Milton

Kapitel 15

Vergebung und Nachsicht

Da keines unserer Vorhaben jemals ohne Fehl und keiner unserer Versuche je ohne Irrtum und keine unserer Leistungen ohne eine gewisse Begrenzung und Fehlbarkeit ist, die wir als menschlich bezeichnen, liegt unsere Rettung in der Nachsicht.

David Augsburger

Wenn wir an Vergebung und Nachsicht denken, stellen wir uns etwas vor, was wir anderen zuteil werden lassen – *ich verzeihe dir*. Aber im Kern der Vergebung steht der aktive Prozess, uns selbst zu verzeihen.

Als mein Bruder vor dreißig Jahren den Freitod wählte, wurde ich aus meiner Bahn gerissen. Länger als zwei Jahre lebte ich in Dunkelheit und Verzweiflung. Als einzige Farbe kam für mich braun in Frage – alle meine Hemden, Hosen, Socken, Schuhe, alles, was ich besaß, war beige oder braun. Täglich ging ich meinem Unterricht nach und studierte, fand aber keine Freude an der Arbeit. Jeden Abend rannte ich kilometerweit, trieb mich zu immer schnellerem Laufen an, hörte dabei Davids Stimme vor mir, hinter mir, die mich nach vorne rief, mich drängte, mir kilometerlang Kraft gab, nur um mich plötzlich erschöpft und allein zurückzulassen.

Drei Monate nach Davids Tod gab ich meine Lehrerstelle am College auf und zog wieder zurück zu meinen Eltern. Meine Gedanken und meine Gefühle waren bei meinen Eltern: Ich brauchte sie, wie sie mich brauchten. Indem ich jeden Tag im Haus meiner Kindheit aufwachte, in der Küche aß, wo ich so viele Mahlzeiten mit meinem Bruder eingenommen hatte, die Straßen entlanglief, die wir so oft gemeinsam gegangen waren, spielte sich in mir ein heftiger Kampf zwischen meinem Kummer und meiner Wut ab. Wie hatte David uns so verlassen können? Welche Qual, welche Angst trieb ihn dazu, sich das Leben zu nehmen? Was war ihm durch den Kopf gegangen in jener Nacht, als er seine Tür verschloss und die Nadel in seinen Arm stach? Nacht für Nacht lag ich wach und versuchte mir Davids Verzweiflung vorzustellen, fand jedoch keinen Einstieg – ich fand keinen Zugang zu seinem Herzen und seiner Seele.

Warum? Das war die Frage, die mich verfolgte, aber ich fand keine Antwort, die mir Trost gespendet hätte. Hätte ich mehr Zeit mit ihm verbringen, mich mehr um ihn kümmern, öfter mit ihm reden sollen? War ich so sehr mit mir selbst beschäftigt, dass mir nicht auffiel, was er von mir gebraucht hätte? War es der Fehler meiner Eltern? Hatte mein Vater von David zu viel erwartet? Hatte meine Mutter sich an ihn geklammert, es ihm erschwert, sich von ihr zu lösen?

Ich zermarterte mir den Kopf über die Aktionen, die ich hätte starten, die Worte, die ich hätte sagen sollen. Ich fragte mich mit jener Seelenverdrossenheit, die sogar die Nutzlosigkeit akzeptiert, Fragen zu stellen, auf die es keine Antwort gibt, was ich hätte tun können, um ihn zu retten. Worin lag mein Fehler? An welchem Punkt hatte ich versagt?

Niemals dachte ich an Nachsicht. Was nachsehen? Wem verzeihen? Vergebung kam gar nicht in Frage. Denn wem konnte ich verzeihen, und wie sollte sich durch Nachsicht etwas ändern? Verzeihung würde David nicht wieder lebendig machen. Ich setzte die Verzeihung mit der Welt der Lebenden gleich. Ich konnte nicht begreifen, welche Relevanz sie für mein Leben oder meine Beziehung zu meinem Bruder hatte, den ich nie wieder sehen würde.

Woche um Woche, Monat für Monat arbeitete ich völlig mechanisch. Ich hatte meine Seminare für die Promotion abgeschlossen und musste nur noch meine Dissertation schreiben; während ich Seite für Seite schrieb, tippte meine Mutter (der einzige Mensch, der meine Handschrift entziffern konnte) sie ab. An den Wochenenden half ich meinem Vater im Möbelgeschäft. Ich unterhielt mich mit Freunden und lächelte Fremden auf der Straße zu. Ich setzte mich mit meinen Eltern auf die Verandastufen, schwatzte mit den Nachbarn, feierte die Feiertage mit meinen Tanten, Onkeln, Vettern und Kusinen. Ich lebte. Ich atmete. Ich setzte einen Fuß vor den anderen.

Und langsam spürte ich, wie sich in mir etwas löste. Es war beinahe eine körperliche Erleichterung, wie ein Muskelkrampf, der sich löst. Die Versöhnung kam wie eine langsam dämmernde Wahrheit. David war tot und es gab nichts, was ich hätte tun können, um ihn zu retten. Im Rückblick wusste ich, dass ich getan hatte, was getan werden konnte. Ich war nicht perfekt, ich machte Fehler, ich sagte Dinge, die ich lieber nicht gesagt hätte, und tat Dinge, die ich bereute – aber ich liebte ihn. Mehr hätte ich ihn nicht lieben können. Es gab also eine Wahrheit: Ich liebte ihn und meine Liebe hatte ihn nicht retten können.

Hätte ich damals gewusst, was ich heute über die Macht der Einfühlung weiß, wäre es mir dann gelungen, meinen Bruder zu retten? Ich glaube, die Antwort auf diese Frage lautet ja. Als ich David in Amsterdam anrief und er sagte: »Wenn ich ins Gefängnis muss, bringe ich mich um«, hätte ich ihn ganz direkt auf seine Selbstmorddrohung angesprochen. »Hast du denn vor, dir etwas anzutun?«, hätte ich gesagt. »Wie ernst ist es dir?« Mit meinen Fragen hätte ich zu ergründen versucht, wie groß seine Verletzbarkeit und die Wahrscheinlichkeit war, sich etwas anzutun. Als David sagte: »Ich liebe dich«, hätte ich gesagt: »Ich liebe dich auch.« Ich hätte mehr auf seine Worte gehört, anstatt mich auf meine Antworten zu konzentrieren. Ich hätte Einfühlung gezeigt, anstatt Vermutungen anzustellen und meine Reaktion von meinen Gefühlen bestimmen zu lassen.

Wie lebe ich mit dem Wissen, dass ich etwas sagen oder hätte tun können, das womöglich David das Leben gerettet hätte? Ich lebe damit. Das ist die einzige Antwort, die ich geben kann – ich lebe damit. Ich kenne mich und meinen damaligen Standort im Leben und ich weiß, dass ich alles getan habe, was mir aufgrund meines Wissens und meiner Erfahrung zu diesem Zeitpunkt möglich war. Ich weiß, dass meine Eltern alles getan haben, was ihnen möglich war. Und David ... David hat auch getan, was er konnte.

Habe ich Nachsicht gefunden? Nicht im Sinne einer völligen Befreiung von Trauer und Schmerz und unbeantworteten Fragen. Aber ich quäle mich nicht mehr mit Überlegungen, was ich hätte tun oder sagen können. Ich konzentriere mich auf das Heute und tue, was ich für die Lebenden tun kann. Ich erinnere mich an David – ich werde ihn nie vergessen – und ich weiß, dass meine Antwort auf seinen Tod mein Engagement für Leute wie er ist, die sich verloren und allein und aus der

Bahn geworfen fühlen. Immer wieder erinnere ich mich daran: Du lebst. Du musst arbeiten. In dieser Arbeit setze ich die Suche nach Vergebung für mich und für David Tag für Tag fort.

Und jeder Tag bietet eine neue Gelegenheit. Im letzten Sommer kam ich erschöpft und mit großem Nachholbedarf an Schlaf für zwei Urlaubswochen nach Maine. Ich konnte es kaum erwarten, Mittagsschläfchen zu halten, Strandspaziergänge mit meiner Familie zu unternehmen, mit meinen Nachbarn zu plaudern und mich dem Rhythmus nicht verplanter Tage hinzugeben. Am Freitagabend kam ich an und am Dienstagmorgen verließ ich das Haus, um laufen zu gehen, als Karen, die telefonierte, mir bedeutete zu warten. Sie legte die Hand über die Sprechmuschel. »Johns Frau ist dran«, erklärte sie mir. John war der Elektriker, der an unserem Haus in Maine gearbeitet hatte. »Er hat eine tiefe Depression. Sein bester Freund ist vor zwei Monaten bei einem Autounfall ums Leben gekommen und er hat fast fünfzig Pfund abgenommen. Sie ist in Sorge, er könnte wieder zu trinken anfangen.«

Kaum eine Stunde später saßen John und ich beisammen und unterhielten uns. An jenem Tag verbrachten wir drei Stunden zusammen. Er erzählte mir, er sei von einem Psychiater behandelt worden, der ihm ein abhängig machendes Beruhigungsmittel und ein Antidepressivum verschrieben habe. Dann habe der Psychiater John zu einem Psychotherapeuten überwiesen, der ihm erklärt habe, er leide an der Midlifecrisis.

»Wie ich erfahren habe, ist dieser Therapeut auf Fälle von Midlifecrisis spezialisiert«, sagte er mit dem ersten Lächeln an diesem Tag.

»Wie alt ist er?«, erkundigte ich mich.

»Um die Fünfzig.«

Wir sahen einander an und brachen in Gelächter aus. Beide hatten wir denselben Gedanken – wer hatte hier die Midlifecrisis? Aber hinter dem Lachen kochte in mir die Empörung – wie konnte jemand Johns ernsthafte Lebensprobleme nehmen und in einen Topf mit dem werfen, was man »Midlifecrisis« nennt? Seine beiden Eltern waren gestorben, als er noch keine zehn Jahre alt war. Sein Bruder war in seinen Vierzigern gestorben. Sein bester Freund kommt bei einem Autounfall ums Leben. Zwei Jahrzehnte lang kämpfte er gegen seinen Alkoholismus an und war erst seit kurzem trocken. Von Leid und Angst überwältigt, suchte er nach jemandem, der ihm helfen konnte, aber keiner schien ein Ohr für den unterschwelligen Schmerz zu haben, der seine Depression verursachte. Ein Psychiater erklärte ihm, er habe eine Depression und bot ihm an, seinen Schmerz mit Beruhigungsmitteln und Antidepressiva zu dämpfen. Ein Sozialarbeiter erklärte ihm, er stehe mitten in einer Midlifecrisis. Sein Pate bei den Anonymen Alkoholikern drohte ihm, er solle sich zusammenreißen, da er ansonsten wieder bei der Trunksucht ende. Seine Frau fürchtete, er könne sich umbringen.

Jeder Einzelne von ihnen hatte die besten Absichten, aber sie hörten ihm voreingenommen zu und waren aufgrund ihrer eigenen Interessen oder Ängste nicht in der Lage, einfühlsam auf Johns Erfahrungen einzugehen.

Und so redete John und ich hörte zu und wir fühlten uns beide besser. »Keiner hat mir gesagt, dass es durchaus normal sei, mich vom Tod meines Freundes überwältigt zu fühlen«, sagte John, als er an diesem Tag mein Haus verließ. »Keiner hat mit mir über meine Eltern oder meinen Bruder oder die Spannungen in meiner Ehe gesprochen. Warum ist das so? Warum hat mich keiner nach meinen Beziehungen gefragt? Warum sind sie automatisch davon ausgegangen, sie wüssten, was ich denke und fühle? Warum haben sie mir nicht geholfen zu verstehen?«

Und anhand jener Fragen finde ich die Antwort auf meine eigenen Fragen, die so weit zurückreichen. Wir stellen falsche Diagnosen, bezeichnen falsch, ordnen falsch ein und stürmen in der falschen Richtung davon. Ich erinnere mich an das Gespräch mit David, nachdem dieser den Geistlichen aufgesucht hatte, der ihm versichert hatte, seine Probleme würden gelöst, wenn er betete. Ich erinnere mich an Davids Geschichten über Ärzte, die ihm Blankorezepte für Beruhigungsmittel und Tranquilizer gaben, in der Hoffnung, seine Schmerzen würden dadurch verschwinden. Ich erinnere mich an die vielen Stunden, die ich mit ihm in Buchläden verbrachte und in der Ratgeberecke stöberte, und an die Reformhäuser, in denen wir nach den frei verkäuflichen Heilmitteln suchten, die seine Symptome zu lindern vermochten. Und ich erinnere mich an Zeiten, in denen David sich Rat suchend an mich wandte, und ich ihm eher Sympathie als Empathie entgegenbrachte, weil ich glaubte zu verstehen, was er durchmachte (wenngleich ich in Wahrheit die Tiefe seiner Gefühle gar nicht begriff), oder wenn ich ihm, was noch schlimmer war, den Rat erteilte, die Verantwortung für sich selbst in die Hand zu nehmen, um der Mensch zu sein, der er meiner Meinung nach sein konnte. Mit diesen fehlgeleiteten Reaktionen ließ ich ihn in seinem Schmerz allein.

Die Einfühlung führt mich in die Vergangenheit zurück, um die Qual meines Bruders zu verstehen. Ich weiß, dass all diese angesammelten Jahre des Versuchens und Versagens, Hilfe für seine Probleme zu finden, für tiefste Verzweiflung sorgten. Ich weiß, dass ihn Alkohol und Heroin von der Welt der Lebenden entfernten. Als David eine dauerhafte Beziehung mit den Drogen einging, verloren seine Fleisch-und-Blut-Beziehungen an Gewicht. Von Scham und Schuld erfüllt vermied er den Austausch mit seiner Familie und seinen Freunden. Seine Abhängigkeit trennte ihn von denen, die ihn liebten, sodass er in einer Welt ohne Sinn und Zweck lebte. Und da konnte er sich wegen der Schande, die er seiner Ansicht nach über die Familie gebracht hatte, wegen des Leids, das er verursacht hatte, wegen all des Kummers, den er in seinem jungen Leben hervorgerufen hatte, nicht verzeihen, was er getan hatte. Seine Welt wurde immer enger, bis er schließlich keinen Ausweg mehr sah und sein Leben beendete.

Er konnte sich nicht verzeihen. Das war der eigentliche Grund, weshalb mein Bruder starb. Er konnte nicht mit der Vorstellung dessen leben, was aus ihm geworden war: ein Collegeabbrecher, ein Heroinabhängiger, ein Verbrecher, ein Gesetzesbrecher auf der Flucht, ein Ausgestoßener. Diese Etikettierungen zerstörten ihn, und der Tod wurde zu einer Erlösung vom unerträglichen Schmerz seines Lebens.

Dank der Einfühlung kann ich meinen Bruder verstehen und finde in diesem Verständnis meine eigene Vergebung. Nicht ein für allemal, aber Tag für Tag, wenn ich mit Menschen arbeite, die sich um einen Weg bemühen, mit sich selbst zu leben. Ich spreche mit ihnen über Vergebung. Ich rede mit ihnen über die Möglichkeit der Veränderung und die Tatsache, dass wir jeden Tag wieder von Neuem anfangen. Ich sage ihnen, wie man mit seinen eigenen Unzulänglichkeiten leben lernt, das Veränderbare ändert und entdeckt, wie man mit dem Rest klarkommt. Besonders wichtig dabei ist jedoch, dass ich zuhöre, wenn die Leute ihre Verzweiflung in Worte fassen und nach Wegen suchen, die sie weiterbringen. Ich versuche ihnen mit Fürsorge und Respekt zu antworten und dabei immer ihre einzigartigen Erfahrungen zu berücksichtigen. Ich feiere ihre Erfolge und nehme teil an ihren Sorgen.

Die Macht der mich leitenden Einfühlung gibt mir die Gewissheit, das mir Mögliche zu tun, und ich glaube daran, dass es etwas bringt. Ich verspreche den Menschen, dass ich sie niemals aufgeben werde, solange sie einen Fuß vor den anderen setzen. Und ich gebe sie auch nie auf.

Wie die Empathie Vergebung definiert

Die Empathie erweitert unsere Sicht der Welt und aus dieser breiteren Perspektive entdecken wir Vergebung für uns selbst und andere. Durch Einfühlung offenbart sich das Vergeben eher als ein sich entfaltender Prozess denn als eine abgeschlossene und abgelegte Tat. Es ist ein langsamer Prozess, und wir erfahren Vergebung nur, wenn wir fortwährend aus den Tragödien und Traumata der Vergangenheit lernen und uns ständig bemühen, sie zu verwandeln. Aber mit ein wenig Mühe sind wir im Lauf der Zeit in der Lage, uns vorwärts zu bewegen und auf der Vergangenheit aufzubauen, anstatt sie ständig zu wiederholen.

In ihrem Buch ›Dead Man Walking – Sein letzter Gang‹ erzählt Helen Prejean die Geschichte eines sinnlosen Todes und seiner Folgen. Schon recht früh sagt der Vater des jungen Mannes, der umgebracht worden war, mit Blick auf den toten Körper seines Sohnes: »Wer immer das auch getan hat, ich vergebe ihnen.« Doch später sollte der Vater entdecken, dass diese Äußerung erst der erste Schritt auf einer langen Reise war. Denn jeden Tag war er erneut gezwungen, die Reise der Vergebung zu machen. Prejean schreibt:

»Aber er hatte erkennen müssen, dass es ein Kampf war, die Gefühle der Bitterkeit und der Rache zu überwinden, die immer wieder hochkamen, besonders an den Geburtstagen von David. Jahr für Jahr verliert er ihn immer wieder von Neuem: David mit zwanzig, David mit fünfundzwanzig, David heiratet, David steht mit seinen Kindern, die sich an seine Beine schmiegen, an der Tür, der erwachsene David, ein Mann wie er selbst, den er nie kennen lernen wird. Vergebung ist niemals leicht. Jeden Tag muss man dafür beten und kämpfen und gewinnen.«

Vergebung kommt mit der Erfahrung, sie folgt der Einfühlung auf dem Fuß. Indem uns die Einfühlung auf tiefer greifende Weise zeigt, wohin wir gehören, wird uns auch bewusst, warum Vergebung so wesentlich ist. Vergebung lässt sich nicht beherrschen oder kontrollieren, sondern sie ist eine Erfahrung, die über harte Einfühlungsarbeit zustande kommt. Durch die Suche nach Verständnis öffnen wir unseren Geist und unsere Herzen für das bisher unserem Blick Verborgene, und dank dieser erweiterten Perspektive kommt die Vergebung ungefragt, wie wenn sich plötzlich hinter einer Wegbiegung eine Welt vor uns auftut, wie wir sie nie zuvor gesehen haben.

Wie die Empathie zur Vergebung führt

Auf welche Weise lehrt uns die Einfühlung uns selbst und anderen zu vergeben? Das ist natürlich die entscheidende Frage – denn selbst wenn wir wissen, was Vergebung ist, wollen wir in erster Linie verstehen, wie wir es anstellen sollen. Wie finden wir Vergebung und wie gehen wir damit um, wenn wir ihr begegnen? Wie kann uns die Vergebung von der Vergangenheit in die Gegenwart führen, uns dazu anleiten, unser Selbstbewusstsein zu erweitern und unsere Beziehungen zu vertiefen?

In der jüdischen Religion wird Vergebung als ein Prozess betrachtet, der vier Phasen durchläuft: Zum ersten erkennen wir, dass wir etwas falsch gemacht haben. Zweitens entschuldigen wir uns bei dem Menschen, dem wir wehgetan haben. Drittens entschädigen wir diesen Menschen, so oft es geht. Und viertens versuchen wir, unseren Fehler nicht zu wiederholen. Dieser vierte Schritt dauert natürlich ein Leben lang.

Die Einfühlung bietet eine ähnliche Annäherung zur Vergebung an, legt jedoch besondere Betonung auf unsere fortlaufenden, sich entwickelnden Beziehungen zueinander.

Die fünf Stadien der einfühlenden Vergebung

Erstes Stadium: Bewusstheit

Jede von Einfühlung inspirierte Erfahrung beginnt notwendigerweise mit der Erinnerung daran, dass unsere Wahrnehmungen von unseren Erfahrungen und den Deutungen dieser Erfahrungen begrenzt sind. Die Welt ist unendlich komplex und wir können immer nur Teile davon erfassen. »Wir können von allem immer nur die Hälfte sehen«, erinnert die Psychologin Alice O. Howell aus der Schule von C. G. Jung. »Die andere Hälfte ist die Bedeutung, die wir dem Gesehenen geben.«

Zweites Stadium: Suche

Indem wir unsere Grenzen anerkennen, suchen wir danach, mehr zu erfahren. Im Prozess der Vergebung fordert die Einfühlung uns auf, immer weiter zu suchen, auszuwählen und zu sichten: Was kann ich noch lernen? Wo ist meine blinde Stelle? Worin bestehen meine Vorbehalte? Was hindert mich daran zu verstehen?

Drittes Stadium: Aus sich herausgehen

Während wir suchen, fangen wir an, aus uns heraus und auf andere zuzugehen. Die Einfühlung erlaubt es uns, am Leben der anderen teilzunehmen, zu fühlen, was sie fühlen, zu denken, was sie denken. Im aktiven Bemühen, uns die Sichtweise unseres Gegenübers anzueignen, lassen wir uns gehen und geben unser Weltbild auf (wohl wissend, dass es notwendigerweise begrenzt ist).

Viertes Stadium: Veränderung

Wenn wir die Welt der anderen betreten und uns ihre Gedanken und Gefühle angeeignet haben, kehren wir verwandelt zurück. Nach jedem empathischen Austausch verändern wir uns und wachsen über uns selbst hinaus. Dieser erweiterte Blickwinkel zeigt uns Dinge, die wir noch nie zuvor gesehen haben; zu dieser neuen Sichtweise gehört auch die Erfahrung der Vergebung.

Fünftes Stadium: Hingabe

Indem wir begreifen, dass unsere Geistesverfassung unweigerlich mit den Erfahrungen der anderen verbunden ist, geben wir uns der Gemeinschaft als Gesamtheit hin. In Afrika heißt dieser Prozess der Hingabe an das Ganze *ubuntu*, was ein Gefühl des Einsseins mit der Welt bedeutet. Der südafrikanische Erzbischof Desmond Tutu erklärt es folgendermaßen:

»Ubuntu ... spricht die Essenz des Menschseins an ... meine Menschlichkeit ist in deiner Menschlichkeit gefangen, denn wir sagen, dass ein Mensch ein Mensch ist durch andere Menschen. In unserem afrikanischen Selbstverständnis messen wir dem Frieden und der Harmonie in der Gemeinschaft große Bedeutung bei. Alles, was diese Harmonie zu untergraben versucht, ist schädlich, und zwar nicht nur für die Gemeinschaft, sondern für uns alle, und deshalb ist Vergebung eine absolute Notwendigkeit für den Fortbestand der Menschheit.«

Vergebung ist der endgültige Akt des Verbundenseins. Ich vergebe dir, weil ich du bin. Ich vergebe mir. Ich vergebe mir, ich vergebe der Welt.

Angewandte Vergebung

Mach reinen Tisch

Vergebung bedeutet Freiheit – sie befreit uns von Stolz, Groll und Bitterkeit. Wir fangen in gewissem Sinn wieder neu an, machen reinen Tisch. Eine wunderbare Geschichte vermittelt uns diese Vorstellung der Vergebung als Erneuerung.

»Ein alter Gastwirt führte zwei Hauptbücher. Im ersten listete er alle Sünden auf, deren er sich während des Jahres schuldig gemacht hatte, und im zweiten trug er all die schlimmen Dinge ein, die ihm und seinen Lieben übers Jahr widerfahren waren. Am letzten Tag des Jahres dann las er zuerst das Buch, das seine Fehler und Irrtümer beinhaltete. Wenn er damit fertig war, nahm er sich das zweite Buch und las sich durch sämtliche Unglücke, die ihm in diesem Jahr widerfahren waren.

Wenn er mit dem Lesen fertig war, schloss der Gastwirt die Augen, faltete seine Hände zum Gebet und richtete seine Augen gen Himmel. ›Lieber Gott‹, betete er, ›ich muss dir sehr viele Sünden beichten. Aber du hast über mich auch sehr viel Not gebracht. Und so bitte ich dich jetzt zu Beginn eines neuen Jahres darum, reinen Tisch zu machen. Ich werde dir vergeben und du vergibst mir.‹«

Bei jeder Interaktion, an der Sie beteiligt sind, sollten Sie daran denken, dass es immer zwei Hauptbücher gibt – eins mit Ihren Fehlern und Unzulänglichkeiten und das andere mit all den Widrigkeiten und Kümmernissen, die Ihnen in den Weg geworfen wurden. Wenn Sie einen Groll hegen, sollten Sie beide Seiten in Betracht ziehen, Ihre Energie aber darauf verwenden, auf Ihrer Seite reinen Tisch zu machen. Dabei geht es nicht nur darum, die Erinnerung auszulöschen, sondern die bitteren Gefühle wie Schuld, Groll und Wut, die mit dieser Erinnerung verbunden sind.

Führe Tagebuch

Wenn Sie sich Zeit nehmen, Ihre Gedanken und Gefühle niederzuschreiben, kommen erstaunliche Ergebnisse zutage. In einer Reihe von Untersuchungen hat der an der Southern Methodist University lehrende Psychologe James Pennebaker nachgewiesen, dass Tagebuchschreiben die Immunabwehr stärkt, die Rate an Ausfalltagen bei der Arbeit senkt, den Enzymstoffwechsel der Leber verbessert und Arztbesuche reduziert. Diese eindrucksvollen physiologischen Veränderungen schienen in direkter Beziehung zu der emotionalen Erleichterung zu stehen, die man erfährt, wenn man sich selbst entlastet.

Pennebakers Methode ist ganz einfach. Er bittet Leute, fünfzehn bis zwanzig Minuten täglich zu schreiben und sich dabei auf ein traumatisches Ereignis oder ein dringendes Anliegen zu konzentrieren. Dann bittet er seine Versuchspersonen eine Erzählung zu schreiben und bewusst nach einer Bedeutung in der Geschichte zu suchen. Wenn wir in unseren Schwierigkeiten eine Bedeutung entdecken, erlaubt uns das auch einen neuen Zugang zu ihnen – nicht als Katastrophen, die uns zu zermalmen drohen, sondern als Erfahrungen, die uns Erleuchtung verheißen.

Verbrenne deine Bitterkeit

In der hinduistischen Tradition geht man mit Ärger auf eine einfache, aber ungewöhnliche Art um. Als Erstes werden die Verstöße oder Demütigungen aufgeschrieben, die einem Geist und Seele belasten. Dann wird das Blatt verbrannt. Zu beobachten, wie das Papier brennt, erinnert uns daran, dass alles, sogar Ärger, schließlich stirbt.

Sitz still

Groll scheint sich aufzutürmen, wenn wir vom einen Augenblick zum nächsten eilen. Finden Sie einen Ort und Zeit in Ihrem Tagesablauf, um mit Ihren Gedanken und Gefühlen zur Ruhe zu kommen. Wenn Sie das Gefühl haben, wütend oder feindselig zu sein, reicht es zur Beruhigung nicht, ein paar Mal tief durchzuatmen. Meditationsexperten gehen davon aus, dass wir fünfzehn bis zwanzig Minuten brauchen, um von einem Zustand starker seelischer Erregung herunterzukommen (wie etwa einem Beinahe-Zusammenstoß auf der Autobahn, einer nervenzermürbenden Präsentation in Ihrem Job oder einer feindseligen Auseinandersetzung mit einem Freund oder Familienmitglied).

Nur wenige von uns haben das Privileg, in den Tag hineinleben zu können – die Meditationen von David Thoreau am Walden-Teich dürften ihre beruhigende Wirkung jedoch nicht verfehlen. Schon im ersten Satz seiner Überlegung wird der Einfluss deutlich, den die Einfühlung auf Thoreau gehabt hat:

»Es gab Zeiten, in denen ich mich nicht entschließen konnte, die Blüte des Augenblicks irgendwelcher Arbeit des Kopfes oder der Hände zu opfern. Ich lasse gern einen breiten Rand an meinem Leben. An manchen Sommermorgen saß ich, nachdem ich mein gewohntes Bad genommen hatte, von Sonnenaufgang bis Mittag in Träumerei versunken, auf meiner sonnenbeschienenen Türschwelle zwischen Fichten, Walnussbäumen und Sumach in ungestörter Einsamkeit und Stille, während die Vögel ringsumher sangen oder leise durch das Haus flatterten, bis ich durch die an das westliche Fenster fallenden Sonnenstrahlen oder durch Wagengerassel auf der Landstraße daran erinnert wurde, dass die Zeit vergeht. In solchen Stunden wuchs ich wie das Korn in der Nacht; sie waren viel besser, als irgendwelches Werk meiner Hände gewesen wäre.

Es war keine meinem Leben abgezogene, sondern um so viel dreingegebene Zeit. Ich verwirklichte das, was die Orientalen Beschaulichkeit und Arbeitsenthaltsamkeit nennen. Meistens kümmerte ich mich nicht darum, wie die Stunden verflogen. Der Tag stieg empor, als ob er mein Werk beleuchten wolle. Es war Morgen, aber siehe, nun ist es Abend geworden, und nichts Berichtenswertes ward getan. Statt zu singen wie die Vögel, freue ich mich stillvergnügt meines dauernden Glückes. Wie der Sperling, der auf dem Nussbaum vor meiner Tür sitzt, seinen Triller, so hatte ich mein Lachen, mein innerliches Lied, das er aus meinem Neste erklingen hören konnte.«

Für den Unversöhnlichen ist die Einsamkeit nur schwer zu ertragen, denn er findet in jedem stillen Moment eine weitere Gelegenheit, den Schmerz der Vergangenheit Revue passieren zu lassen. Vergebung reinigt und befreit, erlaubt uns »wie das Korn in der Nacht« zu wachsen, in uns zu gehen und über uns selbst hinauszuwachsen und das zu werden, was wir sein sollen.

Es gibt zwei Arten, Licht zu verbreiten: Kerze sein oder der Spiegel, der es reflektiert.

Edith Wharton

Gedanken zum Abschluss

Jeden Mittwochabend leite ich in einer winzigen lutherischen Kirche eine Therapiegruppe, die aus acht Männern und Frauen besteht. Neulich, an einem Winterabend, kam die 48-jährige Sarah in den Gemeindesaal, setzte sich auf einen der schon ziemlich betagten Polsterstühle und fing zu weinen an. Wir waren alle erstaunt, denn Sarah ist die typische New-Engländerin, reserviert, vorsichtig, verschlossen und von einer Selbstbeherrschung, die der Welt zu verkünden scheint: He, ich wurstle mich so durch – wer nicht? –, aber ich schaff das, und wenn die Hölle und die Sintflut gleichzeitig über mich hereinbrechen. Die Hölle hatte Sarah schon hinter sich, wie sie es ausdrücken würde. Ihr alkoholabhängiger Vater beging Selbstmord, als sie sieben Jahre alt war, ihre Schwester unternahm einen Selbstmordversuch, als sie vierunddreißig war, und seit zwanzig Jahren war Sarah mit einem Alkoholiker verheiratet, der sie körperlich und seelisch missbrauchte. Sie hatte zu trinken angefangen, »um den Schmerz zu betäuben«, nahm Xanax, um sich »zu beruhigen« und rauchte täglich zwei Packungen Zigaretten »nur so aus Spaß«. Als sie vor zwei Jahren nach der Scheidung von ihrem Mann mit der Therapie anfing, erzählte sie mir, sie habe zwischen sich und der anderen

Hälfte der Welt einen Trennstrich gezogen. »Wieso?«, fragte ich. »Weil ich Männer hasse«, antwortete sie.

Als ich deshalb an jenem Abend Zeuge ihrer Verzweiflung wurde, fragte ich mich, was geschehen sein mochte, ihre unerschütterliche Abwehrhaltung zu durchbrechen. »Können Sie uns erzählen, warum Sie so aufgebracht sind, Sarah?«, fragte ich.

Nur mühsam ihre Gefühle beherrschend, beschrieb Sarah den Besuch bei ihrem Arzt, der sie über seinen Verdacht, sie habe Lungenkrebs, informierte und sie wissen ließ, dass er für Ende der Woche einen Termin zur Biopsie vereinbart hatte. »Er war so kalt und gefühllos«, sagte sie und war in diesem Moment wegen des Verhaltens ihres Arztes bestimmt ebenso verzweifelt wie wegen der möglichen Gefahr, an Krebs erkrankt zu sein. Im Lauf der nächsten Stunde versuchte Sarah ihre Wut und ihre Angst in Worte zu fassen, während die anderen Männer und Frauen im Raum ihr soweit es ging Trost spendeten. Als Sarah an diesem Abend nach Hause ging, wirkte sie getröstet von der Unterstützung durch die Gruppe.

Am folgenden Mittwoch kam Sarah in die Kirche, schüttelte sich den Schnee von ihren dicken Gummischuhen und nahm neben Matthew auf der Couch Platz. Matthew, ein Alkoholiker im Entzug, sieht mit seinen fast zwei Metern, Armen so stämmig wie kleine Bäume und dem von tiefen Furchen durchzogenen gut aussehenden, aber wettergegerbten Gesicht fast wie ein moderner Paul Bunyan aus. Wegen seines Zynismus und seiner Rechthaberei und weil er so wenig Geduld mit Menschen aufbrachte, die anders waren als er, hatte Matthew von einigen Gruppenmitgliedern den Spitznamen Mr. Intolerance erhalten. In der Vergangenheit hatte er vor allem an Sarah ständig etwas auszusetzen gehabt, ihr vorgeworfen, sie sei »überempfindlich« und »mische sich ständig ein«, während sie ihn als »egozentrisch«, »herzlos« und »aggressiv« abtat. Im Lauf der vielen Monate, die sie zusammen in der Gruppe verbrachten, hatten sie füreinander zähneknirschend Respekt entwickelt, aber die Beziehung stand auf schwachen Füßen, und wann immer sie miteinander zu tun hatten, lehnte der Rest der Gruppe sich zurück und wartete darauf, dass Funken flogen.

Ganz darauf bedacht, Sarah nicht aufzuregen, erkundigte sich die 54-jährige Miriam sanft, ob sie schon die Ergebnisse der Biopsie hätte. Miriam litt an Depressionen, seit ihre Tochter im Alter von achtundzwanzig Jahren an einer Überdosis Drogen gestorben war.

»Ich erfahre es nächste Woche«, erklärte Sarah friedlich lächelnd. »Aber wenn ich ehrlich bin, mache ich mir weniger Sorgen darum, als ich gedacht hatte.«

»Dann frage ich mich, was zwischen dieser Woche und der letzten Woche, als du so wütend und aufgebracht warst, passiert ist«, sagte Gary. Der 32-jährige Gary befindet sich mitten in der Scheidung und dem Kampf um das Sorgerecht für sein fünfjähriges Kind.

»Etwas Erstaunliches ist passiert«, erzählte Sarah und beugte sich vor, um den Kreis noch enger zusammenzubringen. »Als ich mich im Krankenhaus zur Biopsie aufnehmen ließ, hatte ich panische Angst. Ich konnte mich einfach nicht beruhigen. Ein Pfleger maß den Blutdruck und plötzlich glaubte ich, in Ohnmacht zu fallen. Panik erfasste mich und ich sagte dem Pfleger, ich wäre gleich weg. Da nahm er meine Hand, sah mir in die Augen und sagte: ›Ohne mich gehen Sie nirgendwo hin, Sarah. Ich bin hier bei Ihnen, ich halte Sie und ich werde Sie nicht loslassen.‹

Und da musste ich an dich denken«, sagte Sarah und wandte sich an Matthew.

»Du hast an mich gedacht?«, fragte Matthew ungläubig.

»Ich erinnerte mich an die vielen Male, als du sagtest, du hättest das Gefühl, nicht zu dieser Gruppe zu gehören«, erläuterte Sarah. »Du sagtest, deiner Empfindung nach seien wir alle ganz anders als du und keiner von uns könne wirklich verstehen, was du fühlst.«

»Ja«, sagte Matthew und rutschte dümmlich lächelnd auf dem Sofa hin und her: »Klingt nach mir.«

»Ich weiß, dass du an keine höhere Macht glaubst, Matthew, aber ich versichere dir, es gibt eine«, erklärte Sarah mit ihrer tiefen, rauen Stimme. »Als der Pfleger mich festhielt und mir erklärte, ich würde nirgendwo hingehen, solange er bei mir war, wusste ich, dass ich nicht allein war. Und mir wurde klar, dass es genau das ist, was wir in dieser Gruppe füreinander tun: Wir halten einander fest, wir lassen einander wissen, dass wir es gemeinsam durchstehen werden und einander nie, niemals allein lassen werden.«

Sarah holte ein paar Mal Atem, um sich wieder zu festigen – sie war den Tränen nahe. »Ich muss euch allen einfach sagen, dass man mich, wäre die Befürchtung, Krebs zu haben, schon letztes Jahr aufgetaucht, als ich eure Unterstützung noch nicht hatte, gleich in die Klapsmühle hätte sperren können. Ohne euch hätte ich das nicht geschafft. Und da gehörst du dazu, Matthew. Wir haben unsere Schwierigkeiten miteinander gehabt, das ist richtig. Du hast mich mit deinen intoleranten Kommentaren und deiner Weigerung, anderen Vertrauen zu schenken, verrückt gemacht. Aber wir verändern uns beide, wir lernen beide, wie wir anderen Menschen Vertrauen entgegenbringen und unsere Gefühle zeigen können. Und ich möchte, dass du weißt – und das sage ich hier vor allen Leuten –, dass ich, egal, was auch passieren mag, an dir festhalte. Ich werde dich nie aufgeben.«

Jetzt hatte Matthew Tränen in den Augen. Einen Augenblick lang sagte keiner ein Wort, dann sahen wir sprachlos zu, wie dieser kräftige Mann, der mit seiner Selbstbeherrschung prahlt, seinen Kopf in die Hände legt und mit bebenden Schultern zu weinen anfängt. Nach einer Weile fragte ich Matthew, ob er der Gruppe erzählen könne, was diese heftige Gefühlsreaktion ausgelöst habe.

»Wenn sich jemand wirklich um mich kümmert«, sagte er und wischte sich dabei die Tränen vom Gesicht, »und ich das auch ganz tief in mir so empfinde, wie gerade mit Sarah, dann passiert etwas in mir. Ich kann es einfach nicht zurückhalten.«

An jenem Abend, als draußen weiche Schneeflocken fielen und wir bei dampfendem Kaffee im muffigen Mobiliar einer dunklen Kirche saßen, spürten wir alle, dass wir von Empathie umgeben waren. Zwei Menschen, die einst darauf beharrt hatten, keine Gemeinsamkeiten zu haben, hatten eine tiefe, tragende Bindung entdeckt. Das Band zwischen ihnen weitete sich aus, schloss den Rest von uns ein und reichte schließlich sogar über unseren kleinen Kreis hinaus in die Außenwelt. Denn als wir uns an diesem Abend voneinander verabschiedeten, fühlte jeder von uns die Macht der Einfühlung, und wir erinnerten uns daran, wie die einfühlsame Reaktion eines Pflegers einer Frau die Angst nahm, wie diese Frau seine Fürsorge und Besorgnis dankbar, fast wie ein Gebet an eine andere kämpfende Seele weitergab und wie wir, die wir daran teilhatten, spürten, dass auch in uns etwas bewegt wurde.

Ich stellte mir vor, wie Sarah an diesem Abend heimkam, sich ihren Tee machte und ganz in Gedanken an Matthew und die Gruppe in den vor ihrem Küchenfenster fallenden Schnee hinaussah; sie ist eine Nachteule und stellt ihre Überlegungen gerne dann an, wenn der Rest der Welt sich bettfertig macht. Und ich sah Matthew nach oben gehen, um seine beiden kleinen Jungen ins Bett zu bringen und ihnen zu sagen, dass er sie liebt; das war eine seiner größten Freuden, seit er trocken war, wie er mir einmal erzählte – den Jungs einen Gutenachtkuss zu geben und am Morgen aufzuwachen und sich daran zu erinnern. Ich dachte an all die Männer und Frauen in der Gruppe, rief mir ihre Probleme in Erinnerung, ihre Siege und ihr laufendes Bemühen, Sinn und Zweck in ihrem Leben zu finden. Ich dachte an meine Eltern, meinen Bruder und all die Verwandten, Freunde und Lehrer, die an meiner Reise durchs Leben teilgehabt haben. Als ich an diesem Abend nach Hause kam und mir anhörte, was meine Frau und meine Töchter den Tag über erlebt hatten, kam ein Gefühl des Friedens über mich und eine noch tiefere Dankbarkeit für das, was das Leben mir beschert hatte.

So funktioniert die Einfühlung, nicht auf plötzliche, spektakuläre Weise, sondern langsam, wie die Sonne, die über den fernen Hügeln aufgeht und eine Bewusstseinsdämmerung in Gang setzt, verstehende Wärme und Einsicht verbreitet. Die Einfühlung strahlt mit ihrem Licht in unsere tiefste Not und lässt uns niemals vergessen, dass unser Überleben von unserer Fähigkeit abhängt, einander genau zu verstehen und einfühlsam aufeinander zu reagieren. Die Einfühlung ist unsere gemeinsame Sprache, denn sie gibt den tiefsten Sehnsüchten unserer Seele eine Stimme und vermag deren ängstlichste Fragen beredt zu artikulieren.

Durch ihre rücksichtsvollen Aktionen und Interaktionen schafft die Einfühlung die unsichtbaren Bande, die uns zusammenhalten und von Mensch zu Mensch, von der Nachbarschaft zum Dorf, von der Gesellschaft zum Land, der Nation zum Planeten reichen. Mit der durch Einfühlung erzeugten Verbundenheit wird die Welt selbst zu einem weniger bedrohlichen Ort. Das Zusammengehörigkeitsgefühl ersetzt die Einsamkeit, Fremde erscheinen einem weniger fremd, Abwehr scheint weniger nötig zu sein und Hoffnung tritt an die Stelle von Hoffnungslosigkeit. Zweifel machen dem Glauben Platz, Vorbehalte verschwinden und unsere Herzen, einst durch Angst und Schmerz verschlossen, öffnen sich der Möglichkeit der Vergebung.

Das ist die Macht – und das Versprechen – der Einfühlung.

Anmerkungen

Einführung

Seite 7 **»Weder möchte ich Trauer«.** Kahlil Gibran: ›Eine Träne und ein Lächeln‹ (Freiburg i. Br. 1992), S. 9. In diesem wunderbaren Buch der Parabeln, Geschichten und Gedichte geht Gibran der Idee nach, dass zu einem bedeutsamen Leben notwendigerweise Freude und Leid gleichermaßen gehören.

Kapitel 1: Das Paradox der Empathie

Seite 18 Heinz Kohut hat einen dauerhaften Einfluss auf meinen Therapie- und Lebensansatz gehabt. 1976 machte ich am Boston Psychoanalytic Institute eine Supervision bei einem Psychoanalytiker. Auf meine Enttäuschung hin angesichts der klassischen Analyseschwerpunkte von Sexualtrieb und Aggressionstrieb meinte mein Supervisor, ich solle doch einmal Kohuts Werk lesen. Fasziniert von Kohuts detaillierter Theorie der Einfühlung und seiner Überzeugung, dass Einfühlung die Grundlage des menschlichen Lebens und Überlebens darstellt, las ich alles, was er je geschrieben hat.

Die Bemerkung über Hitlers manipulativen Einsatz der Einfühlung ist Arnold Goldberg (Hrsg.): ›Advances in Self Psychology‹ entnommen (New York 1978), S. 459. Im Oktober 1981 geht Kohut in seinem letzten öffentlich gehaltenen Vortrag wieder auf die »teuflische Einfühlung« der Nazis ein, die nur das Ziel verfolgten, ihre Opfer zu manipulieren. Dieser Vortrag wurde in Paul H. Ornstein (Hrsg.): ›The Search of the Self: Selected Writings of Heinz Kohut 1978–1981‹ veröffentlicht (New York 1991), Vol. 4, S. 525–535.

Zu den weiteren Büchern Kohuts, die großen Einfluss auf meine Arbeit hatten, gehören: ›Die Heilung des Selbst‹ (Frankfurt a. M. 1979) und › Wie heilt die Psychoanalyse‹ (Frankfurt a. M. 1993), das nach Kohuts Tod von seinen langjährigen Kollegen Arnold Goldberg und Paul Stepansky herausgegeben wurde.

Interessierten Lesern seien auch die folgenden Bücher empfohlen: Miriam Elson (Hrsg.): ›Auf der Suche nach dem Selbst. Kohuts Seminare zur Selbstpsychologie und Psychotherapie von jungen Erwachsenen‹ (München 1993).

Charles B. Strozier (Hrsg.): ›Self Psychology and the Humanities‹ (New York 1985), enthält einige von Kohuts interessantesten Vorträgen über Courage, Führungsanspruch, Kreativität, Charisma, Religion, Moral und Werte.

›The Psychology of the Self: A Casebook‹ (New York 1978), in Zusammenarbeit mit Heinz Kohut verfasst und von Arnold Goldberg herausgegeben. Eine hilfreiche Klarstellung, wie sich empathische Techniken von den konventionellen Methoden der Psychoanalyse unterscheiden.

Marjorie Taggart White und Marcella Bakur Weiner: ›The Theory and Practice of Self Psychology‹ (New York 1986). Hier wird Selbstpsychologie anhand faszinierender Fallbeispiele lebendig. Die Autorinnen bringen die entscheidenden Konzepte Aggression, Größenwahn, Idealisierung und Einfühlung zur Sprache und gehen darauf ein, wie speziellen Bevölkerungsgruppen (alten Menschen, Kinderschändern) mit Selbstpsychologie geholfen werden kann.

Seite 22 William Ickes, ein Psychologe der University of Texas in Arlington, ist der auf dem Gebiet der Empathie umtriebigste Forscher – vor allem, was die einfühlende Genauigkeit angeht. Ickes ist der Herausgeber von ›Empathic Accuracy‹ (New York 1977), einer Sammlung wissenschaftlicher Abhandlungen über die evolutionären Ursprünge und physiologischen Aspekte der Einfühlung, über Geschlechtsunterschiede bei der Fähigkeit zur Einfühlung, über die Rolle der Einfühlung im Schaffen und Aufrechterhalten intimer Beziehungen und über die Unterschiede zwischen »automatischer« und »kontrollierter« Einfühlung.

Ickes definierte die einfühlende Genauigkeit als »eine Form komplexer psychologischer Schlussfolgerung, bei der Beobachtung, Erinnerung, Wissen und logisches Denken verbunden werden, um Einsicht in die Gedanken und Gefühle von anderen hervorzubringen«. Einfühlung, so argumentiert er, ist ganz wesentlich für unseren Erfolg in sozialen Beziehungen und in Geschäftsbeziehungen.

Seite 22 **»Einfühlendes Schlussfolgern«.** Ickes, a.a.O., S. 2.

Seite 25 Mein erstes Buch, das in erster Linie für ein wissenschaftliches Publikum geschrieben war, ist ›Treatment of Abuse and Addiction: A Holistic Approach‹ (Northvale, NJ 1997).

Kapitel 3: Antennen für die Empathie

Seite 39 Die Beispiele von Schleimpilz und Ameisen liebender Raupe sind dem Aufsatz ›Communicative Genes and the Evolution of Empathy‹ von R. Buck und B. Ginsburg in ›Empathic Accuracy‹, S. 17–43, entnommen.

Seite 41 Jonathan Weiner: ›Der Schnabel des Finken oder Der kurze Atem der Evolution‹ (München 1994), S. 343.

Seite 42ff. Jeffrey Masson, Susan McCarthy: ›Wie Tiere fühlen‹ (Hamburg 1996), ist die Quelle für die Geschichten auf diesen Seiten. Die Geschichte von Elefant und Flusspferd findet sich auf den Seiten 224–225, die mit dem Spatzen im Schimpansenkäfig auf Seite 176. Die Geschichte vom Schimpansen Toto steht auf Seite 233.

Seite 45 In dem von William Ickes herausgegebenen Band ›Empathic Accuracy‹ finden sich mehrere interessante Abschnitte über nonverbale Kommunikation und Dekodierungsfertigkeiten: vgl. »Communicative Genes« (Kapitel 1) a.a.O.

und N. Eisenberg, B. Murphy und S. Shepard: »The Development of Empathic Accuracy« (Kapitel 3).

Seite 47 Das Affenexperiment wird in Daniel Golemans grundlegendem Buch ›Emotionale Intelligenz‹ (München 1997) auf den Seiten 135f. beschrieben. Vgl. auch L. Brothers, »A Biological Perspective on Empathy« in: ›American Journal of Psychiatry‹ (1989) 146,1.

Seite 47 Für Einblicke in die Entwicklung der Einfühlung bei Kindern mögen die folgenden Bücher Hilfestellung geben: Bruno Bettelheim: ›Kinder brauchen Märchen‹ (München 1999); Robert Coles: ›Wird Gott nass, wenn es regnet, Die religiöse Bilderwelt der Kinder‹ (München 1994); Erik H. Erikson: ›Kindheit und Gesellschaft‹ (Stuttgart 1995); Alice Miller: ›Das Drama des begabten Kindes und die Suche nach dem wahren Selbst‹ (Frankfurt 1997); William Pollack: ›Richtige Jungen‹ (Bern, München, Wien 1998); Daniel Stern: ›Die Lebenserfahrung des Säuglings‹ (Stuttgart 1993).

Kapitel 4: Empathie zum Ausdruck bringen

Seite 57 **»Bergsteigen und sich um Einfühlung bemühen«.** S. Hodges und D. Wegner: »Automatic and Controlled Empathy« in: ›Empathic Accuracy‹, S. 320.

Seite 63 **»Nehmen wir zum Beispiel an«.** William James: »The Sentiment of Rationality« in: John J. McDermott (Hrsg.): ›The Writings of William James: A Comprehensive Edition‹ (Chicago 1977), S. 337.

Seite 70 **»Man geht im Allgemeinen davon aus«.** Robert W. Levenson und Anna M. Ruef: »Physiological aspects of emotional knowledge and rapport« in: ›Empathic Accuracy‹, S. 65.

Dean Ornish geht in seinem Buch ›Die revolutionäre Therapie: Heilen mit Liebe: schwere Krankheiten ohne Medikamente überwinden‹ (München 1974) auf die Wirkung der Feindseligkeit auf vorzeitigen Tod und Krankheit ein.

Seite 73 Zur physiologischen Synchronie siehe Levenson und Ruef: »Physiological Aspects« in: ›Empathic Accuracy‹, S. 44–69.

Seite 73 **»einen Zustand des vegetativen Nervensystems«.** Vgl. Levenson und Ruef, S. 48.

Seite 74 **»Mimikry des Mienenspiels«.** Vgl. Levenson und Ruef, S. 56–59.

Seite 75 **»Wenn ich herauszufinden versuche«.** Edgar Allan Poe ist zitiert nach R. W. Levenson, Paul Ekman und W. V. Friesen: »Voluntary facial action generates emotional-specific autonomic nervous system activity« in: ›Psychophysiology‹ (1990) 45, S. 363–384.

Der Psychologe Paul Ekman von der University of California, San Francisco, hat viele Untersuchungen zum Gesichtsausdruck durchgeführt; vgl. Paul Ekman und Wallace Friesen: ›Gesichtssprache: Wege zur Objektivierung menschlicher Emotionen‹ (Köln, Graz 1974). Siehe auch Daniel McNeill: ›The Face‹ (Boston 1998).

Seite 75 Das Experiment mit den Golftees wird beschrieben in R.J. Larsen, M. Kasimatis und K. Frey: »Facilitating the furrowed brow: An unobtrusive test of the facial feedback hypothesis applied to unpleasent affect« in: ›Cognition and Emotion‹ (1992), 6, S. 321–338.

Das Experiment mit dem Stift zwischen den Zähnen findet sich bei F. Strack, L. Martin und W. Stepper: »Inhibiting and facilitating condition of the human smile: A nonobtrusive test of the facial feedback hypothesis«, in: ›Journal of Personality and Social Psychology‹ (1988), 54, S. 768–777.

Seite 76 In ›Empathic Accuracy‹ stellt der Herausgeber William Ickes auf S. 57 fest:

»Während fast jeder Gesichtsausdruck die Fähigkeit besitzt, eine Mimikry hervorzurufen, scheint es einige zu geben, die sich besonders gut dafür eignen. Im Reich der Gefühle beispielsweise scheint Lächeln besonders wirksam zu sein, weil ihm ohne jede merkliche kognitive Vermittlung die Fähigkeit zu Eigen ist, bei anderen direkt und nahezu unwiderstehlich ein Lächeln hervorzurufen.«

Seite 80: **»Psychologen, die sich mit der Erforschung der Ursachen männlicher Wut beschäftigen«.** Siehe Robin Fivush: »Exploring sex differences in the emotional content of mother-child conversations about the past«, in: ›Sex Roles‹, 20 (1989), S. 675–691; E. Greif, M. Alvarez und K. Ulman: »Recognizing emotions in other people. Sex differences in socialization«, Referat, vorgestellt beim Kongress für Biomedizin der Society for Research in Child Development, Boston (April 1981), S. 44.

»Angesichts der Tatsache«. William Pollack: ›Richtige Jungen: Was sie vermissen, was sie brauchen – Ein neues Bild von unseren Söhnen‹ (Bern, München, Wien 1998), S. 61.

»Ein Junge, der selbst Zuneigung erhält«. Pollack: ›Richtige Jungen‹, S. 417, folgendes Zitat auf S. 419f.

Zur ergänzenden Lektüre über Gewalt und Aggression empfehle ich das neue Buch des bekannten Psychiaters Jim Gilligan, ›Violence: Reflections on a National Epidemic‹ (New York 1997).

Seite 86 Für die Mahatma-Gandhi-Geschichte danken wir Manfred B. Steger, Autor des Buchs ›Gandhi's Dilemma: Nonviolent Principles or Nationist Power‹ (St. Martin's, 2000) und Perle Besserman, Autor von ›Früchte vom Baum des Lebens: die Weisheit der jüdischen Mystik‹ (Frankfurt 1997), die uns diese Geschichte zugänglich machten.

Kapitel 5: Empathisches Zuhören

Einen allgemeinen Überblick über die Kunst des Zuhörens finden Sie in Lawrence E. Hedges: ›Listening Perspectives‹ (Northvale, NJ 1983).

Seite 88 Das Sprichwort von den zwei Ohren und dem einen Mund schreibt man dem griechischen Philosophen Zeno zu, der im fünften Jahrhundert v. Chr. gelebt hat: »Der Grund, weshalb wir zwei Ohren, aber nur einen Mund haben, ist der, dass wir mehr zuhören als reden sollen.«

Seite 89 Der Quäker-Schriftsteller Douglas Steere wird zitiert in ›Spiritual Literacy: Reading the Sacred in Everyday Life‹ (New York 1996) von Frederic und Mary Ann Brussat, S. 283.

Seite 103 **»Indem Männer lernen«.** T. Graham und W. Ickes: »When Women's Intuition Isn't Greater Than Men's«, in: ›Empathic Accuracy‹, S. 140. Der Aufsatz von Hancock/Ickes, auf den in diesem Zitat Bezug genommen wird, findet sich bei M. Hancock und W. Ickes »Empathic Accuracy. When does the perceiver-target relationship make a difference?«, in: ›Journal of Social and Personal Relationships‹ 13 (1996), S. 179–199.

Seite 104 Heinz Kohut unterscheidet Einfühlung sowohl von Mitgefühl als auch von Intuition. Vgl.: »Reflections on Advances in Self Psychology«, in: Goldberg (Hrsg.): ›Advances in Self Psychology‹, S. 473–552.

Seite 106 **Der Unterschied zwischen einfühlendem Zuhören und mitfühlendem Zuhören.** Für beide Begriffe ist »Pathos« die griechische Wurzel. Nach Dana Burgess hat »Pathos« mehrere für unsere Untersuchung der Einfühlung relevante Bedeutungen:

»Im eigentlichen Wortsinn bedeutet ›Pathos‹ ›das, was jemandem widerfährt‹, was sowohl ein ›Ereignis‹ oder auch ein ›Unfall‹ sein kann. Dem kommt ›Erfahrung‹ am nächsten, weshalb ›Pathos‹ einfach das bedeuten kann, was man erfährt, ob im Guten oder im Schlechten. Oftmals wird es im negativen Sinn als ›das Schlechte, das man erfährt‹ oder als ›Unglück‹ gebraucht.

Eine zweite Bedeutung ist ›Emotion‹ oder ›Leidenschaft‹. In diesem Sinne benutzte Aristoteles den Begriff und genau diese Bedeutung kam auch in der europäischen Ästhetiktheorie zum Tragen, wie etwa ›das Pathos im Drama‹.«

In der ersten Bedeutung geht es also darum, was uns widerfährt, und in der zweiten Bedeutung um das, wie wir das uns Widerfahrene empfinden.

Seite 112 **»Wenn Sie das nächste Mal in ein Streitgespräch«.** Carl Rogers: ›Entwicklung der Persönlichkeit‹ (Stuttgart 1979), S. 324.

In diesem Klassiker erforscht Rogers Wachstum und Potenzial des Menschen und kommt zu faszinierenden Erkenntnissen über den therapeutischen Prozess im Allgemeinen und der »klienten-zentrierten Therapie« im Besonderen. Schon immer hat mich Rogers' Gabe beeindruckt, beim anderen den zugrunde liegenden Schmerz zu erkennen und diesen mit großem Takt und Feinfühligkeit hervorzuholen. Interessierte Leser sollten auch einen Blick in Rogers Buch ›Partnerschule‹ (Frankfurt 1992) werfen.

Kapitel 6: Sex, Intimität und Empathie

Seite 114 **»Der stärkste vorstellbare Ausdruck«.** Rollo May: ›Liebe und Wille‹ (Köln 1988), S. 111.

»So viel Sex«, ebda., S. 37. Dieses Buch beschreibt mit treffender Einsicht, wie man durch Intimität Bedeutung erfährt.

Seite 122 **»Sich zu verlieben«.** Elvin Semrad: ›The Heart of a Therapist‹ (Northvale, NJ 1980), S. 33.

Seite 123 **»Ich muss den anderen«.** Erich Fromm: ›Die Kunst des Liebens‹ (München 1995), S. 56.

Dieser Klassiker spürt der Liebe in all ihren unterschiedlichen Aspekten nach, darunter der romantischen Liebe, Elternliebe, Geschwisterliebe, erotischen Liebe, Selbstliebe und Gottesliebe.

Seite 123 Zu Überlegungen zur Beziehung zwischen Narzissmus und Objektivität, siehe Fromm: ›Die Kunst des Liebens‹, S. 183 ff.

Für eine wissenschaftlichere Behandlung des Narzissmus (und vor allem der Macht der Einfühlung, anderen bei der Befreiung vom Narzissmus zu helfen) siehe Ernest S. Wolf: ›Theorie und Praxis der psychoanalytischen Selbstpsychologie‹ (Frankfurt 1998).

Seite 131 Die Ann-Landers-Kolumne im ›Walla Walla Union Bulletin‹, 20. 12. 1998.

Seite 133 V. S. Helgeson, »Implications of agency and communion for patients and spouse adjustment to a first coronary event«, in: ›Journal of Personality and Social Psychology‹ 64/5 (1993), S. 807–816.

Seite 134 f. Für die Anregung zu vielen auf diesen Seiten angeführten Ideen gilt unser Dank Ernest Kurtz und seiner Co-Autorin Katherine Ketcham für ihr Buch ›Die Spiritualität der Unvollkommenheit: in unseren Wunden wartet die Heilung‹ (Freiburg 1998).

Seite 136 **»Um in einer gewissen Situation«.** S. D. Hodges und D. M. Wegner: »Automatic and Controlled Empathy«, in: ›Empathic Accuracy‹, S. 312.

Hodges und Wegner geben zu diesem Zitat mehrere Referenztitel an, darunter auch J. Piaget und B. Inhelder: ›Die natürliche Geometrie des Kindes‹ (Stuttgart 1974); M. W. Baldwin und J. G. Holmes: »Salient private audiences and awareness of the self«, in: ›Journal of Personality and Social Psychology‹ 52 (1987), S. 1087–1098.

Seite 136 Viele Psychologen und Psychiater haben sich zum Phänomen der Projektion geäußert. Lesern, die mehr Information über Projektion suchen, empfehle ich die folgenden Bücher: Otto Kernberg: ›Borderline-Störungen und pathologischer Narzissmus‹ (Frankfurt a. M. 1995); Frederick Perls: ›Gestalt-Therapie in Aktion‹ (Stuttgart 1996); Marjorie White und Marcella Weiner: ›The Theory and Practice of Self Psychology‹ (New York 1986).

Seite 138 **»Der Klient bekommt zunehmend das Gefühl«.** Rogers: ›Entwicklung der Persönlichkeit‹, S. 125.

Seite 139 **»Du bist dir so sicher, Recht zu haben«.** ›Lonesome Dove‹ (New York 1985), S. 625.

Seite 140 **»Weil jede Person«.** Jean Baker Miller und Irene Pierce Stiver: ›The Healing Connection: How Women Form Relationships in Therapy and in Life‹ (Boston 1997), S. 29.

Miller und Stiver betonen die zentrale Rolle gegenseitiger Einfühlung im Schaffen und Aufrechterhalten von Intimität. Dieses wichtige Buch erforscht auch die »rationale Therapie« und die Augenblicke der »Bindung«, die der Förderung der individuellen Entwicklung dienen.

Seite 145 **»Das Grundwort Ich-Du«.** Martin Buber: ›Ich und Du‹ (Heidelberg 1979), S. 18.

Seite 146 Die Geschichte des Rabbi Mosche Leib ist oft erzählt worden, diese Version ist dem Band ›A Dialogue with Hasidic Tales: Hallowing the Everydays‹ (New York 1988) von Maurice S. Friedman entnommen (S. 86).

Kapitel 7: Die dunkle Seite der Empathie

Seite 148 In ›The Gift of Fear‹ (New York 1997) und dem Folgeband ›Protecting the Gift: Keeping Children and Teenagers Safe (and Parents Sane)‹ (New York 1999) geht der Gewaltexperte Gavin de Becker mit Nachdruck darauf ein, dass Intuition (darunter auch Einfühlung) eine höchst wirksame Abwehr gegen Gewalt ist und davor schützt, zum Opfer zu werden.

Seite 152 Die Hitlerzitate wurden der hervorragenden Biografie von Ian Kershaw entnommen: ›Hitler 1889–1936‹ (Stuttgart 1998):
»Denn ich kann mich nicht lösen«, S. 575
»Sie springen auf, jubelnd und schreiend«, S. 739
»Nicht jeder von euch sieht mich«, S. 743

Seite 153 **»Wenn ich trotzdem am Leben festhielt«.** Elie Wiesel: ›Alle Flüsse fließen ins Meer‹ (Hamburg 1995), S. 112 f.

Seite 170 Diese von Bernard Lown erzählte Geschichte steht in der Einführung zu Norman Cousins: ›The Healing Heart: Antidotes to Panic and Helplessness‹ (New York 1983), S. 13 f.

Seite 173 Diese Geschichte findet sich in ›Protecting the Gift‹, S. 210 ff.

Seite 175 Die Verhaltensweisen *Sich-entziehen, Nicht-darauf-eingehen, Bereden* und *Loyalität zeigen* werden vorgestellt von V. L. Bissonnette, C. E. Rusbult und S. D. Kilkpatrick in »Empathic Accuracy and Marital Conflict Resolution«, in: ›Empathic Accuracy‹, S. 252–254.

Der Psychologe John Gottman hat die wichtige Rolle von Empathie und emotionaler Intelligenz in intimen Beziehungen untersucht: ›Why Marriages Succeed or Fail‹ (New York 1994) und ›What Predicts Divorce: The Relationship Between Marital Processes and Marital Outcomes‹ (Hillsdale, NJ 1993).

Zu den Geschlechtsunterschieden beim Gefühlsausdruck siehe Leslie R. Brody und Judith A. Hall: »Gender and Emotion«, in: Michael Lewis and Jeannette Haviland (Hrsg.): ›Handbook of Emotions‹ (New York 1993).

Seite 180 ›Hate Rock‹ von Achy Obejas in: ›Chicago Tribune‹, 16. März 1999, Spalte 2, S. 1.

Kapitel 8: Ehrlichkeit

Seite 200 **Eine Gruppe von Schülern.** Diese Geschichte ist einer Erzählung entnommen, abgedruckt in Chögyam Trungpa: ›Spirituellen Materialismus durchschneiden‹ (Berlin 1996), S. 51.

Seite 205 **»Bei ihrer ersten Arbeit«.** Sara Lawrence-Lightfood: ›Respect: an Exploration‹ (Reading, MA 1999), S. 6f.

Seite 206 Die Bedeutung des Gegenwartsbezugs für die Einfühlung wird erklärt bei G. Thomas und G. J. O. Fletcher: »Empathic Accuracy in Close Relationships«, in: ›Empathic Accuracy‹, S. 195. Thomas und Fletcher stellen fest:

»Einfühlende Genauigkeit erfordert das Bewusstsein über den inneren Zustand des Objekts auf einer Augenblicksgrundlage und nicht nur die schlichte Kenntnis der stabileren und dauerhafteren Merkmale wie Persönlichkeit, Wesenszüge und Ansichten des Objekts.«

Seite 206 Der Einfluss von Stereotypen und Vorurteilen auf die einfühlende Genauigkeit wird im oben genannten Aufsatz von Thomas und Fletcher diskutiert.

Seite 207 Die Untersuchung von Cathy Spatz Widom wurde in einem Artikel des ›Boston Globe‹ vorgestellt: »Stress early in life may leave imprint for violence«, 16. Oktober 1995, S. 29–32.

Seite 207 Zu Fehlinterpretation positiven Verhaltens vgl. folgende wissenschaftliche Abhandlungen: J. M. Gottman et al.: »Behavior exchange theory and marital decision making«, in: ›Journal of Personality and Social Psychology‹ 34 (1976), S. 14–23; P. Noller und C. Venardos: »Communication awareness in married couples« in: ›Journal of Personality and Social Psychology‹ 3 (1986), S. 31–42.

Seite 207 Zur **»Wichtigkeit von Leidenschaft und Romantik«** siehe den Artikel von Thomas und Fletcher, a.a.O., S. 206:

»... ein starker Glaube an die Wichtigkeit von Leidenschaft und Romantik erbrachte höhere Werte bei der einfühlenden Genauigkeit ... Paare, welche die Wichtigkeit von Leidenschaft und Romantik betonen, sind dazu prädestiniert, sich auf die innere Dynamik ihrer eigenen Beziehung zu konzentrieren, was wiederum übergeordnete einfühlende Schlussfolgerungen erleichtert.«

Seite 207 **»Vertrauen bestätigt sich selbst«** (William James). Siehe Anmerkung in Kapitel 4.

Seite 207 **Selbstzufriedene Behaglichkeit und Vertraulichkeit in Beziehungen.** Vgl. dazu W. Ickes und J. A. Simpson: »Managing Empathetic Accuracy in Close Relationships«, in: ›Empathic Accuracy‹ (Kapitel 8). Ickes und Simpson behaupten, dass zu gutes gegenseitiges Kennen zu Wahrnehmungsverschiebungen führt; die zitierte Untersuchung siehe A. L. Sillars: »Attributions and interpersonal conflict resolution«, in: J. H. Harvey, W. J. Ickes und R. F. Kidd (Hrsg.): ›New Directions in Attribution Research‹ (Hillsdale, NJ 1981), Vol. 3, S. 279–305.

Ickes und Simpson glauben, dass Vertrautheit aus geringerem Verständnis resultieren kann, weil:

»... Partner, die einander gut kennen, weniger motiviert sein können, neue und potenziell diagnostische Information über den anderen herauszufinden, die das einfühlende Verständnis verbessern könnte. Übermäßige Vertrautheit kann dem einfühlenden Verständnis auch abträglich sein, indem es bestehende, nicht mehr länger gültige Eindrücke verfestigt, welche die Partner voneinander haben.« (S. 232)

In G. Thomas und G. J. O. Fletcher: »Empathic Accuracy in Close Relationships«, S. 212:

»Die einfühlende Genauigkeit dürfte in den ersten Ehejahren ihren Höhepunkt erreichen, wenn Paare beträchtliche kognitive Anstrengungen entwickeln, um ihre Partner zu verstehen und ihre Beziehung zu untermauern. Da sich jedoch Beziehungen über einen sehr langen Zeitraum hinweg stabilisieren, werden Partner selbstzufrieden und sehr vertraut miteinander und sind deshalb weniger motiviert, aktiv die Gedanken und Gefühle ihrer Partner einzuschätzen.«

Kapitel 9: Demut und Bescheidenheit

Seite 214 Mitch Albom: ›Dienstags bei Morrie. Die Lehre eines Lebens‹ (München 1998).

Seite 215 Das Gespräch über die »interessante Frage« findet sich auf S. 154.

Seite 215 Morries Geschichte der kleinen Welle wird erzählt auf S. 204.

Seite 216 **»Na, Oren«.** Oren Lyons Geschichte wird erzählt bei Huston Smith: ›Eine Wahrheit, viele Wege. Die großen Religionen der Welt‹ (Freiburg 1994), S. 446.

Seite 218 Die Storchengeschichte siehe Martin Buber: ›Die Erzählungen der Chassidim‹ in: ›Werke‹, Band 3, ›Schriften zum Chassidismus‹, (München/Heidelberg 1963), S. 618.

Seite 219 **»Demut ist in gleichem Grade«.** Dag Hammarskjöld: ›Zeichen am Weg‹ (München 1965), S. 93.

Seite 220 **»Einfachheit heißt«.** Ebda., S. 93 f.

Seite 221 **»Die als Egozentrik definierte Unfähigkeit«.** Siehe N. Eisenberg, B. C. Murphy und S. Shepard: »The Development of Empathic Accuracy«, in: ›Empathic Accuracy‹, S. 73–116.

Seite 221 **Übernehmen von Perspektiven.** Siehe S. Hodges und D. Wegner: »Automatic and Controlled Empathy«, in: ›Empathic Accuracy‹, S. 323–327.

Seite 222 Daniel Golemans Buch ›Emotionale Intelligenz‹ handelt durchweg von Einfühlung, vor allem aber siehe Kapitel 7, »Die Wurzeln der Empathie«, a.a.O., S. 127–144.

Seite 222 **»Einfühlung kann gelehrt werden«.** Siehe W. Ickes, C. Marangoni und S. Garcia: »Studying Empathic Accuracy in Clinically Relevant Context«, in: ›Empathic Accuracy‹, S. 282–310.

Siehe auch Teil 4 von Daniel Goleman: ›Emotionale Intelligenz‹, vor allem Kapitel 16, »Schulung der Gefühle«. In diesem Kapitel geht Goleman auf verschiedene Curricula ein, vor allem auf das Fach »Self Science«, das entwickelt wurde, um Kindern beizubringen, wie sie mit ihren Gefühlen umgehen und diese zum Ausdruck bringen, einfühlendes Zuhören praktizieren, die Perspektiven anderer einnehmen, effektiv miteinander kommunizieren und Unstimmigkeiten klären.

Seite 224 **»Wenn du deine Seele retten willst«.** Kenneth Leech: ›Soul Friend‹ (San Francisco 1977), S. 43. ›Die Weisheit der Wüste‹ (Frankfurt a. M. 1999) von Thomas Merton enthält viele Geschichten über den Wert des Schweigens. »Nichts ist besser als Schweigen« (S. 77). Es wird erzählt, dass einer der Wüstenmönche drei Jahre lang einen Stein im Mund trug, bis er lernte still zu sein.

Seite 224 **»Wirst du an mein Grab kommen?«.** ›Dienstags bei Morrie‹, S. 194.

Seite 225 **Gebete.** Simon Tugwell: ›Ways of Imperfection. An Exploration of Christian Spirituality‹ (Springfield, Il 1985), S. 229.

Seite 225 Die Harvard-Experimente von Herbert Benson werden in seinem Buch ›Gesund im Stress: eine Anleitung zur Entspannungsreaktion‹ (Berlin, Frankfurt a. M., Wien 1978) vorgestellt.

Seite 225 Larry Dossey: ›Heilende Worte: die Kraft der Gebete und die Macht der Medizin‹ (Südgellersen 1995). Für einen Überblick über die relevante Forschung siehe S. 225–259. Zu Forschungen zur Wirkung des Gebets auf Pilze, Hefen und Bakterien siehe S. 252–255.

Kapitel 10: Akzeptanz

Seite 227 Die Geschichte über John F. Kennedy jun. wurde mehrmals im Fernsehen und in der Presse gebracht. Die Pressekolumnistin des ›Boston Globe‹, Ellen Goodman, hat diese Geschichte am 22. Juli 1999 in ihrer Kolumne erwähnt.

Seite 228 **»Akzeptieren heißt hier«.** Carl Rogers: ›Die Entwicklung der Persönlichkeit‹ (Stuttgart 1979), S. 47.

Seite 230 **»Die Theorie von *Ich bin o. k., du bist o. k.* ist unheimlich lehrreich«.** Carlos G. Valles: ›Mastering Sadhana: On Retreat with Anthony de Mello‹ (New York 1988), S. 24f.

Seite 230 **»William James nannte diesen Prozess Unterwerfung«.** William James: ›Die religiöse Erfahrung in ihrer Mannigfaltigkeit‹ (Leipzig 1907), Kapitel VII.

Seite 230f. **»Wenn ich mich so, wie ich bin, akzeptiere«.** Carl Rogers: ›Die Entwicklung der Persönlichkeit‹ (Stuttgart 1979), S. 33.

Seite 233f. **Sich gehen lassen.** ›Die religiöse Erfahrung in ihrer Mannigfaltigkeit‹, s. o. Kapitel VII.

Seite 234 **»Sie werden sagen«.** Antonio Porchia: ›Voices = Stimmen‹ (Köln 1999).

Seite 236 **»Wenn ich mit einem anderen Menschen verbunden bin«.** Erich Fromm: ›Die Kunst des Liebens‹, S. 174.

Seite 237 **»Selbstliebe schafft die notwendige Voraussetzung«.** Wilkie Au: ›By Way of the Heart: Toward a Holistic Christian Spirituality‹ (Mahwah, NJ 1989), S. 31.

Kapitel 11: Toleranz

Seite 243 **»Richtet nicht«.** ›Heilige Schrift‹, NT, Matthäus 7; 1–5.

Seite 244 Die OSS-Einheit meines Vaters wird bei Also Icardi: ›American Master Spy‹ (New York, 1954) vorgestellt.

Seite 246 Zillmanns Untersuchung über Wut wird beschrieben in »Mental Control of Angry Aggression« in: ›Handbook of Mental Control‹ (Englewood Cliffs, NJ 1993), hrsg. von Daniel Wegner und James Pennebaker.

Goleman schreibt auf S. 84: »Ein universaler Auslöser für den Zorn [ist] das Gefühl, gefährdet zu sein.«

Seite 247 **Einfühlung wird durch unsere Vorbehalte geschwächt.** Siehe S. Hodges und D. Wegner: »Automatic and Controlled Empathy«, in: ›Empathic Accuracy‹, S. 319.

Seite 247 **»Wenn ich die Kunst des Liebens«.** Erich Fromm: ›Die Kunst des Liebens‹, S. 187.

Seite 248 Diese alte chassidische Geschichte ist in vielen Versionen erzählt worden, bei unserer Nacherzählung der Geschichte stützen wir uns auf ›Peacemaking Day by Day‹ (Pax Christi, 348 East Tenth St., Erie, PA 26503).

Seite 250 **»Eine Frau beklagte sich«.** De Mello: ›Heart of the Enlightened‹ (New York 1989), S. 122.

Seite 252 **»Wenn wir intolerant sind«.** Williams und Williams: ›Anger Kills‹, S. 147.

Seite 252 **Langzeitstudie – Wut und Feindseligkeit.** Siehe John C. Barefoot, W. Grant Dahlstrom und Redford B. Williams: »Hostility, CHD incidence, and total mortality: A 25-year follow-up study of 255 physicians«, in: ›Psychosomatic Medicine‹ 45 (1983), S. 59–63.

Auswirkung von Isolation und Einsamkeit auf Herzkrankheiten. Siehe Redford B. Williams et al.: »Prognostic importance of social and economic resources among medically treated patients with angiographically documented coronary artery disease«, in: ›Journal of the American Medical Association‹ 267 (1992), S. 520–524; vgl. auch Redford Williams: ›Herzvertrauen: der Infarkt. Ursachen und Vorbeugung‹ (München 1992).

Seite 252 Williams Schlüsselpunkte sind aufgeführt in ›Anger Kills‹, S. 60.

Kapitel 12: Dankbarkeit

Seite 254 **»Ein Blinder bettelte«.** Unsere Version dieser beliebten Geschichte stammt aus: Gabriel Daly: »Widening Horizons«, in: ›The Tablet‹ (31. März 1990), S. 419 f.

Seite 260 Heinz Kohut: »On Empathy«, in: ›The Search for the Self‹; die Geschichte, die wir hier erzählen, findet sich in Vol. 4, S. 534 f.

Seite 262 Auf Hoffer wird ohne Zitat bei James Hillman Bezug genommen, siehe: Sy Safransky: »The Myth of Therapy: An Interview with James Hillman«, in: ›The Sun‹, Ausgabe 185 (April 1991), S. 2–19.

Seite 262 f. **»Trink deinen Tomatensaft«.** Joseph Campbell: ›Die Kraft der Mythen‹ (Zürich und München 1994), S. 127.

Seite 263 Das Marshmallow-Experiment wird beschrieben bei Yuichi Shoda, Walter Mischel und Philip K. Peake: »Predicting adolescent cognitive and selfregulatory competencies from preschool delay of gratification«, in: ›Development Psychology‹ 26, 6 (1990), S. 978–986.

Kapitel 13: Glaube und Vertrauen

Seite 268 f. Tolstojs Kampf mit der Depression und die Wiederentdeckung seines Glaubens findet sich bei William James: ›Die religiöse Erfahrung in ihrer Mannigfaltigkeit‹ (Leipzig 1907), S. 148 und S. 179.

Seite 272 f. Die Studie über Brustkrebs wird beschrieben in David Spiegel: ›Living Beyond Limits: New Hope and Help for Facing Life-Threatening Illness‹ (New York 1993). Siehe auch D. J. Spiegel et al.: »Effect of psychosocial treatment on survival of patients with metastatic breast cancer«, in: ›The Lancet‹, 1989, S. 888–891.

Seite 273 **»Ich musste mich hinsetzen«.** Siehe Spiegel: ›Living Beyond Limits‹, S. 78.

Seite 276 **»Du liebst zu unkritisch«.** Dieser Auszug stammt aus Melannie Svoboda: ›Everyday Epiphanies: Seeing the Sacred in Everything‹ (Mystic, CT 1998), S. 54.

Kapitel 14: Hoffnung

Seite 277 Zahllose Studien über Hoffnung und Optimismus werden bei Martin E. Seligman: ›Pessimisten küsst man nicht‹ (München 1991) vorgestellt.

Seite 282 Vicki Helgeson und Heidi Fritz: »Cognitive adaptation as a predictor of new coronary events after percuteaneous transluminal coronary angioplasty«, in: ›Psychosomatic Medicine‹ 61 (1999), S. 488–495.

Seite 283 **»Die Wirkung des Optimismus auf die Leistungsfähigkeit«.** Dieses Experiment findet sich bei Seligman: ›Pessimisten küsst man nicht‹, S. 121–146.

Seite 284 **Hoffnung und akademischer Erfolg.** C. R. Snyder et al.: »The will and the ways: Development and validation of an individual-differences measure of hope«, in: ›Journal of Personality and Social Psychology‹ 60, 4 (1991), S. 579; vgl. auch Daniel Golemans Interview mit Snyder in ›The New York Times‹ (24. 12. 1991).

Seite 284 Die Geschichte über Winston Churchill wird erzählt in Robert Lewis Taylor: ›Winston Churchill: Das Leben des großen britischen Staatsmannes‹ (Bern 1954), S. 64.

Seite 286 **»Während der zwei Winter und zwei Sommer«.** Nancy Burke wird mit ihrem Buch ›Meditations for Health‹ (New York 1995) zitiert in Brussat und Brussat: ›Spiritual Literacy‹, S. 303.

Kapitel 15: Vergebung und Nachsicht

Seite 296 **»Aber er hatte erkennen müssen«.** Sister Helen Prejean: ›Dead Man Walking – Sein letzter Gang‹ (München 1996), S. 373 f.

Seite 299 **»Ubuntu ... spricht die Essenz des Menschseins an«.** Desmond Tutu wird zitiert in ›Spirituality & Health‹, 1999, S. 29. Diese Passage wurde Tutus Vorwort zu Robert Enright und Joanna North (Hrsg): ›Exploring Forgiveness‹ entnommen (University of Wisconsin Press).

Seite 299 f. **»Ein alter Gastwirt führte zwei Hauptbücher«.** Diese Geschichte wurde in vielen Fassungen erzählt. Unsere stammt aus Abraham J. Twerski: ›Living Each Day‹ (Brooklyn, NY 1988), S. 342.

Seite 300 Pennebakers Erfahrungen mit dem Tagebuchschreiben werden beschrieben in James Pennebaker: »Putting stress into words: Health, linguistic and therapeutic implications«, Vortrag gehalten beim Kongress der American Psychological Association, Washington, DC (1992).

Seite 301 **»Es gab Zeiten«.** Henry David Thoreau: ›Walden oder Leben in den Wäldern‹ (Zürich 1971), S. 117 f.

Literaturempfehlungen

Albom, Mitch: Dienstags bei Morrie. Die Lehre eines Lebens. Goldmann, München 1998.

Benson, Herbert: Gesund im Stress: eine Anleitung zur Entspannungsreaktion. Ullstein, Berlin, Frankfurt a.M., Wien 1978.

Cooper, Kenneth: It's Better to Believe. Thomas Nelson, Nashville 1995.

Dossey, Larry: Heilende Worte: die Kraft der Gebete und die Macht der Medizin. Martin, Südgellersen 1995.

Frankl, Viktor: Der Wille zum Sinn: gesammelte Vorträge über Logotherapie. Piper, München, Zürich 1991.

Fromm, Erich: Die Kunst des Liebens. dtv, München 1995.

Gibran, Khalil: Eine Träne und ein Lächeln.Walter, Freiburg i. Br. 1992.

Gibran, Khalil: Gebrochene Flügel. Walter, Freiburg i. Br. 1991.

Gilligan, Jim: Violence: Reflections on a National Epidemic. Putnam, New York 1996.

Goleman, Daniel: Emotionale Intelligenz. dtv, München 1997.

Grollman, Earl: Laß deiner Trauer Flügel wachsen: wenn man von einem lieben Menschen Abschied nehmen muß. Herder, Freiburg, Basel, Wien 1998.

Hallowell, Edward: Connect: Twelve Vital Ties That Open Your Heart. Pantheon, New York 1999.

Kabat-Zinn, Jon: Stark aus eigener Kraft: im Alltag Ruhe finden – das umfassende Meditationsprogramm für alle Lebenslagen. Barth, München 1997.

Keen, Sam: Das Chaos der Liebe: 16 Schlüsselelemente für unser zentrales Lebensgefühl. Bastei Lübbe, Bergisch Gladbach 2000.

Kurtz, Ernest und Ketcham, Katherine: Die Spiritualität der Unvollkommenheit: in unseren Wunden wartet die Heilung. Lüchow, Freiburg 1998.

Lynch, James J.: Das gebrochene Herz. Rowohlt, Reinbek 1979.

Maslow, Abraham: The Farther Reaches of Human Nature. Viking, New York 1971.

Miller, Alice: Das Drama des begabten Kindes und die Suche nach dem wahren Selbst. Suhrkamp, Frankfurt a. M. 1997.

Miller, Alice: Der gemiedene Schlüssel. Suhrkamp, Frankfurt a. M. 1991

Miller, Jean Baker und Stiver, Irene Pierce: The Healing Connection: How Women Form Relationships in Therapy and in Life. Beacon, Boston 1997.

Parker, Beulah: Meine Sprache bin ich: Modell einer Psychotherapie. Suhrkamp, Frankfurt a. M. 1974.

Pelletier, Kenneth: Sound Mind – Sound Body. Simon & Schuster, New York 1994.

Pert, Candace: Moleküle der Gefühle: Körper, Geist und Emotionen. Rowohlt, Reinbek 1994.

Pipher, Mary: Pubertätskrisen junger Mädchen und wie Eltern helfen können. Fischer, Frankfurt a. M. 1999.
Pollack, William: Richtige Jungen. Scherz, Bern, München, Wien 1998.
Rogers, Carl: Die Entwicklung der Persönlichkeit. Klett-Cotta, Stuttgart 1979.
Wolpe, Rabbi David: Making Loss Matter: Creating Meaning in Difficult Times. Riverhead, New York 1999.

Danksagung

Mir kommt es so vor, als hätte ich die letzten fünfundzwanzig Jahre in der einen oder anderen Form ständig an diesem Buch gearbeitet. Und viele Menschen haben dabei direkt und indirekt geholfen.

Jeder braucht einen Anker in seinem Leben und meiner ist meine Frau Karen gewesen. Als wir uns kennen lernten, steckte ich gerade in einer schwierigen Phase meines Lebens, doch fast auf Anhieb spürte ich meine Lebenskräfte zurückkehren. Die Seiten dieses Buches sind durchtränkt von deiner Liebe zum Leben und vor allem deiner Wertschätzung bedeutsamer Beziehungen. Deine Idee »noch ein Buch für die Allgemeinheit zu schreiben«, war Anstoß genug, mich wieder an die Arbeit zu machen. Ich danke dir dafür, dass du jedes Wort gelesen hast und zu jedem Entwurf des Manuskripts deine ehrliche und verständnisvolle Meinung abgegeben hast. Ehrlichkeit erfordert so viel Mut, aber dir ist er gegeben. Dein Herz scheint über endlose Möglichkeiten zu verfügen.

Unsere Kinder sind die Freude meines Lebens. Keine Erfahrung lehrt mehr über die ungeheure Wichtigkeit der Empathie als das Elternsein. Die Courage und das gesellschaftliche Engagement unserer lieben Tochter Erica haben mich immer inspiriert. Ihre Energie, mit der sie Neues erforscht und ausprobiert und »die unterschiedlichsten Leute« kennen lernt, legen Zeugnis ab von ihrer Offenheit gegenüber der Welt und bringen frischen Wind in unsere Familie. Unserer Tochter Alaina (Miss Congeniality) danke ich für ihre Wärme und liebevolle Art, die den täglichen Umgang zur reinen Freude machen. Jedes »ich liebe dich, Dad«, erleichterte das Schreiben der nächsten Seite und gab dem Erzählen der nächsten Geschichte neue Bedeutung.

Meinen größten Lehrern, meiner Mutter Camie und meinem Vater Arthur sen. (Tudor) bin ich ewig dankbar, dass sie mich die wahre Bedeutung von Einfühlung und unerschütterlicher Liebe gelehrt haben.

Größte Wertschätzung gilt meiner lieben Freundin Kathy Ketcham, der Meisterin des geschriebenen Worts, für ihr Verständnis, ihre Kreativität, Beharrlichkeit und vor allem für ihre unheimliche Gabe, das gesprochene Wort auf dem Papier zum Leben zu erwecken. Deine Empathie durchzieht dieses ganze Buch. Du hast meinen Gedanken und vor allem den Lehren meiner Familie eine Klarheit verliehen, die ich ohne deine Mithilfe nie erreicht hätte. Ich danke dir für deine Geduld, deinen unerschöpflichen Glauben an mein Werk und ganz besonders dein Vertrauen in die Macht der Einfühlung. Ich stehe auf ewig in deiner Schuld.

Meiner Agentin Jane Dystel gilt mein Dank für ihre unverkennbare Offenheit, Energie, Hingabe und Ausdauer. Janes Partnerin Miriam Goderich danke ich für ihre verständnisvollen Kommentare, die zur Verbesserung des Entwurfs und des endgültigen Manuskripts führten.

Ich bin in der glücklichen Lage, zu meiner Familie auch eine große Verwandtschaft zählen zu können, die mich stets bei meiner Arbeit unterstützt hat. Meine Dankbarkeit für die Liebe und Freundlichkeit, die ich über so viele Jahre hinweg erfahren habe, gilt Mary und Phil Ciaramicoli, Ann und Doc DiVittorio, Olga und Frank DiVittorio, Jeanne und Mark Fitzpatrick, Gerry und Richard Tessicini und Donna und Philip Wood.

Unter den Psychotherapeuten hat wohl keiner mehr Zeit und Energie darauf verwandt, die Macht der Einfühlung zu verstehen und umzusetzen, als meine Kollegin Andrea Waldstein, LICSW. Wir führten Hunderte von Gesprächen über den Wert des Wegs der Einfühlung. Ich danke dir für deine Freundschaft und für die nötige Klarheit im Denken, zu der du mir verholfen hast.

Eine Danksagung auch an meinen Freund, Kollegen und Sportkameraden Bob Cherney, Ph.D., und seine Frau Mary Ellen, die mir während der Arbeit an diesem Buch mit hilfreichen Anmerkungen zur Seite standen, an meine Kollegen und langjährigen Freunde Valerie Sawyer-Smith, Ed.D., und Peter Smith, Ed.D., und unsere engsten Freunde Diane und Richard Werner, die den Beweis dafür lieferten, dass räumliche Entfernungen keinen Einfluss auf Seelennähe haben. Ein besonderer Dank auch an Reverend Richard Fleck für seine geistige Führung über so viele Jahre und an die Fachkrankenschwester Frieda Albertini-Duffy und ihren freundlichen Ehemann Dennis.

Nicht zu vergessen Frankie Boyer, den Moderator der Langer-Broadcasting's-Radiosendung ›Healthy Living‹ in Boston. Ich danke Ihnen für Ihre Unterstützung, Freundschaft und den Glauben daran, dass es etwas bringt, in einer Radiosendung über Empathie zu reden. Unsere wöchentlichen Sendungen machen mir Spaß und ich lerne immer noch was dazu – eine großartige Mischung. Danke auch an John Marable, den Produktionsleiter, der mich in die Rundfunkarbeit eingearbeitet hat.

Einen ganz besonderen Dank auch an meine Kollegen und Kolleginnen vom MetroWest Wellness Center, MetroWest Medical Center und der Harvard Medical School, die für das empathische Klima sorgen, in dem ich arbeite.

Und vor allem, mehrmals rot unterstrichen, danke ich allen, die sich Hilfe suchend an mich gewandt haben. Ihnen verdanke ich das enorme Privileg zu lernen, wie gebrochene Herzen wieder repariert werden können. Sie haben mein Verständnis der menschlichen Natur vertieft und mir mit ihrem Vertrauen das großartigste Geschenk gemacht. Ich stehe für immer in ihrer Schuld.

Arthur P. Ciaramicoli, Oktober 1999

Eine der weitreichendsten Erfahrungen der Einfühlung ist die Wahrnehmung, dass wir ohne den anderen nichts wären. Ich verdanke so vielen so viel. Ich bin Arthur Ciaramicoli, einem Mann der Leidenschaft und der Prinzipien, überaus dankbar für seine Bereitschaft, mir sein Leben und sein Herz zu erschließen, damit dieses Buch entstehen konnte. Seine Courage, seine Weisheit und seine Demut haben mich begeistert. Sein Lachen und seine Tränen können durch nichts vergolten werden.

Die Literaturagentin Jane Dystel hat Arthur gegenüber meinen Namen ins Spiel gebracht; für ihre Rolle als Initiatorin und Förderin dieser Zusammenarbeit bin ich ihr sehr dankbar. Außerdem möchte ich Miriam Goderich, der Vizepräsidentin des Jane Dystel Literary Management, für ihre Hilfe beim Manuskript danken.

Meine Literaturagentin Kathleen Anderson ist die Großzügigkeit selbst. Für ihre unerschütterliche Unterstützung, ihre Liebe zum geschriebenen Wort und ihre beruhigende Präsenz danke ich ihr.

Brian Tart von Dutton Plume hat uns bei diesem Projekt stets mit seiner Energie, Begeisterung und Unterstützung zur Seite gestanden. Die Lektoratsassistentin Kara Howland war eine große Hilfe im letzten Manuskriptstadium vor der Veröffentlichung, die Lektorin Susan Brown unterstützte uns mit vielen hilfreichen Vorschlägen zur sinnvollen Überarbeitung.

Die Einfühlung habe ich zuallererst von meinen Eltern kennen gelernt, Frank und Joan Ketcham, sowie von meinen Brüdern und Schwestern Mike Ketcham, John Ketcham, Billy Ketcham Heath und Debbie Ketcham Goodeve erfahren. Meiner Mutter und meinem Vater hätte dieses Buch gefallen – ich wünschte nur, sie hätten es noch lesen können.

Meinen wunderbaren Freundinnen – Melinda Burgess, Sharon Kaufman-Osborn, Laurie Becker, Marilyn Dickinson, Tracee Simon und der Pokergruppe –, die mir zuhören, mit mir lachen und weinen und aus irgendeinem Grund noch immer meine Gesellschaft suchen, bin ich mehr als dankbar. Ganz besonderen Dank an Melinda, die das Manuskript gelesen hat und die Weisheit ihres Verständnisses und ihrer Erfahrung zur Verfügung stellte.

Meinen Busenfreunden Perle Besserman und Manfred Steger, die mir so viel geben und mich um so wenig bitten, möchte ich sagen: Eines Tages finde ich einen Weg, euch die Freigebigkeit zu erwidern, die ihr mir erwiesen habt.

Ruthanne, die mir erlaubt hat, ihre Geschichte in dieses Buch mit aufzunehmen, möchte ich sagen, dass ich sie nie vergessen werde. Dein Geist strahlt weiter.

Ich stehe in der Schuld von Ernie Kurtz, der mir die Verbindung nahe gebracht hat, die zwischen dem Erzählen von Geschichten und Spiritualität besteht; William F. Asbury, dessen Erzählungen vor zwanzig Jahren zu meinem allerersten Buch geführt haben; Mel Schulstad, dessen großes Herz mich immer wieder aufs Neue inspiriert; und von Dana Burgess, außerordentliche Professorin für Altphilologie am Whitman College, für ihr Wissen um die wörtliche Bedeutung des Wortes *Empathie*.

Meinen Kindern – Robyn, Alison und Benjamin Spencer –, deren Geduld, Lachen und tröstende Worte mir während so vieler Tage und Nächte geholfen haben, möchte ich sagen, dass die Arbeit nie an erster Stelle steht. Ihr seid die Sonne, der Mond und die Sterne meines Lebens, und ohne euch gäbe es kein Licht.

Und zu guter Letzt danke ich meinem Ehemann Patrick Spencer, dessen Güte und Mitgefühl ständig die Grenzen jener Welt erweitern, die zu bewohnen ich das große Privileg habe. Für all das Gute, das du mir hast zuteil werden lassen, schulde ich dir mehr als Dankbarkeit.

Kathy Ketcham, Oktober 1999

Register

Germaine Greer

Die ganze Frau

Körper Geist Liebe Macht

Aus dem Englischen von
Susanne Althoetmar-Smarczyk
dtv premium 24204

Bestsellerautorin Germaine Greer unternimmt erneut eine große Bestandsaufnahme zur Lage der Frauen. Leidenschaftlich, sachkundig und sarkastisch analysiert sie, was ihrer Ansicht nach Sache ist, und stellt die Tagesordnung für einen neuen Feminismus auf.

Auf der Suche nach Befreiung, so argumentiert Greer, hat sich die Frauenbewegung auf Seitenwege abdrängen lassen, ist auf eine Ersatzbefriedigung hereingefallen. Die gerne wiederholte These »Frauen können alles haben« ist, wie sie meint, eine Illusion, da es nach wie vor unzählige Formen offener und verdeckter Diskriminierung gibt. Dieses Buch ist eine aufrüttelnde Kritik an der vorhandenen Selbstzufriedenheit, insbesondere der Frauen. Wie schon mit dem ›Weiblichen Eunuchen‹ gelingt es Germaine Greer erneut, mit größter Schärfe zentrale Fragen anzusprechen.

»Sie ist wieder da, und sie ist zornig.«
The Daily Telegraph

Alles über die Gesundheit

Dr. med. Marianne Koch

Mein Gesundheitsbuch

dtv premium 24151

In diesem grundlegenden Nachschlagewerk erklärt die prominente Internistin Marianne Koch Aufbau und Funktion des menschlichen Körpers, beschreibt die häufigsten Erkrankungen und ihre Behandlung und gibt Hinweise zur gezielten Vorbeugung. Weil zum gesunden Körper auch eine gesunde Seele gehört, widmet die Autorin diesem Thema ein eigenes Kapitel. Neben den schulmedizinischen Vorgehensweisen werden auch erprobte alternative Heilmethoden vorgestellt. Tipps für eine ausgewogene, bewusste Ernährung, Strategien für ein gesundes Alter und Ratschläge zur Aktivierung der Selbstheilungskräfte runden das informative und umfassende Gesundheitsbuch ab.

»Koch gelingt es, selbst komplizierte Zusammenhänge anschaulich und verständlich darzustellen und hilft mit, dass der Leser zu einem mündigen Partner des Arztes wird.«
Kurier

»Ein Nachschlagewerk, das in keinem Haushalt fehlen sollte.«
frau aktuell

John O'Donohue im dtv

John O'Donohue nimmt uns mit in die spirituelle Welt der Kelten auf eine intime Reise zu uns selbst.

Anam Ċara
Das Buch der keltischen Weisheit
dtv premium 24119

Anam ist das gälische Wort für Seele, Ċara heißt Freund. Anam Ċara bedeutet also »Seelenfreund«. Die Kelten besaßen eine tiefe Einsicht in das Wesen der Liebe und der Freundschaft. John O'Donohue enthüllt in diesem Buch keltische Geheimnisse, die die Leser in unserer hektischen Zeit in harmonischen Einklang mit der Welt bringen und das Leben reicher machen.

Echo der Seele
Von der Sehnsucht nach Geborgenheit
dtv premium 24180

Noch nie war der Hunger nach Zugehörigkeit so quälend wie heute. Die Geborgenheit, die wir in der Zugehörigkeit erfahren, schenkt uns Kraft; sie bestätigt in uns eine Stille und Gewissheit des Herzens. Sie befähigt uns, äußeren Druck und Verwirrung zu ertragen, und sie versichert uns des Bodens, auf dem wir stehen.

Landschaft der Seele
dtv premium 24223

Die meditativen Texte und Gedichte John O'Donohues entfalten zusammen mit den eindrucksvollen Fotos des Iren Fergus Bourke eine wahrhaft magische Wirkung. Dunkle Wolken, einsame Weiten, rauhe Berge, zerklüftete Felsen, bewegtes Wasser, der Wind in den Gräsern – Natur und Landschaftspiegeln das wechselvolle menschliche Leben.

Laura Day

P.I.

Praktische Intuition

Der Sechste Sinn in Liebe, Partnerschaft und Beruf
Mit einer Einleitung von Demi Moore
Aus dem Englischen von Birgit Woldt
dtv 36207

Emotionale Intelligenz durch Praktische Intuition

Intuition, Sechster Sinn, Eingebung – jeder nutzt diese Fähigkeiten, bewußt oder unbewußt, Tag für Tag. Unser ganzes Verhalten – ob im Privat- oder Berufsleben – ist mehr, als wir glauben, von unserer Intuition bestimmt. Sie spielt bei jeder Entscheidung eine große Rolle, etwa wie man sich für ein wichtiges Meeting anzieht oder wie man ein Geschäft abwickelt.

Seit vielen Jahren gibt Laura Day Seminare u. a. für Geschäftsleute, Ärzte und Rechtsanwälte. Sie zeigt, wie man seine intuitiven Fähigkeiten entdeckt und wie man sie bewußt einsetzt. Durch viele praktische, meist verblüffende Übungen lernt man, auf seine Eingebungen zu achten.

»Laura Days Erkenntnisse sind so brillant wie praktisch.«
Deepak Chopra

»Die Intuition ist nichts Mystisches … Intuition ist Logik.«
James D. Watson,
Nobelpreisträger und Mitentdecker der DNS

Gerald Boxberger, Harald Klimenta

Die zehn Globalisierungslügen

Alternativen zur Allmacht des Marktes

Originalausgabe · dtv 36085

Ein Mythos wird entzaubert

Die Globalisierung ist heute in aller Munde. Wenn es darum geht, Massenentlassungen und Kürzungen im Sozialetat zu rechtfertigen, wird sie gerne als unser aller unausweichliches Schicksal beschworen. Doch diese »schicksalhafte« Globalisierung der Weltmärkte ist das Ergebnis einer zielgerichteten Industrie-Politik. Die Autoren entlarven die zehn gängigsten Lügen in der aktuellen Debatte, wie z. B. »Die Globalisierung ist nicht steuerbar« oder »Hohe Löhne gefährden den Standort Deutschland«. Sie widmen sich vor allem der innerdeutschen Problematik, liefern neueste Daten und stellen mögliche politische Alternativen zur Diskussion.

Gerald Boxberger ist promovierter Volkswirt. Derzeit ist er freier Dozent und Publizist für Wirtschafts- und Sozialpolitik. *Harald Klimenta* ist Diplom-Physiker. Er ist Initiator von Seminaren und Vorträgen zum Thema Globalisierung.

Coco Schumann

Der Ghetto-Swinger

Eine Jazzlegende erzählt

Aufgezeichnet von
Max Christian Graeff und Michaela Haas
dtv premium 24107

»Ich bin Musiker. Ein Musiker, der im KZ gesessen hat, kein KZler, der Musik macht. Ich habe viel zu sagen. Die Richtung ist klar: Back to the roots, in jene Welt, in der meine Seele zu Hause ist, in den Swing. Wer den Swing in sich hat kann nicht mehr im Gleichschritt marschieren.«

Coco Schumann, 1924 in Berlin geboren, entdeckt mit dreizehn Swing und Jazz für sich. Bis 1943 gelingt es ihm, dem »Halbjuden«, dank einer gehörigen Portion Chuzpe und seiner zahlreichen öffentlichen Auftritte der Deportation durch die Nationalsozialisten zu entgehen. Bis auch für ihn der Vorhang fällt. Seine Reise durch die Lager beginnt. Aber auch dort ist und bleibt er Musiker. In der Scheinwelt Theresienstadt wird er Mitglied einer der hochkarätigsten Jazz-Combos des Dritten Reichs, der »Ghetto-Swingers«. In Auschwitz spielt er zur Unterhaltung der Lagerältesten und der SS um sein Leben, in Dachau begleitet er mit letzter Kraft den Abgesang auf das Regime. Danach treibt es den Entwurzelten durch die Welt, die ihm einzig verbliebene Heimat ist der Jazz und der Swing. Heute lebt Coco Schumann wieder in Berlin.

»Er hat sein Leben auf Kassetten gesprochen und dieses liebenswerte, sehr dichte Buch verlegen lassen. Über sich, die Stadt, ihren Rhythmus und ihre Musik.«
Der Tagesspiegel